LA VIE ET LES TRAVAUX

DE

JEAN STURM.

OUVRAGES DU MÊME AUTEUR.

Essai sur Jean Gerson, chancelier de l'Université et de l'Église de Paris. 1 vol. grand in-8°, 1839.

Johannes Tauler von Strassburg, Beitrag zur Geschichte der Mystik und des religiœsen Lebens im vierzehnten Jahrhundert, mit der Abbildung von Taulers Grabstein in der chemaligen Prediger-Kirche zu Strassburg. 1 vol. in-8°, Hambourg 1841.

De l'objet de la théologie pratique, in-8°, 1844.

Gérard Roussel, prédicateur de la reine Marguerite de Navarre. Mémoire servant à l'histoire des premières tentatives faites pour introduire la réformation en France. 1 vol. in-8°, 1845.

Histoire et doctrine de la secte des Cathares ou Albigeois. Ouvrage couronné par l'Institut (Académie des inscriptions et belles-lettres). 2 vol. in-8°. Paris et Genève, Cherbuliez, 1849.

Essai historique sur la société civile dans le monde romain et sur sa transformation par le christianisme. Ouvrage couronné par l'Institut (Académie française). 1 vol. in-8°, 1853.

Lith.^e chez E. Simon à Strasb.^g d'après le portrait peint par Tobie Stimmer. et gravé en 1617 par Jacques von der Heyden.

Joan. Sturmius.

LA VIE ET LES TRAVAUX

DE

JEAN STURM,

premier recteur du Gymnase et de l'Académie de Strasbourg,

PAR

CHARLES SCHMIDT,

Directeur du Gymnase protestant,
professeur au Séminaire et à la faculté de théologie de Strasbourg,
membre honoraire de l'Académie des sciences et lettres de Montpellier, de la Société historique de Bâle, de la Société historico-théologique de Leipzig.

AVEC LE PORTRAIT DE STURM.

STRASBOURG,
C. F. SCHMIDT, ÉDITEUR, RUE DES ARCADES, 6.

PARIS, | LEIPZIG,
CH. MEYRUEIS ET COMP., | FRÉDÉRIC FLEISCHER.
rue Tronchet, 2. |

1855.

L'auteur se réserve le droit de traduction et de réimpression à l'étranger.

STRASBOURG, IMPRIMERIE DE G. SILBERMANN.

PRÉFACE.

En Allemagne, Jean Sturm est considéré comme un des créateurs de la pédagogie moderne. En France, excepté dans notre province, on le connaît peu, bien que de son vivant il ait joui de l'estime de François Ier et de ses successeurs et rendu de grands services aux réformés. Dans l'Alsace protestante tout le monde sait qu'il a été l'organisateur du Gymnase et de l'Académie de Strasbourg. Parmi les nombreux élèves qui, depuis trois siècles, sont sortis tous les ans de ces deux institutions, sa mémoire n'a jamais cessé d'être vénérée; elles sont sa gloire, tout comme elles sont l'honneur du protestantisme. Il est permis de s'étonner que cet homme remarquable n'ait pas encore trouvé de biographe; on ne lui a consacré que quelques notices, dont plusieurs ne sont pas sans mérite, mais qui sont trop courtes pour donner une image complète de son caractère, de ses œuvres et de ses destinées.

Né en 1507, mort en 1589, Sturm appartient à tout le seizième siècle; il en a traversé les phases diverses, qui toutes ont laissé leur empreinte dans sa vie. Sa jeunesse et son âge mûr se sont écoulés pendant cette belle période de régénération littéraire et religieuse, où l'esprit humain, s'affranchissant des entraves du moyen âge, s'est élancé avec ardeur dans des carrières nouvelles. Ses dernières années coïncident avec ce qu'on pourrait appeler la vieillesse du seizième siècle, époque d'efforts stériles et de discussions acerbes, bien différente des jours si glorieux de la Réforme et de la Renaissance. Nous avons pensé que le récit de sa vie pourrait offrir aujourd'hui quelque enseignement, sinon quelque intérêt historique. En entreprenant ce travail, nous avons voulu combler avant tout une lacune dans l'histoire intellectuelle de notre ville; nous désirons payer un tribut de reconnaissante admiration au fondateur de cette vieille école, dont nous avons l'honneur d'être le directeur après en avoir été l'élève. Nos concitoyens, qui ont fréquenté le Gymnase ou qui continuent d'y envoyer leurs fils, liront peut-être avec plaisir le récit de la vie de celui dont ils ont entendu fréquemment répéter le nom; quand ils se reporteront par l'imagination au milieu des grands mouvements du seizième siècle, il nous semble que leurs sympathies pour les créations de leurs pères ne pourront devenir que plus vives et plus énergiques.

Cependant la biographie de Sturm n'a pas seulement une importance locale pour Strasbourg; par ce qu'il a fait pour la France protestante et pour l'Allemagne, il est digne d'une attention plus générale. Il a été à la fois humaniste, pédagogue, diplomate, théologien ; il a organisé des écoles et figuré avec honneur dans des négociations difficiles ; il a soutenu des controverses religieuses avec des catholiques et avec des protestants ; il a écrit des ouvrages de pédagogie, des livres de classe, des commentaires sur des orateurs et des rhéteurs de l'antiquité, des pamphlets sur des questions de dogme, des traités sur la guerre contre les Turcs. A ces titres divers, il mérite d'inspirer de l'intérêt à tous ceux qui s'occupent de l'histoire du seizième siècle. Nous ne cacherons pas que la biographie d'un homme aussi diversement occupé et mêlé à tous les mouvements de son époque, n'a pas toujours été une chose très-facile ; le choix et le groupement des matériaux n'ont pas été sans nous mettre quelquefois dans un embarras assez grand ; ce sera aux lecteurs, qui se rendent compte de ces difficultés, à juger si nous avons trouvé partout la juste mesure.

Nous saisissons cette occasion pour remercier les personnes qui ont bien voulu nous aider, soit en nous communiquant des copies de documents, soit en nous facilitant l'accès de plusieurs archives et bibliothèques de la France, de l'Allemagne et de la Suisse. Grâce à cette assistance bienveillante, qu'on est toujours sûr de rencontrer chez les vrais membres de la République des lettres, nous avons pu réunir à peu près tout ce qui reste de la précieuse correspondance de Sturm, et donner place dans ce travail à un certain nombre de faits jusqu'ici peu connus ou mal appréciés. Les documents cités dans les notes sans indication, se trouvent en manuscrit à Strasbourg aux archives ou à la bibliothèque, soit du Séminaire protestant, soit de la ville.

Si le présent volume est accueilli avec quelque faveur, nous avons l'intention de le compléter par la publication d'un choix de lettres et de mémoires de l'homme distingué que nous désirons rappeler au souvenir de nos contemporains.

Strasbourg, le 5 juin 1855.

LA VIE ET LES TRAVAUX

DE

JEAN STURM.

I. VIE DE STURM.

CHAPITRE I.

Naissance de Sturm à Sleide. Ses études à Liége et à Louvain.

1507—1529.

Dans les premières années du seizième siècle, la petite ville de Sleide, dans l'ancien duché de Luxembourg, vit naître le plus grand historien et le plus savant pédagogue de ce temps. Jean Philipson, plus connu sous le nom de Sleidan, y naquit en 1506, Jean Sturm, le 1er octobre 1507. Amis dès leur enfance, ces deux hommes ont fini tous deux par choisir Strasbourg pour patrie adoptive, et tous deux l'ont illustré par leurs services distingués. C'est du second que nous allons raconter les destinées et les travaux divers ; le nom du premier paraîtra souvent dans les premiers chapitres de notre récit.

Jean Sturm était le fils de Guillaume Sturm, administrateur des revenus des comtes de Manderscheid, dont le magnifique château ruiné couronne encore aujourd'hui une des hauteurs de la vallée de l'Eifel. Sa mère s'appelait

Gertrude Huls [1], probablement de cette ancienne famille de bourgeois de Cologne d'où était sorti, près de cent ans auparavant, l'architecte Jean Huls qui a achevé la tour de la cathédrale de Strasbourg. Après avoir fréquenté avec Jean Philipson l'école de Sleide [2], Sturm fut admis dans le château de Manderscheid pour y être élevé avec les fils du comte Dietrich, sous la direction d'Antoine Dalbend, dont plus tard encore il aimait à louer la science [3]. Pendant toute sa vie il est resté dans des rapports intimes avec les membres de cette maison, une des plus renommées de la noblesse allemande; sa reconnaissance pour eux n'était surpassée que par celle qu'encore dans sa vieillesse il éprouvait pour ses parents; les sacrifices que ceux-ci avaient faits pour son instruction leur avaient dû devenir d'autant plus lourds que leur famille se composait de quatorze enfants [4].

Vers 1521, son père l'envoya à Liége, où il se rendit avec le jeune Frédéric de Manderscheid [5] et où il avait été précédé, deux ans auparavant, par Philipson. En 1496, les frères de la vie commune avaient fondé en cette ville une école, qui, sous le nom de *Gymnase de Saint-Jérôme,* n'avait pas tardé à devenir une des plus florissantes des Pays-Bas. On connaît les services rendus par ces frères à la cause de l'amélioration des études et de la propagation d'un esprit plus éclairé et plus réellement pieux que celui qui au quinzième siècle avait régné dans les écoles. Parti-

---

[1] Sturm, *Epistolæ classicæ;* dans l'édit. de Hallbauer des *Opuscula* Sturmii *de institutione scolastica.* Iena 1730, p. 174.

[2] Le maître d'école s'appelait Jean Neuburg. *Epistolæ classicæ*, l. c.

[3] Sturm à Conon de Manderscheid, doyen du grand-chapitre de Strasbourg, déc. 1568; dans ses *Epistolæ de morte Erasmi Episc.* — Sturm, *Antipappus* IV, P. 3, p. 169. (Pour les détails sur les ouvrages de Sturm, nous renvoyons à l'appendice.)

[4] *Epistolæ classicæ*, p. 174, 317.

[5] *Bericht von der zu Strassb. a. 1598 in druck ausgegangnen Kirchenordnung* (par Beuther). Deux-Ponts 1603, in-4°, p. 180.

sans du nominalisme et enclins au mysticisme, ils tâchaient
de former leurs élèves plutôt à la vie pratique qu'aux
vaines disputes des scolastiques ; en même temps ils es-
sayaient, au moyen de l'étude des anciens et de l'introduction de grammaires plus rationnelles que celles du moyen
âge, de débarrasser la langue latine des barbarismes dont
elle était alors encombrée. Les fondateurs du Gymnase de
Saint-Jérôme lui avaient donné une organisation très-re-
marquable pour cette époque de tâtonnements et de re-
cherches; ils avaient été les premiers peut-être en Europe
à dresser le plan d'un enseignement partagé en stades
progressifs, unis entre eux par l'unité du but. A l'époque
où Sturm vint à Liége, cette organisation était menacée
d'un danger grave. Les savants, entraînés par l'enthousiasme de la Renaissance, supportaient encore avec impatience le joug de la règle ; au lieu de discipliner et de
combiner leurs efforts pour mieux les faire servir au bien
de la jeunesse, ils préféraient se lancer, chacun suivant
son goût, dans les carrières nouvellement ouvertes à l'esprit humain, en y entraînant leurs élèves à leur suite.
C'est ainsi qu'à Liége les professeurs s'étaient affranchis de
la loi d'un but et d'une méthode uniformes ; chacun enseignait avec une entière indépendance ce qui convenait
bien plus à lui-même qu'à ses élèves. Une prompte expérience instruisit les frères de la vie commune de la stéri-
lité d'un enseignement aussi désordonné : les élèves, imi-
tant l'exemple de leurs maîtres, suivaient moins les leçons
qui leur étaient nécessaires que celles qui plaisaient à leur
caprice momentané ; il n'y avait plus d'unité, et par conséquent plus de progrès réels. On ne tarda donc pas à
revenir à l'organisation primitive; grâce à ce retour, le
Gymnase de Liége vit bientôt sortir de ses classes plusieurs
humanistes distingués. Quoique incomplète et imparfaite
sous plusieurs rapports, cette organisation valait mieux

que l'absence de plan et le morcellement des forces ; elle reposait sur le principe de l'unité de la méthode et de la marche progressive d'une instruction formant un ensemble régulier. L'école, qui, conformément à l'esprit du temps, mettait en première ligne l'enseignement du latin, était divisée en huit classes ; dans la première, alors la plus basse, les élèves apprenaient à lire et à écrire, à décliner et à conjuguer ; dans les trois suivantes on leur enseignait les différentes parties de la grammaire latine, en y joignant l'explication de quelques auteurs et des exercices de style ; en quatrième on leur donnait les éléments du grec. La grammaire grecque était achevée en cinquième ; dans cette même classe commençaient les leçons de rhétorique et de dialectique, qui étaient continuées en sixième et complétées par l'indication de la *ratio imitandi*, c'est-à-dire des règles à suivre dans l'imitation des auteurs classiques. En septième on expliquait l'*Organon* d'Aristote et quelques traités de Platon ; on donnait, d'après Euclide, des notions de mathématiques, et on y ajoutait les éléments du droit. Dans la huitième enfin, on préparait les élèves à l'étude de la théologie. Des exercices de composition, de déclamation et de dispute remplissaient une grande partie des leçons des deux classes supérieures. Dans celles-ci, les différentes matières étaient confiées à des professeurs spéciaux, tandis que les six autres classes n'avaient chacune qu'un maître. Le recteur, chargé de veiller à l'unité de la méthode et à la progression de l'enseignement, était placé sous l'autorité du chef de la maison des frères de la vie commune de Liége. A l'époque où Sturm fréquentait cette école, chaque classe comptait près de deux cents élèves ; le recteur les divisait en groupes de dix ; chaque décurie avait à sa tête un élève chargé de surveiller les devoirs et la conduite de ses condisciples et rendu responsable de leurs négligences. Tous les ans avait lieu la promotion solennelle des élèves admis à passer d'une classe à l'autre ; afin d'écarter des maîtres tout soupçon de partialité, les élèves non promus avaient le droit d'adresser publiquement des questions à ceux qui devaient passer dans une classe supérieure et qui n'y étaient reçus qu'en sortant victorieux de cet examen. Les deux premiers élèves de chaque classe recevaient en prix des livres ; de temps à autre on donnait aussi, dans le courant de l'année scolaire, aux jeunes gens qui avaient reçu les meilleures notes, des livres achetés au moyen d'une cotisation payée par tous les élèves. Pour procurer à ceux-ci à la fois une récréation et un moyen de plus de s'exercer à la parole, on leur faisait représenter des pièces de théâtre, soit anciennes, soit composées exprès pour les écoles [1]. Sturm lui-même joua un jour le rôle de Géta dans le *Phormion* de Térence, représenté publiquement devant la chapelle de Saint-Martin [2].

Toute cette organisation fit sur le jeune Sturm une profonde impression ; il l'adopta, jusque dans quelques-uns de ses moindres détails, comme modèle pour l'organisation qu'il donna plus tard au Gymnase de Strasbourg. L'enseignement éclairé des frères, leurs efforts de faire revivre une latinité plus pure, remplirent d'admiration le jeune homme, qui conçut à Liége une aversion indestructible pour le langage et pour la dialectique des scolastiques. Après un court séjour dans sa patrie en 1524, il se rendit, avec son ami Philipson, à Louvain pour y achever ses études. Louvain jouissait alors de la réputation d'offrir d'excellents moyens d'instruction classique. Quel-

---

[1] Mémoire de Sturm sur le projet de créer à Strasbourg un gymnase. 1538. — Sturm cite comme ayant été ses professeurs à Liége : Nicolas Nigmann, Henri de Brême, le frère Arnold « Einatensis, » le frère Lambert, Jacques Blomedal, Gérard Episcopius. A l'évêque et au chapitre de Liége, 18 mai 1563. — *Epp. class.*, p. 174.

[2] *Epp. class.*, p. 196.

ques années auparavant, Jérôme Buslidius, conseiller au conseil souverain de Malines et ami d'Érasme, y avait fondé un collége, confirmé par le roi Charles d'Espagne et destiné à l'enseignement des trois langues latine, grecque et hébraïque. Conrad Goclénius y était professeur de latin, Rudiger Rescius enseignait le grec. Sturm, qui suivit les leçons de l'un et de l'autre, se lia avec plusieurs jeunes gens, étudiants comme lui, et comme lui célèbres plus tard dans la république des lettres. C'étaient, outre Philipson que nous appellerons désormais Sleidan, Günther d'Andernach et André Vésalius, qui devinrent des médecins distingués; Barthélemy Masson dit Latomus, depuis professeur d'éloquence au collége de France; Jacques Omphalius, d'Andernach, jurisconsulte; Claude Baduel, successivement professeur à Nîmes et à Genève [1].

Sturm cultivait surtout le latin et de préférence les œuvres de Cicéron. Longtemps après il se souvenait encore de l'effet produit sur lui par l'étude de dialogues du cardinal Adrien, insistant sur l'imitation du grand orateur de Rome [2]; il fut frappé aussi des services que rendaient à cette imitation les recueils de vocables et de sentences, parmi lesquels celui de Jean Murmélius, professeur à Deventer, lui paraissait avoir une grande utilité [3]. Doué naturellement d'un goût pur, et plein de l'enthousiasme qui enflammait alors la jeunesse, il s'appliquait jour et nuit à l'étude de Cicéron; il cherchait avec ardeur à en

---

[1] *Vita Sturmii*. — Sturm au prince d'Orange, 21 juillet 1582.

[2] C'est le traité *De sermone latino*, résultat d'entretiens que le cardinal Adrien avait eus à Bologne avec quelques savants, sur la nécessité de revenir au latin classique. Bâle 1518, in-4°. — Sturm aux frères Staremberg, 11 mai 1574; en tête du *Chrysogonus*.

[3] Murmélius a écrit un assez grand nombre d'ouvrages scolaires. Celui dont s'était servi Sturm (à Jacques de Bade, 5 déc. 1578; en tête de l'*Onomasticum* de Gol) est probablement le *Pappa puerorum, sive adıgia ac sententiæ latino-germanicæ, sub certis capitibus digestæ*. Col. 1548, in-8°.

vaincre les difficultés et à éclaircir les obscurités que beaucoup de savants croyaient trouver dans cet auteur [1] ; il enrichit ainsi sa mémoire de ces expressions et de ces tournures cicéroniennes dont il fit un si grand usage dans la suite. Il s'occupa en outre de mathématiques, de physique, d'astrologie ; un instant il eut le désir d'apprendre l'hébreu, mais ne le réalisa que beaucoup plus tard. A Louvain, où il devint aussi l'ami de l'orientaliste Nicolas Clénard [2], il prit le grade de maître ès arts, avec l'intention de se vouer à l'étude du droit civil [3]. Nous ignorons jusqu'à quel point il a poussé cette étude, qu'il n'entreprit sans doute que dans l'espoir d'entrer dans une carrière où il eût pu se servir utilement de son éloquence latine. Toutefois il ne paraît pas s'être arrêté longtemps à cette idée [4] ; la nécessité de gagner sa vie le força de donner une autre direction à ses travaux. Vivant pauvrement, honteux de paraître avec ses habits râpés devant les Brabançons, à cette époque déjà très-délicats au point de vue de la propreté, il obtenait avec peine quelques écus de son père pour renouveler sa garde-robe. Pour se créer un revenu, il donna des leçons où il montra déjà ses talents et ses connaissances. Rudiger Rescius, qui, comme beaucoup d'autres savants de cette époque, avait établi une imprimerie pour publier des auteurs anciens, se l'associa pour cette entreprise. Le père de Sturm consentit à avancer des fonds ; dès 1528 ils eurent 800 volumes prêts à être livrés et songèrent à établir une seconde presse. Le savant philologue et historien belge Adrien Barland leur offrit de

---

[1] Sturm à l'abbé Wolfgang de Kempten, en tête du 2ᵉ vol. des *Epist. Cic. ad Atticum*, 1541.

[2] *Epp. class.*, p. 222. — *Antipappus* IV, P. 4, p. 80.

[3] Sturm à son père, s. d. Bibl. de Berne.

[4] Dans un acte officiel de 1540, il n'est qualifié que de *magister* ; en 1545, le roi de Danemarc l'appelle, dans une de ses lettres, docteur en droit ; c'est la seule fois qu'on le trouve désigné par ce titre.

publier chez eux Térence et d'autres écrivains de l'antiquité[1]. En 1529, ils imprimèrent les *Memorabilia* de Xénophon; l'année suivante parut chez eux une homélie de Chrysostome[2]; on dit aussi qu'ils ont publié Homère[3]. Sturm se décida à se rendre avec leurs livres à Paris pour tâcher de les y vendre; dès 1528 il avait fait un voyage à Strasbourg, attiré par la réputation de cette ville qui favorisait les sciences et où la Réforme venait de s'accomplir avec un calme et un ensemble dignes de remarque. Sturm y visita les professeurs, dont il devint plus tard le collègue; il assista à des leçons de Bucer sur les Psaumes et partit frappé de la piété des savants de Strasbourg, de la sagesse des magistrats, de la ferveur religieuse des citoyens et de la paix et de l'union qui régnaient dans la ville[4]. L'année suivante, il quitta Louvain avec ses livres et se rendit à Paris.

CHAPITRE II.

Séjour et leçons publiques à Paris. Négociations avec les réformateurs allemands pour la réunion des Églises. Appel à Strasbourg.

1529—1536.

La capitale de la France présentait alors le spectacle d'un magnifique mouvement littéraire. Malgré les résis-

---

[1] Sturm à son père, 1528. Bibl. de Berne.

[2] En 1529 : *Xenophontis* Ἀπομνημονευμάτων *libri IV, græce*. Précédé d'une épître de Rudiger Rescius à Gilles Buslidius. *Lovanii, industrià et impensis Rutgerii Rescii ac Jo. Sturmii. 1529, mense sept.*, in-4º. — En 1530 : *S. Chrysostomi Homilia in dictum apost. modico vino utere, græce. Lovanii, ex officinà R. Rescii et Jo. Sturmii. Anno 1530, 16 Kal. Aug.*, in-4º.

[3] *Bericht von der s'rassb. Kirchenordnung*, p. 180. — Teissier, T. IV, p. 12; — Niceron, T. XXIX, p. 206.

[4] *Antipappus* IV, P. I, p. 10.

tances de la Sorbonne, qui seule représentait encore le moyen âge avec sa scolastique aride, son latin barbare et son intolérance aveugle, tous les bons esprits s'étaient précipités avec ardeur dans les voies nouvelles ouvertes par la Renaissance. Les langues anciennes et une philosophie plus intelligente étaient enseignées par les professeurs du Collége royal, que François Ier venait de fonder pour la propagation des sciences. La plupart de ces savants, portant leur critique indépendante non-seulement sur le langage et la philosophie, mais aussi sur les doctrines du catholicisme, étaient favorables aux idées nouvelles, répandues par les réformateurs, et pensaient librement sur la théologie et sur l'Église. C'est au moment de cette agitation religieuse et littéraire que le jeune Sturm vint à Paris, impatient de s'emparer de tout ce qui pouvait éclairer son esprit avide de lumière. Il commença par vendre sa cargaison de livres; puis, cherchant une carrière qui pût bientôt lui assurer sa subsistance, il s'occupa de médecine[1]; il publia même, dès 1531, une traduction latine de Galien, faite par Théodoric Gérard; il la dédia à Jean de Hangest, évêque de Noyon, un des principaux promoteurs des études meilleures. Cependant ses goûts ne le portaient pas plus vers la pratique de la médecine que vers celle du droit. Dans la dédicace même de son Galien, qu'il publia moins parce que c'était un médecin, que parce que c'était un auteur de l'antiquité, il exprime le bonheur qu'il éprouve de vivre à une époque où les lettres commencent à refleurir; il s'écrie qu'il veut partager les glorieux travaux de ceux qui soutiennent, en faveur des lettres trop longtemps négligées, une lutte difficile contre les défenseurs de la barbarie. Malheureusement il se vit

---

[1] Barth. Latomus à Sturm, 11 février 1540; dans les *Epistolæ* Latomi et Sturmii *de dissidio Germaniæ*.

arrêté par une maladie dont il eut longtemps à souffrir et qui le jeta dans un profond découragement [1]. Elle l'obligea même à refuser les offres avantageuses qui lui étaient faites de divers côtés; ses connaissances, la sûreté de sa méthode et la facilité de son élocution lui avaient gagné déjà des protecteurs parmi les grands; Guillaume Budé, Guillaume et Jean du Bellay lui voulaient du bien; Marguerite de Navarre, songeant à établir une académie dans ses États, désirait l'y attirer [2]. Guéri de son mal, il ne résista pas plus longtemps à l'attrait d'un enseignement public; il laissa la médecine, comme il avait laissé le droit et la librairie, et expliqua, dans des cours libres faits au Collége royal, différents livres de Cicéron, tels que les Partitions oratoires et le discours pour Roscius; dans l'interprétation des passages difficiles il s'aidait des conseils de Budé [3]. Il fit en outre des leçons sur la dialectique, c'est-à-dire sur la logique, dont la réforme lui paraissait aussi urgente que celle du langage latin. Se rattachant à Rodolphe Agricola, il fut le premier à enseigner à Paris les principes de ce savant restaurateur de la philosophie; il quitta la pénible ornière de la scolastique pour exposer à ses auditeurs une logique moins embrouillée et plus utile que celle du moyen âge; il leur montrait comment l'élégance du discours peut s'allier à la clarté de la pensée, et comment la logique doit servir à orner et à développer l'esprit, au lieu de le préparer à des disputes stériles [4]. Ces leçons étaient suivies avec autant d'empressement que celles des professeurs royaux; parmi les auditeurs se trouvait Pierre Ra-

[1] Sturm à son père, s. d. Bibl. de Berne.

[2] Ibid. — Pierre Sidérander au prof. Jacques Bédrot, 28 mai 1533; dans notre *Mémoire sur Gérard Roussel*. Strasb. 1845, p. 210.

[3] *Dialogi in partitiones oratorias Ciceronis*, p. 7, 8; — *De nobilitate literata*, dans le recueil de Hallbauer, p. 47.

[4] Ramus, *Scholæ in liberales artes*. Bâle 1569, in-fol., préface.

mus, émerveillé de trouver dans le jeune savant un logicien aussi éloquent et un interprète aussi méthodique des auteurs de l'antiquité. C'est dans les cours de Sturm, dit-il plus tard, qu'il rencontra pour la première fois cette abondance de style et ces applications pratiques que les docteurs de l'Université ne connaissaient pas [1]. Sturm le confirma dans la conviction que la logique est une méthode accessible à toutes les intelligences et utile dans la vie; c'est à l'influence de Sturm que doit être attribuée en partie la tendance suivie par Ramus dans la philosophie.

Vers le même temps, Maillard, docteur en Sorbonne, qui faisait grand cas de Sturm, lui demanda son aide pour la rédaction d'une paraphrase de l'épître de saint Paul aux Romains; Sturm y consentit; il commenta l'épître au point de vue de l'art oratoire, d'après la méthode rhétorique qu'il appliquait aux discours de Démosthènes ou de Cicéron; Maillard sans doute s'était réservé la paraphrase théologique [2]. Cette liaison ne pouvait pas durer. Maillard était un des plus ardents défenseurs du catholicisme, tandis que les sympathies de Sturm le faisaient pencher de plus en plus du côté de la Réforme. Depuis qu'il s'était marié avec Jeanne Pondéria, de Paris [3], il avait dans sa maison comme pensionnaires des jeunes gens de l'Allemagne et de la Suisse; il y recevait aussi des savants étrangers, venus à Paris pour y suivre le mouvement littéraire. Parmi ces derniers se trouvait, en 1533, le médecin Louis Carinus, de Lucerne, dont Érasme avait fait grand cas et que Mélanchthon aimait à cause de ses connaissances et de la douceur de ses mœurs [4]. Avant de venir à Paris, Carinus

---

[1] L. c. — Nancelius, *P. Rami vita.* Paris 1599, p. 43.

[2] Sturm, *Epistola apologetica contra Jac. Andreæ*, p 3.

[3] *Antipappus* IV, P. 3, p. 167. Dans la *Vita Sturmii* et dans son discours funèbre par Melch. Junius, la femme de Sturm est appelée Jeanne Pison.

[4] Sidérander à Bédrot; *G Roussel*, p. 209; — Sturm à Bucer, 23 août 1853;

avait passé par Strasbourg, où il avait visité Bucer et ses savants collègues. C'est lui qui rappela au souvenir de Sturm ces hommes dont il lui loua la piété, le savoir, les manières affables. Sturm s'empressa de lire les ouvrages de Bucer ; ils l'affermirent dans son penchant pour la Réforme et lui inspirèrent le désir d'entrer en relation avec un homme aussi digne de son affection. Il saisit pour cela l'occasion des événements remarquables qui se passaient alors dans la capitale et qui remplissaient d'espoir les amis de la Réforme.

Au printemps de 1533 la reine de Navarre fit prêcher dans le Louvre son prédicateur, l'abbé de Clairac, Gérard Roussel. Cette solennelle apparition de la Réforme dans le palais des rois provoqua des sorties violentes de la part des prédicateurs catholiques, et donna lieu à des troubles populaires[1]. François Ier, dans un de ces moments où il paraissait favorable au protestantisme, prit des mesures sévères contre les docteurs de la Sorbonne et les moines ; il en bannit quelques-uns des plus véhéments. Sturm assista aux prédications de Roussel ; c'est là qu'il rencontra Jean de Montluc, plus tard évêque de Valence, qui aimait alors à parler librement avec lui de l'Évangile[2]. Bientôt il dut à ses sentiments protestants d'être mis en rapport avec le roi lui-même.

L'habile diplomate Guillaume du Bellay, revenant, en 1533, de sa deuxième ambassade en Allemagne avec le désir de réconcilier les deux Églises plutôt que de les séparer encore davantage, s'était entretenu à Strasbourg avec Bucer sur les moyens d'atteindre à ce but, pour lequel les

---

O. c., p. 213. — Érasme à Carinus, 1519 ; Erasmi *Epistolæ* ; Bâle 1538, in-fol., lib. XI, p. 393 ; — Camerarius, *Vita Melanchthonis*, cap. 25 ; ed. Augusti ; Breslau 1819, p. 110.

[1] V. sur ces faits, *G. Roussel*, p. 85 et suiv.
[2] Sturm à Montluc, 17 juin 1562.

réformateurs strasbourgeois étaient prêts à faire tous les sacrifices compatibles avec leur foi. Plein d'espoir, du Bellay revint à Paris et détermina le roi à demander, sur la réunion des Églises, les avis de Mélanchthon et de Bucer, les théologiens protestants qu'en France on estimait le plus, à cause de leur savoir et de leur modération[1]. On chargea de cette mission un ami de Sturm, le jeune médecin Ulric Chélius; en 1534, celui-ci revint avec des mémoires de Mélanchthon, de Bucer et de Hédion, exposant les concessions que les protestants étaient disposés à faire pour le rétablissement de la paix. Malheureusement, le zèle inconsidéré de quelques réformés de Paris fit revenir François Ier de ses velléités pacifiques. Les placards contre la messe, affichés en octobre 1534, l'irritèrent au point qu'il ne rompit pas seulement les négociations avec les réformateurs allemands, mais qu'il ordonna aussi une cruelle persécution contre tous les protestants de la capitale. Témoin des supplices et de la constance des martyrs, dont plusieurs étaient ses amis, Sturm conçut pour l'Église réformée de France, qui comptait en son sein des hommes aussi fermes, une sympathie qui ne s'est pas démentie un seul instant pendant toute la longue durée de sa vie[2]. Toutefois, plus ami de la conciliation que du schisme, il ne put se défendre d'un regret amer en voyant la cause de la Réforme compromise par les auteurs des placards; il était d'avis que, par une exposition calme et savante de ses doctrines, le protestantisme eût fait plus de progrès en France que par des attaques trop véhémentes contre les erreurs et les préjugés des masses. Ces sentiments ne l'empêchèrent pas de devenir suspect lui-même, surtout à

---

[1] V. sur ces négociations notre mémoire : *Die Unions-Versuche Franz des I;* dans Niedner, *Zeitschrift für historische Theologie*; Leipz. 1850, 1re livr.

[2] *Antipappus* I, p. 43, 44; — *Antip.* III, p. 239.

cause de sa nationalité; la tactique des adversaires de la Réforme en France consistait à faire passer tous les protestants allemands pour des anabaptistes, des fauteurs de troubles, des ennemis de l'ordre public. Sturm, pour échapper au danger, se disposait à quitter Paris; déjà Mélanchthon lui cherchait une position à Tubingue ou à Augsbourg[1], lorsque par l'intervention de Guillaume du Bellay il fut excepté des poursuites; sur les instances de Barnabé Voré, sieur de la Fosse, qui avait connu Mélanchthon à Wittemberg et qui estimait alors les réformateurs, il consentit à rester encore[2]. Les mesures violentes ordonnées par François Ier produisirent en Allemagne une impression des plus fâcheuses pour l'honneur du roi; on commença à douter, non sans quelque apparence de fondement, de la sincérité de son désir de se rapprocher des réformateurs pour réconcilier les deux Églises. Cependant il voulait renouer les négociations; Sturm, que du Bellay lui avait présenté comme un homme savant et ami de la paix, le confirma dans l'intention d'appeler en France Bucer et Mélanchthon, afin de s'entendre avec eux sur les questions controversées; Barnabé Voré ayant été chargé de les inviter au nom du roi, Sturm lui donna des lettres pressantes pour les engager à ne pas se refuser à cette œuvre chrétienne. Selon lui, c'était le seul moyen de préserver les réformés français de persécutions nouvelles et de contribuer à la propagation de la vérité évangélique en France; « l'avenir du protestantisme français est entre vos mains, » écrit-il à Bucer; il croyait à la sincérité du roi, ne voyait dans ses desseins aucune arrière-pensée politique, allait même jusqu'à excuser la rigueur des mesures prises après les placards, dont les auteurs lui paraissaient

---

[1] Mél. à Sturm, 1535. 9 mai; Melanchth. *Epp.*, ed. Bretschneider, T. II, p. 874.

[2] Sturm à Mélanchthon, 6 mars 1535; o. c, p. 855.

des hommes fanatiques et violents; le roi, disait-il, était franchement disposé à concourir à une réforme de l'Église et à donner aux Français la liberté de conscience[1]. Les déclarations de Sturm ne sont pas suspectes de duplicité; quoique protestant et allemand, il ne partage pas les appréhensions de ses compatriotes au sujet de la bonne foi du roi; c'est une preuve pour nous que ses espérances n'étaient pas toutes des illusions généreuses, et que François Ier lui-même avait, du moins à ce moment, quelque intention de s'entendre avec les réformateurs. Cependant les lettres de Sturm ne firent de l'effet que sur Bucer, le plus constamment disposé à la conciliation parmi tous les théologiens protestants. Bucer se laissa convaincre de la sincérité des désirs du roi; tous les peuples, écrivit-il, sont frères en Jésus-Christ; qu'on travaille donc pour la France sans se laisser détourner par des soupçons qui ne sont fondés que dans une injuste antipathie nationale. Prêt à se rendre à l'invitation du roi, il insista auprès de Mélanchthon pour qu'il cessât d'hésiter, mais ne parvint pas à vaincre ses doutes; Mélanchthon voulait que le roi, au lieu de ne s'entretenir confidentiellement qu'avec un ou deux théologiens, convoquât un synode. Barnabé Voré fut alors renvoyé en Allemagne avec l'invitation officielle pour Mélanchthon de venir discuter, avec quelques hommes savants et amis de la paix, sur les moyens de l'union. Sturm renouvela ses instances auprès de lui; il lui représenta que si les Allemands refusent de se rendre au désir du roi, celui-ci devra croire ou qu'ils ne se fient pas à sa parole, ou qu'ils ne sont pas en état de défendre leur doctrine; l'un et l'autre aurait les conséquences les plus funestes pour le sort des protestants en France[2]. Toutes ces démarches

---

[1] Ibid. — A Bucer, 6 mars 1535; dans Strobel, *Hist. du Gymnase*, p. 111.
[2] A Mélanchthon, 9 juillet 1535; Mel. *Epp.*, T. IV, p. 1029.

furent vaines ; les soupçons des Allemands étaient trop enracinés et l'hésitation de Mélanchthon trop grande ; comme Luther surtout s'y opposait, l'électeur de Saxe finit par défendre à Mélanchthon de se rendre en France. François 1er fit néanmoins de nouveaux efforts, malgré les résistances qu'il rencontrait, de son côté, de la part du parti catholique. Il envoya Guillaume du Bellay lui-même en Allemagne avec des instructions conciliantes ; mais les États réunis à Smalcalde écoutèrent ces propositions avec peu de faveur ; on remercia François Ier de ses bonnes intentions, et la chose en resta là. Le roi renonça dès lors à renouveler ses démarches ; les influences catholiques, n'étant plus contrebalancées par le désir de se rapprocher des Allemands, trop soupçonneux ou trop malveillants envers la France, regagnèrent leur empire sur son esprit mobile ; d'ailleurs la reprise des hostilités avec l'empereur, en 1535, détourna son attention des questions théologiques ; l'œuvre de conciliation fut abandonnée, au grand regret de du Bellay, de Sturm, de Bucer, et des autres hommes éclairés et pieux qui y avaient consacré leurs efforts [1]. Les persécutions recommencèrent en France, non-seulement contre les protestants de la capitale, mais aussi contre les Vaudois du midi. Beaucoup d'entre eux émigrèrent en Allemagne et en Suisse. En vain les cantons helvétiques, le magistrat de Strasbourg, le duc de Wurtemberg et le landgrave de Hesse intercédèrent-ils auprès du roi [2] ; repoussé par la méfiance des Allemands, celui-ci ne crut plus devoir écouter leurs plaintes. Ce n'est qu'alors que Sturm se résolut à quitter Paris ; sans le désir de contribuer à la réconciliation, sur laquelle il fondait des espérances peut-

---

[1] A Bucer, 17 nov. 1535 ; dans Strobel, *Hist. du Gymnase*, p. 114.
[2] Lettres du magistrat de Strasbourg au roi de France et à Marguerite, 3 juillet 1536. — Lettre du magistrat de Bâle à celui de Strasbourg, 24 juillet 1536.

être exagérées¹, il se serait décidé plus tôt à accepter les offres que lui avait faites le magistrat strasbourgeois. Depuis longtemps déjà Carinus et son élève Érasme, comte de Limbourg, de quelques semaines plus âgé que Sturm et son ancien ami, l'avaient recommandé à Bucer et au Stettmeister Jacques Sturm, qui cherchaient à attirer à Strasbourg des savants distingués². Il paraît qu'en 1534 déjà Bucer lui avait fait des propositions, avec l'espoir, à peu près certain, de le voir les accepter³. Quelques-uns de ses biographes assurent qu'au moment de recevoir sa vocation définitive pour Strasbourg, il était sur le point de prendre, avec son ami Günther d'Andernach, le grade de docteur en médecine⁴; cela n'est pas vraisemblable, car depuis quelques années il ne s'était plus occupé que de dialectique et de philologie. Ce qui est plus positif, c'est qu'à la même époque il travaillait avec Jean Strassel à un dictionnaire latin⁵, qu'il laissa inachevé pour aller à Strasbourg, où l'appelait une décision du magistrat et où l'attendaient des travaux infiniment plus importants. Avant de parler de son activité dans l'ancienne ville libre, il est nécessaire de dépeindre en quelques mots la scène sur laquelle nous allons désormais le rencontrer.

---

¹ Sturm à Bucer, 17 nov. 1535; l. c.

² A Hotman, juin 1562. — au comte palatin Richard, déc. 1568; dans les *Epp. de morte Erasmi Episc.*

³ Le 30 avril 1534 Bucer écrit à Ambroise Blaarer qu'il attend pour l'école de Strasbourg un troisième professeur : « *Veniet tertius Parisiis, admodum instructus;* » ms.

⁴ *Vita Sturmii.* — *Bericht von der strassb. Kirchenordnung*, p. 182. — Foppens, *Biblioth. belgica*, Brux. 1739, in-4º, T. II, p. 737, dit qu'il prit à Paris le grade de docteur en médecine.

⁵ A Théodose Rihel, 21 août 1586; en tête du *Lexicon trilingue*.

CHAPITRE III.

L'instruction publique à Strasbourg depuis la Renaissance jusqu'à l'arrivée de Sturm.

A Strasbourg, le grand mouvement intellectuel auquel Sturm devait s'associer, et qu'en partie il allait diriger, avait commencé dès la fin du quinzième siècle. Dans quelques-uns des couvents de la ville il y avait des écoles, où les jeunes clercs étaient instruits dans les sept arts libéraux et dans la théologie scolastique. L'école des Franciscains surtout était célèbre dans toute la province rhénane [1]; on la vantait pour ses leçons théologiques et pour les cours sur l'architecture que donnait un des frères [2]. Mais l'esprit de la Renaissance ne pénétra point dans ces sanctuaires, où dans les dernières années du quinzième siècle on expliquait encore Duns Scot [3]. Grâce à cet obscurantisme, Strasbourg passait même pour être une ville superstitieuse, dénuée de science, sans sympathie pour les gens de lettres [4]. Le moment n'était pas loin où elle ne dut

---

[1] Chronique ms. de Jérôme Guebwiler.

[2] Wimpheling, *Cis Rhenum Germania*; Strasb. 1501, in-4°; — éd. Moscherosch, Strasb. 1648, in-4°, p. 44.

[3] Petr. Schott, *Lucubratiunculæ*. Strasb., Martin Schott, 1498, in-4°, f°. 30ᵃ.

[4] O. Luscinius, dans l'*Epistola nuncupatoria*, en tête de ses *Progymnasmata græcanicæ literaturæ*, éd. de 1521, in-8°, cite un distique qui avait été en usage parmi les humanistes :

« *Doctrinâ vacuis est urbs Strasburgia mater,*
doctis atque bonis esse noverca solet. »

Dans une lettre à Jean Schwebel, du 20 déc. 1521, Nicolas Gerbel appelle Strasbourg « *urbs omnium superstitiosissima.* » *Centuria epistolarum theologicarum ad Joh. Schwebelium.* Deux-Ponts 1597, p. 25.

plus mériter ce reproche qui, à vrai dire, ne s'adressait qu'aux moines. C'est en dehors des cloîtres que s'opéra le mouvement réformateur, qui bientôt entraîna les meilleurs parmi les religieux eux-mêmes. Des chanoines de quelques chapitres, des curés, des laïques, furent les premiers qui, malgré les résistances des partisans du vieux régime, répandirent en Alsace le goût des études classiques. A Strasbourg, ce furent Pierre Schott et Thomas Wolf, chanoines de Saint-Pierre-le-Jeune ; Philippe de Dhaun et Oberstein, prévôt du grand-chapitre ; le docteur Nicolas Wurmser, doyen de Saint-Thomas ; Geiler de Kaisersberg, curé, et Thomas Vogler, vicaire de la cathédrale ; parmi les laïques il faut citer, en première ligne, Sébastien Brant, le spirituel auteur de la Nef des fous, et Jacques Sturm de Sturmeck, membre, comme Brant, de la société littéraire de Strasbourg, et plus tard premier magistrat de la République [1]. La célèbre école de Schlestadt, d'où sont sortis tant d'hommes distingués ; les sociétés littéraires fondées à Schlestadt et à Strasbourg par Wimpheling ; les imprimeries établies dans ces deux villes et dans celle de Haguenau, et dont les chefs étaient eux-mêmes des érudits [2] ; les publications d'auteurs anciens, faites par le savant laïque Béatus Rhénanus, contribuèrent puissamment à la propagation du nouveau zèle pour les lettres [3]. Éclairés par leurs études, les humanistes alsa-

---

[1] Voici comment, en 1514, Érasme s'exprime sur Jacques Sturm : « *Incomparabilis juvenis, qui majorum imagines, morum illustrat integritate, juventutem ornat senili morum gravitate, doctrinam haud quaquam vulgarem incredibili modestiâ mire condecorat.*» A Wimpheling, à la suite du traité d'Érasme *De duplici copiâ verborum ac rerum*. Strasb 1514, in-4º.

[2] L'imprimeur Matthieu Schurer, docteur ès arts, publia en 1501 une *Grammatica nova* Strasb., Martin Flach, in-4º.

[3] Sur les humanistes à Strasbourg et en Alsace, voy. les intéressants chapitres de Strobel, dans sa *Vaterlændische Geschichte des Elsasses*. Strasb. 1843, T. III, p. 515, et T. IV, p. 122.

ciens reconnurent de bonne heure les défauts et les lacunes de l'instruction telle qu'on la donnait dans les rares écoles du temps. Wimpheling lui-même publia de courts traités de grammaire et de rhétorique [1] ; il désirait, dès 1501, qu'on établît à Strasbourg un « gymnase laïque », pour que les jeunes gens pussent y recevoir leurs premières leçons sous les yeux mêmes de leurs parents, et se préparer aux études supérieures des universités d'après une méthode moins barbare que celle qui était alors généralement répandue. Malgré l'opposition du moine Thomas Murner, le savant et pieux littérateur était persuadé que ce serait là pour Strasbourg un nouveau titre de gloire [2]. Le magistrat se contenta d'honorer ses propositions par un don de 12 florins d'or. Cependant quelques chapitres introduisirent un enseignement plus conforme aux nouveaux besoins de l'époque. Dans celui de Saint-Pierre-le-Jeune, Jean Gallinarius, de Heidelberg, ami de Wimpheling, fut pendant quelque temps professeur de grammaire et de rhétorique. La demande de créer une école publique fut renouvelée en 1504 [3] et surtout en 1507, où elle fut soutenue par le chanoine Thomas Wolf, aussi érudit que généreux, et par Geiler de Kaisersberg, dont l'éloquence originale flagellait si vigoureusement les folies et les péchés de son siècle.

Mais le moment n'était pas venu de réaliser ce désir dans toute la proportion que Wimpheling avait conçue. Geiler de Kaisersberg, qui avait demandé l'établissement

---

[1] *Libellus grammaticalis.* Strasb. 1497, in-4°. — *Rhetorica pueris utilissima;* dans ses *Elegantiæ majores.* Tubingue 1499, in-4°.

[2] *Cis Rhenum Germania*, p. 25. Nous parlerons plus bas des traités pédagogiques de Wimpheling.

[3] « *Meine Herren XV sollen bedencken wie man einen frommen gelehrten mann haben mœcht, der die kind lehrt, und dasz demselben ein behuszung und holtz geben wird.* » 1504. Seb. Brant, *Annales*, contenant des extraits des actes du magistrat ; ms.

d'une grande école ecclésiastique dans les bâtiments d'un couvent habité par des religieuses de mœurs suspectes[1], n'obtint que la création d'une école latine, attachée à la cathédrale. En 1509 il en confia la direction à Jérôme Guebwiler, jusque-là supérieur de l'école de Schlestadt[2]; quelques années plus tard on adjoignit à ce savant le poëte Ottmar Luscinius, élève des universités de Paris, de Louvain et de Vienne, et fort estimé par ses contemporains pour sa « rare érudition »[3].

Cependant cet enseignement était trop incomplet, trop imparfaitement organisé pour avoir une longue durée au milieu des rapides progrès de cette époque.

On avait bien compris que, pour faire revivre les études classiques, il fallait les baser sur une instruction grammaticale meilleure que celle qui s'était donnée jusque-là; aussi faisait-on quelques efforts pour la réformer, mais ces efforts mêmes témoignent de l'incertitude qui régnait à cette époque de transition. Pendant qu'on imprime encore à Strasbourg le *Gemma Gemmarum* et le commentaire de Torrentinus sur le *Doctrinale,* on y publie aussi les traités de Henri Bébel, de Tubingue, et de ses collègues Heinrichmann et Brassicanus, qui ramenaient la grammaire à des règles plus simples et plus rationnelles. Jérôme Guebwiler lui-même fit une édition du manuel que Jean Cochléus avait composé pour l'école de Nuremberg, et qui

---

[1] Wimpheling, *Vita Geileri,* cap. 30; in *Sermon. et var. tract. Geileri.* Strasb. 1518, in-fol. — *Cis Rhenum Germania,* p. 31.

[2] En 1509, dans son édition de Polydorus Vergilius, *De inventoribus rerum* (Strasb., in-4°), Guebwiler se nomme « *nobilissimæ Argentinensis Ecclesiæ literarii ludi præfectus;* » et, en 1514, Wimpheling le qualifie de « *Gymnasii summæ ædis Argent. moderator.* » *Sermo ad juvenes.* Strasb. 1514, in-4°.

[3] « *Vir raræ eruditionis gloriâ inter paucos celebrandus.* » Ulric Zasius à Rémius, 17 juin 1526; dans Zasii *Epistolæ,* ed. Riegger. Ulm 1774, p. 456.

était plus systématique que ceux de l'école de Tubingue [1]. Comme à Strasbourg l'étude du grec surtout était une nouveauté, les amis des lettres, avides d'apprendre cette langue, firent venir, en 1515, un disciple d'Érasme, pour les instruire d'après les principes de Théodore de Gaza qui faisaient alors autorité [2]. Bientôt après, Luscinius publia lui-même une grammaire et quelques auteurs grecs [3]. Issu des premiers tâtonnements de la Renaissance, n'ayant encore ni plan ni méthode, cet enseignement était loin sans doute de satisfaire aux idées libérales de ses fondateurs, mais il contribuait au moins à répandre à Strasbourg le goût des lettres anciennes, et à faire sentir, par son imperfection même, le besoin d'une école savante établie sur de meilleures bases. Cette nécessité devint urgente surtout depuis la Réforme.

A Strasbourg, ce grand renouvellement de l'Église s'était accompli sans trouble; plusieurs hommes d'un esprit éclairé et d'un noble caractère y avaient introduit, avec un ordre admirable, la réforme du culte et du dogme. Nulle part les circonstances n'avaient été plus favorables à ce développement aussi régulier que libre; Strasbourg, république jalouse de ses franchises, avait une bourgeoisie intelligente et amie de la paix; son magistrat souverain, à la tête duquel se trouvaient des hommes comme Jacques Sturm de Sturmeck et Mathias Pfarrer [4], la gouvernait avec une sagesse et une fermeté qui la faisaient respecter entre tous les autres États de l'Empire; des prédicateurs,

---

[1] En 1512; dédié par Guebwiler à Wimpheling.

[2] « *Omnis eruditorum coetus* » fait venir maître Conrad Mellissipolitanus. Luscinius, préface à son édition des Dialogues des dieux de Lucien. Strasb. 1515, in-4°.

[3] *Progymnasmata græcanicæ litteraturæ*. Strasb. 1517 et 1521.

[4] V. l'éloge que fait Th. de Bèze de ces deux hommes dans ses *Icones*. Gen. 1580, in-4°.

aimés du peuple, empêchaient celui-ci de sortir des voies
de la modération et du respect des droits de tous. La Réformation ne fut imposée ni par le pouvoir civil ni par une
foule avide de nouveautés; elle fut le résultat de l'opinion
publique, l'œuvre réfléchie d'une population éclairée; le
magistrat n'eut qu'à suivre et à régulariser un mouvement
qui s'accomplit sans excès. Préparée par les essais tentés depuis la Renaissance, la réforme de l'instruction
marcha de pair à Strasbourg avec celle du culte. Les
hommes supérieurs qui dirigeaient le mouvement avaient
compris qu'il fallait satisfaire à un double besoin : d'un
côté, tout citoyen devait recevoir une instruction suffisante pour le former aux nécessités de la vie sociale et
religieuse; de l'autre, on avait besoin de ministres savants
et pieux, capables à la fois d'exercer sur le peuple une
influence heureuse et de défendre leur foi contre des adversaires auxquels ne manquaient ni l'érudition ni le zèle.
Un des premiers résultats de la Réformation à Strasbourg
dut être la création d'écoles élémentaires pour le peuple,
et d'écoles savantes pour tous ceux qui aspiraient à rendre
à l'Église ou à la cité des services publics. Aussi Strasbourg ne tarda-t-il pas à devenir, comme dit Bossuet,
« une des villes les plus savantes de la Réforme, telle qu'on
la proposait dès les premiers temps comme modèle de
discipline à toutes les autres [1]. »

Dès 1524, les prédicateurs demandèrent au magistrat
d'établir des écoles élémentaires dans les bâtiments des
couvents supprimés, et de les entretenir au moyen des revenus de l'Église; ils émirent en même temps le vœu qu'il

---

[1] *Histoire des variations des Églises protest.* Paris 1688, in-4º, T. II,
p. 615. — Pour tout ce qui concerne l'histoire de la Réformation à Strasbourg,
voy les ouvrages de MM. Jung (*Beiträge zur Geschichte der Reformation*,
Strasb 1830) et Rœhrich (*Geschichte der Reformation im Elsass*, 3 T.
Strasb. 1830).

désignât plusieurs de ses membres pour être préposés à tout ce qui concernait l'instruction de la jeunesse ; ils ne craignaient pas de voir l'État prendre la direction suprême de l'enseignement, pourvu que les intérêts de la religion fussent garantis. Cette pétition fut remise à l'examen d'une commission qui, en août 1525, en proposa l'adoption ; mais le manque de ressources ne permit pas encore de l'exécuter. Toutefois le besoin était si pressant, qu'on vit s'établir successivement un assez grand nombre d'écoles élémentaires libres. Des gens de toute espèce se firent maîtres d'école : d'anciens moines heureux d'être sortis de leurs cloîtres, de pauvres clercs, des artisans sans ouvrage : tantôt c'est un musicien de la ville, tantôt un tourneur, un relieur, un greffier d'une des tribus de la bourgeoisie ; tous vivent pauvrement du mince revenu de leurs leçons ; ils enseignent le peu qu'ils savent eux-mêmes, la lecture, l'écriture, le catéchisme, un peu d'arithmétique. Il y a même pour le calcul quelques écoles spéciales. En sortant de ces écoles primaires, les enfants qui devaient recevoir une instruction plus complète entraient dans l'école latine qui avait succédé à celle de la cathédrale, et que dès 1524 on avait établie au couvent des Carmes. Elle était dirigée par Otton Brunfels, ancien chartreux de Mayence, à la fois médecin et botaniste distingué, et zélé pédagogue, premier éditeur des traités de Huss et défenseur de Hutten dans sa querelle avec Érasme. Brunfels avait déjà exposé dans plusieurs traités sur la réforme de l'instruction, des idées sages et pratiques, mais encore dénuées de méthode [1] ; il insistait surtout sur les grands principes remis en honneur depuis le seizième siècle, de ne point séparer l'instruction de l'éducation morale, de former le goût par l'étude des auteurs classiques, et de remplacer les stériles

[1] V. livre II, chap. 1.

subtilités de la dialectique scolastique par une philosophie plus rationnelle et une théologie plus vivifiante [1].

L'école de Brunfels était reconnue et adoptée par la ville; une autre école latine était dirigée par Lucas Hackfurt, dit Bathodius, disciple de Wimpheling et ancien membre de la société littéraire de Strasbourg et en même temps administrateur des aumônes publiques [2]; elle jouissait également de la faveur du magistrat. Vers la même époque se prépare un enseignement supérieur par les cours publics donnés par quelques pasteurs et par plusieurs chanoines du chapitre de Saint-Thomas. Cette collégiale devint le centre du mouvement scientifique de Strasbourg protestant. Déjà pendant le moyen âge elle avait compté parmi ses membres, qui appartenaient plus généralement à la bourgeoisie qu'à la noblesse, une série d'hommes savants, le poëte latin Gotfried de Haguenau, le chroniqueur Jacques Twinger de Kœnigshofen, des médecins, des physiciens, des jurisconsultes [3]. Depuis la Réforme, elle ne fit que continuer cette tradition; elle ne cessa de mériter ce titre de

---

[1] Dès 1525, Brunfels publie une série de préceptes moraux pour ses élèves : *Parænesis de disciplinâ et institutione puerorum.* Ce traité fut traduit en allemand par Fridolin Meiger, sous le titre : *Von der Zucht und Underweisung der Kinder;* Jean Schwebel, qui le publia, le dédia à Lucas Hackfurt. Strasb. s. d., in-16.

[2] Il résulte de la dédicace de Schwebel que Bathodius a publié quelques livres pour la jeunesse; ils paraissent être perdus. Par une lettre du 1er octobre 1525, Bathodius pria Érasme de s'occuper d'une révision des livres scolaires.

[3] Au quatorzième siècle on trouve parmi les chanoines de Saint-Thomas : les maîtres Albert de Parma et Heydenreich, physiciens; maître Walter Grienbach, physicien et médecin; le jurisconsulte maître Jean de Rhinstett; au quinzième, on remarque surtout des licenciés et des docteurs en droit, Arbogast Ellenhart, Jean Gugel, Jean Simler, Christophe d'Utenheim, Paul Munthart. Ce dernier légua au chapitre sa riche bibliothèque de manuscrits et d'incunables. Déjà, du temps de Kœnigshofen, Saint-Thomas possédait une belle collection d'ouvrages de théologie et de droit canonique

docte chapitre dont on s'était habitué à l'honorer [1]. A l'époque qui nous occupe, le chanoine Capiton faisait des cours sur les livres de l'Ancien Testament; Martin Bucer, qui bientôt après fut également admis à un canonicat, expliquait ceux du Nouveau; Hédion, prédicateur de la cathédrale, traitait des questions d'histoire et de théologie; Chrétien Herlin enseignait les mathématiques, la géographie, l'art de la parole; George Casélius, l'hébreu. Ces cours se faisaient dans le couvent des Dominicains.

C'est ainsi que se forma peu à peu un ensemble d'institutions pour l'instruction de la jeunesse; mais l'organisation, le plan, l'unité, manquaient encore; on ouvrait une école là où le besoin s'en faisait sentir, sans la faire entrer dans le cadre général; on augmentait le nombre des cours, à mesure que des savants se présentaient pour les faire; tout était le résultat immédiat des circonstances, d'un mouvement fortement prononcé, mais encore irrégulier; pour y mettre de l'ordre et de la durée, il fallait un lien commun, une direction uniforme.

Le magistrat ne perdait pas de vue la proposition faite en 1524 par les prédicateurs; travailler pour l'instruction de la jeunesse, était pour lui un moyen de contribuer au bien et à l'honneur publics. En 1526, il demanda sur l'organisation des écoles l'avis de Mélanchthon [2], qui venait d'inaugurer le Gymnase de Nuremberg, et qu'on saluait déjà du nom de *Præceptor Germaniæ*. On ignore si cet avis fut donné, de même qu'on ignore les raisons qui de nouveau firent ajourner l'exécution d'un projet dont à

---

[1] Grandidier, *Histoire de l'Église de Strasbourg*. Strasb. 1776, in-4°; T. I, p. 387.

[2] Nic. Gerbel à Mélanchthon, 1er sept. 1526 Il est dit dans cette lettre: « *Senatus noster quàm summo studio advigilat ut puerorum gymnasia erigantur... Operam dat ut citissime puerorum necessitati tum honori publico consulatur.* »

deux reprises on avait reconnu la haute utilité. Ce n'est que deux années plus tard que des écoles *publiques* sont définitivement établies, que des honoraires sont assignés aux maîtres, et qu'on appelle des savants étrangers pour compléter l'enseignement. L'organisation et la surveillance de tout l'ensemble de l'instruction sont confiées à trois membres du sénat, sous le titre de *préfets des écoles* ou de *scolarques;* ce collége, représentant du souverain, forma dès lors ce qu'on pourrait appeler le ministère de l'instruction publique de la ville libre de Strasbourg. Les premiers scolarques furent Jacques Sturm, Nicolas Kniebs et Jacques Meyer. Kniebs et Meyer étaient dignes d'être en cette circonstance les collègues du Stettmeister; Kniebs, sénateur depuis 1512, joignait à la droiture et au zèle pour la religion la facilité de la parole et des connaissances étendues [1]; Meyer avait des qualités semblables; il leur dut, en 1542, d'être choisi pour un des députés de Strasbourg à la diète de Spire.

On conserva l'école des Carmes dirigée par Brunfels et réorganisée d'après un nouveau plan : une classe y fut destinée à la grammaire latine, deux autres à l'explication des auteurs de cette langue et aux éléments du grec; des exercices de rédaction et de déclamation, des représentations théâtrales, pour habituer les élèves à s'exprimer avec correction et à parler sans crainte, des leçons de musique pour polir les mœurs, des exercices gymnastiques pour donner de la souplesse au corps, complétaient cet enseignement, qui sans doute avait des imperfections et de grandes lacunes, mais qui néanmoins était un progrès sur ce qui avait été fait jusque-là [2].

---

[1] Il existe une lettre de Zwingli à Nic. Kniebs, du 10 octobre 1525; elle est aussi honorable pour l'un comme pour l'autre.

[2] Brunfels, *Catechesis puerorum*. Francf. 1529, préface aux scolarques

Brunfels et ses collaborateurs, dont le principal était Jonas Bitner, chargé de l'explication du Donat, ne négligeaient d'ailleurs aucune occasion pour faire, même en interprétant les auteurs profanes, des exhortations morales et pieuses. Brunfels étant parti en 1533 pour Berne, où il était appelé pour remplir les fonctions de médecin de la ville, on le remplaça par Pierre Dasypode, de Frauenfeld, en Suisse, très-versé dans les langues anciennes [1]. Une seconde école latine fut établie à Saint-Pierre-le-Vieux, sous la direction de Jean Schwebel, de Bischoffingen, assisté de Henri Zell. Elle eut aussi trois classes, où l'on traitait à peu près les mêmes matières que dans celle des Carmes [2]. Une troisième se trouva aux Dominicains, dirigée par Jean Sapidus, qui, après avoir étudié le droit, s'était jeté avec ardeur dans la carrière de l'enseignement littéraire; il avait été professeur de latin et de grec à l'école de Schlestadt, où il avait propagé en même temps les principes de la Réforme. Pour les élèves qui ne devaient pas apprendre les langues anciennes, on établit un *pœdagogium* [3], sur lequel malheureusement les données nous manquent; enfin, on ouvrit une école française, destinée principalement aux fils des réfugiés [4].

Pour donner plus d'extension à l'enseignement des « humaniora » et de la théologie, on transféra les cours dans les bâtiments de Saint-Thomas; des savants étrangers vinrent successivement se joindre aux membres du cha-

---

[1] Dasypode fut recommandé à Bucer par Blaarer; ms. — Dès 1535, il publia pour ses élèves un *Dictionarium latino-germanicum et germanico-latinum*; réimprimé en 1536, recommandé par une préface de Bédrot : « *Studiosis literarum adolescentibus per Germaniam.* » Strasb., Wend. Rihel, in-4°.

[2] *De scholæ Argentinensis ortu*; ms.

[3] Pour les « *Burgerskinder,* » Rapport ms.

[4] Le maître avait un traitement sur les revenus du couvent des Récollets.

pitre et aux pasteurs pour offrir à la jeunesse des leçons sur la philosophie, sur les langues anciennes et orientales, sur les mathématiques. Jacques Bédrot, des Grisons, enseigne le grec et la dialectique ; Nicolas Gerbel, de Pforzheim, docteur en droit et ami de Hutten, s'occupe des langues anciennes; Chrétien Herlin professe les mathématiques, la géographie et la rhétorique; Michel Délius, l'hébreu [1]. A peine établi, cet enseignement public attire l'attention des étrangers, qui louent avec admiration la sollicitude du magistrat strasbourgeois [2] ; les élèves affluent en grand nombre des pays voisins, et Strasbourg ne tarde pas à en avoir autant que Zurich et plus que Bâle [3].

Cependant, nous le répétons, tous ces généreux efforts n'avaient pas encore réussi à créer une organisation véritable. Il n'y avait pas de liaison entre les écoles, pas de progression rationnelle d'une classe à l'autre, pas assez de professeurs ; ceux-ci étaient fréquemment des étrangers, des protestants chassés de leur patrie par la persécution, et auxquels on accordait des subsides, à condition de faire

---

[1] Bédrot, qui s'était occupé en 1519, à Fribourg, de mathématiques, s'est surtout distingué comme philologue. — Nic. Gerbel, dès 1515, « *vir lepidæ eruditionis et doctor meritissimus* » (Zasii *Epp.*, p. 284), était avocat de la ville de Strasbourg et savant humaniste. — Herlin fut chargé en 1535 d'enseigner les mathématiques et les « *artes dicendi ;* » on lui accorda des « *mappas orbis* » pour ses leçons de géographie. — Michel Délius, du diocèse de Constance, enseigna l'hébreu après la mort de Casélius, arrivée en 1528. — En 1533 et 1534, Barthélemy Fontius, réfugié vénitien, ancien ami de Pic de la Mirandole, fit à Strasbourg des leçons ; à la même époque enseigna Simon Lithonius, du Valais.

[2] En 1528, André Cratander dit, en parlant de la mort de Jean Chélius et de Georges Casélius, « *quos florentissimæ illius urbis prudentissimus senatus ludis literariis, nuper a se pulcherrime et magnificentissime institutis, magnâ spe adolescentiæ probe formandæ præfecerat.* » Épitre dédicatoire au chancelier Ulric Varnbüler ; *Ciceronis Opera.* Bâle 1528, in-fol., T. I.

[3] Bucer à Ambroise Blaarer, 8 juillet 1534.

quelques leçons, mais sans les fixer ni par des nominations en règle ni par des salaires suffisants ; tous d'ailleurs étaient trop abandonnés à eux-mêmes, sans guide, sans direction officielle.

Enseignant avec ardeur, mais sans méthode, pressés de communiquer à leurs élèves des connaissances supérieures avant d'avoir posé les fondements élémentaires, voulant former des orateurs ou des dialecticiens avant d'avoir enseigné la grammaire et l'orthographe, se mettant rarement au niveau d'une jeunesse dont la rudesse intellectuelle les irritait, leurs leçons ne produisaient souvent que très-peu de résultats.

Ces inconvénients ne tardèrent pas à se faire sentir, et dès 1534 le gouvernement de la cité dut s'occuper sérieusement de donner enfin une organisation systématique à l'instruction publique de Strasbourg. Il commença par défendre d'ouvrir des écoles nouvelles, soit élémentaires, soit latines, sans le consentement des scolarques ; ceux-ci furent chargés de s'assurer de la capacité des candidats. L'année suivante, on institua des visiteurs pour inspecter tous les mois les écoles ; on organisa des séances trimestrielles des scolarques et des visiteurs, auxquelles devaient être appelés les professeurs et les maîtres pour exprimer leurs vœux ou leurs plaintes. Dans une des premières de ces séances, il fut décidé qu'on établirait des écoles élémentaires dans les différents quartiers de la ville ; le nombre en fut fixé à six pour les garçons et à quatre pour les filles ; on résolut en outre de faire une inspection générale de tous les établissements. Cette visite eut lieu en 1536 ; les scolarques firent au sénat un rapport et des propositions dignes de remarque ; ils constatèrent le zèle des maîtres aussi bien que l'empressement des parents à envoyer leurs enfants dans les écoles ; mais celles-ci, dirent-ils, ne répondent pas à leur but, attendu que les maîtres, pas assez nombreux, ont trop d'élèves pour s'occuper de chacun autant que c'est désirable, et que le même professeur est obligé d'enseigner trop de matières; ils ajoutèrent que ces inconvénients résultent du manque de liaison entre les écoles; on pourrait bien y remédier en augmentant le nombre des maîtres, mais cela ne produirait pas encore tous les résultats qu'on recherche; le moyen le plus simple et le plus sûr est donc de réunir les écoles latines en une seule, suffisante pour la population de Strasbourg au seizième siècle; l'essentiel est de la diviser convenablement en classes progressives, et de lui donner des maîtres décidés à travailler d'après un plan uniforme; de cette façon, chaque classe n'aurait ni un trop grand ni un trop petit nombre d'élèves, il y en aurait assez pour que le maître pût s'occuper de chacun en particulier et pour qu'en même temps il y eût de l'émulation parmi eux. Quant aux écoles élémentaires, il convient de les conserver, car l'école latine ne doit être que pour ceux qui savent lire et écrire leur langue maternelle.

Ces idées furent adoptées par le magistrat. En sa qualité d'État souverain, il jouissait du droit régalien de fonder des écoles supérieures. Il en usa pour la gloire de la République. Les scolarques délibérèrent longuement sur les moyens d'exécution, sur les fonds et le local à assigner à l'école nouvelle, sur les professeurs qu'il convenait d'y attacher, sur le savant auquel devait être confié, avec le titre de recteur, la tâche d'organiser un enseignement public digne de la réputation de la ville. Nous avons dit plus haut que c'est Sturm qui fut choisi pour cette œuvre.

CHAPITRE IV.

Fondation du Gymnase de Strasbourg.

1537 — 1538.

Sturm partit de Paris le 30 décembre 1536 ; il arriva à Strasbourg le 14 janvier suivant, non sans quelques appréhensions au sujet de l'accueil que lui, jeune homme de trente ans, allait rencontrer de la part des hommes graves qui lui imposaient une tâche si grande[1]. L'extrême bienveillance avec laquelle Jacques Sturm et Bucer le reçurent, dissipa facilement ces craintes[2]. Bucer lui donna l'hospitalité dans sa maison[3]. Mais à peine installé, il tomba gravement malade ; attribuant son mal au passage du climat de Paris au climat malsain de Strasbourg, il songea à repartir pour la capitale. Les instances du magistrat et de Bucer le retinrent ; il se trouvait heureux du reste d'être dans une ville protestante[4]. Dès le mois de mars, on le chargea des cours de rhétorique et de dialectique ; sur le conseil de Bucer, il commença par l'explication du livre d'Aristote περὶ ἑρμηνείας. Il fit sa première leçon à l'entière satisfaction des savants venus pour l'entendre[5].

---

[1] Sturm à Ant. Cook, en tête des traités de Bucer sur l'Eucharistie, 1561 ; — *Vortrab wider Jac. Andreæ*, p. 21.

[2] *Antipappus* IV, P. 1, p. 18. — « *Pridie venit huc Joh. Sturmius, qui Lutetiæ aliquot annos bonas literas maximà cum laude docuit, juvenis doctrinà singulari moribusque elegantissimis.* » Bédrot à Camérarius, 14 janv. 1537 ; dans *Libellus tertius epistolarum Eobani Hessi et aliorum*. Leipz. 1561, in-8º (sans pages).

[3] *Antip.* IV, P. IV, p. 107.

[4] Sturm à son père, 7 mars 1537 ; Bibl. de Berne. — *Antipap.*, l. c.

[5] « *Valde docte legit primam lectionem.* » Rapport ms. — « *Sturmius a magistratu nostro conductus est, stipendio annuo flor. C, ut artes dicendi ac disserendi doceat. Incepit igitur* τὸ περὶ ἑρμηνείας *Aristotelis, in*

Bientôt après, on lui confia les cours sur l'*Organon* complet ; en même temps il déchargea Bucer de l'explication des *Paraphrases apodicticæ* de Thémistius, afin que ce savant théologien pût employer tout son temps à l'interprétation des Écritures [1]. Sturm, qui tous les jours faisait deux leçons publiques, expliquait aussi des discours de Cicéron [2]. On ne lui assigna d'abord qu'un traitement de 40 florins ; bientôt on le porta à 100 florins, à condition pour Sturm de s'engager pour un an [3]. Quelques mois après, les visiteurs des écoles rapportèrent qu'il enseignait avec un grand succès, et que les universités de Bâle et de Wittemberg venaient de lui faire des offres fort avantageuses ; les scolarques élevèrent alors son salaire à 140 florins ; en retour il s'engagea à servir pendant quatre ans la ville [4]. Un rapport fait aux scolarques quelques années plus tard, constata qu'il avait « une intelligence merveilleuse et une rare érudition, » et que cependant il savait s'abaisser au niveau de ses élèves qui admiraient sa parole élégante et facile ; tout ce qu'on trouva à lui reprocher, c'est que, plein du désir de réformer la science, il semblait mépriser les auteurs jusque-là célèbres dans les écoles. L'empressement de suivre ses cours était si grand, que les visiteurs durent demander aux scolarques s'il pouvait être permis aux maîtres d'école de négliger leurs leçons pour assister à celles de Sturm.

quo ita se nostris approbat, tam diligentiâ quam eruditione, ut Deo Opt Max. plurimum debeamus, qui nostram scholam tanto viro dignatus est .. Ciceroni est addictissimus, neque opinor a te multo dissentiet. *Juvenis est candidissimus, atque tuæ amicitiæ in primis cupidus.*» Bédrot à Camérarius, 4 févr. 1537, dans les *Epistolæ* Eobani Hessi.

[1] *Antipappus* IV, P. I, p. 18.

[2] «...*Bis quotidie docet.*» Bédrot à Camérarius, 6 déc. 1537 ; dans les *Epp.* E. Hessi.

[3] Bédrot à Camérarius, 4 févr. 1537 ; l. c.

[4] L. c., et 6 déc. 1537.

Mais faire fleurir à Strasbourg l'enseignement de la logique n'avait pas été le principal but de ceux qui avaient appelé Sturm; il devait s'occuper avec eux de l'organisation de tout l'ensemble de l'instruction publique.

Des conférences eurent lieu dans la maison de Bucer avec les principaux professeurs et les membres les plus influents du gouvernement de la ville[1]. Les idées que Sturm exposa avec une parfaite netteté et une conviction profonde firent la plus vive impression sur tous ces hommes éminents; Jacques Sturm surtout y applaudit et les appuya de la double autorité de son expérience et de son caractère. Ce grand magistrat, ce héros de Strasbourg comme l'appelaient nos pères du quinzième siècle[2], cet homme intègre qui ne recherchait en tout que l'honneur de la cité et la vraie prospérité de ses concitoyens, Jacques Sturm, disciple de Wimpheling[3], élève de l'université de Heidelberg, maître ès-arts de celle de Fribourg, professait depuis longtemps des opinions analogues à celles du futur recteur de notre école. Lorsqu'en 1522 l'électeur palatin voulut réformer l'université de Heidelberg, il fit demander l'avis de Jacques Sturm, dont la réputation était déjà grande dans l'Empire germanique. Dans le mémoire qu'il fit pour répondre à cette marque de haute estime, Sturm proposa d'abandonner les étroites ornières du moyen âge pour entrer courageusement dans la voie de progrès ouverte par la Réforme. Il fut d'avis de remplacer les cours faits sur Aristote, sans choix de ses ouvrages et à des auditeurs non préparés, par des leçons de grammaire et de rhétorique; de renoncer dans l'enseignement de la dialec-

---

[1] Sturm, *Consolatio ad senatum de morte Jac Sturmii.*

[2] « *Heros noster.*» Bucer à Ambroise Blaarer, 1530.

[3] Wimpheling lui dédia entre autres son *Liber de integritate.* Strasb. 1505, in-4º.

tique à la méthode des scolastiques, pour suivre celle de
Rodolphe Agricola en l'appliquant à l'art de la parole; de
compléter l'instruction philosophique par des leçons de
physique et de mathématiques d'après les ouvrages de Lefèvre d'Étaples; de se servir enfin dans l'interprétation de
la Bible, des Pères de l'Église au lieu des docteurs du
moyen âge[1]. Plein de ces idées éclairées, l'illustre Stettmeister ne pouvait qu'approuver les projets du jeune savant
de Sleide; et celui-ci, voyant ces heureuses dispositions
des magistrats et l'ardeur des savants, s'écria : « j'espère
que sous peu il sortira de cette République des hommes
qui lui feront honneur, en soutenant puissamment la cause
de notre Église »[2]. Tout ce que jusqu'ici il avait vu à Strasbourg, fit une si vive impression sur lui, qu'encore dans
sa vieillesse il se rappelait, avec un bonheur mêlé de tristesse, le souvenir de ces beaux jours où l'on avait pu dire
avec Ulric de Hutten : « c'est une joie que de vivre![3] » Dans
plusieurs écrits des dernières années de sa vie, à une
époque où l'esprit qui avait animé les hommes d'État et
les théologiens de Strasbourg du temps de la Réforme,
avait fait place à d'autres tendances, il a retracé les portraits de ces hommes avec une fraîcheur qui prouve la profonde vénération qu'ils lui avaient inspirée[4].

Pour qu'il pût mieux étudier les besoins du pays, on
adjoignit Jean Sturm aux visiteurs pour inspecter les écoles
latines; il trouva que, malgré la bonne volonté et les con-

---

[1] Ce mémoire, daté du 22 juillet 1522, se trouve dans Mieg, *Monumenta pietatis et literaria*. Francf. 1702, in-4°, P. 1, p. 276.

[2] *De amissâ dicendi ratione*, 1538, p. 110.

[3] « *O sæculum! o literæ! juvat vivere, etsi quiescere nondum juvat! vigent studia, florent ingenia!* » A Bilibald Pirkheimer, 25 oct. 1518; *Opp.*, ed. Münch. Berlin 1823, T. III, p. 99.

[4] A Fr. Walsingham, 23 févr. 1577, en tête des *Scripta anglicana* de Bucer; — *Antipappus* II, p. 128; — *Commonitio oder Erinnerungsschrift*, 1581 (*Antip.* IV, P. 1), p. 5.

naissances des maîtres, on négligeait encore trop la pureté du langage, qu'on suivait encore une méthode et des manuels très-imparfaits, qu'il n'y avait aucune liaison ni entre les diverses écoles, ni entre les classes de chacune d'entre elles[1]. Il présenta aux scolarques[2] un travail, aussi solidement pensé qu'élégamment écrit, sur la nécessité de réunir les différentes écoles latines en une seule; car, disait-il, là où les études sont concentrées dans de grands établissements, au lieu d'être dispersées dans une foule de petits, il y a plus de progrès et des résultats plus réels; plus le nombre des élèves d'une école est considérable, plus le zèle des maîtres et l'émulation des disciples sont excités. Il ajoutait que l'enseignement doit être progressif, que les classes, au nombre de neuf, doivent s'enchaîner parfaitement entre elles, et qu'on doit suivre en toutes une méthode uniforme, afin que l'esprit des élèves ne soit pas brouillé par l'exposition de principes différents. Il expose ensuite le plan d'études du gymnase de Saint-Jérôme de Liége, qu'il désire prendre pour base du nouvel établissement qui doit être fondé à Strasbourg. Il propose d'installer celui-ci dans les vastes bâtiments du couvent des Dominicains. C'est là qu'il faudra réunir les écoles déjà existantes, en les modifiant pour les adapter au nouveau plan; les élèves de Sapidus, de Schwebel et de Dasypode seront répartis dans les classes inférieures, les plus avancés constitueront les classes supérieures. L'enseignement sera complété par des leçons publiques sur la philosophie, les langues anciennes, l'histoire, les mathématiques, la théologie. Pour les habitants des quartiers éloignés, qui pourraient être empêchés d'envoyer leurs enfants dans la classe inférieure, il conviendra de laisser subsister quelques

---

[1] Sturm aux précepteurs du Gymnase, 4 févr. 1573, en tête des *Adagia classica* de Hauenreuter.
[2] Le 24 févr. 1538.

écoles latines élémentaires. Quant au recteur, Sturm pense avec raison qu'il ne devra pas être choisi parmi les maîtres des classes, mais parmi les professeurs des cours publics, afin d'augmenter son autorité ; il ne devra être soumis qu'aux scolarques.

Le plan d'organisation que Sturm joignit à ce mémoire fut adopté, et le 7 mars 1538 les scolarques décidèrent de l'exécuter [1].

Pour donner connaissance au public de ce fait important dans l'histoire intellectuelle et morale de Strasbourg, le magistrat le fit annoncer par les échevins dans les lieux de réunion des corporations, et par les pasteurs du haut des chaires de toutes les églises. De plus, les scolarques invitèrent Sturm à publier un traité sur l'esprit qui avait présidé à la réforme de l'instruction publique en notre ville. Il le fit par son beau livre sur la manière d'organiser une école, *De literarum ludis recte aperiendis*, par lequel il inaugura dignement la nouvelle création, destinée à un si long avenir. Il y exposa, avec une sagesse remarquable et un grand tact pédagogique, les principes et la méthode de l'enseignement conforme aux idées du seizième siècle. Frappé de la barbarie intellectuelle et de la rudesse des mœurs qu'il voyait régner encore, il soutint qu'il était du devoir des gouvernements de porter un prompt remède à ces maux ; ce remède, c'est une bonne éducation de la jeunesse, afin de préparer pour l'avenir des générations meilleures. Sturm dit *éducation* de la jeunesse ; selon lui, les connaissances ne servent à rien, si la discipline et l'exercice de la vertu ne viennent pas s'y joindre ; le meilleur système d'instruction publique sera donc celui qui se proposera l'éducation morale et religieuse autant que la culture de l'intelligence ; celle-ci elle-même

---

[1] Sturm, *De literarum ludis recte aperiendis*, 1538, p. 1.

doit servir à la piété. Quant aux connaissances, elles sont peu utiles sans la faculté de les communiquer à d'autres au moyen d'une élocution élégante et claire; la perfection du langage est aussi indispensable que tout le reste. Ainsi, cultiver les facultés intellectuelles, former la jeunesse à la pratique de la parole et l'élever pour une vie pieuse, tel est le but de toute instruction. Pendant toute sa vie Sturm est resté fidèle à ce principe fécond, sur lequel repose l'organisation donnée par lui au Gymnase; et c'est en le prêchant et en l'appliquant avec une admirable persévérance, qu'il est devenu le réformateur de l'instruction publique.

Le traité par lequel Sturm inaugura la création du Gymnase fut accueilli avec admiration par les hommes distingués qui se trouvaient à la tête de la République et de l'Église de Strasbourg. Ils en adoptèrent les principes et les appliquèrent au programme et à toute l'organisation de la nouvelle école. Celle-ci fut solennellement ouverte, en mai 1538, dans les bâtiments du couvent des Dominicains, vacants par suite de la sortie des moines; par acte du 27 février le magistrat les avait cédés au Gymnase en toute propriété. Pour célébrer la fête de l'inauguration, Jean Sapidus composa un drame latin sur la résurrection de Lazare; il le dédia à Érasme de Limbourg, alors custode du grand-chapitre, qui, quoique catholique, avait recommandé Sturm aux magistrats et aux savants protestants de Strasbourg [1].

Le 24 juin, les scolarques offrirent à Sturm le rectorat de l'école; n'étant pas encore décidé à rester dans une ville dont il ne croyait pas pouvoir supporter le climat, il n'accepta ces fonctions que provisoirement pour un an. On lui adjoignit trois *visiteurs*, les professeurs Hédion,

---

[1] *Anabion sive Lazarus redivivus.* Strasb. 1539, in-12; 1540, in-12. Cologne 1541, in-12.

Bédrot et Herlin, chargés de l'assister et d'inspecter avec lui le Gymnase et les autres écoles. De concert avec eux, Sturm compléta l'organisation du Gymnase par un règlement disciplinaire, obligeant les élèves à parler toujours la langue latine entre eux, à se vêtir décemment, à éviter les rixes et les lieux publics ; les châtiments corporels, les coups de verge, figurent au premier rang parmi les moyens de discipline [1].

Pour le Gymnase on nomma maîtres plusieurs des savants qui jusque-là avaient dirigé les écoles latines, Jean Schwebel, Pierre Dasypode, Jean Sapidus. Faute d'un nombre suffisant d'hommes capables, on ne put pourvoir d'abord que provisoirement à plusieurs classes, mais on ne tarda pas à compléter le personnel par des maîtres distingués. Les cours supérieurs continuèrent d'être donnés par les professeurs qui jusque-là s'en étaient occupés ; on y ajouta un cours de droit, consistant dans l'explication des *Institutes*, dont on chargea le docteur Wendelin Bittelborn, d'Offenbourg.

En même temps on réorganisa les écoles latines élémentaires ; réduites à trois, à Saint-Pierre-le-Vieux, à Saint-Pierre-le-Jeune et au couvent des Carmes, et correspondant aux deux classes inférieures du Gymnase, elles furent destinées aux enfants des quartiers plus éloignés. Les écoles allemandes de garçons et de filles furent également améliorées. Dans tout cet ensemble d'établissements pédagogiques et littéraires on fit entrer les colléges fondés pour les élèves pauvres. Les jeunes gens sans fortune avaient eu l'habitude de chanter devant les maisons, pour obtenir quelques aumônes ; c'est ainsi que Luther avait gagné sa vie ; à Strasbourg avait régné le même usage. La Réformation le fit abolir ; déjà avant l'arrivée de Sturm,

---

[1] Règlements de 1538 et de 1539 ; ms.

des particuliers avaient fondé des bourses, et bientôt après, l'Église protestante, avec le concours du gouvernement, établit des pensionnats pour y recevoir les élèves pauvres. Quand Sturm recommanda aux scolarques d'étendre le bienfait de l'instruction à la jeunesse indigente, il eut donc peu de peine à faire agréer ses idées libérales [1]. Par ces mesures, Strasbourg se trouva pourvu d'un système d'écoles comme peu de villes du seizième siècle en offrent un exemple. Les créateurs de ces belles institutions, Jacques et Jean Sturm, Capiton, Hédion, Bucer, eussent désiré les couronner par l'établissement d'une académie complète, réunissant toutes les facultés; le Stettmeister surtout parlait fréquemment de la gloire qu'il y aurait pour Strasbourg de posséder un grand foyer de science; située aux confins de l'Allemagne et de la France, et à distance à peu près égale des principaux États protestants, notre ville lui paraissait le mieux placée pour devenir le siége d'une institution de ce genre; selon lui, tous les pays protestants de l'Allemagne auraient dû s'unir pour créer et pour entretenir à frais communs cette académie, à laquelle on ne devait pas appeler seulement des professeurs protestants, mais aussi ces illustres savants catholiques du seizième siècle, qui, éclairés par une science réelle, étaient animés d'un esprit de tolérance et de conciliation devenu de plus en plus rare dans la suite [2]. Ce projet ne put pas être réa-

---

[1] Dès 1523 les élèves pauvres furent compris dans la distribution des secours organisés par le magistrat. En 1539, on commença à en loger quelques-uns au couvent de Saint-Guillaume, converti définitivement, en 1544, en *collegium pauperum*. — V. aussi *Notice sur les fondations du Sémin. prot.* Strasb. 1854, in-4º. p. 81.

[2] « *Das ein volkommene Academia mit gemeinen Kosten aller protestirenden angerichtet werden möchte, in welche aus allen nationen, ja auch aus den Päpstischen, gelerte hoch verstendige und furtreffliche menner die alle völcker mit lher und geschickligkeit übertreffen, deren an-*

lisé alors ; au milieu des troubles qui divisaient l'Allemagne, il eût été difficile, sinon impossible, d'obtenir de l'empereur le privilége indispensable pour la création d'une pareille académie.

CHAPITRE V.

Correspondance avec la commission de cardinaux instituée par Paul III pour réformer l'Église.

1538—1541.

Pendant ses travaux pour organiser l'instruction publique à Strasbourg, Sturm avait eu constamment à lutter avec la maladie. Croyant sa fin prochaine, il s'estimait heureux au moins d'avoir pu créer un établissement qui lui survivrait ; l'espoir que la sollicitude des pasteurs et des magistrats de Strasbourg ne laisserait pas périr le Gymnase, le soutenait dans ses souffrances et le rassurait sur l'avenir [1]. Des désagréments, causés par la légèreté et la paresse de ses frères, qui voulaient profiter de sa position pour se dispenser de travailler, vinrent se joindre aux attaques de la fièvre [2]. Cependant il sut surmonter ces ennuis et trouva même assez de force pour se consacrer, au milieu de ses travaux pédagogiques, à la poursuite d'un but dont la réalisation a été le désir de toute sa vie. Sincèrement attaché à la Réforme, Sturm recherchait néanmoins la réconciliation des Églises.

sehen und autoritett niemandt kondte oder möchte verachten, und deren ein jeder in seiner kunst und profession volkommen, zusammenberuefft wurden.» Rapport de Sturm aux scolarques, avril 1567.

[1] *Epist. class.*, p. 24.
[2] Sturm à son père, 1er févr. 1538 ; 10 juin 1539 ; 2 déc. 1540 ; Bibl. de Berne.

Il ne comprenait pas que l'union dût être impossible à des hommes savants et pieux, amis de la vérité autant que de la paix; c'est une conviction, nous dirons plutôt une illusion, qu'il partageait avec d'autres esprits supérieurs de son temps. Il ne négligea aucune occasion pour travailler au rétablissement de la concorde religieuse; ses efforts furent rarement couronnés de succès; il voulait réaliser un idéal pour lequel ses contemporains n'étaient pas mûrs; ses échecs ne nous étonneront pas; aujourd'hui, après trois siècles de progrès, il n'aurait pas réussi mieux.

En 1537, le pape Paul III institua une commission pour aviser aux moyens de corriger les abus de l'Église. Il la composa de prélats distingués, animés de sentiments évangéliques[1]; on pouvait espérer qu'ils se montreraient favorables à une réforme et disposés à la paix. Dans un mémoire, publié l'année suivante, ils annoncèrent l'intention d'indiquer au pape les maux auxquels il fallait remédier et les moyens de les faire disparaître. Ils proposèrent de faire observer strictement les statuts de l'Église, de défendre le trafic des bénéfices, de rétablir la régularité dans l'administration temporelle et dans la collation des fonctions et des dignités, de ne nommer aux emplois vacants que des hommes capables, pieux et savants, de réformer la discipline relâchée des ordres monastiques; de plus, pour prévenir les schismes, ils demandèrent que le pape défendît toute discussion sur le dogme, et qu'il interdît par conséquent l'enseignement de la philosophie et l'explication dans les écoles d'ouvrages tels que les *Dialogues* d'Érasme.

C'est là tout ce que d'illustres cardinaux, tels que Caraffa, Sadolet, Contarini, Pole, Frégoso, trouvèrent de plus effi-

---

[1] Les cardinaux Gaspard Contarini, Jacques Sadolet, Jean-Pierre Caraffa, Réginald Pole, les archevêques Frégoso de Salerne, Jérôme de Brindisi, l'évêque Jean Matthieu de Vérone, l'abbé Grégoire de S. Georges de Venise, le frère Thomas, maître du sacré palais.

cace pour ramener l'Église à un état plus pur : quelques mesures de police extérieure et la proscription de la philosophie ; pas un mot ni sur la doctrine ni sur le culte.

La nouvelle que le pape avait institué une commission pour contribuer à la réforme de l'Église et à la réconciliation des esprits divisés, avait produit en Allemagne une sensation profonde. Les hommes qui, comme Sturm et Bucer, désiraient la paix, croyaient y voir la preuve que Paul III était sincèrement décidé à mettre fin à une scission qu'ils déploraient, quoique, à leurs yeux, elle fût pleinement justifiée. Lorsqu'en mars 1538 le mémoire des cardinaux arriva à Strasbourg, ces espérances furent déçues ; on vit avec douleur que des hommes dont on avait tant attendu, ne donnaient que si peu ; qu'au lieu d'aborder les questions importantes, ils ne se préoccupaient que de détails secondaires d'administration et de discipline extérieure, et que, loin de fonder la paix sur la liberté, ils voulaient la rétablir en maintenant la servitude et en étouffant la discussion. Bucer engagea Sturm à prendre la plume pour leur répondre [1]. Dans un écrit remarquable par sa noble franchise, Sturm félicita le pape et les cardinaux de leurs intentions, mais il ne leur cacha point la surprise produite par l'insuffisance des moyens proposés. Il demande pourquoi ils ne parlent pas de la religion, de la libre prédication de l'Évangile, de la propagation de la Bible, du rétablissement d'un culte plus pur et plus simple, seuls moyens de réformer la foi et la vie des peuples. A quoi sert-il d'interdire les *Colloques* d'Érasme ou de bannir des écoles la philosophie ? Ce sont là des mesures peu dignes des hommes graves appelés à donner un avis au pape. L'unique remède aux abus, c'est l'Évangile substitué aux fables superstitieuses et aux vanités scolastiques qui obscurcissent

---

[1] Sturm, *Epistola apologetica contra Jac. Andreæ*, p. 3

l'esprit sans satisfaire la conscience. Pourquoi les cardinaux n'ont-ils rien dit de l'Évangile ? Serait-ce par ignorance ou par aversion pour sa vérité ? Ne donnent-ils pas raison à ceux qui affirment que, dans le catholicisme, on le cache ? Croient-ils qu'on l'arrêtera de nouveau dans sa marche lumineuse à travers le monde ? Nous l'aurons, dit-il, et nous le conserverons malgré les menaces, les prisons, les tortures, les flammes ! Qu'on nous l'accorde librement, et nous serons prêts à céder sur les points accessoires ; car nous ne voulons ni l'abolition du culte extérieur, ni le renversement de l'ordre et de l'autorité dans l'Église. Sturm expose alors une idée qu'en 1535 Bucer et Hédion avaient soumise à la cour de France [1] ; ce projet, souvent reproduit dans la suite par Sturm, consistait à réunir, avant la convocation d'un concile libre, une espèce de prosynode officieux, composé d'hommes sages de tous les partis, laïques et théologiens, délibérant sur la réforme de l'Église universelle et sur le rétablissement de la paix.

Cet écrit, qui augmenta l'estime que les réformateurs avaient déjà pour les talents et pour la science de Sturm [2], fut fort mal reçu dans le monde catholique. A Paris, le docteur Maillard, qui d'abord s'en était réjoui par suite d'une méprise, voulut en faire supprimer tous les exemplaires ; mais sa défense vint trop tard, le libraire en avait déjà vendu plus de trois cents [3]. En Allemagne, Jean Cochléus réfuta Sturm par un écrit que nous ne connaissons pas [4] ; Jean Eck tenta de le discréditer en l'accusant de lâcheté, pour s'être soustrait par la fuite au devoir de pro-

---

[1] *Die Unions-Versuche Franz I*, l. c., p. 35.

[2] Mélanchthon à Albert de Prusse, 6 mai 1538 ; Melanchth. *Epist.*, T III, p. 519. — Luther à Bucer, 16 avril 1539.

[3] Sturm, *Epistola apolog. contra Jac. Andreæ*, p. 3, 4.

[4] *Contra J. Sturmium, de consilio cardinalium delectorum.* Teissier, T. I, p. 104. — Sturm, *Antipappus* IV, P. 3, p. 150.

fesser sa foi en France [1] ; le cardinal Sadolet le combattit à
son tour, et d'une manière fort embarrassée. Après avoir
loué Sturm de la pureté cicéronienne de son style, il le
plaint d'en avoir terni l'éclat par ce qu'il appelle l'aspérité
de ses invectives ; il croyait, dit-il, que, parmi les protestants, Luther seul avait le privilége des injures ; c'est un
rôle qui ne convient pas à un homme aussi lettré que
Sturm ; aussi espère-t-il qu'il reviendra à des dispositions
plus modestes et plus douces. Cette lettre, qui ne justifiait
pas le projet des cardinaux et qui ne réfutait pas les objections de Sturm, circula en Italie et fut envoyée à la cour
de France et au roi Ferdinand, avant d'être communiquée
à Sturm lui-même. Sadolet savait quel cas on faisait, non-
seulement de la science et du talent littéraire du jeune recteur, mais aussi de sa modération chrétienne ; il espérait
sans doute qu'en répandant sa lettre avant de l'envoyer à
Sturm, les esprits seraient assez préparés pour qu'une réponse de celui-ci ne fît plus une grande impression. Sturm,
ayant appris que la lettre circulait à Paris, en demanda vainement une copie à plusieurs personnages haut placés. Comme
sa réponse se faisait attendre, on prétendait déjà qu'il ne
s'en sentait pas la force, et que les protestants étaient bat-
tus par Sadolet. A Strasbourg, on fit alors une collecte
pour envoyer à Paris un messager chargé de demander
une copie au cardinal du Bellay ; l'affaire ayant un intérêt
général pour tout le protestantisme, Capiton demanda même
que le magistrat donnât au messager un cheval des écuries
de la ville. Cependant Sturm ne reçut la pièce qu'après
qu'elle eut été publiée à Wittemberg, en juillet 1539. Il y
répondit avec une élévation dont Sadolet ne lui avait pas
donné l'exemple [2]. Il reconnaît qu'il a été vif, mais cette

[1] Sturm à Hédion, 7 oct. 1542, dans *Luctus ad Camerarium*.
[2] La lettre de Sadolet parut à Wittemberg pet. in-8°. — La réponse de
Sturm est du 18 juillet 1539. *Epistolæ de dissidiis relig.* — V. Bédrot à Camérarius, 15 juin 1539 ; dans Eob. Hessi *Epistolæ*.

vivacité est justifiée par le chagrin de n'avoir trouvé dans le mémoire des cardinaux aucun avis sur les moyens de rendre l'Évangile aux peuples ; il expose la situation qu'on fait aux protestants accusés d'avoir provoqué un schisme, tandis que les catholiques en sont les seuls auteurs par leur opposition à toute réforme et par les persécutions qu'ils dirigent contre les amis de l'Évangile. Ceux-ci ne demandent qu'à se réconcilier avec l'Église romaine, mais à la condition qu'elle consente à se purifier ; il serait plus digne d'un homme comme Sadolet de concourir à cette œuvre, que de discuter sur des détails insignifiants ou de critiquer le style de ses adversaires.

Quant à Cochléus, qui, dans toutes ses controverses, montrait une violence que rachetait à peine son érudition, Sturm dédaigna de lui répondre [1]. D'un autre côté, il eut le regret de voir son ancien ami, Jacques Omphalius, alors assesseur impérial à Spire, auquel il dédia sa réponse au mémoire des cardinaux, publier un traité assez véhément contre la Réforme [2]. Omphalius essaya de le calmer, en lui assurant que ce livre, loin d'être dirigé contre ceux qui demandaient sincèrement la restauration de la piété, des mœurs pures et des lettres, n'attaquait que les fanatiques, les ennemis de l'ordre, les anabaptistes [3]. Ils se réconcilièrent, mais se brouillèrent de nouveau ; cependant Omphalius permit plus tard à un de ses fils de fréquenter pendant quelque temps les cours de la Haute-École [4].

La mission donnée par Paul III à ses cardinaux n'eut pas d'autre suite que la publication du mémoire mentionné et

[1] *Epist. apolog. contra Jac. Andreæ*, p. 4.

[2] *De suscipienda christianæ reipublicæ propugnatione*. Nous ne connaissons pas d'autre indication de ce livre.

[3] Omphalius à Sturm, 10 août 1539 ; dans *Epist. de dissidiis relig.*

[4] Sturm à Hédion ; dans *Luctus ad Camerarium*. — Omph. à Godefr. Rasseler, 4 sept. 1562 ; dans son traité *De elocutionis imitatione*. Col. 1613, in-8º, p. 376.

la mise à l'index des *Colloques* d'Érasme. Il est vrai qu'encore plus tard Contarini eut un moment l'intention de réunir une conférence de savants de différents pays, pour s'entendre sur la réforme et la pacification de l'Église; mais ce généreux projet ne s'exécuta point.

CHAPITRE VI.

Voyages dans l'intérêt de la Réforme. Missions diplomatiques.

1540—1548.

Pendant que Sturm se livrait au vain espoir d'amener une conciliation entre les protestants et les catholiques, il travaillait avec le même zèle à l'union entre les différentes Églises réformées et au maintien de la paix dans l'Empire. A cause de ses connaissances, de ses relations avec plusieurs personnages politiques, de son éloquence et de son habileté, le magistrat de Strasbourg l'adjoignit, en plusieurs circonstances importantes, aux députés chargés de représenter la ville dans les conférences religieuses ou diplomatiques de cette époque. Dès 1537 il fut envoyé avec Bucer et Capiton à Bâle, pour apaiser la discorde qui s'était élevée entre Carlstadt, depuis 1535 professeur en cette ville, et le réformateur Simon Grynéus. De là, les trois amis se rendirent à Berne, où ils signèrent la formule sur la Sainte-Cène, présentée par Farel et Viret comme confession de foi des Églises françaises [1]. Deux années plus tard (février 1539), Sturm accompagna Bucer à la conférence tenue à Francfort entre l'archevêque de Lund, député de

---

[1] Sturm, *Antipappus* IV, P. 1. p. 19.

l'empereur et les électeurs palatin et du Brandebourg, pour délibérer sur la grande et insoluble question de la pacification de l'Église. Les membres de la conférence, hommes modérés et conciliants, tombèrent d'accord de provoquer, à la prochaine réunion des États, l'institution d'une commission de savants et de laïques, chargée de rédiger un projet d'union sur la base de concessions réciproques dans les choses accessoires[1]. Il est permis de supposer que Sturm n'a pas été étranger à cette résolution si conforme aux vues qu'antérieurement déjà il avait exprimées. C'est aussi à Francfort qu'il fit la connaissance personnelle de Mélanchthon[2], avec lequel il correspondait depuis quelque temps et dont il resta le fidèle ami et le généreux défenseur.

La même annnée il contracta une amitié non moins intime avec Calvin, venu à Strasbourg pour se soustraire aux violences des libertins de Genève. Les scolarques engagèrent le réformateur à faire pendant un an des leçons de théologie, moyennant un traitement d'un florin par semaine[3]; il remplit en même temps les fonctions de pasteur de la communauté française réfugiée, qui tenait ses réunions dans l'église des pénitentes de Saint-Nicolas-aux-Ondes. Lorsqu'en juin 1540 le roi Ferdinand tint une diète à Haguenau, dans l'intention ostensible de réconcilier les deux partis religieux et dans le but secret de déterminer

---

[1] Ranke, *Deutsche Geschichte im Zeitalter der Reformation*, T. IV, p. 98.

[2] Sturm à Wolfgang, comte palatin, 10 mars 1539, en tête des *Dialogi in partit. orat. Ciceronis.*

[3] « *J. Calvinus, ein franzos, so ein gelœrther frommer gesell sein soll, und zu zeitten auch in theologia lese, zudem auch zu den Reuwern franzœsich predige, haben die herren desselbenhalben auch red gehapt, und weilen zu verhoffen dass er der Kirchen dienen mag, ist beschlossen dass man demselben nuhn fürter ein jar lang die 52 fl. als einem Zuhelffer gebe, und soll prima maji angehen.* » — Bientôt après, Calvin obtint une prébende vicariale à Saint-Thomas et le droit de bourgeoisie.

les États catholiques à la guerre contre les protestants, Strasbourg y délégua Jacques Sturm. Le recteur du Gymnase et Calvin furent également autorisés à s'y rendre. Jean Sturm y retrouva son ami Barthélemy Latomus; il eut des entretiens avec le duc Eric de Brunswic, avec l'électeur de Cologne, avec les conseillers de Ferdinand [1]; il fut accueilli par tous avec l'estime due à son mérite, il prit une opinion favorable des dispositions du roi lui-même [2], mais ne se laissa pas empêcher d'employer son zèle au service du protestantisme menacé par les intrigues de ses adversaires. La méfiance entre l'empereur et les États protestants était devenue telle que des deux côtés on faisait en secret des préparatifs de guerre. Les protestants craignaient que l'empereur ne songeât à opprimer l'Allemagne pour ruiner l'autorité des princes; dans cette appréhension ils se rapprochèrent de la France, dont peu d'années auparavant ils avaient repoussé les propositions. Instruit de cet état des choses, François Ier envoya à Haguenau l'abbé Lazare du Baïf, avec la mission de persuader aux protestants qu'il n'avait nullement le projet de s'allier avec l'empereur, comme on en avait répandu le bruit, qu'il ne demandait au contraire qu'à conserver avec eux ses anciennes relations d'amitié. Du Baïf, moins par antipathie religieuse que par des motifs politiques, était hostile à la Réforme, on ne pouvait donc pas s'attendre à ce qu'il inspirât de la confiance aux protestants; on ne le choisit que parce qu'il fallut éviter d'éveiller les soupçons de l'empereur. Le savant abbé, qui s'intéressait peu aux discussions sur le dogme [3], s'entretint volontiers avec les

---

[1] *Antipappus* IV, P. IV. p. 83.

[2] Sturm à Latomus, 31 mai 1541; dans *Epistolæ* Lat. et Sturmii, etc. — Sturm à Hotman, juin 1562.

[3] « *Il n'entend rien en notre cause.* » Calvin à Dutailly, 28 juill. 1540. *Lettres françaises* de Calvin, publ. par M. Bonnet. Paris 1854; T. I, p. 28.

hommes de lettres protestants venus de Strasbourg à Haguenau ; il prit Jean Sturm, Calvin, Nicolas Gerbel en grande estime, à cause de leur connaissance de l'antiquité classique [1]. Sur l'avis du cardinal du Bellay et de son frère Guillaume, François Ier lui avait adjoint, en qualité d'interprète, Jean Sleidan, avec la mission de conseiller secrètement aux envoyés du landgrave de Hesse, de demander à la France une ligue avec les États protestants [2]. Sturm, l'ami et le compatriote de Sleidan, fut employé dans ces négociations, qui tendaient à un but auquel il attachait une importance extrême. Bien qu'il eût quitté Paris pour chercher un lieu où il pût professer librement sa foi, il n'en resta pas moins en correspondance avec les frères du Bellay et en honneur auprès du roi. François Ier l'employait volontiers comme agent auprès des princes de l'Allemagne, et ceux-ci l'accueillaient avec confiance à cause de la fermeté de ses convictions protestantes ; lui-même croyait rendre un service à la cause de la liberté religieuse, en s'efforçant d'amener un rapprochement entre les États protestants et la France.

Le landgrave de Hesse, satisfait des ouvertures que Sleidan fit à ses ambassadeurs à Haguenau, accepta la proposition d'envoyer une députation à François Ier pour demander une alliance avec lui [3]. Le roi à son tour reçut favorablement cette nouvelle. Il avait un puissant motif de se conserver l'amitié des États protestants ; c'était la crainte de les voir forcés de se réconcilier avec l'empereur, s'ils ne recevaient pas de secours du dehors ; or, l'union réta-

---

[1] Calvin à Dutailly, l. c. ; — Nic. Gerbel à Camérarius, 1er juillet 1540 ; dans Eob. Hessi *Epistolæ* ; — Gerbel fils à Du Baïf, 1540 ; — Sturm à Hotman, juin 1562.

[2] Relation de Bucer aux conseillers de l'électeur de Saxe. Arch. de Weimar.

[3] V. ses instructions à ses ambassadeurs à Haguenau. Neudecker, *Urkunden aus der Reformationszeit*. Cassel 1836 ; p. 545, n° CXLV.

blie en Allemagne était alors un danger pour la France. Le cardinal du Bellay fortifiait le roi dans l'intention de s'allier avec les États protestants et de demander, de concert avec eux, la convocation d'un concile libre [1].

Mais la députation qui devait faire à François Ier des propositions d'alliance n'arriva point. Les princes protestants étaient retombés dans ces hésitations qui si souvent déjà les avaient empêchés de s'entendre avec la France. Du Bellay s'en inquiétait sérieusement, car plus on tardait, plus il voyait le cardinal de Tournon, l'ardent adversaire du protestantisme, gagner du temps pour exercer son influence. Lui et Sleidan écrivirent fréquemment à Sturm et à Bucer, les engageant à combattre les scrupules des Allemands et à leur représenter que des démarches amicales auprès du roi leur seraient aussi utiles à eux-mêmes qu'à la liberté de conscience en France [2]. Dans les premiers jours de novembre 1540, du Bellay dit dans une lettre à Sturm qu'il prend Dieu à témoin que depuis plusieurs années il n'a rien négligé pour la conciliation des hommes bons et pieux; il accuse les Allemands de l'avoir empêché d'aller jusqu'au bout et d'avoir compromis par leurs lenteurs les progrès de la liberté religieuse; comment croire désormais à la sincérité de leurs protestations d'amitié pour la France et de leur désir de voir l'Évangile se répandre en ce pays [3] !

Enfin le comte Guillaume de Fürstenberg s'offrit au roi pour négocier un traité d'amitié avec les princes protestants. Le cardinal de Tournon et le chancelier Guillaume Poyet, dont l'influence luttait sans cesse contre celle de du Bellay, obtinrent qu'on adjoignît au comte ce même

---

[1] Sleidan à Sturm, 16 octobre 1540. Arch. de Weimar.
[2] Du Bellay à Sturm, milieu et fin oct. 1540. Ibid.
[3] Le même au même, commencement de nov. 1540. Ibid.

4*

Barnabé Voré qui, déjà en 1535, avait rempli une mission auprès des protestants de l'Allemagne. Ce personnage ambitieux, jadis favorable à la Réforme, avait changé de sentiment. Comme les Allemands ignoraient ce fait, le parti catholique à la cour de François Ier pensait que Voré, qu'on verrait arriver avec moins de méfiance, pourrait contrebalancer plus sûrement l'activité du comte de Fürstenberg. Conformément aux instructions que lui donna le cardinal de Tournon, il devait empêcher à tout prix une ligue avec les protestants, comme nuisible à la religion et à la considération du royaume; il devait engager en outre les Français réformés réfugiés en Allemagne à rentrer en leur patrie; là on les arrêterait pour les punir comme rebelles et hérétiques; ce serait le meilleur moyen de compromettre le roi vis-à-vis des États et de rendre tout rapprochement impossible. Du Bellay, instruit de ces intrigues, chargea Sleidan d'en écrire en Allemagne [1], et lorsqu'en novembre 1540 Voré arriva à Strasbourg, il reçut un accueil qui lui fit voir aussitôt que sa mission devait échouer. Du Bellay renouvela sa demande qu'on envoyât une députation; Sturm, Bucer, Sleidan, joignirent leurs instances aux siennes, mais l'hésitation des Allemands resta la même. Ils n'en sortirent un instant qu'à propos d'un projet de mariage, qui, chose singulière, était favorisé par le cardinal de Tournon et le chancelier eux-mêmes. On voulait donner pour époux à Jeanne d'Albret le jeune duc Guillaume de Clèves-Juliers; celui-ci étant l'unique frère de l'électeur de Saxe, on profita de cette circonstance pour parler à ce prince d'une ligue avec la France. On envoya secrètement aux cours de Saxe et de Juliers Louis Regnier de la Planche, favorable aux idées protestantes [2]; ses ou-

---

[1] Relation de Bucer aux conseillers de l'électeur de Saxe. Arch. de Weimar.
[2] Le chancelier Burckhart à l'électeur de Saxe, de Worms, 29 nov. 1540. bid

vertures furent accueillies par l'électeur, qui promit de proposer à ses confédérés de s'allier à la France [1]. Mais cette fois encore on en resta aux paroles, sans aller jusqu'à des actes.

En décembre 1540 se réunit le colloque de Worms, qui devait continuer les délibérations de la conférence de Haguenau. Le magistrat de Strasbourg y députa Bucer et Capiton; sur la demande du duc de Lunebourg, il leur adjoignit Sturm et Calvin [2]. Nous ignorons quelle est la part que Sturm prit aux discussions, qui d'ailleurs n'aboutirent à rien. La continuation du colloque fut ajournée à la diète de Ratisbonne, convoquée pour le mois d'avril 1541. Sturm y fut envoyé en qualité de député de Strasbourg avec Jacques Sturm, Bucer et Capiton [3]. Il partit au mois de mars, pour voir Joachim Camérarius qui l'avait invité à passer quelques jours avec lui aux eaux de Wildbad, dans la Forêt-Noire [4]. Après s'être arrêté chez des amis à Tubingue, à Ulm, à Ingolstadt, il arriva à Ratisbonne, où il retrouva Mélanchthon, réjoui de le revoir [5]. Longtemps après il se souvenait encore avec bonheur des entretiens qu'il eut en cette ville avec le légat Gaspard Contarini; cet homme distingué, plein de sentiments élevés et ne méconnaissant pas les abus de l'Église romaine, n'avait pas encore renoncé à l'espoir de voir réussir une réforme et une

---

[1] L'électeur à Burckhart, de Torgau, 10 janv. 1541. Arch. de Weimar.

[2] *Antipappus* II, p. 112; IV, P 1, p. 20. — Pendant que Calvin était au colloque, arrivèrent à Strasbourg les députés chargés de le rappeler à Genève. Le magistrat le fit prier par Bucer, Capiton et Sturm de ne pas quitter Strasbourg, à cause du nombre croissant de réfugiés français et d'étudiants attirés par sa réputation. *Antipappus* II, p. 113; IV, P. 1, p. 21. — *Bericht von der strassb. Kirchenordnung*, p. 35.

[3] *Antip.* IV, P. 4, p. 84.

[4] Camérarius à Sturm, 21 mars 1541, dans Camerarii *Epp. libri V posteriores*. Francf. 1595, p. 496.

[5] Sturm, *Luctus ad Camerarium* 1542.

pacification de l'Église. Il conféra sur ces questions avec Sturm qui n'en était pas moins préoccupé que lui [1]. Sturm toutefois quitta Ratisbonne avant la fin du colloque; non-seulement il avait prévu que cette réunion n'aurait pas de meilleur résultat que celles de Haguenau et de Worms, mais les dispositions du parti catholique lui inspiraient les craintes les plus vives au sujet du maintien de la paix publique. Dès le mois de février 1541 il avait reçu de son ami Barthélemy Latomus une lettre fort éloquente sur les malheurs qu'entraînerait pour l'Allemagne une guerre civile [2]; Latomus l'avait conjuré, au nom « des dieux immortels, » de faire tous ses efforts pour écarter, autant qu'il était en lui, le danger dont les « protestants » menaçaient l'Empire. Dans sa réponse, datée du 31 mai, Sturm exprime à son tour ses appréhensions sur l'imminence de la guerre; mais, dit-il, ceux qui sont prêts à mettre la patrie en feu, en voulant contraindre par les armes des adversaires qu'ils ne peuvent pas persuader par la parole, ce ne sont pas les protestants; les catholiques seuls poussent à la guerre, eux qui s'opposent partout à la liberté des consciences et qui allument les bûchers pour l'étouffer. Les protestants ont tout à gagner par la paix; ils savent que l'Église ne peut prospérer que par l'union de ses membres, et que l'Évangile ne doit triompher que par la puissance spirituelle de la parole; ils l'ont prouvé en se montrant incessamment disposés à soutenir leur foi dans des colloques et à faire arranger les affaires ecclésiastiques par des réunions d'hommes sages des deux partis; ils veulent la paix, mais ne peuvent pas l'acheter par de lâches concessions; le seul moyen de la rétablir, c'est un concile

[1] Sturm contre Marbach, 1572; ms.

[2] Latomus dit dans sa lettre, datée de Bologne, 11 février 1541, qu'il avait déjà deux fois écrit à Sturm, de Venise, en déc. 1540, et de Bologne, en janv. 1541. Nous n'avons pas retrouvé ces deux lettres.

général où les deux Églises seraient également représentées et où l'on discuterait librement sur les grandes questions qui divisent la chrétienté. Cependant, au point où les choses sont arrivées, il n'ose plus espérer qu'on choisira ce moyen pacifique; la guerre éclatera, mais la faute en retombera sur les fanatiques qui refusent aux protestants la liberté.

Il paraît que dans ces conjonctures difficiles il renouvela ses tentatives de provoquer une ligue entre les États protestants et la France; à ses yeux, l'appui d'une grande puissance était indispensable à ses coreligionnaires pour leur assurer des chances de succès dans la guerre qui allait éclater. Pendant l'été de 1541 il se rendit à Lyon, d'où il ne revint à Strasbourg que vers la fin d'octobre; peu de jours après il repartit pour Paris, où, dans le courant de décembre, il eut plusieurs audiences du roi[1]; on y traita la question de l'alliance, mais nous ignorons en quels termes. Sturm fut à peine de retour à Strasbourg, que l'électeur Hermann, de Cologne, l'invita à accompagner Bucer, qu'il avait appelé pour organiser la Réforme dans ses États[2]. Sturm avait une grande estime pour ce prince, protecteur éclairé des lettres et animé du désir de voir l'Allemagne libre. D'abord adversaire de la Réforme, Hermann, qui en était devenu le zélé partisan, s'occupait depuis plusieurs années de l'abolition des abus dans l'administration de son diocèse. Pendant que Sturm secondait Bucer dans l'œuvre que l'électeur leur avait confiée, il continuait ses démarches pour obtenir des États protestants l'accession à l'alliance avec la France. A Spire, il conféra à cet effet avec les envoyés de François Ier, Crusier et Morlet; il eut à

[1] *Luctus ad Camerarium*; — à Hédion, 7 oct. 1542. Ibid.
[2] A du Bellay, 27 févr. 1542; bibl. impér. de Paris. — Sturm dédia à l'électeur Hermann de Cologne le 2^d volume de son édition des discours de Cicéron. 1540.

combattre leurs doutes au sujet de la sincérité des princes allemands, en même temps qu'il s'efforçait de rassurer ceux-ci sur la loyauté des intentions du roi [1]. Des deux parts on avait des motifs pour hésiter avant de faire un acte décisif. François Ier voulait maintenir à la fois l'intégrité territoriale de la France et sa position politique vis-à-vis de l'empereur; c'est dans ces vues qu'il négociait avec les États protestants pour s'assurer leur appui en cas d'attaque; mais il n'osait pas leur accorder ce qu'ils demandaient comme condition du rapprochement, c'est-à-dire la liberté de conscience pour ses sujets protestants; il craignait qu'en l'accordant il ne se brouillât avec le pape, ce qui eût procuré à l'empereur un auxiliaire de plus contre la France. D'un autre côté, les États protestants ne voulaient pas s'unir à une puissance dont ils se méfiaient à cause de son esprit trop catholique; et cependant, ayant besoin de secours, ils n'osaient pas repousser ses avances, ajournant d'un jour à l'autre une démarche qui peut-être leur eût été aussi utile qu'à François Ier lui-même. Sturm déplorait ces hésitations comme contraires aux intérêts des deux parties. Il s'est trompé peut-être dans sa manière d'envisager les besoins de la situation politique; il s'est fait des illusions sur la possibilité d'exécuter ce qu'il croyait utile et juste; mais ses illusions ont été celles d'un homme de bien; car, dans la part qu'il a prise aux diverses négociations diplomatiques entre les États allemands et la France, il ne s'est laissé guider avec une parfaite loyauté que par l'intérêt de la cause protestante, plus puissant pour lui que les intérêts politiques [2]. Il voulait assurer la

---

[1] Jean Latomus à Sturm, 4 déc. 1541; — Sturm au card. du Bellay, 8 févr. Cologne, et 27 févr. Strasbourg; Bibl impér. de Paris.

[2] Le jugement de Barthold (*Deutschland und die Hugenotten*. Brême 1848, T. I, p. 59) est complétement faux : « *Schwerlich liessen so entgegengesetzte Beziehungen* (avec la France et l'Allemagne) *mit einer ehrlichen, protestan-*

liberté religieuse en Allemagne et en France ; à cet effet, les protestants allemands devaient accepter les secours de François Ier, et celui-ci devait leur garantir la franchise de ses intentions en cessant de persécuter les réformés de son pays.

Lorsqu'en juin 1544 les États protestants eurent commis, à Spire, la faute d'accéder à la déclaration de guerre de l'empereur contre la France, dans l'espoir d'obtenir la reconnaissance de leurs droits, l'évêque de Strasbourg envoya Sturm auprès de François Ier pour solliciter que les frontières de l'Alsace ne fussent pas menacées par les troupes françaises. Il fut assez heureux d'obtenir des promesses à cet égard. Il profita de la circonstance pour parler en faveur des protestants ; il croyait s'apercevoir qu'en ce moment la cour ne leur était pas hostile ; la duchesse d'Étampes, « *amor Jovis* », voulait qu'on leur accordât des droits considérables ; on disait même que le cardinal de Lorraine avait près de sa personne un moine augustin prêchant ouvertement l'Évangile. Sturm ajouta d'autant plus volontiers foi à ces bruits, que sur sa demande on remit en liberté un neveu de Mélanchthon, détenu depuis trois ans à Bourges comme hérétique [1].

Ce n'est qu'après la paix de Crespy (14 septembre 1544),

---

tischen und deutschen Gesinnung sich vereinigen.» Cette opinion d'un historien très-savant et très-spirituel, mais très-peu impartial, est identique avec celle d'un des adversaires les plus passionnés de Sturm, de Jean Marbach : Sturm a « *ein verschlagen und verporgen ingenium, und nicht ein offen deutsch gemuet, sondern muss allwegen wann er weiss zeiget oder redet, schwartz gedocht und verstanden werden, und ist jme nicht schwär durch sein rhetorik seine consilia zu mentlen, und guten schein und ansehens zu machen, welches aber freyen gemuetern ein hohe beschwerd und zu dulden unmöglich ist.* » *Fehl und mængel der strasb. Schule* ; ms. M. Barthold ne peut pas pardonner à Sturm ses sympathies pour les Français, Marbach ne peut pas lui pardonner celles pour les réformés.

[1] Sturm à Mélanchthon, 11 juillet 1544. Mel. *Epp.*, T. V, p. 442.

qui permit à l'empereur de vouer désormais toute son attention aux affaires intérieures de l'Allemagne, que les États protestants s'aperçurent sérieusement du danger dont les menaçait la puissance impériale. Leurs regards se tournèrent de nouveau vers la France, contre laquelle ils venaient de soutenir Charles-Quint. Le landgrave Philippe fut le premier à rechercher l'aide du roi. C'est encore Sturm qui servit d'intermédiaire. Dès le mois de janvier 1545 il fit un voyage à Paris; il trouva François Ier toujours ballotté entre les influences contraires du parti catholique, qui s'opposait à tout secours accordé à l'Allemagne, et du parti qui insistait sur ce secours pour rendre la France plus indépendante de l'empereur. Ce fut ce dernier qui l'emporta cette fois dans les conseils du roi. Sturm reçut la mission d'accompagner Sébastien de l'Aubespine, abbé de Bassefontaine, chargé de s'entendre avec les chefs des protestants. Il se rendit avec ce diplomate à Francfort, où ils trouvèrent le landgrave plus disposé que jamais à accepter l'alliance de la France contre Charles V dont on redoutait le despotisme [1]. Peu après, l'abbé de Bassefontaine, qui jusqu'en avril était resté à Strasbourg près de Sturm, fut adjoint au comte de Grignan, que le roi envoya à la diète de Worms (commencement de mai 1545); Grignan ne dissimula point devant les catholiques, qu'outre sa mission officielle, il devait renouveler aux protestants les assurances d'amitié de son maître. Mais l'effet de ses démarches fut singulièrement contrarié par la nouvelle des persécutions dirigées contre les Vaudois de la Provence; ni Grignan, gouverneur de cette province, ni le roi lui-même, qui avait ordonné les massacres, n'inspirèrent plus aucune confiance aux États protestants [2]. Sturm, qui en éprouva

---

[1] Sturm à N., 10 févr. 1545. Bibl. impér. de Paris.
[2] Sturm à du Bellay, 15 mai 1545. Ibid.

une vive douleur, fit de grands efforts pour lever cette difficulté nouvelle ; non-seulement il essaya de calmer l'indignation des Allemands, mais il adressa à du Bellay des reproches amers au sujet d'une persécution aussi impolitique qu'elle était injuste ; le parti catholique en Allemagne, lui écrivit-il, en est d'autant plus enchanté, que les États protestants se sentiront moins disposés à rechercher l'assistance d'un roi qui s'était si gravement compromis vis-à-vis d'eux [1]. Sur les instances du recteur, le magistrat de Strasbourg fit des représentations au roi ; mais celui-ci, dominé cette fois par l'influence catholique, répondit d'une manière hautaine en refusant de s'expliquer [2]. Cependant les princes protestants, trop préoccupés du besoin d'un appui contre l'empereur, firent taire leurs ressentiments et écoutèrent les ambassadeurs français ; le landgrave réussit même à calmer l'électeur de Saxe, qui avait montré le plus d'irritation contre la France. Du reste, celle-ci avait à son tour besoin des protestants. La deuxième guerre entre François Ier et Henri VIII n'avait pas été heureuse pour le premier de ces deux princes ; il avait perdu Boulogne, et ses prétentions au sujet de l'Écosse avaient subi un grave échec. Depuis la mort de Jacques V, les rois de France et d'Angleterre s'épuisaient en efforts pour maintenir chacun son influence en ce pays ; ils se disputaient la fille de Jacques, Marie Stuart ; Henri VIII voulait la marier à son fils, et préparer ainsi l'union de l'Écosse avec l'Angleterre ; François Ier lui destinait son petit-fils, dans le but de conserver le protectorat sur l'Écosse indépendante de l'Angleterre. Des négociations, entamées dès le mois de septembre 1544 pour régler ces affaires et pour

---

[1] Sturm. — Seckendorf ; *Comment. hist. de Lutheranismo.* Francf 1692, in-fol., Lib. III, p, 568.

[2] François Ier au magistrat de Strasb., 27 juin 1545.

obtenir la restitution de Boulogne, n'avaient amené aucun résultat; François Ier demanda alors aux États protestants de l'Allemagne de se charger d'être les médiateurs entre Henri VIII et lui. Ce fut Sturm sans doute qui les décida à accepter ce rôle ; il passa en Allemagne une partie de l'été de 1545 [1]. Les États désignèrent, pour être ambassadeurs auprès du roi de France, Christophe de Venningen, conseiller du duc de Wurtemberg, Jean Bruno de Nidbruk et Sturm, chargés en même temps d'intercéder en faveur des protestants français persécutés; Louis de Baumbach, maréchal de Hesse, et Jean Sleidan furent députés auprès du roi d'Angleterre.

Sturm et ses collègues arrivèrent à la cour en septembre 1545. Ils étaient secondés par La Planche, par le secrétaire d'État Gilbert Bayard, par l'amiral Claude d'Annebaut, par le sieur de Longueval, par Mme d'Étampes, et surtout par la reine de Navarre ; le cardinal de Tournon lui-même se rapprocha d'eux ; car, bien qu'il ne vît pas de bon œil l'intervention des protestants, il se méfiait de l'empereur et même du pape [2]. Les négociations, arrêtées d'abord par la mort de Christophe de Venningen à Calais, traversées ensuite par des intrigues diverses, n'avancèrent que lentement. M. de Noiretour, ambassadeur de l'empereur, cherchait à empêcher que la paix fût faite par l'intermédiaire des protestants; et le roi d'Angleterre, peu disposé à traiter, soulevait de nombreuses difficultés d'étiquette pour gagner du temps. Il s'agissait avant tout de conclure une trêve, et de désigner les plénipotentiaires, ainsi que le lieu où ils devaient tenir leurs conférences.

---

[1] Le 17 août 1545 G. Fabricius écrit de Strasbourg à Wolfgang Meurer, que Sturm est absent de Strasbourg : « *Alterum quoque jam mensem, neque adhuc, quando lectiones auspicaturus sit, certi sumus, quod sane nobis molestum est.*» Georgii Fabricii *Epistolæ*. Leipz. 1845, p. 21.

[2] Sturm à Jacques Sturm, 10 octobre 1545.

On choisit Ardres, près de Calais, pour la réunion. Mais Henri VIII déclara qu'il n'y enverrait ses ambassadeurs que quand ceux du roi de France seraient arrivés. Il renouvela même ses menaces de guerre, et fit recruter en Allemagne des troupes. François Ier y répondit en chargeant George de Rekerode de rassembler des reîtres ; ce hardi aventurier partit de Ham en Picardie avec des lettres de Sturm pour le magistrat de Strasbourg ; le recteur le recommanda comme très-dévoué à la cause protestante [1]. Cependant le roi de France ne songeait pas sérieusement à reprendre les armes ; aussi essaya-t-il de lever les obstacles en envoyant Sturm et ses collègues à Calais, où se trouvaient Sleidan et le maréchal de Hesse ; il proposa de faire fixer par les envoyés allemands le jour où chacun des deux rois enverrait ses plénipotentiaires à Ardres. Cette proposition ayant été acceptée par Henri VIII, on fixa l'entrevue au 15 novembre, et on conclut une trêve jusqu'au 1er décembre. Le 20 novembre, La Planche remit à Sturm une lettre de Longueval, lui annonçant que, malgré les intrigues de l'ambassadeur de l'empereur, François Ier persistait à désirer que la paix fût négociée par les États protestants ; il espérait obtenir ainsi une alliance avec ces États, et proposa d'y comprendre le roi d'Angleterre, au cas qu'il se réconciliât avec lui. A cet effet, Sturm fut chargé de s'informer secrètement des intentions de Henri VIII et de s'entendre au préalable avec ses ambassadeurs sur les conditions de la paix. Pour montrer que son désir était sérieux, François Ier consentit à ce que Sturm et Bruno de Nidbruk proposassent de mettre Boulogne sous séquestre entre les mains des protestants jusqu'à l'arrangement définitif du différend, ou bien de le laisser au pouvoir de Henri VIII jusqu'au paiement de ce que lui devait la France ;

---

[1] Sturm à Jacques Sturm, 23 oct. 1545.

de marier la princesse d'Écosse avec le fils du roi d'Angleterre, et de la faire élever dans un château écossais, sous la garde et la garantie des protestants d'Allemagne. Sturm et ses collègues discutèrent ces conditions, à Calais, avec Guillaume Paget, un des ministres anglais, pour lequel le recteur de Strasbourg conçut dès ce moment une vive affection. Mais de nouvelles difficultés sont suscitées ; on ne peut pas s'entendre sur quelques formalités de préséance ; Sturm va de Calais à Ardres, et d'Ardres à Calais, pour vaincre les susceptibilités des uns et le mauvais vouloir des autres ; enfin, grâce à ses démarches conciliatrices, la conférence a lieu le 26 novembre, près d'un village situé sur la limite de la France et du territoire que possédait encore l'Angleterre. Les plénipotentiaires français étaient Pierre Raymond, premier président du parlement de Rouen, qui, en 1544 déjà, avait été employé dans ces négociations, et l'évêque d'Angoulême, Babou de la Bourdaisière ; le roi d'Angleterre était représenté par Paget et par Tonstall, évêque de Dunelm. Sturm leur exposa, dans une harangue latine, l'objet de la mission des envoyés protestants et les conditions auxquelles la paix leur paraissait possible. La discussion qui succéda à ce discours n'aboutit à rien ; le lendemain, les intrigues de M. de Noiretour et les hésitations calculées des Anglais recommencèrent de plus belle ; le cardinal de Tournon, d'abord favorable à la médiation par les protestants, changea d'idée et fit si bien que François Ier en changea aussi ; il lui persuada qu'il n'était pas digne de lui de se servir des protestants pour proposer au roi d'Angleterre des conditions aussi bonnes. Sturm, informé de ces menées par l'évêque de Bayonne, Jean de Fresse, se rendit avec celui-ci à la cour ; le 5 décembre ils soupèrent avec le cardinal de Tournon, puis conférèrent avec lui et avec le secrétaire d'État Claude de L'Aubespine ; ils tombèrent d'accord de proposer à l'Angleterre les conditions convenues, non pas au nom du roi, mais en celui des envoyés protestants. Deux jours après, Sturm fut reçu par le roi, qui non-seulement accepta cet arrangement, mais désira aussi que Sturm pût se rendre lui-même auprès de Henri VIII, qui aurait en sa loyauté et en son habileté diplomatique la même confiance que le roi de France. En outre, il chargea Sturm de mander aux États protestants qu'il n'accorderait ni à l'empereur, ni au pape, rien qui pût être préjudiciable à la liberté de l'Allemagne, et qu'il ne laisserait assister ses évêques au concile de Trente, que si les protestants, qui avaient refusé de reconnaître cette assemblée, consentaient à y envoyer des députés. Le cardinal de Tournon étant présent à cette entrevue, le roi ne toucha pas la question d'une ligue avec les protestants. Sturm fut renvoyé à Ardres avec des instructions un peu modifiées, portant que le roi de France ne s'oppose pas à ce que l'Angleterre fasse la paix avec l'Écosse, pourvu qu'il y ait un arrangement au sujet du futur mariage de Marie Stuart, et que celle-ci reste librement dans son pays ; qu'il consent à ce que Henri VIII conserve Boulogne jusqu'au paiement d'une somme à fixer par une commission composée d'Anglais et de Français, discutant en présence des envoyés protestants ; qu'il demande enfin que le roi d'Angleterre donne des ôtages pour garantir la restitution de Boulogne aussitôt après le paiement de la somme stipulée. En cas de non-acceptation de ces conditions, Sturm devait déclarer que François Ier était prêt au moins à signer une trêve de quelques années. Le recteur, qui trouva François Ier plus accommodant que Henri VIII, attendit peu de succès de ses démarches ; il craignit avec raison que le roi d'Angleterre n'acceptât pas l'article relatif à la princesse d'Écosse qu'à tout prix il voulait garder en son pouvoir. Les prévisions de Sturm se réalisèrent ; les négociations se rompirent, et les envoyés protestants partirent sans avoir atteint leur but[1]. Sturm en fut très-affligé, car dans toute cette affaire il n'avait recherché que l'intérêt de la liberté religieuse; la paix entre la France et l'Angleterre, et une ligue de ces deux puissances avec les États protestants, lui semblaient les moyens les plus efficaces pour empêcher les progrès de la domination exclusivement catholique de Charles V. Lorsqu'au printemps de 1546 celui-ci, faisant ses préparatifs de guerre contre les protestants et obligé de donner son attention aux difficultés survenues en Espagne, mécontenta Henri VIII en refusant de le soutenir contre la France, Sturm représenta à du Bellay combien le moment était favorable pour se rapprocher de l'Angleterre[2]; aussi la paix fut-elle conclue en juin.

Sturm joua un rôle non moins actif dans les négociations des protestants allemands avec la France dans la malheureuse guerre de Smalcalde. Le besoin de secours, et cette fois-ci surtout de secours en argent, ramena la ligue protestante du côté de la France. Le roi ayant défendu toute exportation d'argent, Sturm fut chargé, en août, de se rendre auprès de lui pour lui demander de permettre aux chefs de la ligue de se procurer en France les sommes nécessaires pour la guerre[3]. Conformément à ses instructions, il représenta au roi que les armements de l'empereur ayant pour but d'opprimer la liberté de l'Allemagne, les protestants n'ont pris les armes que dans un intérêt de légitime défense; il le sollicita de les secourir, ou au moins de rester neutre, en défendant à ses sujets de prendre service à l'étranger et en empêchant les troupes du pape de

---

[1] V. sur tous ces faits les lettres de Sturm à Jacques Sturm, 13 nov. et 10 déc. 1545; les instructions données par François Ier à Sturm. Arch. de Weimar.
[2] Sturm à du Bellay, de Saverne, 28 mars 1546. Bibl. impér. de Paris.
[3] Instructions données à Sturm, 8 août 1546, au camp de Donauwœrth Arch de Weimar.

traverser la France pour se joindre à l'armée impériale. Le roi lui fit des promesses rassurantes sur tous ces points ; mais il déclina la demande d'un prêt, de peur de se brouiller avec l'empereur. Ce n'était pas là le seul scrupule qui engageât François Ier à rester sur la réserve ; il craignait aussi, et malheureusement avec trop de raison, que l'union entre les confédérés ne fût troublée et que la guerre ne fût pas conduite avec assez d'énergie[1]. Sturm, qui n'ignorait pas combien ces craintes étaient fondées, employa toute son éloquence pour exhorter les princes à les démentir par la manière vigoureuse dont ils défendraient leurs droits.

Après avoir rapporté la réponse du roi à l'électeur de Saxe et au landgrave, campés à Donauwœrth, il fut renvoyé en France dès la fin du mois d'août. Par l'entremise du chancelier François Olivier et du secrétaire d'État Bayard, il obtint du roi la permission pour les confédérés de faire un emprunt chez les négociants de Lyon, avec lesquels il dut s'aboucher lui-même. Il agit en secret avec le dauphin et avec son beau-frère Pierre Strozzi, plus tard maréchal de France. Strozzi, auquel le roi devait 80,000 écus, se montra disposé à les prêter aux protestants sans intérêts et à venir même à leur camp, pour faire voir que la cour de France leur était favorable. A Lyon, les négociants firent à Sturm des difficultés qu'il ne put résoudre qu'avec beaucoup de peine. Cependant, le roi, pressé par le dauphin, par Mme d'Étampes, par M. de Longueval, paraissait nourrir l'idée de faire un dernier acte de vigueur en s'alliant avec les protestants contre l'empereur. Il chargea Sturm de demander aux confédérés de s'expliquer sur la nature de l'alliance qu'ils sollicitaient, et de désigner pour la ligue un chef suprême unique. Ce n'est pas tout ; le

---

[1] Rapport de Sturm aux princes. Archives de Weimar.

moment lui parut opportun pour parler au moins en secret d'un autre projet que lui inspira son ancien ressentiment contre Charles V. La duchesse d'Étampes fit dire à Sturm, par M. de la Planche, que le roi s'empresserait de faire avec les protestants une ligue offensive et défensive, s'ils voulaient se décider à élire un autre empereur; ce nouvel empereur devait être le dauphin Henri, duc d'Orléans, plus tard Henri II. Sturm, en envoyant ces nouvelles au camp de Donauwœrth, ajouta que, selon sa conviction, François Ier n'hésitait à prendre une mesure grande et décisive que par la crainte de voir les confédérés, effrayés et divisés, se soumettre à l'empereur en abandonnant la France; il pressa l'électeur et le landgrave d'envoyer une ambassade formelle pour traiter officiellement avec le roi [1]. Mais, quoique les deux princes informassent Sturm qu'ils approuvaient tout ce qu'il avait fait, ils n'osèrent pas envoyer une ambassade; ils se bornèrent à prier François Ier, le 14 septembre, de considérer Sturm comme leur envoyé et de l'écouter favorablement [2]. Peu après, le recteur revint au camp avec Pierre Strozzi; mais celui-ci, s'étant séparé de lui à Ulm, repartit à l'improviste pour Lyon, sans avoir rempli ses engagements.

Au milieu de ces lenteurs, Sturm commença à se décourager profondément; ce qu'il vit au camp de Donauwœrth ne fut pas de nature à lui inspirer de meilleures espérances : tandis qu'au camp impérial régnait un ordre parfait, que les chefs y étaient obéis, et que l'on gardait le secret sur toutes les entreprises, rien de semblable ne se rencontrait au camp des protestants, désunis, mal conduits et mal obéis, discutant publiquement sur les choses qu'il

---

[1] Sturm au chancelier Burckhart, 2 sept. 1546; son rapport, du même mois. Archiv. de Weimar.

[2] L'électeur et le landgrave à Sturm, 14 sept. 1546, camp de Donauwœrth. Les mêmes au roi, même date. Ibid.

fallait le plus dérober à la multitude[1]. Cependant il retourna en France, après un court séjour à Strasbourg. Le 22 octobre, François Ier lui communiqua ses conditions : élection d'un nouvel empereur par la ligue protestante, entrée du roi d'Angleterre dans la ligue, reddition de Boulogne entre les mains des protestants jusqu'au paiement de la somme stipulée au mois de juin. C'étaient là des conditions que les protestants ne pouvaient pas raisonnablement accepter, et qui, à un moment où l'urgence de secours était si grande, auraient nécessité d'interminables négociations avec l'Angleterre. Sturm tâcha vainement de détourner le roi de ces propositions qui équivalaient presque à un refus ; il lui fit sentir surtout qu'avant une victoire il ne pouvait pas être question d'un nouvel empereur ; le chancelier et Longueval furent d'accord avec lui sur ce point. Mais François Ier, malade et inquiet, y tenait opiniâtrement ; c'était le seul prix auquel il voulût accorder des secours effectifs. Si cette condition n'était pas acceptée, il ne voulait traiter que pour une alliance défensive. Sturm, désespérant d'obtenir davantage, retourna à Donauwœrth et engagea les confédérés à se contenter de ce que leur offrait le roi[2]. Celui-ci leur envoya l'abbé de Bassefontaine, à l'effet de sonder leurs intentions. L'idée d'élire un nouvel empereur ne fut pas complétement repoussée ; le dauphin, qui caressait l'espoir d'obtenir cette couronne, envoya par Sturm des lettres à l'électeur et au landgrave, leur promettant de s'employer en leur faveur auprès du roi[3] ; de plus, il invita le duc Christophe de Wurtemberg à une entrevue secrète à Luny. Il y fut question de l'alliance avec les protestants, et Christophe fit au jeune prince l'espoir d'être élu

---

[1] Au duc Christophe de Wurtemberg, en tête de Béatus Rhénanus, *De rebus German.*, 1551.
[2] Rapport de Sturm Arch. de Weimar.
[3] Le 25 octobre 1546, Bar-le-Duc. Ibid.

empereur par eux. On commença même une négociation dans ce but ; mais elle fut rompue par les intrigues du duc Claude de Guise.

François Ier ayant à plusieurs reprises insisté sur l'envoi d'une ambassade formelle, le landgrave Philippe de Hesse et l'électeur Jean-Frédéric de Saxe donnèrent, le 20 novembre 1546, à Jean Sturm, à François Burckhardt, chancelier de Saxe, et au licencié Jacques Lersner, les pleins pouvoirs nécessaires pour traiter avec le roi au sujet de l'alliance projetée ; ils furent chargés en même temps de faire des démarches pour engager Henri VIII à accéder à la ligue ; le péril de leur situation avait forcé les confédérés à accepter cette condition posée par François Ier [1].

Dans les instructions données aux trois envoyés, les motifs pour lesquels les protestants recherchaient l'alliance de la France étaient indiqués ainsi qu'il suit : à la diète de Ratisbonne ils avaient espéré que, conformément aux propositions impériales, on traiterait de la religion et de la paix ; mais, pendant qu'on délibérait, l'empereur avait fait des préparatifs dirigés en secret contre la Saxe et contre la Hesse ; les protestants, désireux de la paix, ne se sont armés que pour se défendre contre une agression injuste ; loin d'être des rebelles, ils ne songent qu'à maintenir les anciens droits des États ; si l'empereur réussit à les vaincre et à dissoudre la ligue de Smalcalde, il ne se contentera pas de ces résultats, il ne s'arrêtera qu'après avoir réduit en servitude l'Allemagne entière ; comme ce triomphe serait une menace dangereuse pour l'indépendance et pour l'intégrité de la France, François Ier doit se souvenir de « l'ancienne alliance de la nation allemande avec la couronne de France, » et tenir sa parole en venant au secours des confédérés ; ceux-ci, qui en ont le ferme espoir, s'en rapportent à lui sur le choix des moyens de les assister.

[1] Archives de Weimar.

Le 24 décembre les trois envoyés furent reçus par le roi ; après avoir entendu leur demande, il leur déclara que, sans le concours de l'Angleterre, il ne pourrait pas faire avec les États protestants une alliance offensive et défensive, qu'il devait se borner à leur avancer, conformément à ce qu'il avait offert déjà au mois de septembre, des subsides de 200,000 écus, à condition que les villes de Strasbourg, d'Augsbourg et d'Ulm lui souscrivent une obligation pour cette somme. Cette demande, qui, en octobre, avait rencontré une vive opposition de la part du magistrat strasbourgeois, fut combattue par Sturm et ses collègues ; le roi céda et se contenta d'une obligation qui serait signée par les princes, pourvu que ceux-ci obtinssent dans l'espace de deux mois la signature des trois villes ; à cette condition le roi se dit prêt à envoyer sous peu de jours les 200,000 écus à Bâle. En même temps, Léon Strozzi, prieur de Capoue, promit, en son nom et en celui de son frère Pierre, de prêter aux confédérés, en avril 1547, 30,000 couronnes sans intérêt. On dit en outre à Sturm que François Ier n'attendait qu'un premier succès des protestants pour se décider à quelque grande entreprise ; peut-être même marierait-il alors sa fille Marguerite avec le fils aîné de l'électeur de Saxe [1]. Sturm se mit en route pour apporter ces nouvelles aux princes ; mais il ne put plus les rejoindre, car Francfort, Ulm, Augsbourg, s'étaient réconciliés avec l'empereur ; le duc de Wurtemberg se disposait à suivre cet exemple, et partout les routes étaient interceptées par les impériaux [2].

Le landgrave hésite alors à accepter les subsides offerts ; car comment fournir au roi les garanties qu'il demande ?

---

[1] Sturm aux deux princes, 29 déc. 1546, Compiègne ; — aux chanceliers de Saxe et de Hesse, 4 janv. 1547 ; — le chancelier Burckhart à l'électeur, 29 déc. 1546, 10 janv. 1547, Londres. Archives de Weimar.

[2] Sturm aux chanceliers de Saxe et de Hesse, 4 janv. 1547. Ibid.

L'abbé de Bassefontaine ayant déclaré que François Ier accepterait les signatures de Hambourg et de Brême, à défaut de celles d'Augsbourg et d'Ulm, et ayant offert d'autres facilités encore, l'électeur Jean-Frédéric exhorta le landgrave à ne pas perdre courage ; l'envoyé français, M. de la Croix, donna à ce dernier les mêmes assurances [1]. Henri de Thun dut alors se rendre à Bâle pour se faire remettre les subsides ; il prit à Strasbourg les conseils du Stettmeister et du recteur sur les meilleurs moyens de les faire passer en Saxe [2].

La somme fut-elle remise? Nous l'ignorons ; à partir de ce moment, les documents nous font défaut. La mort de François Ier, que Sturm déplorait sincèrement [3], et la défaite de l'électeur de Saxe changèrent complétement la face des choses. Sturm, en songeant aux dangers qui, selon lui, menaçaient la France après la soumission de l'Allemagne protestante, regrettait toujours que François Ier eût été empêché par ses tergiversations incessantes à secourir les confédérés au moment utile ; mais, d'un autre côté, il connaissait assez bien les fautes commises par ceux-ci pour attribuer en grande partie leur défaite à leurs lenteurs et au manque d'unité dans leurs conseils. La soumission des principales villes de la ligue l'affligea profondément ; il y vit une trahison envers la patrie et la religion, plutôt qu'une triste nécessité commandée par la force des circonstances [4] ; quand il apprit aussi la soumission de

---

[1] Le landgrave à l'électeur, 15 janv. 1547 ; réponse de l'électeur, 21 janv. Arch. de Weimar. — Ribier, *Lettres et mém. d'Estat.* Paris 1666, in-fol., T. I, p. 611.

[2] Instructions données par l'électeur, 13 févr. 1547. Arch. de Weimar.

[3] Le 9 avril 1547 il écrit à M. de Bassefontaine pour déplorer la perte d'un excellent maître (cela ne peut être que François Ier, décédé le 13 mars 1547). *Catalogue de la bibliothèque de M. Reboul.* Par. 1843, p. 186.

[4] A du Bellay, 17 janv. 1547. Bibl. impér. de Paris. — Au roi de Danemarc, 5 févr. 1547 ; dans Schumacher, *Gelehrter Männer Briefe an die Könige von Dænemark.* Copenh. 1758, T. II, p. 313.

Christophe de Wurtemberg, il s'écria avec amertume : « Oh! l'énergie des Souabes! » et il ajouta : « Plût à Dieu que Strasbourg conservât sa constance et sa résolution de périr plutôt que de se laisser réduire en esclavage![1] » Strasbourg fut effectivement la ville qui résista avec le plus de fermeté. Le magistrat écrivit au roi pour demander son appui dans le cas d'une attaque; il allégua que l'empereur haïssait la ville, non-seulement à cause de son alliance avec les États protestants, mais aussi à cause de ses anciens rapports de bon voisinage avec la France. Henri II fit alors espérer des secours; M. de Saintail, qui déjà en automne 1546 avait passé par Strasbourg pour exhorter les États à tenir ferme contre Charles-Quint, y revint en mars 1547, afin de s'entendre avec Sturm et le docteur Chélius sur les moyens d'engager les habitants « à ne pas quitter leur liberté pour entrer en servitude[2]. » En janvier déjà Sturm avait proposé de s'allier avec les Suisses et de nommer le roi de France chef de cette ligue[3]. Sébastien de l'Aubespine, envoyé de nouveau comme négociateur en Allemagne, recommanda à son tour à Sturm de tout employer pour que Strasbourg restât libre[4]. Mais qu'aurait pu faire cette ville, réduite à elle seule, contre toutes les forces de l'Empire, et n'ayant pour tout secours de la France que de vagues promesses? Aussi, lorsqu'elle envoya ses députés à Ulm pour traiter de sa réconciliation avec l'empereur, Sturm écrivit-il au connétable de Montmorency pour se plaindre de l'abandon où la France avait laissé les États et Strasbourg en particulier. Il maudit ceux qui avaient empêché le roi de fournir en temps utile des subsides aux

---

[1] A du Bellay, 17 janv. 1547. Bibl. impér. de Paris.

[2] Le magistrat de Strasb. au roi de France, 6 déc. 1546. — Le roi à Saintail, 17 mars 1547; chez Ribier, T. I, p. 627.

[3] 16 janv. 1547. Ribier, l. c.

[4] L'Aubespine au roi, 26 mars 1547 Ribier, T. I, p. 634.

confédérés et de faire plus tôt la paix avec l'Angleterre, car
« une petite somme d'argent au regard de la puissance de
votre royaume eût pu détourner ce grand malheur et vous
rendre l'Allemagne obligée à jamais; » et par la paix avec
l'Angleterre « vous pouviez sans danger et sans grands frais
conserver et amplifier la liberté de l'Allemagne, non moins
pour vous que pour elle ¹. » Encore quarante ans plus tard
il déplorait que l'alliance entre la France et les États protestants n'eût pas pu s'accomplir; tous nos maux, disait-il,
viennent de ce que François Ier, cédant aux influences catholiques, ait hésité lorsque les protestants lui demandaient des secours, et que ceux-ci aient tergiversé à leur
tour quand le roi leur offrait de se liguer avec eux ².

CHAPITRE VII.

Le Gymnase et le chapitre de Saint-Thomas. L'Intérim à Strasbourg.

1540 — 1547.

Pour ne pas trop séparer ce qui se tient par la nature
même des choses, nous avons été obligé de perdre momentanément de vue l'activité déployée par Sturm dans l'intérêt
des institutions littéraires de Strasbourg. On lui a reproché
quelquefois d'avoir négligé ses devoirs de professeur et de
recteur pour satisfaire son ambition en s'occupant de préférence de diplomatie. Il est vrai qu'il a toujours montré
une grande prédilection pour les affaires publiques. Sa

---

[1] 15 avril 1547. Ribier, T. II, p. 3. — Chélius au roi, 19 févr. 1547. O. c., T. I, p. 618.
[2] A Théod. de Bèze, 2 déc. 1584. Bibl. de Gotha.

connaissance des hommes et des choses, les liaisons qu'il avait en sa qualité d'homme de lettres à une époque où ceux-ci étaient recherchés des grands, sa modération, son éloquence, le rendaient particulièrement apte à servir de négociateur. Conformément à l'usage du temps, il touchait des pensions de plusieurs princes, des rois de Danemarc, de la reine d'Angleterre, de François Ier et pendant quelques années même de ses successeurs et des empereurs Charles V et Maximilien II, pour leur servir d'*observateur*, en les tenant au courant des faits[1]. Il était en rapport avec les envoyés officiels et les agents secrets que l'Angleterre, le Danemarc, et surtout la France entretenaient dans l'Empire; aucun diplomate ne passait par Strasbourg sans s'arrêter auprès de lui; c'est à lui que les autres observateurs rapportaient les nouvelles, soit des événements, soit des résultats de leurs missions secrètes. Quand il fut devenu l'intermédiaire entre les Huguenots et l'Allemagne protestante, il servait de conseiller et souvent de compagnon à leurs nombreux envoyés auprès des princes allemands. Dans des circonstances graves, où il ne voulait pas confier ses communications à des messagers ordinaires, il en chargeait ses amis, Michel Toxitès, Gérard Sévénus, professeurs du Gymnase, et surtout Gaspard Gamaut, de Metz.

Nous ne croyons pas qu'il faille s'associer à ses adver-

---

[1] Dès 1545 le roi de Danemarc Christiern III le prend à son service avec une pension de 100 florins. (A Sturm, 15 oct. 1545, d'Itzehoe; chez Schuhmacher, T. II, p. 478; — Sturm au roi, 5 nov. 1546, du camp de Donauwœrth; ibid., p. 468.) — Le roi Frédéric II le continue dans ses fonctions et dans son salaire; 1548, de Fredericksbourg, 1563 et 1566, de Copenhague. (M. Sébitz, *Appendix chronolog.*, p. 264.) — Il avait une pension de François Ier et pendant quelque temps même encore de Charles IX. — Granvelle, en 1554, et Maximilien II, en 1567, le chargent de leur transmettre des nouvelles. (Granvelle à Sturm, 14 févr. 1554; Maxim. à Sturm, 23 oct. 1567; Bibl. de Zofingue.) — En 1572, la reine Élisabeth le nomme son agent en Allemagne. (Cécil à Sturm, 15 sept. 1572.)

saires pour lui faire un reproche de ses occupations diplomatiques. Non-seulement il a rendu par là quelques services réels à la cause du protestantisme en Allemagne et en France, mais il est justifié par une autre considération fort importante. Au seizième siècle, le nombre des hommes instruits n'était pas encore assez considérable, pour que chacun eût dû rester exclusivement dans les limites restreintes de sa sphère ; pour le service de la chose publique, au milieu des grands débats qui divisaient les peuples, il fallait des connaissances approfondies et des talents supérieurs ; l'enthousiasme général pour les lettres donnait en outre, dans les assemblées publiques aussi bien que dans les discussions plus secrètes, un ascendant marqué à ceux qui maniaient avec élégance la langue de Cicéron. La plupart des hommes d'État et des agents diplomatiques de la France, de l'Angleterre, de l'Allemagne, ont été à cette époque des savants distingués et d'habiles latinistes. On ne doit donc pas s'étonner de voir un des plus éminents de ces hommes de lettres participer à des négociations importantes ; d'ailleurs ses travaux dans cette carrière ne l'ont pas empêché de se consacrer aux institutions plus particulièrement confiées à sa sollicitude.

Nous avons dit plus haut qu'en 1538 Sturm n'avait pas encore la résolution arrêtée de prendre à Strasbourg son domicile définitif. Cependant l'estime dont l'entouraient ses collègues et la confiance que lui témoignait le magistrat en le chargeant de missions au dehors, ne tardèrent pas à le fixer pour toujours dans une ville où s'ouvrait à son activité un champ si vaste. En 1540, sa position fut assurée par son élection à une prébende canoniale du chapitre de Saint-Thomas, transformé en établissement scientifique. Il obtint le canonicat vacant par la mort de Jacques de Richshofen, un des chanoines restés catholiques, qui depuis la Réformation s'était retiré à Heidelberg. Sturm eut la satisfaction de voir prospérer le Gymnase d'une manière qui dépassait ses espérances. A peine établie, l'école vit arriver des élèves du dehors, attirés par la réputation de Sturm et par l'excellence des études littéraires qui ont distingué le Gymnase dès ses premiers jours [1]. Des jeunes gens qui avaient étudié dans des universités célèbres vinrent compléter leur éducation dans les cours publics de Sturm et de ses savants collègues. Lazare de Schwendi, illustre plus tard comme général de l'Empire, passa dès 1538 quelque temps dans notre école [2], après avoir fait des études à Bâle et avant de se rendre en France. D'autres élèves qui avaient fréquenté les leçons de Sturm à Paris, le suivirent à Strasbourg pour profiter plus longtemps de sa science [3]. Heureux de ce succès, Sturm ne doutait pas que sous peu on ne vît à Strasbourg « une république des lettres aussi florissante par l'éclat des professeurs que par le nombre des élèves » [4]. Lorsque, pendant l'été de 1540, une épidémie mortelle sévit à Strasbourg, le Gymnase fut menacé d'être supprimé ; beaucoup d'élèves et quelques professeurs quittèrent la ville. Pour empêcher la dissolution de l'école, Jacques Sturm la fit transférer momentanément à Gengenbach, au pied de la Forêt-Noire ; Calvin et Sturm durent y accompagner les élèves, autant pour les surveiller que pour que Strasbourg ne les perdît pas eux-mêmes ; le Stettmeister était d'avis que la ville ne devait reculer devant aucune dépense pour conserver des hommes qui, se-

---

[1] Dès les premiers temps, le Gymnase est renommé pour la « *gravitas disciplinæ et studium eloquentiæ.* » *De scholæ Argent. ortu.* — « *Brevi tempore sic effloruit diligentiâ doctorum, ut non solùm extremi Germani, sed exteræ quoque nationes eò confluerunt.* » Sleidan., *Comment. de statu relig. et reipubl.* Strasb. 1555, in-fol., Lib. XII, f° 485ᵇ.

[2] Sturm à Ulric Zasius, vice-chancelier de l'Empire, 11 mai 1566.

[3] Préface de Sturm à ses *Partitiones dialecticæ*, 1539.

[4] A l'électeur Hermann de Cologne, en tête du 2ᵈ vol. des discours de Cicéron.

lon lui, illustraient la ville [1]. L'année suivante, l'épidémie éclata avec une intensité redoublée; le Gymnase fut transféré à la Chartreuse, et bientôt après, une seconde fois à Gengenbach, d'où il émigra pour Wissembourg, où il passa l'hiver de 1541 à 1542. La maladie enleva les professeurs Bittelborn, Bédrot, Capiton et le jeune helléniste français Claude Féréus [2]; parmi les élèves on vit mourir les fils de Zwingli, de Hédion, d'Œcolampade. Sturm, que les missions diplomatiques avaient plusieurs fois appelé en France, éprouva un profond chagrin des pertes subies par le Gymnase; le 9 octobre 1542, il adressa à Joachim Camérarius une belle et éloquente épître sur les vides que l'épidémie avait faits dans l'Église et dans l'école de Strasbourg. Cependant la prospérité ne tarda pas à renaître; dès 1542, le Gymnase compta de nouveau plus de 500 élèves.

A cette même époque, un fâcheux malentendu entre Bucer et Sturm menaça de troubler l'union de ces deux hommes, jusque-là liés par une singulière conformité d'idées et de sentiments. Bucer, frappé des besoins des communes protestantes, auxquels le petit nombre de pasteurs ne suffisait pas, aurait voulu que les anciens biens ecclésiastiques fussent employés de préférence pour le service de l'Église; car les biens, disait-il, ont été fondés dans l'intention de profiter à l'avancement du règne de Jésus-Christ. Il demanda par conséquent que l'administration du chapitre de Saint-Thomas fût réformée dans ce sens, et qu'à l'avenir on ne reçût plus comme chanoines que des hommes rendant des services directs à l'Église. A l'époque où Bucer exprima cette pensée, qui dans la suite devint règle su-

---

[1] Jacques Sturm aux scolarques ses collégues, 7 juill. 1540, Haguenau.

[2] Claude Féréus avait remplacé quelquefois Bédrot et expliqué des tragédies de Sophocle. Bédrot à Camérarius, 16 mars 1541; dans Eob. Hessi *Epistolæ*.

prême pour la collégiale, le personnel n'était pas encore
complétement renouvelé; quelques bénéfices étaient encore entre les mains de gens dont on n'avait à espérer aucun service ni pour l'Église ni pour la science. Bucer développa ses idées dans deux mémoires écrits à Cologne et
à Bonn et envoyés au commencement de 1542 à ses collègues du chapitre de Saint-Thomas. Elles étaient sages et
conformes aux principes de la Réforme; aussi n'est-ce pas
contre le fond même que Sturm crut devoir élever sa voix.
Mais Bucer, oubliant un instant que le chapitre avait toujours été indépendant du magistrat, avait demandé que
l'initiative de la réforme appartînt à celui-ci. C'est là ce
que Sturm repoussa avec une vivacité dont son ami se sentit
offensé. Non-seulement le recteur revendiqua pour le chapitre le maintien de son ancienne indépendance; dans un
moment d'humeur, il songea même à quitter Strasbourg,
soit pour chercher une position à Bâle, soit pour en accepter une que lui offrait l'évêque Érasme [1]. Bucer s'empressa de lui expliquer qu'il ne s'agissait que d'une méprise, attendu que lui aussi voulait l'indépendance du chapitre; ils se réconcilièrent, et, sur la prière même de Bucer,
Sturm consentit à rester à Strasbourg [2]. Plusieurs fois encore il eut des velléités passagères d'aller s'établir ailleurs;
il songea même un jour à proposer aux scolarques d'appeler à sa place Joachim Camérarius et à se vouer lui-
même à une autre carrière qu'à celle de l'enseignement.
Mais les instances de ses amis, et surtout les représentations de Mélanchthon qui le blâmait de vouloir renoncer à
des fonctions, modestes sans doute, mais plus utiles à
l'humanité et à l'Église que beaucoup d'autres, le déci-

---

[1] Sturm à Boniface Amerbach, prof. de droit à Bâle, 18 mars 1542. Arch.
ecclés. de Bâle.
[2] Au même, 3 mai 1542. Ibid.

dèrent à renoncer au projet de quitter son poste[1]. L'arrivée de son ami Sleidan contribua également à le retenir. Avant de quitter Paris, Sturm avait mis Sleidan en rapport avec l'évêque Jean du Bellay, qui le prit en affection et lui fit donner une pension royale[2]. En 1542, le futur historien de la Réforme vint s'établir à Strasbourg, en partie à cause des nouvelles persécutions dirigées en France contre le protestantisme, en partie parce que, sur la recommandation du landgrave Philippe, il venait d'être nommé interprète et historiographe de la ligue de Smalcalde. C'est à Strasbourg qu'il était le mieux placé pour recueillir les matériaux pour le grand ouvrage qu'il allait entreprendre. En outre, on attacha à l'école de Strasbourg un autre des anciens amis de Sturm, le médecin Günther d'Andernach, que les scolarques chargèrent de l'enseignement du grec[3]. Enfin il trouva un ami nouveau dans la personne du réfugié florentin Pierre-Martyr Vermigli, auquel on confia en 1542 des leçons de théologie et qui conçut pour le recteur un attachement inébranlable.

Quant au recteur lui-même, seul chargé des leçons de rhétorique, de logique et d'éthique, il ne put y suffire autant qu'il l'eût fallu, quand on songe à l'ignorance de la jeunesse d'alors[4]. Les scolarques lui adjoignirent, sur sa proposition et sur celle de Bucer, le médecin Juste Vels, de La Haye; mais cet homme, amateur de disputes et de paradoxes, fut renvoyé quelques années plus tard. Comme on ne croyait pas alors que les services que Sturm rendait, en

[1] Au même, 21 mai. Arch. ecclés. de Bâle. — Mélanchthon à Sturm, nov. 1542. Mel. *Epp.*, T. IV, p. 903.

[2] Sleidan dédia à Jean du Bellay son extrait latin de Froissard, publié en 1537.

[3] Günther fut nommé en 1544 à la place du réfugié italien Paul Lacisio, mort en cette année après avoir été chargé en 1542 de l'enseignement du grec.

[4] «... *Huic nostræ rudiori juventuti.*» Rapport de Bucer.

acceptant des missions diplomatiques, fussent incompatibles avec sa position, on nomma un vice-recteur pour remplir les fonctions pendant son absence ; Pierre Dasypode, promu au titre de professeur public de grec, fut le premier investi de cette charge ; ce savant, qui d'abord avait vu avec déplaisir la concentration de tout l'enseignement au Gymnase, avait fini par reconnaître les avantages de cette mesure et s'était lié intimement avec Sturm. Celui-ci obtint aussi la création définitive d'une chaire de médecine ; de temps à autre quelques réfugiés avaient donné des leçons de cette science, tels que l'Italien Massario et Günther d'Andernach ; en 1545, les scolarques, sur la demande de Sturm, nommèrent professeur de médecine Sébald Hauenreuter, médecin de la ville, avec un traitement de 50 florins par an. Le Gymnase enfin faisait d'année en année des progrès ; en 1546, il comptait dans les neuf classes 624 élèves [1].

Au milieu de cette prospérité des établissements protestants de Strasbourg, survint la dissolution de la ligue de Smalcalde, suivie de la publication de l'Intérim. D'après cet édit, publié à Augsbourg le 15 mai 1548, les protestants devaient se soumettre de nouveau au pape et aux évêques, sauf à conserver quelques libertés dans les choses extérieures, et jusqu'à ce qu'un concile général eût prononcé définitivement sur les questions controversées. L'Intérim fut signifié au magistrat de Strasbourg dès la fin du mois de mai ; il fut un coup de foudre pour cette cité devenue entièrement protestante ; il la menaçait de dangers que Sturm avait prévus depuis longtemps [2], et que sa prudence et sa fermeté contribuèrent beaucoup à éloigner.

---

[1] En 1re il y a 55 élèves ; en 2e, 68 ; en 3e, 76 ; en 4e, 40 ; en 5e, 53 ; en 6e, 40 ; en 7e, 66 ; en 8e, 86 ; en 9e, 140.

[2] « *Nos hìc pacem habemus, si verum non est illud Demosthenis* ἄπιστος

Dans la première consternation produite dans l'Allemagne protestante par les mesures despotiques de l'empereur victorieux, les États conçurent de nouveau la pensée de se rapprocher de la France. En août, l'abbé de Bassefontaine vint à Bâle, chargé par Henri II de traiter avec Sturm et Chélius au sujet d'une alliance défensive avec les protestants; il devait en particulier assurer le magistrat de Strasbourg de l'amitié du roi[1]. Sturm était connu en Allemagne pour être un des agents les plus actifs du parti protestant et de la France. Dans un voyage entrepris dans l'intérêt de l'alliance projetée, il fut arrêté, à ce qu'il paraît, par les troupes impériales. Il ne dut sa délivrance qu'à l'évêque de Naumbourg, Jules Pflug, qui intercéda pour lui auprès du ministre Granvelle[2]. Peu après, en septembre, il fit un voyage en Saxe; appelé à Pforta pour réorganiser cette école fondée naguère et devenue si célèbre dans la suite[3], il y passa quelques semaines, après s'être arrêté à Leipzig chez Camérarius, et à Naumbourg chez le savant évêque Pflug qui lui fit l'accueil le plus distingué[4].

A peine de retour à Strasbourg, il eut la douleur de voir

ἀεὶ ἡ τυραννίς. *O miseram Germaniam!* » A Conr. Pellicanus, 11 juillet 1547. Bibl. de Zurich. — « *O felicem Lutherum qui ista non viderit!* » 22 déc. 1546, à Calvin. Bibl. de Genève.

[1] *Négociations et lettres relatives au règne de François II.* Paris 1841, in-4°; notice, p. XI.

[2] Louis Gremp à l'évêque Pflug; dans *Epistolæ* Mosellani *etc. ad Pflugium*; Leipz. 1802, p. 104. — Dans une lettre aux scolarques, de 1554, Sturm dit que six ans auparavant il a éprouvé les horreurs de la captivité.

[3] Cette école, fondée en 1543, déclinait depuis le départ de son recteur Cyriac Lindemann. Förstemann, *Nordhauser Gymnasial-Programm*, 1839, in-4°, p. 12.

[4] Camérarius à Jean Baumgartner, sénateur à Nuremberg, 22 oct. 1548; Camerarii *Epistolæ familiares*. Francf. 1583, p. 240. — Sturm était recommandé à Pflug par le jurisconsulte Louis Gremp; lettre du 24 sept. 1548, citée note 2. — Désormais il appelait Pflug *« patronus et hospes meus. »* *Nobilitas literata*, chez Halbauer, p. 82.

les premiers effets de l'Intérim. Dès le 1er mars 1549, deux des plus courageux défenseurs du protestantisme, Bucer et Fagius, sont destitués sur l'ordre formel de l'empereur et de l'évêque; l'empereur avait contre Bucer un ressentiment particulier, à cause de la part qu'il avait prise à la réformation de Cologne [1]. Sturm, affligé de voir partir ces deux compagnons de son œuvre, leur conseilla de se rendre à l'invitation de l'archevêque Cranmer qui les appelait en Angleterre; depuis les négociations d'Ardres, Sturm avait en ce pays des amis puissants, auxquels il recommanda les deux réformateurs [2]. L'académie de Copenhague eût également voulu posséder Bucer; Sturm écrivit au recteur et aux professeurs pour les remercier de cette marque de sympathique estime donnée à l'illustre exilé [3]. Quant à lui-même, il paraît résulter d'une lettre de George Fabricius, du 15 mars 1549, qu'il quitta aussi la ville opprimée et qu'il vécut quelque temps retiré en Saxe [4]. Cette absence ne fut pas de longue durée. Non-seulement, en sa qualité de fonctionnaire laïque, Sturm avait moins à craindre que les pasteurs, mais le devoir de veiller à la conservation de son école le rappelait impérieusement à son poste. Il revint à Strasbourg et y déploya une activité qui fit l'admiration de ses amis de près et de loin. Il continua ses cours sur l'éloquence et publia quelques discours d'orateurs grecs qu'il dédia à l'évêque Pflug, pour prouver que, même dans ces temps difficiles, l'école de Strasbourg n'interrompait pas

---

[1] Sturm à Walsingham, 23 févr. 1577; en tête des *Scripta anglicana* de Bucer. Bâle 1577, in-fol.

[2] L. c. — *Antipappus* I, p. 27.

[3] Le 3 juin 1549. — Bucer avait aussi reçu des appels pour Genève, Bâle et Wittemberg.

[4] George Fabricius écrit de Meissen, le 15 mars 1549, à Wolfgang Meurer : « *Sturmium Argentorato exulare audivi, et agere in Saxoniâ Brunsvigi.* » Fabricii *Epistolæ*, p. 62.

ses leçons [1]. Mais cette école courait les mêmes dangers que la liberté religieuse à laquelle elle avait dû son origine. L'évêque Érasme, se fondant sur l'Intérim, voulut réintroduire le catholicisme dans le chapitre de Saint-Thomas. L'exécution de cette mesure eût entraîné la suppression de l'enseignement qui faisait la gloire de la ville ; avec Saint-Thomas serait tombé aussi le Gymnase ; le sort de l'une de ces deux institutions sera toujours celui de l'autre. Tous les chanoines, à l'exception de deux, protestèrent contre la prétention épiscopale ; l'un des deux qui voulaient se soumettre était Juste Vels, dont le caractère peu honorable donna peu de poids à son vote ; l'autre était le prévôt Béat-Félix Pfeffinger, vieillard chagrin, qui accusait les professeurs d'être plus occupés des auteurs païens que des docteurs de l'Église [2]. A cette accusation digne du moyen âge, l'évêque en ajouta une autre : selon lui, les chanoines de Saint-Thomas étaient rebelles à l'empereur, en refusant de se soumettre à l'Intérim. Le chapitre lui répondit par un mémoire énergique, rédigé par Sturm, et établissant que, loin d'avoir des opinions séditieuses, les professeurs ne continuent leurs leçons que parce qu'ils les croient honorables pour la ville ; l'Intérim a été publié pour fermer la porte aux querelles et aux controverses, non pour troubler des hommes paisibles dans l'exercice de fonctions utiles ; enseigner les bonnes lettres n'est pas contraire à la déclaration impériale ; l'évêque agirait mieux dans l'intérêt de la concorde, si, au lieu de soulever des prétentions injustes, il s'unissait au magistrat pour obtenir de l'empe-

---

[1] A Pflug, 27 nov. 1549, en tête de deux discours d'Eschine et de Démosthènes. — « *Schola Argentoratensis adhuc salva est, ut ex fratrum literis intelligo. Sturmius noster non solùm doctrinæ et eloquentiæ, sed etiam virtutis, pietatis, constantiæ egregium est exemplum.* » G. Fabricius à W. Meurer, 12 juill. 1549 ; dans Fabricii *Epp.*, p. 66.

[2] Cela ressort de la lettre apologétique adressée par le chapitre à Pfeffinger.

reur et même du pape le maintien des professeurs dans leurs fonctions et dans leurs traitements. Ces considérations ne manquèrent pas de faire impression sur l'évêque. Érasme de Limbourg était un homme modéré, clairvoyant, blâmant les erreurs du catholicisme et ne défendant la papauté que parce qu'elle lui semblait la seule sauvegarde de l'unité[1]; il était l'ancien ami de Sturm qui lui avait rendu quelques services importants et qui, lors de son élection, avait conçu l'espoir de le voir s'appliquer à la réforme des abus dans les églises de son diocèse[2]; cultivant les lettres et aimant le commerce des savants protestants, Érasme jouissait à Strasbourg de l'estime publique. D'ailleurs, une transaction lui était facilitée par le pape lui-même; Paul III

---

[1] Voici ce qu'après la mort de l'évêque Érasme, Sturm écrivit au comte Richard, prévôt du grand-chapitre : « *In hac vero religionis dissensione, quàm moderatus, quàm cautus, ut ne dissentientibus sententiis animi dissiderent, et perturbaretur otium publicum. In Pontificibus multa requirebat, multa improbabat, Pontificatum tamen ita defendebat, non qualis esset, sed ut auctoritate Patrum, quorum erat studiosissimus, constitutum credidit, qua in re quod fieri debebat poterat providere, quod verò fieri per homines non poterat, ferre potuit, non potuit corrigere.* » *Epistolæ de morte Erasmi.*

[2] Lors de l'élection d'Érasme, en 1541, Sturm obtint, par son influence auprès du cardinal Du Bellay, que François Ier fît des démarches à Rome pour que l'évêque reçût le pallium sans autres frais que les frais ordinaires. (Sturm contre Marbach, 1572.) — En 1542, le chapitre de Saint-Thomas arrêta, sur la demande de Sturm, de faire à chaque évêque, régulièrement élu, un don honorifique, accompagné d'une lettre où serait exprimé le désir que le prélat se consacrât à la « *pia et christiana reformatio ecclesiarum quæ ipsi creditæ sunt.* » Après l'Intérim, cet usage fut supprimé. — En 1546, l'évêque chargea Sturm de présenter pour la prébende de summissaire à Saint-Thomas Louis Carinus, ancien ami du recteur et médecin d'Érasme; celui-ci le recommandait à cause de ses connaissances, de son zèle pour l'instruction de la jeunesse et des services qu'il lui rendait à lui-même en organisant sa bibliothèque. Le chapitre, plein de déférence pour l'évêque et aimant Carinus « *umb seiner gotseligkeit und eruditon willen*, » l'accepta après quelques difficultés; Carinus se soumit à l'examen canonique institué par le chapitre, et fut mis en possession de la prébende.

avait envoyé en Allemagne trois prélats, munis du pouvoir de faire des concessions sur les biens ecclésiastiques consacrés depuis la Réforme soit à des hospices, soit à des universités et à des écoles littéraires ; ce pouvoir avait été transmis à l'évêque Érasme [1]. En même temps, le magistrat fit auprès de l'empereur des démarches que Sturm fit appuyer par des hommes considérables appartenant à l'Église catholique [2]. Il fut convenu de nommer des arbitres pour accommoder l'évêque et le magistrat, « sans préjudice de leurs droits respectifs. » Les arbitres furent deux hommes également conciliants, George de Wikersheim, prévôt de Seltz, et Henri de Fleckenstein, baron de Dagstul, sous-avoyer d'Alsace. Le 23 novembre 1549 ils proposèrent un concordat qui fut accepté des deux parties ; il y fut stipulé que le culte catholique serait réintroduit dans la cathédrale et dans les deux églises canoniales de Saint-Pierre-le-Vieux et de Saint-Pierre-le-Jeune. Quant au chapitre de Saint-Thomas, exclusivement voué à l'instruction publique, il demeura exempt de l'Intérim ; le magistrat le prit sous sa protection [3], et dès lors il est resté la propriété légitime de l'Église protestante de Strasbourg.

---

[1] Bulle du 31 août 1548.

[2] V. le *Libellus nullitatis* présenté en 1582 au tribunal impérial de Spire par l'avocat de Sturm contre le magistrat de Strasbourg.

[3] *Notice sur les fondations administrées par le Séminaire protestant;* documents, p. XIII. — Grandidier (*Hist. de l'Égl. de Strasb.*, T. I, p. 387) reconnaît que c'est par esprit de paix que l'évêque consentit à la nouvelle destination donnée à Saint-Thomas.

CHAPITRE VIII.

Nouvelles missions diplomatiques. Travaux scolaires et littéraires.

1550 — 1558.

Bien que, de cette manière, l'école de Strasbourg fût sauvée, Sturm, qui avait besoin de liberté, ne supportait l'Intérim qu'avec impatience. C'était pour lui une servitude odieuse, un joug tyrannique imposé aux esprits; « la parole est enchaînée, écrit-il à un de ses amis d'Angleterre; nous n'avons de libres que nos pensées, nos prières, nos vœux intimes; mais nos moindres plaintes, nos soupirs mêmes nous rendent suspects[1]. » Avide de se soustraire à ce despotisme et d'en délivrer l'Église, il tourna les yeux vers la France, où, malgré ses déceptions antérieures, il espérait trouver un secours pour l'Allemagne protestante.

En 1550, pendant les discussions au sujet du concile de Trente et en présence du refus de l'empereur de rendre la liberté au landgrave de Hesse, les États protestants se rapprochèrent de Henri II. Charles de Marillac, évêque de Vannes et ambassadeur français à Augsbourg, conseilla au roi de profiter de l'antipathie des protestants pour le concile et d'employer ses agents en Allemagne pour l'augmenter[2]. Cela n'était pas difficile; car Charles V nourrissait des projets qui menaçaient non-seulement le protestantisme, mais la liberté de l'Allemagne entière. L'empereur

---

[1] « ..*Nihil tutum habemus præter cogitationes, precationes, vota, quæ si gemitum aut voculam edant, suspiciosum est.*» A Roger Asham, 15 juin 1551; dans Ashami *Epistolæ*. Oxford 1703, p. 385.

[2] 29 juillet 1550. Ribier, T. II, p. 281.

avait l'intention de faire désigner son fils Philippe pour être un jour son successeur. Quoiqu'il y eût à ce sujet un grave dissentiment entre lui et le roi Ferdinand son frère[1], il sollicita, à la diète d'Augsbourg, les suffrages des électeurs en faveur de Philippe. Cette demande jeta l'alarme parmi tous les États de l'Empire[2]. Sturm fit part au cardinal du Bellay de l'émotion produite par les projets de l'empereur ; il partageait l'opinion de ceux qui, en Allemagne, craignaient de voir la dignité impériale devenir héréditaire dans la descendance de Charles V. Si la France, disait-il, avait assisté plus énergiquement les États protestants, elle eût conservé son influence au moment d'une élection et eût pu rendre à l'Allemagne le grand service d'empêcher l'Empire de devenir le patrimoine d'une famille. Cependant cette influence peut être reprise, et avec elle l'œuvre de la pacification de la chrétienté ; Henri II n'a qu'à profiter des circonstances ; l'Allemagne est tellement courbée sous le joug, que, si elle n'est pas stimulée du dehors, non-seulement elle n'entreprendra rien, mais elle n'osera pas même se plaindre[3]. Sturm était d'avis que la couronne devait être donnée à tout autre plutôt qu'à un membre de la maison de Habsbourg. A la diète de Haguenau, en 1540, il avait conçu du roi Ferdinand une opinion favorable, il avait cru voir en lui un homme bienveillant et doux, quoique dominé par des conseillers hostiles à la liberté religieuse[4] ;

---

[1] *Correspondenz des Kaisers Karls V, herausgegeben von* Lang. Leipz. 1846, T. III, p. 15, 97, 107.

[2] Sleidanus, f° 383ᵃ. — Robertson, *Histoire de Charles V*, Amst. 1771, in-4°, T. II, p. 425.

[3] Sturm à du Bellay, 28 mars, avril 1551. Bibl. impér. de Paris.

[4] Ferdinand lui paraît être « *mansueto ingenio et naturâ bonâ, ita ut ego quidem illi cognitionem nostræ causæ committere, si quid in me esset, non recusarem, sed habet secum eos quibus gratius esset, condemnari nos quàm causam cognosci* » A Barth. Latomus, 31 mai 1541 ; in *Epp.* Latomi et Sturmii.

maintenant cette opinion était modifiée, Ferdinand n'était plus aux yeux de Sturm qu'un prince aussi despotique et aussi dangereux que son frère. Comme il avait une santé robuste, Sturm craignait que, s'il arrivait à l'Empire, l'Allemagne ne fût longtemps sous le joug. Son fils Maximilien, quoique plus libéral et moins redouté des protestants, ne présentait pas au recteur, organe d'une opinion très-répandue, assez de garanties pour qu'on eût consenti volontiers à laisser la dignité impériale entre les mains de cette branche. Quant à l'infant don Philippe, il était odieux aux catholiques comme aux protestants, à cause de son arrogance et surtout à cause de l'influence espagnole si justement redoutée par l'Allemagne entière. Sturm pensait que, dans cette situation, le roi de France pourrait avoir quelques chances de monter au trône impérial ; il montra à du Bellay quelles influences il faudrait faire agir et quels intérêts il conviendrait d'invoquer auprès de chaque électeur, si à Paris on devait entrer dans ces vues. Mais, si Henri II ne voulait pas se présenter comme candidat, Sturm désirait qu'il intervînt au moins pour faire élire un empereur dont on n'eût rien à craindre pour la liberté publique. Il indiqua plusieurs princes, en désignant de préférence le duc de Clèves qui, par ses qualités distinguées, lui paraissait digne de réunir les suffrages des protestants et ceux des catholiques. En tout cas, il insista pour que la France regagnât la confiance des États protestants, en leur garantissant des secours efficaces au cas que l'élection donnât lieu à une guerre [1].

La cour de France ne rejeta pas ces idées, parfaitement conformes à ses intérêts. Elles contribuèrent à préparer l'accueil empressé fait à la demande que l'électeur Maurice de Saxe et plusieurs autres princes ne tardèrent pas à adres-

[1] A du Bellay, 17 mai 1551. Bibl. impér. de Paris.

ser à Henri II. Ils sollicitèrent une alliance offensive avec la France « pour sauver la nation allemande de la servitude dont elle était menacée ; » ils ajoutèrent que, lors de l'élection d'un nouvel empereur, ils manifesteraient leur reconnaissance. L'habile évêque de Bayonne, Jean de Fresse, fut envoyé en Allemagne pour traiter avec les princes ; le 5 octobre 1551 l'alliance fut signée à Friedewald en Hesse, et le 15 janvier 1552 à Chambord. Il y fut stipulé aussi que Henri II s'emparerait « le plus tost qu'il pourroit, » et en qualité de vicaire de l'Empire, de Metz, de Toul et de Verdun, pour les ôter des mains de l'ennemi, sauf à réserver les droits que l'Empire prétendait avoir sur ces villes.

Le 3 mai 1552, Henri II arriva avec son armée à Saverne, sur le versant oriental des Vosges. Sturm devait aller avec une mission secrète en Angleterre ; mais le roi, instruit des négociations que le prudent Maurice avait entamées avec le roi Ferdinand à Lintz, en Autriche, ne voulait pas s'engager trop loin avant de connaître le résultat des démarches de son allié douteux[1]. Le traité de Passau, conclu le 16 juillet, lui prouva qu'il n'avait pas eu tort en hésitant, car Maurice avait fait la paix pour lui seul, à l'exclusion de la France. Cependant l'électeur, ne se fiant pas trop à Charles V, demanda une nouvelle alliance avec Henri II ; celui-ci, cachant son ressentiment, ne la refusa point ; il tenait à garder les villes lorraines et à avoir un allié contre l'empereur. Il nourrissait d'ailleurs l'idée de se faire élire à l'Empire ; il fallait donc ne pas rompre avec l'électeur de Saxe et les autres princes. L'évêque Marillac, de Vannes, fut envoyé en Allemagne pour préparer l'exécution de ces plans ; il se mit en rapport avec le docteur Chélius et avec Sturm, qui le rendirent attentif aux avantages qu'on pouvait tirer des dissensions entre les États

---

[1] Sturm à Toxitès, 7 mai 1552.

de l'Empire et à la nécessité de ménager Maurice, « personnage inquiet et ambitieux »[1]. Mais Maurice ayant trouvé la mort (11 juillet 1553) dans sa guerre contre le margrave Albert de Brandebourg, le roi de France, incertain sur la tournure que prendraient les événements, se borna à recommander à ses agents de tout observer avec soin. Le traité de Passau et la paix de religion de 1555 ayant assuré la liberté des protestants, une ligue avec la France devint superflue; les relations entre celle-ci et les États furent interrompues pour quelque temps.

Sturm retourna dès lors tout entier à ses travaux littéraires et à l'exercice de ses fonctions de recteur et de professeur. Outre plusieurs traités de rhétorique et de dialectique et quelques éditions d'auteurs anciens, publiés depuis l'Intérim, il s'était essayé quelquefois à la poésie[2]; mais ce dont il s'occupait avec une prédilection particulière, c'étaient trois grands ouvrages par lesquels il voulait illustrer son nom. C'étaient des dialogues sur la rhétorique d'Aristote, un travail analytique sur Cicéron et un traité sur le style latin. Le premier de ces ouvrages était le fruit d'entretiens avec ses amis, le professeur Sapidus, le jurisconsulte Louis Gremp de Freundstein et les frères Werther, jeunes nobles de la Thuringe. Ces derniers, qui, avec leur précepteur George Fabricius, furent pendant quelques années ses pensionnaires, lui assurèrent une somme de 2400 florins pour l'analyse de Cicéron, s'il la terminait à une époque donnée ; nous en reparlerons plus bas. Il voulait aussi écrire la biographie de Bucer, mort en Angleterre, en 1551 ; il avait cette intention encore

---

[1] Instructions données par le roi à Marillac, 13 juin 1553. Marillac au roi, 3 juillet 1553. Rapports de Sturm et de Chélius ; dans Menken, *Scriptores rerum germanicarum*. Leipz. 1728, in-fol., T. II, p. 1402.

[2] En juillet 1540, Nicolas Gerbel envoie à Veit Dietrich, à Nuremberg, des « *carmina bucolica Joh. Sturmii et Joh. Sapidi.* »

vingt ans plus tard, mais ne parvint pas à la réaliser [1].

Au Gymnase et à la Haute-École, comme on appelait les cours supérieurs donnés par quelques professeurs, il n'y avait pas eu d'autre changement que le regrettable départ des théologiens Bucer, Fagius et Pierre Martyr. En 1553, ce dernier revint d'Angleterre; Sturm, qui l'avait recommandé au roi de Danemarc, obtint de nouveau sa nomination à Strasbourg, ce prince ne l'ayant pas accueilli à cause de ses opinions calvinistes sur la Sainte-Cène [2]. En 1553, de grands chagrins vinrent troubler la vie paisible que Sturm menait depuis quelque temps; non-seulement une épidémie dispersa les élèves du Gymnase et des cours [3], mais le 30 octobre mourut Jacques Sturm, à l'âge de soixante-trois ans. La perte de cet homme, aussi grand citoyen que chrétien pieux, affecta profondément le recteur dont le Stettmeister avait été l'ami et le conseiller; elle fut pour Strasbourg entier un deuil public. Sturm consacra à sa mémoire quelques pages adressées au magistrat; il y exprima dans un beau langage de nobles pensées, rappelant les éminentes qualités du Stettmeister, son patriotisme intègre, sa fermeté, sa sagesse, son zèle pour la religion et pour les études, les services qu'il avait rendus à sa patrie dans des temps difficiles, l'honneur dont il s'était couvert et qu'il avait fait rejaillir sur ses concitoyens, sa sollicitude enfin pour le Gymnase dont il avait été un

---

[1] A R. Asham, 15 juin 1551; Ashami *Epp.*, p. 385. — Asham à Sturm, 18 juin 1551; o. c., p. 39. — Encore en 1572 Sturm voulait écrire la vie de Bucer; mais Conrad Hubert, qui avait les papiers du réformateur et des notes sur lui, tardait à les lui remettre. Cassiodoro à Hubert, 12 avril 1572.

[2] Sturm «*studet omnibus modis ut hìc retinear.*» P. Martyr à Calvin, 3 nov. 1553. P. Martyr, *Loci communes*. Heidelb. 1613, in-fol., p. 1092. — Sturm au roi de Danemarc, 27 juillet 1554; chez Schumacher, T. II, p. 315.

[3] «*Joh. Sturmius propter pestem e domo suà ad Sapidum migravit... Valde, ut audio, diminuitur Argentoratensis ludus.*» G. Fabricius à Wolfg. Meurer, 28 mai 1553; Fabricii *Epistolæ*, p. 87.

des fondateurs et qu'il chérissait comme un des ornements de la ville. Ce qui attrista le plus vivement le recteur, c'est qu'en Jacques Sturm l'Église de Strasbourg perdit un des derniers défenseurs de cette modération conciliante dont jusqu'ici elle avait été l'asile. Il prévit l'explosion des discordes dont les germes s'étaient manifestés depuis quelques années, mais que l'autorité universellement respectée du Stettmeister avait encore empêchés d'éclater. Dans cette prévision, Jean Sturm songea de nouveau à s'établir ailleurs. Son ami Michel Toxités, qui avait quitté le Gymnase pour s'établir en Suisse, et puis dans le Wurtemberg, désirait l'attirer à Tubingue[1]; Jean de Fresse lui offrit une position en France[2]. Sur le conseil de l'évêque Érasme, il eut l'intention de se consacrer au service de l'empereur; il en fit la proposition au ministre Granvelle, en se réservant expressément la liberté religieuse. Granvelle accepta ses offres et reçut pendant quelque temps par Sturm des nouvelles politiques[3]. Le recteur se mit ainsi dans une fausse position, inconciliable avec tous ses antécédents; aussi ne tarda-t-il pas à en sortir, pour ne pas devenir infidèle à ses devoirs et à ses convictions. Par le même motif il renonça au projet de quitter Strasbourg, sauf à se préparer aux luttes qui l'attendaient. Il possédait encore l'affection de ses collègues et l'estime du magistrat, et était honoré des catholiques comme des protestants. En 1550, l'électeur palatin Frédéric II lui délivra un diplôme, par lequel il le prit sous sa protection spéciale[4]; en 1555, Charles V lui accorda des lettres de noblesse, en considération de ses talents et de ses vertus, et des services que,

---

[1] Toxités à Nic. Prugner, professeur d'astronomie à Tubingue, 19 avril 1554.
[2] Fraxineus à Sturm, s. d.
[3] Sturm à Granvelle, 22 janv. 1554. — Granvelle à Sturm, 14 févr. 1554. — *Papiers d'État* de Granvelle. Paris 1841, in-4º, T. IV, p. 465.
[4] 16 juin 1550, Heidelberg. Arch. de Carlsruhe.

comme savant, il avait rendus à l'Empire[1] ; quelque temps auparavant, l'ambassadeur vénitien Damula, se rendant à Spire, lui avait témoigné son admiration, en lui envoyant un riche cadeau[2]. Le 10 novembre 1555, il fut élu prévôt du chapitre de Saint-Thomas[3]. Deux ans après, il fut envoyé au second colloque de Worms, où l'accompagna son disciple Wolfgang de Werther[4]. Cette conférence, réunie en vertu de la paix d'Augsbourg, fut dissoute avant d'avoir commencé ses travaux. Vers la même époque, Michel Toxitès publia un recueil des remarquables préfaces mises par Sturm en tête de plusieurs ouvrages et annonça un volume de ses lettres[5]. Ce volume n'a pas paru, pas plus qu'un travail plus considérable que Sturm voulait entreprendre alors. Engagé par l'électeur palatin Otton-Henri à continuer l'histoire de Sleidan, mort en 1556, il pria le prince de lui procurer, par son intervention, l'accès aux archives des États protestants et la communication des documents authentiques[6] ; il adressa la même demande au roi de Danemarc[7]. Otton-Henri commença par lui envoyer les actes de la diète d'Augsbourg de 1555 et lui offrit une pension pendant qu'il travaillerait à cette œuvre ; deux riches Polonais lui firent une offre semblable ; sur le conseil de Toxitès, il n'accepta rien du prince, afin de mieux garder l'indépendance nécessaire pour bien écrire l'his-

---

[1] 31 oct. 1555, Bruxelles. En tête du *Libellus epitomicus de bello Turcico*, de Sturm.

[2] R. Asham à Sturm, 20 oct. 1552, de Spire; Ashami *Epistolæ*, p. 49.

[3] Le chapitre le choisit « *consideratà et scolæ et ecclesiæ huius utilitate atque honestate.* »

[4] *Antipappus* IV, P. 3, p. 163.

[5] Toxitès aux comtes Christophe et Jean de Frise, en tête des *Prolegomena* de Sturm.

[6] Sturm à Otton-Henri, 19 mars 1557 ; 20 janv. 1558.

[7] Au roi de Danemarc, 1er avril 1557 ; chez Schumacher, T. II, p. 347.

toire [1]. Avant d'entreprendre le grand travail de continuer
Sleidan, il voulait terminer ses vingt livres de commentaires sur Aristote [2]. Mais il n'a ni achevé cet ouvrage, ni
commencé l'autre. Personne pourtant n'eût été mieux placé
que lui pour raconter l'histoire de son temps; non-seulement il avait déjà exposé avec une grande netteté, quoiqu'en peu de lignes, les devoirs d'un historien [3], et prouvé
son propre talent historique par sa belle biographie du
savant Alsacien Béatus Rhénanus [4], mais par ses missions
diplomatiques il avait appris à connaître personnellement
les princes et à pénétrer leurs intentions; ses nombreux
amis de tous les pays de l'Europe lui transmettaient les
nouvelles de ce qui se passait dans le monde; il les communiquait à son tour à quelques princes, notamment aux
rois de Danemarc et aux landgraves de Hesse, dans des
lettres qui sont les vrais journaux du temps, et où l'on
trouve les relations détaillées des négociations, des batailles, des siéges, en général des faits les plus importants.
Pourvu de ce riche matériel et maniant la langue latine
avec une perfection rare, Sturm eût été digne de continuer
l'œuvre immortelle de son compatriote; il est à jamais regrettable que les événements ultérieurs de sa vie ne lui
aient pas permis de s'y consacrer.

[1] Toxitès à Sturm, 7 mai 1557, de Tubingue.
[2] A Otton-Henri, 20 janv. et 15 mai 1558.
[3] A l'évêque Érasme, en tête des *Epistolæ familiares* de Cicéron. — R. Asham à Sturm, 21 oct. 1562; Ashami *Epistolæ*, p. 61.
[4] En tête des *Libri rerum germanicarum*, 1551.

CHAPITRE IX.

Relations avec les réformés de France.

1542—1562.

Nous avons observé déjà que ses souvenirs et la tendance particulière de son esprit inspiraient à Sturm une vive sympathie pour les protestants de la France. Ami de Mélanchthon et admirateur de Luther, il se rapprochait pourtant de la doctrine helvétique bien plus que de celle de la confession d'Augsbourg. Aussi le sort des réformés français lui tenait-il vivement à cœur; pendant une série d'années il s'en est occupé avec une ardeur et un désintéressement qui l'ont entraîné dans des luttes et dans des difficultés de tout genre.

On sait que, dès les premières années de la Réforme, de nombreux protestants français vinrent se réfugier à Strasbourg. On les accueillit avec une chaleureuse hospitalité. Sous la protection du magistrat, ils formèrent une communauté qui eut son église et ses ministres; Calvin lui-même en fut le pasteur pendant le temps que dura son exil de Genève; c'est à Strasbourg qu'il publia, en 1539, la seconde édition de son *Institution chrétienne*, et c'est dans la même ville que parut, en 1543, la troisième édition accompagnée de quelques lignes d'éloge par Sturm [1]. Celui-ci fut, dès son

---

[1] 2e édit. Strasb., Wendelin Rihel, 1539, in-fol. — 3e édit., chez le même, 1543, in-fol. Voici l'éloge que Sturm mit sur le titre : « *Johannes Calvinus homo acutissimo iudicio summàque doctrinà et egregià memorià præditus est : et scriptor est varius, copiosus, purus : cuius rei testimonium est Institutio christianæ religionis quam primò inchoatam, deinde locupletatam, hoc vero anno absolutam editam edidit, neque scio an quicquam*

arrivée à Strasbourg, un des protecteurs les plus actifs de l'Église française. Jacques Sturm, Dasypode, Sleidan, lui prêtaient également l'appui de leurs conseils ou de leur autorité [1]; Sleidan fut même pendant quelque temps un des trois administrateurs que lui donna le magistrat. Grâce à ces hommes, plusieurs savants, fugitifs de France, furent retenus à Strasbourg pour y faire des cours. C'est ainsi qu'en 1553 Charles Dumoulin, en 1555 François Baudouin et Hotman arrivèrent en notre ville et y firent des séjours plus ou moins prolongés [2].

Jusqu'à l'époque où la tournure que prirent les affaires protestantes sous François II et Charles IX, sollicita toute son attention et l'engagea à prendre une part directe à la défense de la liberté religieuse en France, Sturm s'occupa surtout du sort de la réformation à Metz.

En automne 1542, les prédications de Farel avaient provoqué en cette ville un mouvement populaire contre les protestants et contre leur protecteur l'échevin Gaspard de Heu. Ils quittèrent Metz pour se retirer à Montigny et à Gorze; plusieurs d'entre eux furent bannis; de ce nombre fut Gaspard Gamaut qui avait logé Farel et refusé d'ouvrir

---

huius generis exlet, perfectius ad docendam religionem, ad corrigendos mores et tollendos errores : et se optime institutum existimet, qui, quæ in eo volumine traduntur, est assecutus.» — *Antipappus* II, p. 111.

[1] Hotman à Bullinger, 25 mars 1556, Strasbourg; Hottomannorum *Epistolæ*. Amst. 1700, in-4°, p. 4.

[2] Dumoulin fut recommandé à Jacques Sturm par Calvin, 10 juillet 1553, Genève; et par Farel, 12 juill. 1553, Neufchâtel. — En 1555, Baudouin, recommandé par le recteur aux scolarques, fut engagé pour six ans à faire des cours de droit et à donner des consultations au magistrat, à raison d'un traitement de 160 fl. par an et de 20 fl. pour loyer. — En 1556, un certain nombre d'étudiants, parmi lesquels beaucoup de Français, remirent aux scolarques une pétition, demandant que Hotman fût autorisé à faire un cours de droit civil. Il fut engagé pour six ans aux mêmes conditions que Baudouin; peu après, il fut admis au droit de bourgeoisie et à un canonicat à Saint-Thomas.

sa maison aux persécuteurs[1]. Gamaut, accompagné d'autres proscrits, se retira à Strasbourg où il devint un des plus intimes amis de Sturm. Celui-ci, attristé de voir la cause du protestantisme compromise à Metz, ne s'en consolait que par la pensée que l'opposition devient souvent plus utile aux progrès de la vérité qu'un acquiescement trop prompt[2]. Les protestants messins s'adressèrent aux confédérés de Smalcalde pour obtenir par leur intervention la paix avec le parti catholique. Sturm prit part à ces démarches; au printemps 1543 il se rendit à Bar, d'où il écrivit au cardinal du Bellay pour que le gouvernement français intercédât à son tour en faveur des protestants de Metz[3]; ses efforts et ceux des princes allemands furent couronnés de succès; à la suite d'une conférence, tenue au mois de mai à Strasbourg, les bannis obtinrent l'autorisation de rentrer en leur patrie[4]. Mais ce succès ne dura point; le parti catholique reprit le dessus, les persécutions recommencèrent, et, dès le mois de juillet, des délégués, Gaspard de Heu à leur tête, se rendirent à la réunion de Smalcalde pour implorer l'assistance des États protestants. Sturm usa de son influence sur les princes pour obtenir que leurs coreligionnaires de Metz fussent « rendus en la protection et sauvegarde de l'union[5]. » Mais celle-ci n'était pas assez puissante pour leur donner un appui efficace; l'hérésie fut sévèrement défendue à Metz; inspiré par les Guises, le parti catholique songeait déjà à rattacher cette ville à la France, de crainte que, si elle restait à l'Empire,

---

[1] Meurisse, *Histoire de la naissance, etc., de l'hérésie à Metz*. Metz 1670, in-4°, p. 60.

[2] Sturm à Calvin, 29 oct. 1542. Bibl. de Gotha.

[3] A du Bellay, 1ᵉʳ avril 1543. Bibl. impér. de Paris.

[4] Meurisse, o. c., p. 77.

[5] *Catalogue des manuscrits, etc., relatifs à l'histoire de Metz, provenant du cabinet de M. le comte Emmery*. Metz 1850; p. 29, nᵒˢ 142, 147.

les protestants ne fussent soutenus tôt ou tard par les États de leur confession [1].

La prise de Metz par Henri II fut un triomphe pour le catholicisme. Les habitants protestants, qui avaient encore pratiqué secrètement leur culte, se retirèrent à Strasbourg et y répandirent de vives alarmes [2]. Sturm vit dans la prise de Metz un danger à la fois pour l'indépendance de Strasbourg et pour le protestantisme; quoique ami de la France, il craignait qu'elle ne fût tentée de s'immiscer trop directement dans les affaires de la république strasbourgeoise; « nous avons désormais, dit-il dans une de ses lettres, un voisin trop puissant [3]. » Selon lui, la liberté religieuse était moins menacée à Metz aussi longtemps que la ville faisait partie de l'Empire ; si elle restait française, le protestantisme serait infailliblement étouffé par les Guises. C'est dans cette conviction qu'il travailla dès lors avec son ardeur accoutumée à la restitution de Metz. Gaspard Gamaut lui-même, le proscrit protestant, se mit comme « observateur » au service du roi d'Espagne, uniquement dans l'intérêt de cette même cause. Ses démarches et celles de Sturm furent surtout actives à partir de 1558, où des négociations au sujet de Metz furent entamées entre l'Empire et la France. Sturm essaya d'abord d'obtenir quelque adoucissement au sort des protestants messins, plus durement opprimés dès 1558 que dans les années précédentes. Les sieurs de Clairvant, de Chambray et d'autres, réfugiés à Strasbourg, obtinrent, sur la sollicitude du recteur, que le magistrat intercédât en leur faveur auprès du maréchal de Vieilleville, gouverneur de Metz [4]. Cette intervention fut infructueuse ;

---

[1] Barthold, *Deutschland und die Hugenotten*, T. I, p. 37.
[2] Meurisse, p. 106.
[3] « *Habituri sumus vicinum nimis potentem.* » A R. Asham, 9 mai 1553; Ashami *Epp.*, p. 390.
[4] Bèze, *Histoire des Églises réformées de France*. Anvers 1580, T. III, p. 442.

car le roi venait d'envoyer en Allemagne le chevalier Bourdillon et l'évêque Marillac pour s'entendre avec les États au sujet des villes lorraines ; Henri II avait l'intention de ne pas les rendre, mais il ne voulait pas avoir l'air de les garder contrairement au traité de 1552. Les deux diplomates exposèrent l'objet de leur mission à la diète tenue à Augsbourg en mai 1559; l'assemblée se montra peu disposée à céder à leurs arguments. On aurait dû s'attendre d'après cela à ce qu'elle se montrât plus favorable aux griefs des protestants de Metz; mais ceux-ci ne purent également rien obtenir d'elle. Sturm avait recommandé leur cause au chancelier impérial, en lui disant que l'Empire ne pourra pas s'empêcher d'intervenir, « pour peu que les États aient conservé quelque reste de leur ancienne fermeté[1]. » Mais il trouva que cette fermeté n'existait plus ; on renvoya les protestants messins avec des excuses diplomatiques. Sturm adressa à un prince, dont il connaissait l'influence sur l'empereur, un mémoire sur la nécessité de demander la restitution de Metz[2]. Il y rapporte tous les détails sur l'occupation de la ville par les troupes françaises, sur les vexations qu'ont à subir les habitants, sur les mesures qu'on prend contre leur indépendance, sur les fortifications qu'on élève pour mieux garder la ville. L'intérêt des habitants et plus encore la dignité de l'Empire exigent, dit-il, que Ferdinand insiste pour que Metz lui soit rendu au plus tôt; la France peut-être ne tiendra pas compte des menaces, car elle voit l'empereur occupé de la guerre contre les Turcs, et elle pense que l'assentiment de la plupart des princes peut être acheté à prix d'argent; elle se dit prête en outre à rendre les trois villes, dès qu'on aura cessé d'occuper

---

[1] « ...*Si modò sit aliqua nunc adhuc vetusta virtus in Imperii ordinibus.*» Sturm à Pachelebius, 9 mai 1559.

[2] Dans la minute, écrite de la main de Sturm, le personnage auquel le mémoire est adressé n'est pas nommé.

Constance, Cambray et Utrecht, et que les archevêques de Mayence, de Trèves et de Cologne auront réintégré à l'Empire les villes de Mayence, de Coblence et d'Andernach; mais ce n'est là qu'une manière d'éluder l'exécution d'un traité solennel; malgré les difficultés de la situation, il faudra donc tenir un langage énergique, autrement l'honneur de l'Allemagne souffrirait une grave atteinte. Le personnage auquel Sturm exposa ces idées lui répondit que Ferdinand aurait tort de s'exposer à une rupture avec la France, uniquement pour ravoir les trois villes. Le recteur ne se découragea point; il proposa de faire intervenir les électeurs de Saxe, du Palatinat, de Mayence; mais la politique allemande de l'époque n'était pas favorable à ces plans [1]. La diète d'Augsbourg se borna à déléguer l'évêque Louis Madruzzi de Trente et le comte Louis de Stolberg et Kœnigstein, pour agir auprès de Henri II. Celui-ci étant mort le 10 juillet 1559, les deux ambassadeurs ne se hâtèrent pas de se mettre en route. Sous François II, la position des protestants de Metz devint encore plus intolérable; le 5 octobre ce roi ordonna au magistrat de la ville d'extirper les restes de l'hérésie, le cardinal de Lorraine sévit contre les protestants de la province. Quatre cents familles firent demander un asile à la république de Strasbourg. Sturm, s'intéressant au sort de ces victimes de la cruauté catholique, fit écrire en Suisse, où l'on reçut celles qui ne trouvaient pas à s'établir dans l'Alsace protestante [2]. En même temps, il fit un dernier effort auprès des ambassadeurs que la diète envoyait en France, et qui ne partirent que dans les derniers jours de décembre. Il représenta à l'évêque Madruzzi que, les trois villes étant trop utiles à la France comme boulevard contre l'Empire, elle ne les ren-

---

[1] Minutes de mémoires de Sturm et de Gamaut.
[2] Hotman à Bullinger, 23 nov. 1559; Hottom. *Epistolæ*, p. 29.

dra que si on les redemande avec énergie et au besoin avec la menace de rompre la paix ; que François II n'est pas prêt à la guerre, attendu que l'épuisement des finances et les difficultés intérieures ne lui permettent pas de lever une armée suffisante [1]. Le 26 janvier 1560 les deux ambassadeurs furent reçus par le roi ; ils prononcèrent des harangues ; mais, comme ils n'osèrent pas aller jusqu'à des menaces que l'état de l'Empire eût rendues illusoires, ils n'obtinrent que des réponses évasives. Sturm et son ami Gamaut avaient prévu cette issue ; car, pendant que Madruzzi et le comte de Königstein se rendaient à la cour, celle-ci avait envoyé en Allemagne les frères Rascalon, chargés de conférer séparément avec les princes. En passant par Strasbourg, ces deux agents habiles donnèrent à entendre à Sturm que François II ne se prononcerait qu'après avoir appris le résultat de leur mission secrète ; mais qu'en tout cas il ne consentirait peut-être qu'à rendre Verdun et Toul [2]. Nous ignorons ce que les Rascalon rapportèrent à la cour ; quoi qu'il en soit, si les trois évêchés lorrains ne furent pas rendus à l'Allemagne, c'est moins parce que la France a manqué à ses engagements, que parce que l'Empire a mis trop de mollesse dans ses réclamations.

Après cet abandon de Metz, Sturm n'attendit plus rien de l'Empire affaibli, incapable à cause de sa désunion de prendre des résolutions énergiques. Il engagea son ami Gamaut à quitter le service du roi Philippe pour se vouer à celui de ses compatriotes protestants [3]. La cause réformée en France entrait alors dans une nouvelle phase de périls et de luttes. Déjà en 1557 Sturm fut sollicité de s'occu-

---

[1] A Madruzzi, déc. 1559.

[2] Gamaut au vice-chancelier Zeldius ; minute de la main de Sturm.

[3] Sturm à N., mai 1573. — Le fils de Gamaut prit service dans l'armée des Huguenots et périt dans la guerre de 1569. Sturm à Wolrad de Mansfeld, 3 sept. 1571.

per de ces intérêts qui lui étaient si chers. Ce fut à propos de la persécution des Vaudois du Piémont, alors sous la domination de la France. Farel et Théodore de Bèze vinrent en Allemagne pour leur chercher des protecteurs. Strasbourg promit son appui, l'électeur Otton-Henri de même [1]. Le 28 mai ce dernier et le duc Christophe de Wurtemberg annoncèrent au magistrat que, conjointement avec le landgrave Philippe, le margrave Charles de Bade, le duc Wolfgang de Deux-Ponts et quelques autres princes, ils enverraient une députation au roi de France pour intercéder en faveur des protestants des vallées vaudoises; ils demandèrent que Sturm fût adjoint aux ambassadeurs, à cause de sa connaissance de la langue française et des usages des cours [2]. Le recteur ne partit point, mais il rédigea un mémoire sur les arguments que la députation devait faire valoir auprès du roi. Elle devait lui représenter que, les princes protestants étant venus à son secours dans les dernières guerres, il était équitable qu'il ne persécutât pas ceux qui, dans son pays, professaient leur religion; que, quant à eux-mêmes, ils ne pourraient pas, sans impiété, continuer de servir un prince qui opprime leurs coreligionnaires; qu'il s'expose au reproche d'être de mauvaise foi si, après avoir toléré les protestants pendant qu'il avait besoin du secours des princes allemands, il les opprime quand ce secours ne lui est plus nécessaire; que, si François Ier a cédé quelquefois aux sollicitations du comte Guillaume de Furstenberg qui ne lui avait amené pourtant qu'un petit nombre de troupes auxiliaires, à plus forte raison Henri II doit-il imiter cet exemple à l'égard de princes plus puissants qui lui ont fourni des secours plus efficaces [3].

---

[1] Otton-Henri au magistrat de Strasb., 8 mai 1557.
[2] Le même et le duc de Wurtemberg au magistrat, 28 mai 1557.
[3] *Argumenta quibus uti in hoc negotio licebit.*

CHAPITRE IX.

Il paraît que ces considérations, présentées par la députation protestante et appuyées bientôt après par une lettre des princes qui envoyèrent au roi la confession de foi des Églises vaudoises [1], firent quelque impression sur lui; il avait d'ailleurs le plus grand intérêt à ménager les habitants d'une province conquise. On sait que, depuis ce temps, les Vaudois du Piémont jouirent de nouveau de quelque repos [2]. Henri II se montra moins disposé à écouter les représentations en faveur des protestants de sa capitale, persécutés avec violence pendant l'automne de 1557 [3]. Il répondit avec hauteur aux États allemands qu'il a trouvé bon que ses sujets ne changent pas de religion, et que les persécutés étaient « perturbateurs du repos public et ennemis de la tranquillité et union des chrétiens [4]. » En France, on avait été heureux de trouver chez un auteur protestant ce prétexte, si souvent employé pour justifier les rigueurs contre les réformés. Joachim Westphal, pasteur luthérien à Hambourg, ayant écrit, depuis 1552, avec une extrême virulence contre les calvinistes, excita l'indignation des théologiens de Genève. La polémique qui s'en suivit attira l'attention des catholiques français; ils profitèrent des accusations de Westphal pour faire passer les réformés pour des agitateurs, rêvant le bouleversement de tout ordre établi; ils affirmèrent que Genève était le siége de cette révolte permanente, et ils firent si bien qu'ils enflammèrent la co-

---

[1] Cette lettre, datée du 19 mars 1558, se trouve dans un ouvrage intitulé: *Der bedruckte Palmbaum christlicher Wahrheit, oder verfolgte Protestant und Waldenser, durch Constantium Alethophilum.* Cölln an der Spree 1687, in-4°, p. 62.

[2] Gilles, *Histoire ecclésiastique des Églises vaudoises.* Genève 1645, in-4°, p. 70.

[3] *Histoire des Martyrs.* Genève 1619, in-fol., p. 463. — Le magistrat de Bâle à celui de Strasbourg, 27 sept. 1557. — Bèze, Jean Budé et Lucas de Bertin, délégués des Églises françaises, au magistrat de Strasb., 5 mars 1558.

[4] Henri II au magistrat de Strasb., 21 mai 1558.

lère du roi contre ce prétendu foyer de troubles ; vers 1559, le bruit se répandit même que des troupes françaises devaient assiéger Genève[1]. Après la mort de Henri II, les persécutions redoublèrent de violence ; François II, à peine l'ombre d'un roi, était dominé par le cardinal de Lorraine qui combattait la Réforme pour maintenir, non-seulement le catholicisme, mais surtout sa propre autorité dans le royaume. Dès le 3 août 1559, Sturm et Hotman écrivirent à Calvin, le pressant de joindre ses efforts aux leurs pour venir au secours de la cause de l'Évangile gravement menacée en France[2]. Quelques protestants croyaient pouvoir compter sur le roi de Navarre ; mais ni Calvin ni Sturm n'avaient confiance en lui, quoique, dans les circonstances du moment, il ne leur parût pas possible de l'écarter[3]. On forma des projets de défense ; on invita Calvin et Théodore de Bèze à venir à Strasbourg pour les discuter[4] ; parmi les théologiens on agita la question s'il était permis de prendre les armes contre les ennemis de la religion et de l'État. Le supplice d'Anne du Bourg (23 déc. 1559) fit éclater l'indignation des protestants ; ils se rapprochèrent du parti national à la tête duquel se trouvaient les Bourbons et qui étaient mécontents de la domination despotique des Guises. On médita de se soustraire à ce joug détesté et de délivrer, au besoin par les armes, le roi dont le parti lorrain disposait à son gré. Ce ne fut encore qu'un projet vague, bien différent de la conjuration d'Amboise que Calvin ignorait aussi bien que Sturm. Cependant le réformateur de Genève, prévoyant de grands dangers, désapprouva

---

[1] *Antipappus* III, p. 242.
[2] Le 3 août 1559. Bibl. de Gotha.
[3] Calvin à Sturm, 13 août 1559. Bibl. de Genève.
[4] En parlant de ce projet, Sturm dit : « *Res est ardua, et opus habet provisione multorum mensium, et certis ac confirmatis rationibus... Nos fundamenta non mala jecimus.* » A Calvin, 19 sept. 1559. Bibl. de Genève.

même l'intention générale d'avoir recours d'une manière quelconque à la force[1]. Son avis n'eut pas d'influence sur les impatients, qui arrêtèrent en secret le projet d'enlever le roi. Hotman était un des principaux instigateurs de cette malheureuse entreprise. Peu de temps avant qu'elle éclatât, il se rendit à Heidelberg avec Sturm qui devait lui faciliter l'accès auprès de l'électeur palatin[2]. Il se présenta comme envoyé par le roi de Navarre et par Condé, et tâcha d'intéresser à la cause des réformés l'électeur et Guillaume de Grumbach, alors à Heidelberg. Mais ce dernier était gagné par les Guises pour une entreprise qui souriait davantage à son esprit aventureux : il s'agissait d'envahir le Danemarc pour mettre à la place du nouveau roi Frédéric II un des princes lorrains, petit-fils de Christiern II. Sturm, qui apprit ces projets de Grumbach lui-même, se hâta d'en informer la cour de Copenhague, à laquelle il put bientôt annoncer aussi qu'ils étaient de nouveau abandonnés, la situation intérieure de la France absorbant toute l'attention des Guises[3].

Sturm n'était pas dans le secret de la conjuration d'Amboise; mais, ce secret n'étant pas assez bien gardé, il apprit par de sourdes rumeurs qui se répandirent peu de temps avant l'explosion, qu'il se tramait un coup fatal; il en attendit les nouvelles avec anxiété. Lorsque, par ses amis de France, il eut reçu les détails de la tentative de La Renaudie, de la résistance et du supplice des conjurés, il craignit que les Guises triomphants ne provoquassent la guerre[4]. Cette crainte n'était que trop fondée; l'édit de Romorantin (mai 1560) ne put contenter aucun parti; une

---

[1] Calvin à Sturm, 23 mars 1560. Arch. ecclés. de Berne.
[2] Sturm à Hotman, juin 1562.
[3] Au roi de Danemarc, 15 avril et 19 août 1560 ; chez Schumacher, T. II, p. 395, 427.
[4] Sturm au roi de Danemarc, 15 avril 1560; chez Schumacher, T. II, p. 395.

prise d'armes devint inévitable. Sturm fut informé qu'un agent des Guises parcourait l'Allemagne pour convoquer à Meiningen une réunion de tous les chefs de reîtres et pour les prendre pour un an à la solde de la France[1]. Pour conjurer le péril, Calvin voulut que le recteur engageât les princes allemands à envoyer une ambassade au roi; elle devait l'exhorter à rétablir la paix, non par la violence, mais en corrigeant les abus de l'Église; de son côté, le réformateur de Genève pressa Antoine de Navarre de faire usage de son autorité pour préserver le pays des calamités dont le menaçait le despotisme des Guises[2]. Hotman, qui avait obtenu de l'électeur palatin de pouvoir voyager sous le titre de conseiller électoral, et Théodore de Bèze se rendirent auprès du vaniteux Bourbon; ils l'invitèrent à profiter de la prochaine réunion des états-généraux pour briser le pouvoir des princes lorrains; mais ils ne purent rien obtenir de cet homme flottant et faible[3]. Bientôt après arriva la nouvelle de la mort de François II (5 déc. 1560). Cet événement inattendu, que Sturm et Calvin considérèrent comme un jugement de Dieu[4], et l'entrée du roi de Navarre

---

[1] Au roi de Danemarc, 19 août 1560; l. c., p. 427.

[2] Calvin à Sturm et à Hotman, 4 juin 1560. Bibl. de Genève.

[3] Sturm à Hotman, juin 1560.

[4] « *Ecquid unquam legisti reguli morte opportunius? Nullum erat extremis malis remedium, quum repente apparuit e cœlo Deus, et qui patris oculum confixerat, filii auriculam percussit.* » Calvin à Sturm, 16 déc. 1560. Bibl. de Genève. — Sturm à Calvin, 26 déc. — Théodore de Bèze envoya à Sturm les vers suivants sur la mort de Charles-Quint, de Henri II et de François II; ils caractérisent les sentiments des Huguenots à cette époque :

« *Mitto etiam ad te ex Calvini nostri voluntate aliquot versiculos, ut noris me omnibus modis desipere :*

Ad huius temporis monarchas
Προτρεπτικὸν *carmen*
Nathanaëlis Nesicii.
Consiliis Christum oppugnans et fraudibus, ingens
Regum ille terror Carolus,

dans le conseil de la régence, ranimèrent les espérances des Huguenots. Beaucoup d'entre eux crurent leur cause gagnée pour toujours. Sturm lui-même s'attendit à de meilleurs jours : les exilés au moins rentreraient dans leur patrie, les captifs seraient délivrés, et les réunions privées, accordées aux protestants, seraient un grand progrès [1]. Cependant, de même que Calvin qui, plus clairvoyant que ses coreligionnaires, tâchait de calmer leur joie prématurée, Sturm ne se livra pas longtemps à des illusions ; instruit par les faits, il ne pensa pas que la liberté et la tranquillité pussent régner en France ; « quand même, écrivit-il à Calvin, quand même nous aurions un espoir certain de voir l'Évangile faire des progrès parmi cette nation, elle ne jouira jamais d'une paix permanente [2]. » C'est à cause de cette accablante conviction que, tout en travaillant pour les réformés français, il désira de nouveau que Metz fût restitué à l'Empire germanique ; il voyait avec regret cette ville, où le protestantisme avait eu un si beau commencement, mais qui avait perdu ses franchises sous la domination nouvelle, entraînée désormais dans les orages qui in-

Ipsis ridiculus pueris, furiosus et excors,
Totus repente concidit.
Tuque, Henrice, malis dum consultoribus utens,
Sitis piorum sanguinem,
Ipse tuo, vecors, inopinâ cæde peremptus,
Terram imbuisti sanguine.
Henrici deinceps sectans vestigia patris
Franciscus, infelix puer,
Clementem Christum, surdâ dum negligit aure,
Aure putrefactâ corruit.
Versuti, fatui, surdi, hæc spectacula, reges,
Vos sapere vel mori jubent.» (Arch. de Cassel.)

[1] A Calvin, 26 déc. 1560.

[2] «...*Etiam si certa spes esse posset Evangelii in Galliâ, tamen nunquam illud regnum habebit pacem perpetuam.*» Sturm à Calvin, 25 déc. 1560. Bibl. de Genève. — Calvin à Sturm, 16 déc 1560. Ibid.

cessamment troublaient la France¹. Ce qui le poussa à renouveler ses démarches pour Metz, ce fut moins un sentiment patriotique que l'ardent amour de la liberté religieuse. Il pria Calvin d'agir dans le même but auprès du roi de Navarre; il envoya lui-même des lettres aux princes de l'Allemagne pour les exhorter à rappeler à Charles IX les engagements de son père par rapport aux évêchés lorrains². Mais la France était décidée à les garder à tout prix.

Les Huguenots profitèrent de la réunion des princes protestants à Naumbourg pour implorer leur intercession auprès de Charles IX; ils ne demandèrent que l'envoi d'une ambassade qui, en complimentant le roi sur son avénement, lui eût en même temps parlé en faveur de ses sujets réformés; l'affaiblissement du parti des Guises et l'autorité accordée au roi de Navarre devaient assurer le succès de cette démonstration³. Mais les princes étaient trop occupés pour vouer à cette affaire une attention sérieuse: ils perdaient leur temps à discuter pédantesquement sur le texte de la confession d'Augsbourg. Sturm et Théodore de Bèze ne négligèrent rien pour secouer leur apathie; aussi l'envoi d'une ambassade fut-elle décidée; on conseilla à l'électeur palatin et au duc de Wurtemberg d'y adjoindre Sturm; les députés devaient rappeler Charles IX à la modération et le roi de Navarre à la persévérance; Sturm voulait essayer en outre d'obtenir de Charles la convocation d'un concile auquel seraient invitées la France, l'Allemagne et l'Angleterre, au cas que le pape persistât à refuser un concile universel et libre⁴. Mais ni Sturm ni aucun autre am-

---

¹ A Calvin, 25 déc. 1560. Bibl. de Genève.
² Au même, 26 déc. 1560.
³ Bèze à Sturm, 7 mars 1561. Arch. de Cassel.
⁴ Sturm au roi de Danemarc, 26 févr. 1561; chez Schumacher, T. II, p. 418. — A Simon Bing, secrétaire de l'électeur de Hesse, 15 mars 1561. Arch. de Cassel.

bassadeur ne partirent pour la cour ; les États se contentèrent d'envoyer des lettres aux deux rois [1]. Cependant la situation intérieure de la France devenait de plus en plus incertaine. En Allemagne, on se communiquait des bruits sinistres sur les préparatifs militaires du parti catholique. Le 18 mars 1561, Sturm fut informé par le magistrat de Strasbourg que l'électeur palatin venait d'envoyer la nouvelle que l'empereur et les États catholiques réunissaient des troupes, destinées selon toute apparence à venir au secours des Guises qui voulaient reconquérir leur autorité. Sturm se hâta d'en prévenir Calvin; il voulut qu'on envoyât sans délai des députés auprès des États protestants pour leur demander des troupes [2]. Dans le but de procurer aux Huguenots de l'argent, il conçut un plan qui ne manqua pas d'habileté. Plusieurs négociants de Strasbourg et d'autres villes de l'Empire avaient avancé à François II des sommes considérables, sans pouvoir les récupérer. Sturm, voyant le parti qu'on pouvait tirer de cette affaire, s'intéressa vivement aux créanciers. Il pensait qu'étant rentrés dans leurs fonds, ils seraient disposés à conclure un emprunt avec les Huguenots ; il leur offrit d'intercéder auprès du gouvernement français pour qu'ils fussent payés, mais à la condition expresse qu'ils fourniraient aux protestants de France les sommes dont ils pourraient avoir besoin. Si, au contraire, Charles IX refusait de tenir ses engagements, Sturm espérait que les créanciers irrités se montreraient d'autant plus prêts à secourir les adversaires du roi [3]. Sur ses instances, le magistrat de Strasbourg et plusieurs princes intervinrent en faveur des négociants ; il écrivit lui-même à Condé et au roi de Navarre [4]; Calvin s'y employa à son

---

[1] Barthold, T. I, p. 335.
[2] A Calvin, 18 mars 1561. Bibl. de Gotha.
[3] A Calvin, 26 déc. 1560.
[4] 30 juillet 1561. — Sturm rédigea les minutes des lettres envoyées à la

tour ; mais, à cause du mauvais état des finances françaises, l'affaire fut traînée en longueur ; les complications survenues en 1562 l'arrêtèrent complètement.

En avril 1561, le roi Antoine, qui avait admis Hotman en son conseil comme maître des requêtes, l'envoya en Allemagne ; il devait représenter aux États que les persécutions cesseraient en France, s'ils pouvaient se décider à envoyer une ambassade auprès de la reine-mère et du roi ; mais, bien que l'électeur de Saxe et le landgrave de Hesse fissent à Hotman un accueil fort honorable, ils se montrèrent peu disposés à entrer en relation avec Catherine de Médicis.

A cette époque, la politique commandait à la reine de ménager les Huguenots ; elle consentit au colloque de Poissy, et accorda, par l'édit du 17 janvier 1562, quelques libertés au protestantisme. C'est alors que François de Guise, voyant son pouvoir prêt à s'écrouler et songeant aux dangers que courrait son parti si les Huguenots, favorisés en France, pouvaient en même temps compter sur les secours des protestants allemands, exécuta un plan perfide qui devait changer en sa faveur la face des choses. Connaissant l'aversion de la plupart des luthériens pour le calvinisme, il médita d'indisposer contre les Huguenots les partisans de la confession d'Augsbourg, en effaçant aussi adroitement que possible les divergences entre celle-ci et le dogme catholique. A cet effet, il invita le duc de Wurtemberg à une conférence pour le lieu de laquelle on choisit Saverne, résidence de l'évêque de Strasbourg.

Le 15 février 1562 Christophe vint en cette ville, accompagné de son fils, d'un des fils du landgrave et des théologiens Brentz et Jacques Andréæ, auxquels s'étaient joints Sturm et Jérôme Zanchi, professeur de théologie à Stras-

cour par le magistrat de Strasbourg, par l'électeur palatin, par les ducs Wolfgang de Deux-Ponts et Richard de Simmern.

bourg. Le même jour arrivèrent le duc François, les cardinaux de Lorraine et de Guise, le grand-prieur, les évêques d'Amiens et de Metz, suivis de beaucoup de nobles. Le cardinal de Lorraine fit plusieurs prédications fort modérées ; il parla de la nécessité de réformer les abus, les erreurs, les superstitions, qui s'étaient glissés dans l'Église, et d'accomplir cette réforme en se fondant sur la Parole de Dieu [1]. Les protestants, parmi ses auditeurs, ne purent s'empêcher d'applaudir à ces propositions. Dans un entretien particulier où il se montra très-gracieux, le cardinal demanda à Sturm et à Zanchi leur avis sur les moyens de réformer l'Église et d'y rétablir l'union ; il exprima le désir qu'il y eût un rapprochement entre les hommes paisibles des deux partis ; il ne douta pas, disait-il, qu'en apprenant à se connaître par des conversations amicales, on ne finît par se réconcilier. Les deux protestants de Strasbourg quittèrent le cardinal, surpris et enchantés. Mais ils conçurent des soupçons, quand, dans une seconde entrevue, le cardinal se plaignit de la turbulence et de l'esprit de révolte des Huguenots, bien différents, selon lui, des protestants plus paisibles d'au delà du Rhin [2]. Le même langage fut tenu devant le loyal duc de Wurtemberg qui donna dans le piége ; il accepta comme sincère la promesse des Guises d'engager

---

[1] Dans son sermon sur Matth. XXI, 12, 13, le cardinal développa les propositions suivantes :

« *Sicut Christus non destruxit templum, sed repurgavit, ita Ecclesiæ, in quas irrepserunt aliquot errores, abusus, superstitiones, non sunt convellendæ, sed repurgandæ... Et sicut Christus sui facti rationem reddens, attulit in medium Verbum Dei et juxta illud se repurgasse templum probavit, dicendo : Scriptum est, domus mea domus orationis vocabitur, at vos fecistis eam speluncam latronum : ita Ecclesiarum reformatores adferre debent Verbum Dei, et juxta illud Ecclesias reformare.* » Jér. Zanchi au cardinal, 16 mai 1562. Zanchii *Epistolæ*. Hanau 1609, T. II, p 142.

[2] « *In colloquio multa conquesti sunt de Hugonottis, quos cardinalis verbo gallico vermines vocabat.* » Sturm, *Antipappus* I, p. 42.

le roi à octroyer la liberté du culte à ses sujets de la confession d'Augsbourg [1]. Christophe, oubliant qu'il n'y avait guère de luthériens en France, ne s'aperçut pas que la promesse illusoire des Lorrains cachait une réserve pleine de dangers pour les Huguenots. Un des témoins de l'entrevue des princes, l'historien Beaucaire de Péguillòn, évêque de Metz, déclare formellement que les Guises n'avaient pas eu d'autre but que d'empêcher les États allemands de venir au secours des réformés [2]. Ayant atteint ce but, le duc François n'attendit pas plus longtemps pour rallumer la guerre civile; ce n'est qu'au milieu des troubles qu'il pouvait espérer de ressaisir son influence. Les princes étaient à peine partis de Saverne qu'eut lieu le massacre de Vassy, le 1er mars 1562.

CHAPITRE X.

Discussions avec les luthériens de Strasbourg.

1553 — 1563.

Sturm assure que, depuis la comédie jouée à Saverne, on ne qualifia plus les protestants français de luthériens,

---

[1] V. sur l'entrevue de Saverne, outre la relation qu'en écrivit le duc Christophe lui-même (chez Satler, *Geschichte des Herzogthums Würtemberg.* Ulm 1770, in-4°, T. IV, *Beilage* 68), les lettres de Zanchi au cardinal et à Théod. de Bèze, T. II, p. 140, 248; et celle de Sturm au roi de Danemarc, 20 mars 1562; chez Schumacher, T. II, p. 438.

[2] « *Multa enim concedebat cardinalis Lotharingius, quæ alioqui non concessisset, ut Germanos a Galliâ invadendâ avocaret. Hic huius colloquii, cui nos interfuimus, scopus fuit.* » *Historia gallica.* Lyon 1625, in-fol., Lib. XXIX, p. 968. — C'est ce qu'on soupçonnait en Saxe, dès qu'on eut appris que l'entrevue aurait lieu : « *Magna est apud multos expectatio illius colloquii, et vereor ne Guisius, instructus artibus cardinalitiis, invidiam concitet Bezæ et aliis concionatoribus præcipuis.* » Ulric Mordeisen à Hub. Languet, 22 févr. 1562, de Torgau; Langueti *Epistolæ*, Halle 1699, in-4°, Lib. II, p. 194.

mais uniquement de calvinistes et de huguenots ; en les perdant dans l'opinion de l'Allemagne, la cour fut plus libre de les persécuter en France, car elle put s'excuser auprès des Allemands par le prétexte qu'elle ne sévissait plus contre leurs coreligionnaires [1]. Pour déjouer la ruse, dont il n'entrevit pas même toute la portée, le roi de Navarre fut sur le point de proposer aux Églises françaises l'adoption de la confession d'Augsbourg ; mais Calvin, qui avait parfaitement compris ce qu'il y avait de trompeur dans la conduite des Guises à Saverne [2], le dissuada de ce projet qui n'aurait trouvé aucune chance de réussite [3]. Les réformés étaient aussi peu disposés à renoncer à leur foi, « ratifiée par le sang des martyrs, » que les luthériens rigides à faire des concessions aux *sacramentaires*. A mesure qu'en Allemagne la scission entre les deux communions devenait plus profonde, les sympathies pour la cause des protestants français devenaient moins générales. En 1560 déjà, quelques luthériens avaient essayé de jeter le trouble dans les Églises de la France, en répandant qu'il n'y avait rien de commun entre la confession d'Augsbourg et celle qu'avait adoptée, le 29 mai 1559, le premier synode national réuni dans la capitale même. Sturm et Hotman, prévoyant les funestes effets de ces tentatives de diviser ceux qui auraient eu tant d'intérêt à se rapprocher, avaient écrit à Mélanchthon pour qu'il publiât la confession française, avec une préface montrant combien peu elle était inconciliable avec celle d'Augsbourg [4]. Cette idée n'eut pas de suite ; aussi

[1] *Antipappus* I, p. 42.

[2] « *Si quid nuper Tabernis simularunt illæ furiæ, quàm vanæ et fallaces essent eorum blanditiæ, detexit quod mox subsequutum est facinus.* » A Sturm, 25 mars 1562. Bibl. de Genève.

[3] Calvin au roi de Navarre ; dans les *Lettres de Calvin*, publ. par M. Bonnet, T. II, p. 421.

[4] Hubert Languet à Ulric Mordeisen, conseiller de l'électeur de Saxe, 31 janv. 1560 ; Langueti *Epistolæ*, L. II, p. 31.

bien le succès en eût-il été fort douteux. Les luthériens exagéraient de jour en jour davantage la nécessité de se soumettre à leurs formules dogmatiques. A Strasbourg, ils travaillaient depuis plusieurs années à cette œuvre, si peu conforme à l'esprit des premiers réformateurs. Leur ressentiment se tourna surtout contre Sturm, à cause de ses préférences hautement avouées pour les réformés. Pendant qu'il s'épuisait en efforts pour les protestants persécutés en France, il devint suspect aux nouveaux scolastiques, et se vit obligé à défendre contre leurs attaques sa réputation et sa foi. Ces luttes passionnées forment un triste épisode dans l'histoire d'ailleurs si glorieuse de la réformation strasbourgeoise.

Sturm avait adopté le point de vue de Bucer dans la doctrine de la Sainte-Cène. Bucer, aussi ferme dans la profession de la vérité chrétienne que conciliant pour les choses obscures ou accessoires, avait ardemment désiré la concorde entre les Églises protestantes. Il ne pensait pas que le dogme de la Sainte-Cène, une fois dégagé des erreurs du catholicisme, dût être le motif de tant de querelles, et qu'au sujet de la communion avec Jésus-Christ les chrétiens évangéliques dussent rompre la communion entre eux-mêmes. Sa manière de voir, qui ne portait aucune atteinte ni à la dignité, ni aux effets spirituels de l'Eucharistie, était partagée par ses collaborateurs ; toujours prêt aux ménagements, il avait tâché de l'accommoder à celle de Luther dans la confession que Strasbourg, de concert avec Memmingen, Lindau et Ulm, avait présentée en 1530 à la diète d'Augsbourg. Il est vrai que, dans ses efforts pour unir les partis opposés, Bucer se servait quelquefois de termes qui laissaient planer une certaine ombre sur les difficultés et les différences ; Sturm lui-même lui fit un jour des observations à cet égard [1] ; mais cette ambiguité même témoi-

---

[1] *Antipappus* IV, P. 4, p. 106.

gnait de son esprit conciliant, et c'est cet esprit que Sturm aimait et vénérait en lui. Ce fut Sturm qui, avec Sleidan, traduisit le catéchisme de Bucer en latin, pour l'usage du Gymnase[1]; Sleidan le traduisit aussi en français pour la communauté réfugiée.

Les mêmes tendances avaient rapproché Sturm de Mélanchthon. Il admirait Luther; mais, s'il désapprouvait les Suisses d'avoir été trop véhéments dans leurs attaques contre le grand réformateur, il blâmait celui-ci d'avoir montré vis-à-vis d'eux une raideur trop inflexible[2]. Il aurait voulu que les membres épars de l'Église, au lieu de se diviser pour se combattre, se fussent unis pour édifier le monde par le spectacle de leur concorde fraternelle; les savants surtout devaient donner l'exemple de la conciliation, car comment se plaindre de voir les gens du peuple se quereller entre eux, si les hommes éclairés par la science préfèrent à l'union la lutte[3]? Lorsqu'après la paix de religion de 1555, la liberté fut assurée aux protestants, le bonheur qu'en éprouva Sturm ne fut troublé que par la continuation du déplorable dissentiment sur la Cène; à ses yeux c'était désormais le seul obstacle qui empêchât les progrès de l'Évangile. Au lieu d'appuyer sur ce qu'il y avait de commun dans leurs doctrines, sur ce qui pouvait les rapprocher et les unir, les théologiens protestants s'habituaient à n'insister que sur les divergences. De part et d'autre, ils étaient pleins de bonne foi et de zèle; mais la bonne foi n'exclut pas la passion, et le zèle peut subsister sans la charité. Dans les efforts tentés pour formuler l'orthodoxie, la raison, avide de précision, allait acquérir un

---

[1] O c., P. 1, p. 23. — *Catechismus ecclesiæ et scholæ Argentinensis.* Strasb., Wend. Rihel, 1544, in-8º.

[2] A Bullinger, 8 nov. 1544; dans la *Bibliotheca historico-theologica.* Brême 1719; P. III, fasc. 6, p. 1104.

[3] A Mélanchthon, 19 mars 1545. Bibl. de Landshut.

empire prédominant, au préjudice de l'amour et de la vie pieuse; c'est elle qui, alors comme toujours, créait les scissions entre ceux qui se seraient reconnus comme frères s'ils avaient écouté aussi la voix du sentiment. Pour pacifier l'Église protestante, Sturm proposa le même moyen qui, selon lui, aurait servi à unir les protestants et les catholiques : la convocation d'un certain nombre de savants, amis de la paix et n'ayant pas encore pris part à la polémique[1]. Mais où trouver ces hommes? et comment les faire agréer aux partis, persuadés chacun d'être dans la possession exclusive de la vérité?

A Strasbourg, les tendances moins libérales se manifestèrent depuis le départ de Bucer pour l'Angleterre, et surtout depuis la mort de Jacques Sturm. Elles causèrent un premier éclat lors du retour de Pierre Martyr, rappelé en 1553 par le magistrat. A la tête de la réaction se trouvait Jean Marbach, natif de Lindau, sur le lac de Constance, médiocrement savant, mais prédicateur fougueux et populaire[2]. Encore en 1549 et en 1551, il avait écrit à Bucer et à Fagius, en Angleterre, des lettres pleines d'affection; lui et tout le convent ecclésiastique avaient consenti à ce qu'on s'adressât à Pierre Martyr, alors à Oxford, et même à Calvin, pour les prier de représenter Strasbourg au concile de Trente[3]; Sleidan ayant été envoyé à cette assemblée, il était resté en correspondance amicale

---

[1] Au roi de Danemarc, 3 nov. 1555; chez Schumacher, T. II, p. 469.

[2] Mélanchthon le comptait parmi les « *mediocriter docti*, » en ajoutant : «*Vellem equidem eum diutius mansisse in academiâ.*» A Camérarius, 21 févr. 1543; Melanchth. *Epp.*, T. V, p. 46. — Après le premier sermon de Marbach à Strasbourg, Bucer dit à Pierre Martyr : « *Iste præsumptuosus theologus magnum malum dabit Ecclesiæ, et quæ hîc constituimus, omnia turbabit paulò post.*» Fortgesetzte Sammlung von alten und neuen theologischen Sachen (*Unschuldige Nachrichten*). Leipz. 1728, p. 1029.

[3] Sturm, *Antipappus* II, p. 116; IV, P. I, p. 22. — *Bericht von Calvino, besonders so lang er in Strassburg war.* Ms.

avec lui et avait accepté la mission de l'y suivre; mais depuis son élection à la présidence du convent, après la mort de Gaspard Hédion, en 1553, il se posa comme l'adversaire décidé de ceux que jusque-là il avait encore supportés. En novembre 1553, les scolarques proposèrent Pierre Martyr pour les cours de philosophie. Les théologiens s'informèrent de sa doctrine; Marbach le trouva doux et tranquille et prêt à signer la confession de Strasbourg; il ajouta qu'il le prendrait volontiers pour collègue en théologie sans ses opinions sur la Sainte-Cène. Les pasteurs demandèrent qu'avant son installation Martyr signât la concorde faite, en 1536, à Wittemberg, entre Luther d'un côté et Bucer et Capiton de l'autre. Cette prétention n'était pas encore exagérée; à Wittemberg, les réformateurs strasbourgeois avaient souscrit, par esprit de conciliation, à une formule rédigée par Mélanchthon et laissant une certaine latitude à l'interprétation du dogme; cette *concorde* avait satisfait à la fois Luther et les théologiens suisses. Aussi Pierre Martyr se déclara-t-il prêt à y adhérer; il ajouta qu'il ne ferait aucune difficulté à signer la confession d'Augsbourg ou toute autre analogue, pourvu qu'elles soient bien expliquées[1]. Mais cette réserve mécontenta le convent ecclésiastique, et Martyr dut être réintégré dans ses fonctions, malgré l'opposition de ce corps. Dès lors ce dernier se mit en guerre ouverte avec les professeurs. L'arrivée de Jérôme Zanchi, de Bergame, appelé par les scolarques à une chaire de théologie, fut un autre scandale pour les luthériens. Il s'éleva des discussions acerbes entre les pasteurs et les professeurs; ceux-ci se plaignirent de la prétention des premiers de se mêler indûment des affaires de l'école. Il existait encore quelques-uns de ces hommes nobles et fermes qui avaient aidé à introduire à Strasbourg

---

[1] Le 28 déc 1553.

la Réforme. Mathieu Pfarrer surtout, gendre de Sébastien Brant, élu sept fois aux fonctions d'Ammeister, plusieurs fois député de la ville aux diètes ou à la cour impériale, résistait avec énergie à Marbach et à ses violents collègues. Appuyés de son influence, les scolarques, qui s'adjoignirent Jean Sleidan qu'aucun parti ne pouvait s'empêcher de respecter, réussirent, dans une séance solennelle, à réconcilier pour un moment les professeurs et les ministres. Ces derniers cédèrent sur une question de forme; mais, comme leur ardeur plaisait aux masses, et qu'ils se savaient soutenus par de nombreux théologiens du dehors, ils ne renoncèrent point à leurs prétentions dogmatiques; ils ouvrirent à Strasbourg une ère d'âpre controverse, aussi stérile pour la science que funeste pour la vie religieuse. La querelle se ralluma deux ans plus tard; les professeurs étaient presque tous attachés à la doctrine de la confession tétrapolitaine; Marbach ne voulait voir régner que celle de la confession d'Augsbourg. Il fit si bien que Pierre Martyr quitta Strasbourg pour aller à Zurich respirer un air plus libre. Sturm vit avec douleur ces premiers effets d'un esprit exclusif qui s'abritait derrière le grand nom de Luther. Dans une lettre à Théodore de Bèze, il se plaignit tristement de voir qu'une année à peine après la paix d'Augsbourg, qui garantissait aux protestants la liberté, de jeunes et trop ardents théologiens troublaient la concorde par leur outrecuidance et conduisaient à la dérive le grand navire de l'Église de Christ[1]. Un des principaux soins de ces hommes, qui pour la plupart étaient étrangers à Strasbourg, fut d'attaquer l'Église française réfugiée. Le pasteur Jean Garnier, qui, en 1549, avait publié la confession de foi de cette communauté, fut accusé de troubler la paix publique. Sturm intéressa Calvin à sa cause; celui-ci écrivit en sa

---

[1] 20 févr. 1556.

faveur à Marbach, en disant que si Luther, cet éminent et fidèle serviteur de Dieu, vivait encore, il serait certes moins intraitable que ses fougueux disciples, et que le souvenir de Bucer et de Capiton devait suffire pour préserver Strasbourg de l'invasion de l'intolérance¹. Marbach fut sourd à ces conseils, et Garnier donna sa démission; depuis lors la communauté française n'eut plus qu'une existence précaire.

A la même époque, Melchior Specker, d'Isny, en Souabe, pasteur à Saint-Thomas, un de ces «*pueri*», comme les appelait Sturm, annonça l'intention de publier un livre sur la prédestination contre Théodore de Bèze; Sturm et Hotman essayèrent de l'en dissuader, non-seulement à cause de la difficulté de cette matière obscure, mais aussi pour éviter de jeter un défi à l'Église française tout entière, dont Bèze était le plus savant docteur. Comme Specker se montra peu sensible à ces raisons, Sturm les développa devant l'assemblée des professeurs, en ajoutant que du vivant de Bucer, de Capiton, de Hédion, à l'époque où l'on recherchait encore la paix, la prédestination n'avait jamais été ni attaquée ni défendue dans l'école de Strasbourg, que si on permettait aujourd'hui l'attaque, ce serait blâmer en quelque sorte la conduite des réformateurs strasbourgeois; que d'ailleurs on devait s'attendre à une vigoureuse résistance, et par conséquent à une polémique peu utile à l'édification de l'Église². Il paraît que pour cette fois on put encore arrêter le débordement; car on ne connaît pas de livre de Specker contre Théodore de Bèze. Dans ces conjonctures, le recteur était mal inspiré de vouloir

---

[1] Sturm à Calvin, 13 juillet 1554. Bibl. de Gotha. — Calvin à Marbach, 25 août 1554; Calv. ***Epist.***, p. 136 : « *Si hodie viveret eximius ille Dei servus et fidelis Ecclesiæ Doctor Lutherus, non tam esset acerbus vel implacabilis...* »

[2] Sturm à Bèze, 20 févr. 1556.

attirer à Strasbourg Mélanchthon qui, harcelé par des adversaires ingrats, désirait quitter Wittemberg. Les scolarques lui offrirent la même position qu'avait eue Bucer ; Sturm lui écrivit qu'on ferait aussi un sort au médecin Gaspard Peucer, son gendre. Mélanchthon répondit que, sans des motifs graves qui le retenaient encore, il aurait été heureux de vivre à Strasbourg au milieu de tant d'hommes savants et pieux [1]. S'il était venu, l'intolérance de Marbach n'eût pas permis que ce bonheur eût duré longtemps.

Jusqu'à présent Sturm avait tout tenté pour conserver à Strasbourg la paix. Lorsqu'en 1557, Marbach accusa Zanchi de corrompre la doctrine, et qu'il en fut interpellé devant le chapitre de Saint-Thomas, Sturm, en sa qualité de prévôt, lui fit des reproches, mais décida de ne pas donner d'autres suites à la chose, « dans l'intérêt de la paix. »

Le parti exalté, dont Marbach était le chef et l'organe, ne tenait pas autant à l'union que Sturm ; il n'attendait qu'un prétexte pour faire éclater l'orage préparé contre le recteur lui-même [2]. Ce prétexte ne tarda pas à être découvert. En 1559 et en 1560, Sturm expliqua dans ses cours le traité de Chrysostôme sur le sacerdoce, dans le but de montrer que cet orateur n'est pas inférieur à Démosthènes, et que, dans la prédication chrétienne, l'éloquence n'est pas à dédaigner [3]. C'était un beau sujet, digne d'un littérateur protestant ; Marbach lui-même y avait applaudi. Mais, comme Sturm profita de l'occasion pour faire quelques excursions sur le domaine de la théologie, et surtout pour

---

[1] Sturm à Mélanchthon, 10 nov. 1556. — Mél. à Sturm, 13 déc. 1556.

[2] Dans une lettre à Conrad Hubert (19 mai 1557), Calvin dit sur Marbach, « *Utinam Christum cum suis membris amplecti potius discat Marbachius, quàm ventum alis colligere.* »

[3] Jean Pistorius, pasteur à Nidda, dans la Hesse, à Sturm, 18 août 1561. — Sturm à Specker, 26 oct. 1561 ; dans Zanchii *Epp.*, T. I, p. 484 ; T. II, p 223.

exposer publiquement ses opinions sur la Cène, il blessa les pasteurs irrités de voir un simple homme de lettres aborder des questions dont ils se réservaient le monopole[1]. Cependant on n'osa pas encore l'attaquer lui-même ; on s'en prit à son ami Zanchi. Celui-ci, qui antérieurement déjà avait eu quelques démêlés personnels avec Marbach, s'était réconcilié avec lui après le colloque de Worms, et lorsqu'en 1559 l'Église italienne de Genève l'eut demandé pour pasteur, les scolarques l'avaient retenu en améliorant sa position. Il paraissait donc être à l'abri d'attaques ultérieures ; un acte imprudent de Marbach fut l'occasion de les renouveler. Peu de temps après que, sur la demande du recteur, l'école de Strasbourg eut célébré une solennité funèbre en l'honneur de Mélanchthon, mort le 19 avril 1560[2], Marbach fit imprimer un livre de Tilemann Heshusius contre l'homme distingué que l'Église protestante venait de perdre. Dans ce pamphlet, publié à l'insu du magistrat et avec une fausse indication de lieu, non-seulement Mélanchthon, mais aussi les réformés français et suisses, ainsi que l'électeur palatin, leur protecteur, étaient traités avec une violence extrême[3]. Sturm et Zanchi demandèrent et obtinrent que la vente en fût défendue. Dans une lettre à l'électeur palatin, Frédéric III, Sturm exprima ses appréhensions au sujet de l'avenir que les nouveaux théologiens préparaient à l'Église ; il se demanda d'où pouvait venir une doctrine qui admettait l'ubiquité et la consubstantiation dans le sens le plus matériel et qui condamnait Mélanchthon comme hérétique calviniste ; on répand, dit-il, le bruit qu'un synode doit se réunir pour rejeter formellement la doctrine réformée sur la Cène ; ce

---

[1] Zanchi à Bullinger, 8 nov. 1561 ; dans Zanchii *Epistolæ*, T. II, p. 28.

[2] *Argentinensis schola in Mel. funus.* Placard in-fol.

[3] C'est probablement la *Responsio ad præjudicium Melanchthonis de controversià Cœnæ Domini.* 1560, in-4º.

serait là une injustice, car on condamnerait des adversaires qu'on n'aurait pas admis à se défendre ; ce serait offenser les protestants de la France, de l'Angleterre et de la Suisse ; ce serait fournir aux catholiques un prétexte pour rendre le protestantisme méprisable, et surtout pour l'opprimer en France. Sturm reproduisit ensuite son idée favorite, d'une conférence composée d'hommes impartiaux des différents pays protestants et discutant la question sans passion et avec dignité[1]. Le peu de succès qu'il avait eu chaque fois qu'il avait émis ce vœu aurait dû le convaincre que l'état des esprits au seizième siècle ne permettait pas de réaliser une idée qui ne devait rester encore longtemps et toujours peut-être qu'une belle chimère.

Marbach, qui ne pouvait pas pardonner à Sturm et à Zanchi la suppression du livre de son ami Heshusius, épiait le moment de les accuser. En février 1561, des étudiants lui racontent que, dans un de ses cours, Zanchi a exposé certaines opinions peu conformes à celles de l'Église orthodoxe. Marbach se hâte de porter plainte devant le chapitre de Saint-Thomas. Les membres, contemporains de Bucer et de Capiton, étaient restés fidèles à la confession tétrapolitaine ; la défendre était pour eux une affaire d'honneur à la fois et de conviction ; ceux qui en déviaient se rendaient coupables, à leurs yeux, d'outrage à la mémoire des réformateurs. Le jour anniversaire de la mort de Mélanchthon, un ami de Sturm, Ernest Régius, qui plus tard fut nommé professeur d'éthique, prononça un discours, plein de nobles sentiments, sur les services rendus par le collaborateur de Luther à l'Église et aux lettres ; il y dit avec tristesse que sa mort regrettable était la clôture de la première et de la plus glorieuse période de la Réforme[2].

---

[1] A l'électeur Frédéric III, 19 janv. 1561 ; dans Calvini *Epp.*, p. 237.
[2] *De Phil. Mel. oratio.* Strasb. 1561, in-8°, dédié aux scolarques.

Cette manifestation ne fit qu'augmenter les ressentiments de Marbach ; il était soutenu par des hommes plus jeunes qui, n'ayant vu ni les difficultés ni les premiers beaux jours de la Réforme, dépensaient leur ardeur à discuter sur des formules, au lieu de l'employer au paisible développement des grands principes qui avaient fait la force et la gloire de leurs prédécesseurs. Un débat passionné était donc inévitable. Outre la doctrine calviniste de la prédestination, Zanchi avait enseigné que les élus, dès qu'ils ont reçu le don de la foi, ne peuvent plus le perdre, qu'on ne peut pas dire avec certitude quand viendra la fin du monde, et qu'avant cette fin il paraîtra un antéchrist qui ne sera ni le pape ni le Turc. Deux de ces questions étaient au moins fort indifférentes ; malgré cela, Marbach les trouva aussi hétérodoxes, aussi dangereuses pour le salut que les autres. La discussion entre les deux adversaires, d'abord savante et par conséquent convenable, s'envenima par l'animosité qu'ils finirent par y mettre tous deux, surtout depuis que Zanchi eut aussi attaqué la doctrine de l'ubiquité du corps de Jésus-Christ. Les scolarques se virent forcés d'intervenir ; Zanchi ayant proposé de prouver que ses opinions étaient conformes à la Bible, on lui interdit de traiter ces matières dans ses leçons ; il refusa dès lors de continuer ses cours, et écrivit quelques mémoires pour soutenir contre Marbach « *la liberté de l'enseignement et l'interprétation de la Bible par la Bible seule.* » La défense faite à Zanchi de traiter publiquement les questions controversées décida Sturm à prendre une part plus directe à la querelle. Selon lui, il ne s'agissait pas seulement de savoir si Zanchi était hétérodoxe, mais si Strasbourg voulait oublier ses réformateurs, si ceux-ci avaient été des théologiens moins chrétiens et moins illustres que Marbach, Specker, Glocker et autres, si la doctrine de Heshusius était plus vraie, plus salutaire que celle de la Tétrapolitaine, si Mélanchthon devait succomber à la « *misophilippia* » des ultra-luthériens [1]. S'échauffant autant que ses adversaires, il écrivit à Marbach qu'il ne voulait pas supporter sa « tyrannie », et qu'il resterait fidèle aux doctrines que Bucer et Mélanchthon avaient enseignées avec plus d'autorité que les novateurs [2]. Il rédigea une réfutation d'un libelle que Frédéric Staphylus, d'abord protestant, puis surintendant de l'université catholique d'Ingolstadt, avait publié contre Mélanchthon [3] et fit réimprimer quelques traités de Bucer sur la Sainte-Cène. Il fit précéder ce volume d'une préface adressée à Antoine Cook, qui, après avoir été précepteur du roi Édouard VI, s'était réfugié à Strasbourg sous le sanglant règne de Marie Tudor. Sturm blâme sévèrement ces luthériens qui, en allant au delà de la confession d'Augsbourg et en ne s'en tenant qu'aux formules établies par Luther « irrité » et à ses « hyperboles », au lieu de rester fidèles à la doctrine mitigée par lui-même dans la concorde de Wittemberg, jettent le trouble dans l'Église et rompent l'union avec ces communautés protestantes de la France, de l'Angleterre, de l'Italie, de la Hollande, qui ont vu tant de martyrs sceller leur foi de leur sang [4]. Le magistrat, qui

---

[1] Sturm au sénateur Simon Empfinger, 26 mai 1562. — Au sénateur Pierre Sturm, fin mai 1562 ; dans Zanchii *Epp.*, p. 221. — A Fabricius, 17 juin 1561.

[2] Zanchii *Epistolæ*, T. II, p. 211.

[3] Sturm à Calvin, 26 déc. 1560. — R. Asham l'engagea à le publier (11 avril 1562; Ashami *Epp.*, p. 58); nous ignorons s'il a paru. Le pamphlet de Staphylus est sans doute sa *Defensio pro trimembri theologiâ Lutheri contra ædificatores Babylonicæ turris*, Phil. Melanchthonem, Schwenkfeldium, etc. 1560, in-8°.

[4] « *In ipsâ verò quæstione quàm iniquum est facere quod faciunt, quas Lutherus iratus atque inimicus posuit sententias, eas ipsi promulgant, sententias verò medias, quas placatus pronuntiavit, prætereunt; in adversariorum verò doctrinâ quæ commotis animis scripserant, ea ad vulgus proferunt, horum verò explicationes dissimulant.*» Préf. à Ant. Cook, en tête des traités de Bucer. — « *Prætereunt M. Lutheri puram de hoc sacramento doctrinam, et illius hyperbolas arripiunt et obtrudunt populo.*» A l'élect. palatin, 19 janv. 1561, dans Calvini *Epist.*, p. 238.

avait supprimé le livre de Heshusius, défendit aussi la vente des traités de Bucer, à cause de la préface de Sturm ; il interdit aux pasteurs de faire de la polémique en chaire, et aux professeurs de théologie de tenir des réunions sans la présence de leurs autres collègues [1]. Cette intervention de l'autorité fut loin de calmer les esprits excités ; Sturm, une fois lancé dans l'arène de la polémique, oublia que jusque-là il avait été le défenseur de la modération et de la paix ; il est vrai qu'il croyait combattre pour l'honneur de Bucer et pour la liberté protestante, mais on est forcé de convenir que, s'il le fit avec plus de talent que ses adversaires, il ne le fit pas toujours avec moins de passion qu'eux.

Le 15 octobre 1561, il soumit au chapitre de Saint-Thomas sa profession de foi sur la Sainte-Cène, ce dogme étant devenu le principal objet de la controverse. Selon lui, si on ne devait enseigner sur cette haute matière rien qui amoindrît la dignité du sacrement, il fallait s'abstenir aussi de toute doctrine répugnant aux lois de la nature et contraire aux enseignements positifs de Jésus-Christ et de ses apôtres [2]. Par ces données négatives, il voulait écarter à la fois la formule des ubiquistes et celle des catholiques. Il exprima sa doctrine positive en ces termes : la Sainte-Cène est la communion du corps et du sang de Jésus-Christ ; le pain et le vin sont les signes visibles d'une chose invisible ; celle-ci n'est saisie que par la foi ; ce n'est que par la foi que l'on devient un corps avec Christ. Le Seigneur a été élevé à la droite du père, dans sa double na-

---

[1] Sturm à Calvin, 29 mai 1561. Bibl. de Gotha.

[2] « *Ut nihil de illorum* (i. e. sacramentorum) *dignitate diminuatur, nihil tamen tradatur, quod naturæ sensibus horribile sit, et quod adversarium doctrinæ Christi et apostolorum ; aut quod horum doctrinâ demonstrari non poterit neque expressum sit verbis J. Christi.* » A l'électeur Frédéric III, 19 janv. 1561 ; dans Calvini *Epp.*, p. 237.

ture, mais il ne réapparaîtra dans sa nature humaine qu'au jugement dernier; jusque-là il est présent dans l'Église spirituellement par sa nature divine; dans le sacrement on ne reçoit donc pas son corps charnel, on n'en devient participant que spirituellement par la foi; les impies ne reçoivent que le signe extérieur, mais, comme dans la communion on rend témoignage de son union avec Christ, les impies rendent un faux témoignage, et c'est là leur condamnation.

Sturm avait l'intention de publier sur cette matière un traité complet [1]. On répandit jusqu'en Saxe le bruit qu'il allait attaquer les doctrines des Églises allemandes; Georges Fabricius le conjura de s'en abstenir, parce que, dit-il, nous n'avons déjà que trop de disputes [2]. Sturm ne publia rien [3]; il se contenta de faire circuler des copies de sa profession de foi; elles devinrent le signal de querelles plus violentes encore qu'auparavant. Le 26 octobre 1561, le pasteur Melchior Specker monta en chaire à Saint-Thomas et prêcha durement contre ceux qui, sans en avoir la mission, s'érigent en interprètes des mystères de la foi; il les désigna comme des séditieux, comme des hérétiques de la pire espèce : jusqu'à présent, dit-il, le monstre a caché ses cornes; maintenant il commence à les montrer ouvertement au monde. Aussitôt Sturm, persuadé que cela ne s'adressait qu'à lui, écrivit au prédicateur une épître pleine des plus vifs reproches [4]; Specker y répondit sur un ton

---

[1] Ce traité devait être : « *minime iracundus, tamen ut spero argumentosus.*» Préf. aux quatre traités de Bucer. — Dans une lettre à la reine Élisabeth, 13 févr. 1561, il lui parle d'un livre qu'il lui envoie, contenant sa « *sententia de Cœnâ Domini;* » ce sont apparemment les traités de Bucer avec sa préface.

[2] 23 avril 1561, de Meissen.

[3] Sturm à Fabricius, 17 juin 1561.

[4] 26 oct. 1561; dans Zanchii *Epp.*, T. II, p. 223.

qui n'était pas plus doux[1]. Comme on l'accusait de se mêler de questions théologiques, lui qui n'était qu'un rhéteur et un philosophe, Sturm demanda sur les propositions incriminées de Zanchi et sur la Sainte-Cène les avis des théologiens de la Suisse, du Palatinat, de Tubingue, pour s'appuyer de leur autorité dans sa lutte avec les luthériens. Il fit même, en janvier 1562, un voyage à Heidelberg et à Deux-Ponts, pour conférer personnellement avec ses amis sur ces matières[2]. Tous lui répondirent que les thèses de Zanchi ne constituaient pas des hérésies; ils l'exhortèrent à persévérer dans sa doctrine, mais à tâcher en même temps d'éviter la continuation de la querelle[3]. Lorsqu'en mars 1562 il fut avec Zanchi à Saverne, lors de l'entrevue du duc de Guise avec celui de Wurtemberg, il sollicita de ce dernier l'autorisation d'avoir un colloque avec ses théologiens, se disant prêt à accepter l'arbitrage de Brentz. Il espérait que ce savant théologien, qu'après la mort de Matthieu Zell, Bucer et Hédion avaient voulu appeler à Strasbourg et qui pendant longtemps avait gardé, avec une vive affection pour Mélanchthon, une grande modération dans les discussions sur la Cène, se montrerait disposé à faire le conciliateur; il ne se souvenait pas sans doute qu'à peine deux ans auparavant Brentz avait fait admettre par un synode, tenu à Stuttgard (19 déc. 1559), la doctrine de l'ubiquité absolue du corps de Jésus-Christ. Aussi n'eut-il pour

[1] 31 oct. 1561; dans Schelhorn, *Ergœtzlichkeiten aus der Kirchengeschichte*. Ulm 1762, T. III, p. 1123.

[2] Sturm à Théobald Theoderici, receveur du chapitre de Saint-Thomas, 21 janv. 1562; dans Zanchii *Epp.*, T. II, p. 220.

[3] Lettres de Pierre Martyr, 21 juill., 31 déc. 1561; — de Jean Pistorius, 18 août 1561; dans Zanchii *Epp.*, T. I, p. 484; — de Jacques Scheggius, prof. de médecine à Tubingue, 16 déc. 1561, o. c., T. II, p. 202; — de Jacques Ruger, de Schaffhouse, 24 déc. 1561; ibid., p. 203; — de Bullinger, 30 déc. 1561; ibid, p. 205; — de Martin Borrhæus, prof. de théol. à Bâle, 6 janv. 1562; ibid., T. I, p. 482.

toute réponse que l'observation ironique : « il est étonnant qu'à votre âge vous prétendiez encore faire le théologien[1]. » Sturm, toutefois, persistant à croire qu'une discussion fraternelle serait le seul moyen de terminer la controverse, devenue d'autant plus haineuse que chaque parti se servait, dans l'exposition de ses vues, de termes plus exagérés, adressa à la chambre des XIII une requête tendant à obtenir la conférence dont il attendait un si heureux résultat[2]. Les pasteurs, à leur tour, présentèrent au magistrat un exposé des points litigieux, accusant Sturm et ses collègues de vouloir introduire à Strasbourg les fausses doctrines de Zwingle et de Calvin, réfutant longuement le système réformé sur la prédestination et sur l'Eucharistie, et opposant la Confession d'Augsbourg à la Tétrapolitaine[3].

Zanchi, sentant que sa position devenait de plus en plus difficile, résolut de quitter Strasbourg[4]; Sturm conçut la même idée; les progrès de l'intolérance le dégoûtèrent d'un séjour que jusque-là il avait tant aimé; il eut l'intention de se rendre à Zurich, d'y acheter une campagne et de s'y consacrer, « comme dans un autre Tusculum, à l'étude de la théologie et à la défense de la vérité[5]. » Cependant, le magistrat ayant chargé quelques-uns de ses membres de faire une enquête sur la querelle, Sturm crut devoir rester encore; il décida aussi Zanchi à persévérer jusqu'au bout[6].

---

[1] Sturm au roi de Danemarc, 20 mars 1562; dans Schumacher, T. II, p. 438. — Zanchi à Bullinger, 1562; Zanchii *Epistolæ*, T. II, p. 7.

[2] 26 mai 1562.

[3] 27 juillet 1562 : *Brevis expositio totius controversiæ inter ministros Ecclesiæ Argent. et scholæ professores ibidem, excerpta ex eorum pluribus contrascriptis.*

[4] Il paraît qu'en 1561 déjà Zanchi avait voulu quitter Strasbourg. Sturm donna à Pierre Martyr, partant pour le colloque de Poissy, une lettre pour la reine de Navarre, à l'effet de lui recommander Zanchi; 15 sept. 1561.

[5] Zanchi à Bullinger, 1562; Zanchii *Epistolæ*, T. II, p. 17. — Sturm à Ant. Cook, 12 nov. 1562; dans Ashami *Epp.*, p. 429.

[6] Zanchi à Bullinger, l. c., p. 14.

Au commencement de 1563, le magistrat, entrant dans les idées souvent émises par Sturm, appela quelques théologiens et quelques hommes politiques de l'Allemagne et de la Suisse, pour rétablir la concorde entre les pasteurs et les professeurs [1]. Le 18 mars cette commission soumit aux deux parties un projet de concordat qu'elles acceptèrent : quant à la Sainte-Cène, on convint de n'enseigner et de ne prêcher que la doctrine conforme à la confession d'Augsbourg et à la concorde de Wittemberg, c'est-à-dire le dogme de Luther, moins l'ubiquité ; quant à la prédestination, on se soumit à une formule assez vague pour laisser chaque parti libre de s'exprimer à peu près comme il l'entendait, sauf à s'abstenir de spéculations oiseuses et de disputes passionnées ; cette formule établit que, de même que tous les hommes sont pécheurs, de même aussi la grâce est offerte à tous, et tous doivent la saisir s'ils veulent être sauvés ; les promesses de l'Évangile sont générales ; elles n'exceptent personne ; toutefois, Dieu ne *donne* pas à tous cette grâce qu'il *offre* à tous ; c'est là, disait-on, qu'est le mystère, qu'aucune raison humaine ne peut expliquer. Sur ces bases, les pasteurs et les professeurs signèrent la confession d'Augsbourg, telle qu'elle avait été proclamée de nouveau en 1561 par les États protestants réunis à Naumbourg, en Saxe [2]. Zanchi la signa en ajoutant, non sans une équivoque qu'en français on ne peut pas rendre : «*Hanc*

---

[1] Les envoyés étrangers furent : Jacques Andréœ, chancelier de l'université de Tubingue ; Cunmann Flinsbach, surintendant des églises de Deux-Ponts ; Simon Sulzer, recteur de l'université de Bâle ; Ulric Coccius, pasteur à Bâle ; Wolf de Kœteritz et Henri Schwebel, conseillers du duc de Deux-Ponts ; Daniel de Renchen, bailli de Neubourg ; Kilian Bertz, conseiller du duc de Wurtemberg

[2] *Consensus inter theologos et professores, in Ecclesià et scholà Argent.* Strasb. 1563, en latin et en allemand. Aussi dans Zanchii *Miscellanea*, Neustadt 1608, in-4°, T. II, p. 732 ; dans la *Kirchenordnung* de 1603, p. 62 ; et dans celle de 1670, p. 70.

doctrinæ formulam ut piam agnosco, ita etiam recipio[1]. »
Après le concordat, qui momentanément apaisa les esprits, Zanchi reprit ses cours suspendus depuis 1560, et ni lui ni Sturm ne songèrent à quitter la ville.

CHAPITRE XI.

Secours donnés aux Huguenots. Mme *de Roye à Strasbourg.*

1562—1566.

Au plus fort des discussions avec Marbach, dans lesquelles Sturm demandait la tolérance pour les doctrines des réformés français, il se présenta une occasion de soutenir leur cause d'une manière non moins efficace que par les arguments théologiques.

Le massacre de Vassy (1er mars 1562) devint le signal de la guerre civile. Pour détourner l'orage, Calvin voulut qu'on fît des démarches auprès des princes allemands, pour obtenir d'eux une ambassade au roi, chargée de l'exhorter à maintenir son dernier édit de paix et à ne pas se laisser entraîner par la dangereuse influence des Guises. Il envoya à Strasbourg Louis Budé pour s'entendre à cet effet avec Sturm[2]. Des efforts dans le même but furent faits en France même, on négocia avec la reine-mère, mais la guerre était trop ardemment désirée par les Guises pour

---

[1] Schadæus, *Continuatio Sleidani.* Strasb. 1625, in-fol., P. 1, p. 338; P. III, p. 136. V. l'histoire de la controverse, avec toutes les pièces, lettres, harangues, etc., dans Zanchii *Miscellanea*, T. II, p. 347. —Zanchi à Calvin, 18 avril 1563; — à Sturm, 19 avril 1563; dans Zanchii *Epistolæ*, T. II, p. 64, 149.

[2] Calvin à Sturm, 25 mars 1562. Bibl. de Genève.

qu'on eût pu la prévenir encore ; les hostilités éclatèrent dès la fin du mois de juin. Condé s'était jeté avec Coligny dans Orléans. Les Guises faisant lever des troupes à l'étranger, les chefs protestants envoyèrent le vidame de Chartres et le sieur de Briquemault en Angleterre, d'Andelot et Hotman, et plus tard Théodore de Bèze, en Allemagne, pour réunir des secours en argent et en hommes. En passant par Strasbourg, Hotman s'y arrêta pour conférer avec Sturm, dont les relations avec les princes protestants pouvaient être très-utiles dans cette circonstance. Malheureusement Sturm se plaignait d'avoir été calomnié par le jurisconsulte, qui avait prétendu que le recteur, ayant connu le secret de la conjuration d'Amboise, l'avait trahi au cardinal de Lorraine [1]. Selon Bèze, Sturm avait encore un autre grief ; il avait écrit une épître dédicatoire pour les commentaires sur les Institutes que Hotman fit paraître à Bâle en 1560, et ce dernier avait abusé de la complaisance de son ami en faisant passer cette pièce pour son propre ouvrage. Il paraît toutefois que cette assertion manque de fondement [2]. Quoi qu'il en soit, Hotman fut à peine arrivé à Strasbourg qu'il y eut entre lui et Sturm une altercation des plus vives, à la suite de laquelle Sturm écrivit pour se justifier une épître très-longue et très-véhémente ; il affirma qu'il n'avait ni connu ni trahi la conjuration d'Amboise, mais que c'était Hotman qui, par ses forfanteries et par

---

[1] Sturm à Calvin, 29 mai 1561. Bibl. de Genève.

[2] Beza, *Responsio ad Balduinum*, dans ses *Tractatus theologici*. Gen. 1576, in-fol., T. II, p. 233. — Nous ignorons ce qui a pu donner lieu à cette accusation. Il n'y a ni dans l'édition de 1560, ni dans celle de 1567, des commentaires de Hotman sur les Institutes, une pièce qui pourrait être de Sturm ; les dédicaces à l'électeur de Saxe ne peuvent être que de Hotman lui-même. Dans une lettre du 20 sept. 1577 à l'électeur Auguste (*Epp. de bello turcico*), Sturm parle seulement d'une épître qu'il adressa, « *ante quatuordecim annos*, » à Hotman, et qu'il envoya audit prince, « *unà cum commentariis illius* (sc. Hotm.), *quos in Justiniani Imp. Institutiones confecerat.* »

la publication du *Tigre,* avait éveillé les soupçons des Guises[1]. Cependant la nécessité d'unir leurs efforts pour servir la cause commune amena entre les deux anciens amis une réconciliation qui ne fut plus troublée dans la suite[2].

Au mois d'août Théodore de Bèze vint à Strasbourg ; ses demandes de secours furent soutenues par Sturm ; mais le magistrat hésitait, car la cour de France avait envoyé des agents pour indisposer les États de l'Empire contre les Huguenots. Bientôt après, en septembre, arriva Mme de Roye, belle-mère de Condé, avec trois fils et deux filles du prince.

Cette dame, qui était odieuse aux Guises et que Calvin avait en grande estime, à cause de la courageuse liberté avec laquelle elle professait l'Évangile[3], vint à Strasbourg autant pour chercher un asile que pour presser l'envoi des secours dont avaient besoin les chefs huguenots. Elle montra les lettres que Jacques Spifame, l'ancien évêque de Ne-

---

[1] Sturm à Hotman, juin 1562. — A l'évêque Montluc de Valence, protecteur de Hotman, 17 juin 1562. — Sur Hotman, auteur du *Tigre*, v. l'article de Nodier dans le *Bulletin du bibliophile,* de 1834, et le nôtre dans le même journal, 1850. — Dès le 6 juillet 1561, François de Guise écrivit au magistrat de Strasbourg, pour se plaindre de libelles publiés en cette ville contre lui. Kentzinger, *Documents historiques relatifs à l'histoire de France, tirés des archives de Strasbourg.* Strasb. 1848, T. I, p. 49. — L'année suivante, pendant son séjour à Saverne, le duc voulut faire poursuivre Hotman à Strasbourg, pour des « *libelli famosi de se sparsi.* » Languet, *Epistolæ*, L. II, p. 197. Ces libelles sont évidemment le *Tigre.*

[2] V. aussi Bayle, art. Hotman, note N. — Ce qui prouve que les accusations portées par Baudouin contre Hotman sont peu fondées, c'est le certificat honorable délivré à ce dernier par les scolarques de Strasbourg, le 5 mars 1562, et constatant que, pendant les cinq ans qu'il a été « *in Gymnasio nostro legum publicus professor,* » il a enseigné « *summo auditorum suorum desiderio et fructu.* » Après avoir été nommé professeur à Valence, Hotman écrivit, le 15 nov. 1565, au magistrat de Strasbourg pour le remercier de ses bienfaits et pour renoncer au droit de bourgeoisie.

[3] Calvin à Mme de Roye, 24 sept. 1561. Chez Baum, *Theod. Beza*, T. II, append., p. 74 ; — de Thou, T. II, p. 830 ; T. III, p. 51.

vers, était chargé de présenter à la diète de Francfort, et par lesquelles Catherine de Médicis avait invité le prince de Condé et Coligny à venir au secours du roi contre les Guises. Elle se plaignit vivement de cette faction ambitieuse et turbulente, mais ne proféra aucun reproche ni contre le roi ni contre sa mère. Comme, malgré cela, le magistrat ne savait quel parti prendre, Mme de Roye s'adressa à Sturm, dont elle connaissait l'ancien dévouement pour les réformés de la France [1]. Elle lui demanda des conseils et des secours; Sturm lui proposa de chercher cent membres de la ligue huguenote, dont chacun avancerait 1000 florins; il s'offrit à verser la même somme. Elle fit observer que c'était impossible, la ligue étant dispersée par les événements malheureux de la dernière guerre; et, avec un sourire significatif, elle ajouta qu'il ne lui paraissait pas sérieusement disposé à venir en aide à ceux qui avaient compté sur lui. Sturm crut son honneur compromis s'il ne montrait pas une générosité sans bornes; il s'empressa d'avancer 10,000 florins, la totalité de ses capitaux disponibles; en même temps, il donna ordre à son libraire et ami Wendelin Rihel de fournir à Mme de Roye tout ce dont elle aurait besoin pour son entretien. Sur ces entrefaites, le jeune prince de Porcian, neveu de Condé, vint à Strasbourg et demanda de l'argent pour enrôler des reîtres; pressé par Mme de Roye et par MM. de Chambray et de Sainte-Marie, Sturm obtint du négociant Martin Wicker 1000 écus, pour lesquels il engagea sa signature. En septembre, une nouvelle demande lui fut faite par d'Andelot; soutenu par le landgrave de Hesse, le vaillant frère de Coligny avait vaincu

---

[1] Les détails sur les relations financières de Sturm avec Mme de Roye et les chefs huguenots sont tirés de ses lettres au landgrave de Hesse, 1564, à Pierre Beuterich, conseiller du duc Casimir de Deux-Ponts, 19 nov. 1581, à Théod. de Bèze, 30 juin 1583, 29 et 30 juin 1584 (ces trois dernières à la Bibl. de Gotha).

les hésitations de quelques princes allemands et obtenu des soldats sous le commandement du maréchal hessois Frédéric de Rolshausen ; malade et sans argent pour payer ses troupes, il se rendit à Strasbourg, en laissant celles-ci à Baccarat, dans l'évêché de Metz. Bèze, dont les démarches en Suisse en faveur des Huguenots avaient eu peu de succès, revint à son tour et se joignit à d'Andelot pour faire un appel à la généreuse activité de Sturm. Le recteur emprunta du libraire Wendelin Rihel 4000 écus qu'il apporta lui-même à d'Andelot à Saverne ; du même ami il reçut 700 florins pour Mme de Roye. A ses propres frais, il accompagna celle-ci auprès du duc de Wurtemberg, qui ne donna que des conseils et des vœux, auprès du margrave Charles de Bade, qui accorda 10,000 florins, et auprès de l'électeur palatin Frédéric, qui fit des promesses, accomplies plus tard. En novembre, il alla à Francfort pour s'entretenir avec les envoyés de la reine Élisabeth sur les moyens de secourir la cause huguenote, compromise par la perte de Rouen et par la défaite du sieur de Duras en Gascogne[1]. Peu avant la bataille de Dreux (16 décembre 1562), le prince de Condé envoya Tibère de la Roche dans l'Allemagne du nord ; il passa par Strasbourg avec des lettres pour Sturm ; celui-ci engagea Gaspard Gamaut et le chevalier Claude Bœcklin à accompagner l'agent huguenot ; il leur avança les fonds nécessaires pour le voyage.

Ils se rendirent auprès du duc Christophe de Lunebourg, tout disposé à venir en aide aux protestants ; des négociants de Lubeck ils obtinrent la promesse d'un secours de 30,000 écus. Mme de Roye, munie d'une procuration de Condé, chargea Wendelin Rihel de hâter le paiement de cette somme. En même temps, le chevalier Bœcklin recruta

---

[1] Sturm à Ant. Cook, 12 nov. 1562 ; Ashami *Epp.*, p. 429 ; — à R. Asham et à Jean Hales, 13 nov. 1562 ; ibid., p. 398, 430.

des reîtres pour les Lyonnais ; sous la garantie de Sturm, les négociants de Strasbourg lui avancèrent à cet effet 6000 écus [1]. Ce qui inquiéta Catherine de Médicis bien plus que ces préparatifs, ce fut la nouvelle qu'elle reçut d'un coup de main qu'en Allemagne on méditait contre Metz. Déjà, dans les premiers jours de 1563, l'empereur Ferdinand avait envoyé à la cour le préfet de la Souabe, Achille Ilsung, pour demander la restitution des évêchés ; bientôt après, on apprit que le duc de Deux-Ponts, sollicité par Mme de Roye et par Sturm de venir efficacement au secours des Huguenots, réunissait des troupes dans l'intention de reprendre Metz. Pressée d'un côté par les réclamations impériales, de l'autre par l'attitude menaçante d'un prince protestant plein de bravoure, la reine-mère se hâta de conclure avec les Huguenots la paix d'Amboise, le 19 mars 1563. Les chefs réformés, aussi bien que la cour, s'engagèrent à faire sortir du pays les troupes levées en Allemagne. Le roi, s'étant même obligé à payer aux auxiliaires des protestants l'arriéré de leur solde, fit négocier à Strasbourg un emprunt de 200,000 écus [2]. Les Allemands, qui refusaient de quitter la France aussi longtemps qu'ils n'étaient pas payés et qui, en attendant, se payaient eux-mêmes par des pillages, eurent la singulière prétention de demander que le roi leur engageât comme garantie la ville de Strasbourg ou celle de Francfort-sur-le-Mein. Calvin lui-même pria Sturm d'user de son influence pour que Strasbourg se portât caution pour le paiement de la solde ; mais le recteur lui répondit que cette demande était inadmissible, comme contraire aux droits et aux coutumes de la république ; il écrivit dans le même sens aux chefs allemands. Ceux-ci ne

---

[1] Sturm à Calvin, 9 févr. 1563. Bibl. de Gotha ; — au chapitre de Liége, 18 mai 1563.

[2] Languet à Ulric Mordeisen, 15 mai 1563, de Strasb.; Langueti *Epistolæ*, Lib. II, p. 240.

se décidèrent que fin juin à rentrer chez eux avec des traites sur les négociants strasbourgeois [1].

Mme de Roye, quoique rappelée à la cour, ne se hâta pas de rentrer en France. Au moment même où se négociait la paix d'Amboise, elle s'occupait encore des moyens d'envoyer à son parti des secours. Le 17 mars 1563, le duc Wolfgang de Deux-Ponts chargea Sturm de la prévenir qu'il tenait à sa disposition 1500 à 2000 reîtres, et que, comme ils n'attendaient pour partir que la certitude d'être payés, il s'offrait à avancer une partie de la somme [2]. La conclusion de la paix, en rendant ce secours inutile, fit avorter en même temps les projets de Wolfgang contre Metz. Sturm profita de la pacification pour exposer à Mme de Roye ses vues sur la politique que, selon lui, la France devait suivre pour éviter à l'avenir de nouvelles guerres. Il pensait que ce pays n'aurait pas eu à soutenir, dans le cours de ce siècle, tant de luttes contre l'empereur, et qu'il aurait été déchiré moins souvent par des troubles civils, si quelque prince influent de l'Allemagne s'était interposé chaque fois comme médiateur. Mais aucun de ces princes n'a un intérêt pour se charger de ce rôle, car il n'existe entre la cour de France et celles de l'Allemagne aucune alliance matrimoniale. Sturm était d'avis que rien ne serait plus utile qu'un mariage entre le roi de France et une princesse allemande. En même temps, pour rattacher davantage les États protestants à la cause des Huguenots, le prince de Condé devrait acquérir en Allemagne des propriétés et marier ses filles à des princes allemands; les comtes Wolrad et Charles de Mansfeld seraient disposés à lui vendre une partie de leurs domaines; riches, puis-

---

[1] Sturm aux chefs des troupes allemandes, 16 mai 1563. — *Mémoires de Condé*. La Haye 1743, in-4º, T. IV, p. 353.

[2] Wolfgang à Sturm, 17 mars 1563, de Meisenheim.

sants, influents, ils seraient dignes d'être choisis pour ses gendres. Nous ignorons quelle impression ces idées firent alors sur Mme de Roye; dans le cours des événements qui suivirent, elles furent oubliées bien vite, aussi vite que la reconnaissance qu'on devait à Sturm pour ses sacrifices. Mme de Roye quitta Strasbourg en juin 1563. Depuis son arrivée jusqu'à son départ, le recteur n'avait pas souffert qu'elle manquât de quoi que ce fût [1]; il l'avait accompagnée en Allemagne à ses frais personnels, il avait emprunté pour elle et la ligue protestante des sommes considérables. Ces sommes devaient être rendues à Noël 1562; Sturm, qui les attendit en vain, fut obligé de recourir à d'autres emprunts pour satisfaire les créanciers. Malgré cet embarras, il fournit à Mme de Roye de nouveaux secours, ne voulant pas abandonner, comme il disait, ceux qui étaient en danger à cause de leur attachement à l'Évangile. Lorsque Mme de Roye partit de Strasbourg sans avoir pu payer ses dettes, Sturm et Wendelin Rihel la suivirent jusqu'à Saverne; après des discussions fâcheuses, elle promit d'envoyer des agents chargés d'examiner les comptes. En attendant, Sturm fut obligé de servir les intérêts des sommes que, dans son zèle trop empressé, il avait empruntées chez différents négociants. C'est alors que commença pour lui une longue suite de tribulations qui troublèrent le reste de sa vie. Incessamment placé entre l'insistance de ses créanciers et le mauvais vouloir ou l'impuissance de ses débiteurs, il se trouva dans des embarras financiers interminables. Dans les premiers temps il en fut si abattu, que même le culte des lettres ne put rendre à son esprit son ancienne vivacité [2]. Ses amis, Éli-

---

[1] « *Illam re nullà egere passus est.* » Le magistrat de Strasbourg à Henri de Navarre, 21 déc. 1584.

[2] « *Literæ et musæ non solùm silent, sed lugent etiam.* » A R. Asham, 1564; Ashami *Epp.*, p. 426.

sabeth d'Angleterre elle-même[1], l'encouragèrent à persévérer dans ses études; Roger Asham, le secrétaire de la reine, l'engagea à publier, pour éclairer l'Europe, une histoire des menées des Guises[2]; il reprit aussi pendant quelque temps ses travaux sur Aristote et sur Cicéron[3]. Mais il eut à cette époque des dégoûts si amers, qu'en 1563 il demanda à plusieurs reprises au chapitre de Saint-Thomas de le décharger des fonctions de prévôt. Ses collègues, par une délibération pleine de déférence, le prièrent de ne pas leur refuser ses lumières, l'assurant qu'ils ne cesseraient de le vénérer comme leur maître commun[4]. Pressé de nouveau par les créanciers, il se rendit, accompagné de Zanchi et dans l'espoir de recueillir quelque argent, chez M. de Chambray, en Lorraine. De là il écrivit au chapitre pour renouveler l'offre de sa démission; mais il finit par céder au désir de ses collègues, en consentant à garder sa place. Quelque temps auparavant, il avait envoyé le jurisconsulte Eusèbe Hédion, fils du réformateur, auprès de Condé et de Mme de Roye; Hédion alla jusqu'au camp devant le Havre, où Condé s'était uni au connétable pour reprendre aux Anglais cette ville française; mais il revint sans résultat. Sturm partit alors lui-même pour la France; après une longue attente, il obtint 3000 écus sur les 20,000 florins qu'on lui devait et dont il devait lui-même la plus grande partie à des négociants. En février 1564, Condé l'invita à se rendre au château de Muret, près de Soissons, où se trouvait aussi le duc Christophe d'Oldenbourg, désireux

---

[1] A Sturm, 1562; dans Ashami *Epp.*, p 428.
[2] 21 oct. 1562. O c., p. 60.
[3] A Wolfg. de Werther, 30 juin 1563.
[4] Sturm le demande en juillet et en sept. 1563. Le 16 sept. le chapitre le prie de conserver ses fonctions, en ajoutant: « *omnique amore, studio, et observantiâ ipsum tanquam præpositum nostrum et communem præceptorem semper prosecuturos.* »

de le voir; là on lui paya encore environ 3000 écus. Enfin Condé écrivit au magistrat de Strasbourg de faire examiner les prétentions des créanciers de Mme de Roye; celle-ci envoya à cet effet quelques commissaires; à ceux nommés par le magistrat se joignirent des délégués de l'électeur palatin et du duc de Deux-Ponts[1]. Après un travail de plusieurs jours, on constata les droits de Sturm et l'exactitude de ses comptes, mais on ne lui donna rien. Profondément découragé, il s'adressa aux princes de l'Allemagne, leur exposant le malheur de sa position et les sollicitant d'intervenir en sa faveur; il ne fit pas encore de reproches aux Huguenots; il ne regrettait, dit-il, aucun des sacrifices faits pour assister « des coreligionnaires opprimés, des héros défendant la liberté religieuse », au culte de laquelle il avait voué sa vie[2].

Cependant, comme malgré la paix qui régnait alors en France, personne ne semblait songer à lui, il finit par être affecté plus vivement de l'oubli où le laissaient ses débiteurs, que des obsessions mêmes de ses créanciers. Il commença à se plaindre de la « perfidie » de ceux qui le réduisaient à la misère, après avoir accepté ses secours quand leur cause avait paru désespérée[3]. Ce qui l'affligea le plus, ce fut la nouvelle qu'en France on le soupçonnait d'être de mauvaise foi en élevant des prétentions exagé-

---

[1] Condé au magistrat, 14 mai 1564. Kentzinger, *Documents relat. à l'hist. de France*, T. I, p. 65. — Les commissaires qui examinèrent et signèrent les comptes, furent: pour Mme de Roye : les sieurs de Besancourt, son *argentier*, de Chambray et de Pisieux, et deux membres du sénat de Strasbourg, le chevalier Claude Bœcklin et Henri Joham; pour l'électeur palatin, son conseiller Jean Schenkbecher; pour le duc de Deux-Ponts, Polydore Cnobloch et le docteur Bernard Botzheim, syndic de Strasbourg, après avoir été chancelier du duc Jean de Simmern; pour le magistrat, Hugues Kniebs, Henri Volmar et Mathias Wicker. (Sturm au landgr. de Hesse, fin 1564.)

[2] Sturm au prince N., s. d. — A Théod. de Bèze, 29 juin 1584. Bibl. de Gotha.

[3] Sturm à Ant. Cook, 1er oct. 1565; Ashami *Epp.*, p. 414.

rées ; il écrivit à Coligny, au vidame de Chartres, à La Planche, au chancelier de Navarre, Barbier de Francourt, pour protester contre cette accusation, dont l'injustice était prouvée par les documents les plus authentiques [1]. Il envoya à l'amiral des lettres de l'électeur palatin, du landgrave de Hesse, du duc de Wurtemberg, qui tous intercédèrent en faveur de ses droits [2] ; le magistrat et les scolarques écrivirent aux chefs des Huguenots, Théodore de Bèze écrivit à Mme de Roye et à ses frères, pour leur recommander le recteur, dont la santé s'altérait au milieu de ces inquiétudes sur sa position [3]. Ce n'est qu'en 1566 que les instances des princes allemands et du magistrat strasbourgeois eurent un résultat : l'amiral Coligny et d'Andelot invitèrent Sturm à venir au château de Châtillon, où il se rendit en juillet, accompagné d'Eusèbe Hédion ; là les deux frères s'acquittèrent envers lui de leur part de la dette contractée par la ligue protestante [4]. Il repartit avec 5000 écus et avec une obligation pour ce qui lui restait dû. Après avoir échappé à Paris à des voleurs [5], il revint à Strasbourg, où il put contenter au moins une partie de ses créanciers. Son esprit redevint plus libre, et il put s'occuper avec une nouvelle ardeur de la prospérité de son école qu'il allait voir transformée en académie.

---

[1] Lettres du 14 et du 23 juill. 1565.

[2] A Coligny, 14 juill. 1565.

[3] Minutes rédigées par Sturm. — Bèze à Sturm, 24 août 1565. Arch. de Cassel.

[4] Sturm à Fr. d'Andelot, 21 janv.

[5] A Gasp. Gamaut, 1er avril 1582. — A Paris, il assista aux Carmes à une discussion théologique sur ces mots : « *Hoc est corpus meum.* » *Antipappus* IV, P. 3, p. 166.

CHAPITRE XII.

Réorganisation de l'école de Lauingen en Bavière. Fondation de l'académie de Strasbourg.

1564—1570.

Pendant ses débats passionnés avec les pasteurs luthériens et au milieu des difficultés causées par ses créanciers et par ses débiteurs, Sturm avait eu des moments d'ennui profond; l'étude même n'avait pas pu rassérénir son âme. Malgré ses soixante ans, il avait conservé la vive mobilité de la jeunesse; cédant facilement à des impressions momentanées, ardent à saisir et à exécuter ce qui lui paraissait juste, il n'y mettait pas toujours la mesure que son esprit supérieur eût trouvée sans peine s'il avait pris le temps de la réflexion; d'autre part, il se laissait entraîner tout aussi promptement à ces dégoûts qui s'emparent quelquefois des caractères même les plus fermes en présence de l'injustice ou de l'ingratitude des hommes. Cependant il ne se laissa ni ébranler dans sa foi à la liberté religieuse, ni détourner de son grand but de propager les lumières par l'instruction de la jeunesse. Au milieu même de la période agitée dont nous venons de rapporter les incidents, il put concourir à la fondation de plusieurs institutions littéraires qui, en lui devant leurs succès, ont augmenté sa gloire.

Zanchi, appelé comme pasteur à Chiavenna, dans la Valteline, quitta Strasbourg en automne 1563, avec un certificat des plus honorables du recteur, qui ne le vit partir qu'avec peine [1]. Arrivé à son nouveau poste, Zanchi inspira

---

[1] Certificat daté de Chambray, 6 oct. 1563.

au gouvernement de la Rhétie le désir de fonder une académie pour cette contrée, alors presque entièrement protestante. Sturm lui promit d'y venir, avec un congé d'un an, pour organiser cette école sur le plan de celle de Strasbourg [1]. Mais il ne put accomplir ce dessein, car auparavant déjà le duc Wolfgang de Deux-Ponts, qui l'honora du titre de conseiller, l'avait appelé auprès de lui pour le consulter sur la réorganisation du gymnase qu'il avait fondé à Lauingen, dans le comté de Neubourg, en Bavière [2]. Sturm avait dû lui assurer son concours. Ne sachant pas quand Wolfgang exécuterait son projet, il avait cru pouvoir se rendre d'abord dans la Valteline; mais, appelé de nouveau par le prince en avril 1564 [3], il apprit qu'en automne il devait s'occuper de la tâche qui lui était confiée. Il se rendit à Lauingen en novembre; Jean-Frédéric Célestinus, qui y faisait alors un cours de théologie, Cyprien Léowitz, professeur de mathématiques, Conrad Lætus, professeur de droit, lui indiquèrent les défauts et les besoins du Gymnase; son projet de réforme ayant été agréé, il l'exécuta, assisté du baron Wolf de Kœteritz et du jurisconsulte Simon Schard, conseillers du prince [4]. Il organisa l'école d'après le modèle de celle de Strasbourg, mais fit au plan d'études quelques changements qu'il se proposait de réaliser aussi pour le Gymnase de notre ville. L'école de Lauingen devant servir à un enseignement assez rapide des langues anciennes, Sturm ne la divisa qu'en cinq classes; en cinquième, les élèves devaient apprendre à lire le latin; la quatrième et la troisième étaient consacrées à l'étude de la grammaire et à des exercices de style; en seconde, on commençait le grec,

---

[1] Zanchi à Viret, 31 oct. 1563; Zanchii *Epistolæ*, T. II, p. 276.

[2] Le duc Wolfgang aux scolarques, 16 et 25 juillet 1563.

[3] Wolfgang à Sturm, 23 avril 1564.

[4] Sturm aux scolarques, 19 nov. 1564, de Lauingen. — *Scholæ Lavinganæ*, chez Halbauer, p. 325.

la rhétorique et la dialectique, qu'on achevait d'enseigner en première. La progression des classes était analogue à celle du Gymnase de Strasbourg, mais le programme en était à la fois plus chargé et plus incomplet ; car on devait apprendre en cinq ans à parler et à écrire le latin et à lire le grec, mais on n'y apprenait que cela. Comme complément à ces cinq classes, Sturm ajouta quelques leçons publiques sur la théologie, la jurisprudence, la politique, la dialectique, la rhétorique, la physique et les mathématiques. On aurait de la peine à comprendre comment des élèves, ne sachant que le latin, et dépourvus de toutes les connaissances réelles, eussent pu suivre des cours supérieurs sur les différentes sciences, si, d'après la pensée de Sturm, ces cours n'avaient pas dû être très-élémentaires, destinés seulement à donner les premières notions des choses et à préparer les élèves aux études dans les universités ; le professeur de théologie, par exemple, devait expliquer en une année quelques livres du Nouveau Testament, raconter les faits les plus saillants de l'histoire de l'Église et exposer sommairement le dogme. Ce plan, assez imparfait au point de vue d'aujourd'hui, fut adopté par le duc Wolfgang, qui dota le Gymnase de Lauingen de vastes bâtiments et qui y appela des savants distingués.

En quittant Lauingen en décembre 1564, Sturm s'arrêta pendant quelques jours à Neubourg chez le prince ; il retourna à Strasbourg par Tubingue, où il visita les établissements d'instruction, parmi lesquels il admira surtout le séminaire destiné au logement des étudiants pauvres ; il eut la satisfaction de le voir dirigé par Samuel Heiland qui, après avoir été élève du collége de Saint-Guillaume à Strasbourg, était allé comme professeur d'éthique à Tubingue, et sous la surveillance duquel le pensionnat de cette ville était devenu un modèle d'ordre et d'excellente discipline[1].

[1] A Albert de Brandebourg, 30 mars 1565 ; en tête des *Epistolæ classicæ*.

Nous avons dit que Sturm se proposait d'introduire quelques changements au plan d'études du Gymnase de Strasbourg. Depuis sa création, cette école n'avait pas cessé d'attirer des élèves de la ville et de l'étranger, protestants et catholiques ; elle avait formé déjà plus d'un homme distingué, grâce à l'impulsion donnée par le recteur et au zèle des professeurs qui, pour la plupart, étaient encore pleins de l'enthousiasme de la Renaissance. La tendance générale à Strasbourg commençait, il est vrai, à se modifier ; depuis l'avénement de Marbach, les pasteurs se préoccupaient bien plus de l'orthodoxie que des connaissances de ceux qui se présentaient pour les chaires. Au Gymnase ils remplacèrent, dès 1564, au grand déplaisir de Sturm, le catéchisme de Bucer par celui du théologien saxon David Chytréus [1]. Dans les cours supérieurs, l'esprit de dispute et de récrimination prit tellement le dessus que, pendant les années de la querelle de Zanchi, les scolarques durent supprimer les exercices de déclamation et de discussion. Sturm résistait encore avec énergie et quelquefois avec succès à cet entraînement si fatal aux études ; quoique pieux lui-même et voulant pour la jeunesse une éducation pieuse, il était trop éclairé pour consentir à ce que le Gymnase devînt l'école d'un parti quelconque. Les scolarques, qui partageaient encore ces vues plus libérales, avaient pour Sturm assez de respect pour lui permettre d'exercer son influence dans tout ce qui concernait l'instruction publique. Rien ne se faisait sans son conseil ; s'il était absent de Strasbourg, la décision des questions graves était ajournée jusqu'à son retour.

Lorsqu'en 1564 une de ces fréquentes et terribles épidé-

---

chez Halbauer, p. 158. — Aux fils du duc Wolfgang, en tête des *Scholæ Lavinganæ*, ibid., p. 316.

[1] Pappus, *Defensio IV contra Sturmium*, 1581, p. 71. — Sturm, *Antip IV*, P. 1, p. 23, 24 ; *Verantwortung gegen Andreæ*, p. 17.

mies du seizième siècle eut forcé les scolarques à fermer les classes, Sturm profita de cette interruption pour réviser le plan d'études[1]. Il était persuadé que la réputation de la ville, aussi bien que l'honneur du protestantisme, exigeait que l'école ne cessât de faire des progrès pour soutenir la concurrence avec les établissements étrangers. Attentif aux colléges fondés par les jésuites, il se félicitait de voir le catholicisme suivre l'exemple donné par les Églises sorties de la Réforme, mais il y voyait en même temps un sérieux motif d'émulation pour les écoles protestantes; les protestants ayant eu la gloire de créer les premières écoles, ils ne devaient pas se laisser devancer par leurs adversaires[2]. Pour informer le public des améliorations qu'il voulait introduire, il publia ses Épîtres classiques, contenant, outre des conseils pour les professeurs et les maîtres, le nouveau plan d'enseignement du Gymnase et de la Haute-École. Les modifications qu'il proposa eurent pour but de multiplier les exercices de langue latine et de faire des cours publics un ensemble mieux coordonné.

Le nouveau programme, adopté par les scolarques, fut mis à exécution à partir du printemps de 1565[3]. Sturm le compléta par un nouveau règlement de discipline, dont depuis longtemps il avait reconnu la nécessité. Les mœurs des élèves qui suivaient les cours laissaient beaucoup à désirer; ils se livraient à des excès, préféraient aux études les cabarets et les salles d'escrime, ne s'habillaient pas avec la décence convenable. Sturm attribuait ces désordres à la circonstance que la plupart des étudiants logeaient chez des bourgeois qui, non-seulement les laissaient sans direc-

---

[1] *Epistolæ classicæ*, p. 153, 154. — Cette épidémie fut une des plus cruelles de tout le siècle; elle enleva en une semaine du mois d'octobre 272 personnes; le nombre total des décès à Strasbourg monta cette année à 4318.

[2] A Albert de Brandebourg, l. c., p. 157.

[3] *Epist. class.*, p. 202.

tion intellectuelle et sans surveillance morale, mais qui leur prêtaient de l'argent et les excitaient à des dépenses inutiles. Il obtint des scolarques des mesures sévères pour empêcher ces abus, aussi nuisibles aux élèves qu'à la bonne réputation de l'école [1].

Les changements apportés au plan d'études ne furent pas approuvés de tout le monde; Marbach surtout s'en montra fort mécontent [2]. On éleva des doutes sur la possibilité d'habituer les élèves à une latinité parfaite; on prévit de l'opposition de la part des professeurs; on blâma surtout l'idée d'introduire des représentations de comédies antiques, ces pièces étant pleines de passages et de scènes peu conformes à la morale; et comme Sturm, pour renforcer l'étude du latin, avait aussi prescrit le chant de cantiques latins à l'ouverture des classes, on vit en cette mesure une réminiscence du catholicisme [3]. Quelques-unes de ces craintes n'étaient pas sans fondement; mais, après une expérience de quelques mois, Sturm les crut suffisamment réfutées par les faits. Dans les cantiques latins, il ne vit pas de danger pour la religion; dans les représentations des comédies de Plaute, il n'en vit pas pour les mœurs; les cantiques n'étaient pas destinés au culte, et les comédies devaient être choisies et expliquées avec soin; il demanda même le Temple-Neuf pour y faire jouer tous les mois une de ces pièces. S'il se fit illusion sur l'utilité de ces représentations, il ne tarda pas à voir se réaliser la crainte exprimée par quelques personnes au sujet de l'opposition des professeurs; mieux placés que lui pour juger de la possibilité de son régime exclusivement latin, ils

---

[1] Rapport de Sturm aux scolarques, 18 déc. 1559. — Règlement d'études et de discipline, *Epist. class.*, p. 229 et suiv. — Rapport de Sturm et de Marbach aux scolarques, 18 janv. 1566.

[2] *Epist. class.*, p. 203.

[3] Sturm à B. Sieffert, 7 oct. 1565; en tête des comédies de Plaute.

n'entrèrent pas volontiers dans ses vues ; à plusieurs reprises il se plaignit de leur lenteur dans l'explication des auteurs classiques ; au lieu d'attribuer à son système le peu de progrès des élèves, il en accusait la négligence des maîtres.

Cependant la réorganisation de l'instruction publique, en 1565, ne suffisait pas à Sturm. Très-complète pour le Gymnase, elle présentait des inconvénients et des lacunes dans la Haute-École. Quelques-uns des cours publics faisaient double emploi avec l'enseignement des classes supérieures ; il fallait exiger des précepteurs autant de connaissances que des professeurs ; d'ailleurs, comme on n'avait pas le droit de conférer des grades, on manquait d'un des moyens de retenir ou d'attirer les étudiants. La paix qui régnait dans l'Empire et l'avénement de Maximilien II, prince tolérant et ami des lettres, parurent au recteur des circonstances favorables pour reprendre son ancienne idée de fonder à Strasbourg une académie. Le 6 mai 1566, il présenta au magistrat, en son nom et en celui de Marbach et des visiteurs, un mémoire exposant l'insuffisance de l'organisation existante et la nécessité de demander à l'empereur le privilége de conférer les grades. Il désirait la transformation de la Haute-École en une université complète avec toutes les facultés. Mais, bien que soutenue par le jurisconsulte Bernard Botzheim, un des personnages les plus influents de Strasbourg, cette opinion ne prévalut point[1]. Le magistrat borna ses vœux à l'érection d'une académie, c'est-à-dire à la constitution régulière d'une faculté de philosophie. Sturm ne fut que médiocrement satisfait de cette résolution ; le magistrat, disait-il plus tard, a été plus modeste que nous, et il ajoutait en plaisantant : cette modération caractérise la république strasbourgeoise, où

---

[1] Sturm aux scolarques, avril 1567.

prédomine la classe moyenne, et où l'on se contente en toutes choses d'une honnête médiocrité[1]. Mais il est douteux qu'en 1566 le magistrat eût obtenu pour l'école des priviléges plus étendus ; la modération était commandée par la politique ; d'ailleurs elle n'excluait pas la persévérance ; il importait avant tout d'obtenir la faculté de philosophie, les autres, on était décidé à les réclamer et sûr de les obtenir dans la suite.

Le sénat envoya à ses députés, à la diète d'Augsbourg, une requête, destinée à être remise à l'empereur, et invoquant en faveur de l'établissement d'une académie les services déjà rendus par le Gymnase et par la Haute-École, la fréquence des élèves, la science et la réputation des professeurs[2]. Sturm recommanda l'objet de cette demande à Ulric Zasius, vice-chancelier impérial[3], pour un ouvrage duquel il avait écrit un jour une préface adressée à Maximilien, alors roi de Bohême. Pour assurer le succès de leur démarche, les députés de Strasbourg firent à Zasius un cadeau consistant en meubles ; au docteur Weber, conseiller impérial, ils remirent un certain nombre de livres nouveaux. Le 1er juin l'empereur accorda le privilége de créer des bacheliers et des maîtres ès arts ; la chancellerie exigea une taxe de 1000 florins d'or et un cadeau de 150 ; Gremp ayant marchandé, on finit par se contenter de 500 florins de taxe et de 10 de gratification. Les scolarques, auxquels on avait dit qu'il y aurait tout au plus pour 30 écus de frais, apprirent

---

[1] «...*Etiam in hoc genere ingenium nostræ civitatis sequimur, cujus* ἦθος *vides in mediocritate positum, id quod ex vestitu et victu, in vitâ et sermonibus civium, per hosce dies triginta animadvertisti... Magistros philosophiæ producere in publicum est satis, ne plus sapere quàm cæteræ academiæ videamur... Magistratus nos modestiâ superat, contentus philosophiæ artibus.*» Au théologien prussien Georges Célestinus, 30 oct. 1578.

[2] Les scolarques au docteur Gremp, 11 mai 1566.

[3] 11 mai 1566.

avec une surprise peu agréable qu'il fallait payer plus de 500 florins d'or. Ils en firent quelques reproches à Sturm et à Marbach; ceux-ci, non moins surpris de l'énormité de la somme, insistèrent néanmoins sur la convenance de se soumettre, afin de ne pas compromettre par un refus l'honneur de Strasbourg et l'avenir de l'académie; les scolarques avancèrent alors les fonds nécessaires, sauf à se récupérer sur les droits qu'auraient à payer les futurs bacheliers et maîtres ès arts.

L'inauguration de l'académie donna lieu à des difficultés qu'il fallut aplanir, avant même que de s'occuper du programme de l'enseignement. Il s'agissait de savoir si les anciens professeurs, qui n'avaient pas de grades, devaient se soumettre encore à un examen. Ils protestèrent contre cette prétention. Sturm, interprétant le privilége impérial dans le sens le plus large, démontra que, l'école étant élevée au rang d'une académie, les professeurs étaient par ce fait même élevés aux grades nécessaires, que, par conséquent, il ne serait pas digne de leur faire subir des examens. Cette opinion prévalut, mais on trouva encore d'autres motifs pour se plaindre. Le professeur d'éthique Ernest Régius devait être nommé doyen, et ses collègues non gradués devaient être promus par lui lors de l'ouverture solennelle de l'école. Ils refusèrent de se prêter à cet arrangement, par la raison que Régius n'était encore que licencié; ils ne voulaient être proclamés que par Sturm, leur ancien maître, et sans cérémonie publique. Après beaucoup de pourparlers, les scolarques appelèrent aux fonctions de doyen Michel Beuther, professeur d'histoire et de droit, qui était docteur; ses collègues consentirent alors à se faire donner le grade lors de l'inauguration. Celle-ci eut lieu le 1er mai 1567; après des harangues prononcées par le secrétaire du petit conseil et par le nouveau chancelier de l'académie, le Stettmeister. Henri de Mülnheim, Sturm, à peine remis d'une maladie grave, fit un discours, dans lequel il vanta les mérites des professeurs et des maîtres auxquels on conféra les grades. Leur promotion s'accomplit avec pompe; le tout fut terminé par un poëme latin récité par un élève, et faisant l'éloge de l'empereur, du magistrat, des scolarques, du recteur et des professeurs.

Ce n'est qu'après cette cérémonie que les scolarques demandèrent les avis de Sturm et des professeurs sur le programme de l'enseignement académique, comprenant les classes du Gymnase et les cours. Sturm fit un long mémoire, exposant ses vues sur l'organisation de la nouvelle école et sur les devoirs de ses fonctionnaires et professeurs. Voici en résumé le contenu de ce document : Le recteur est le conservateur des règlements et des statuts de l'académie; il doit surveiller le choix des auteurs et les méthodes d'après lesquelles on les explique; il importe que ce soit un homme versé dans la littérature ancienne, et assez grave pour maintenir son autorité autant vis-à-vis des professeurs que vis-à-vis des élèves; il doit avoir soin que l'école ne retombe pas dans la barbarie par suite d'une routine qui substituerait des épitomateurs médiocres aux ouvrages d'Aristote, de Platon, de Démosthènes, de Cicéron, seules origines et sources de la philosophie et de l'éloquence. Le doyen, outre qu'il devra assister le recteur, sera chargé spécialement de ce qui concerne les examens des candidats aux grades; il questionnera fréquemment les élèves et surveillera leurs exercices de déclamation et de discussion. Les visiteurs, enfin, aideront le recteur et le doyen à maintenir les bonnes méthodes d'enseignement et la discipline; ils feront des tournées dans les classes du Gymnase et dans les cours. Les précepteurs et les professeurs, joints aux visiteurs, formeront le *conventus academicus*, dont la convocation appartiendra au recteur, et où se débattront toutes les questions relatives aux études et à la discipline; ce sera aussi au convent à présenter aux scolarques les candidats aux places vacantes. Pour exciter le zèle des professeurs, on instituera des conférences régulières, les unes entre ceux qui enseignent des parties ayant quelque rapport ensemble; les autres entre tous les membres du corps académique, pour s'entretenir sur les progrès des sciences. Pour épuiser dans un temps convenable le cycle du programme des cours, il faudra quatre professeurs de théologie, deux de droit, deux d'éthique et de politique, deux de rhétorique, deux de dialectique, deux de mathématiques, deux, enfin, de physique et de médecine.

Les professeurs de la Haute-École et les précepteurs du Gymnase, sans exception, fournirent des mémoires plus ou moins étendus, exprimant en général des idées analogues à celles de Sturm. Comme nous ne faisons pas ici l'histoire de l'ancienne académie de Strasbourg, l'analyse de ces documents, dont plusieurs ont un grand intérêt, doit rester en dehors de notre cadre.

En septembre, le magistrat consacra une série de séances à la lecture et à la discussion de ces mémoires; il s'arrêta de préférence aux propositions de Sturm. Une commission fut nommée pour rédiger le projet des statuts académiques; le 16 mars 1568, elle fit un rapport, dont les conclusions furent approuvées le 9 juin; le 24 du même mois, le Stettmeister Thibaut-Jean de Mundolsheim promulgua solennellement les nouveaux statuts, en présence du corps des professeurs et de tous les élèves. Sturm fut confirmé en qualité de recteur sa vie durant; on se réserva d'examiner si plus tard il ne conviendra pas de ne nommer que des recteurs annuels. Michel Beuther fut proclamé doyen, pour un an seulement. Il n'y eut qu'un seul doyen, parce que l'académie, n'ayant que le droit de créer des bacheliers et des maîtres ès arts, ne constituait pour ainsi dire qu'une faculté de philosophie; les étudiants en théologie, en droit, en médecine, devaient prendre leurs grades aux universités. L'examen détaillé des statuts académiques est tout aussi étranger à notre sujet que celui des mémoires dont nous avons parlé ci-dessus.

Pour compléter le personnel de l'académie et pour en remplir à l'avenir les vides, les scolarques se firent la loi de donner la préférence aux savants strasbourgeois, et, à leur défaut, de n'appeler du dehors que des hommes dont la réputation serait déjà faite. Sturm eut l'espoir d'attacher à l'école Pierre Ramus, depuis longtemps son ami et celui du savant mathématicien Conrad Dasypode qui, en 1574, acheva la première restauration de l'horloge astronomique de la cathédrale. En 1568, Ramus vint à Strasbourg avec Hubert Languet, agent de l'électeur de Saxe en France [1]. Sturm et ses collègues lui témoignèrent leur estime en donnant en son honneur un banquet splendide; le recteur le présenta au magistrat, qui lui adressa publiquement des compliments solennels [2]. L'année suivante, quand la guerre civile désolait la France, Ramus écrivit à Sturm qu'il accepterait volontiers une place dans l'académie de Strasbourg, fût-ce même dans la quatrième classe du Gymnase. Bien que Sturm ne partageât pas ses opinions sur Aristote, et que Conrad Dasypode soutînt contre lui le mérite absolu des mathématiciens grecs [3], ils n'hésitèrent pas à appuyer sa demande; Sturm, en la rapportant aux scolarques, dit que Ramus est à la vérité un hérétique en

---

[1] Languet à Camérarius, 6 oct. 1568; Langueti *Epistolæ ad Camerarios*. Leipz. 1685, p. 67.

[2] On lui donna le 8 sept. un banquet à l'auberge du Cerf, « *drei tisch voll.* » Les étudiants ayant fait le même jour un repas à la même auberge, reçurent une réprimande. Rapport ms. — Banosius, *Rami vita*, en tête des *Comment. de religione christianà* de Ramus. Francf. 1583, in-8°.

[3] Dasypode dédia à Ramus la collection de mathématiciens grecs qu'il publia sous le titre de : *Sphæricæ doctrinæ propositiones græce et latine*. Strasb. 1572, in-8°.

fait d'Aristote et d'Euclide, mais que c'est un homme trop célèbre pour qu'on ne doive pas être fier de le posséder. La proposition n'eut pas de suite, Ramus ayant préféré continuer ses voyages en Allemagne et en Suisse.

La nouvelle académie, quoique plus complète que l'établissement qu'elle remplaçait, avait pourtant des défauts qui n'échappèrent pas au coup d'œil de Sturm. Elle embrassait trop de choses pour être une simple école secondaire, et trop peu pour être une université. Outre le Gymnase, la faculté de philosophie formait seule un ensemble satisfaisant; celles de droit et de médecine n'en étaient pour ainsi dire que des appendices; l'enseignement qu'on donnait sur ces parties avait besoin de trouver son complément et sa sanction ailleurs. Les leçons de théologie étaient plus nombreuses; elles suffisaient largement à l'éducation des pasteurs; c'est cet objet que, depuis le premier établissement de la Haute-École, on avait eu principalement en vue [1]; aussi, jusqu'à l'explosion des dissidences dogmatiques, la théologie avait-elle été enseignée à Strasbourg avec beaucoup d'éclat.

Quant aux cours de la faculté philosophique, ils n'étaient, à vrai dire, que la continuation des leçons du Gymnase; ils constituaient une espèce de classe supérieure de plus. Les inconvénients, auxquels la création de l'académie avait dû remédier, subsistaient donc en partie encore. Sturm, qui eût désiré l'érection d'une université et qui plus tard espérait l'obtenir de l'empereur Rodolphe II, sentait parfaitement ce qui manquait au nouvel ordre de choses. Il fit des efforts constants pour combler les lacunes et pour mieux coordonner les matières des leçons; mais la tâche fut difficile, sinon impossible. En 1569, à propos d'une suspension des cours

---

[1] Dans un rapport de 1565, il est dit que la Haute-École a été « *umb der theologie willen fürnemlich uffgericht.* »

par suite d'une épidémie [1], il se fit charger par le magistrat de publier un traité sur la manière dont il entendait l'enseignement dans les cours publics. Il le rédigea sous forme de lettres adressées aux professeurs et analogues aux *Epistolæ classicæ* [2].

Il y demanda la régularisation des cours de droit, qui jusque-là n'avaient porté que sur les Institutes et qui durent être complétés par l'interprétation des Pandectes; il essaya de mieux faire cadrer l'enseignement des mathématiques et de la dialectique avec les leçons données sur ces matières dans les classes supérieures du Gymnase, et de donner plus d'importance au cours de rhétorique; il voulut enfin qu'on multipliât pour les étudiants les exercices de style et de déclamation; que tous les professeurs, même ceux de mathématiques et de physique, s'exprimassent avec correction et avec élégance, afin que l'étude de ces sciences ne corrompît pas la pureté du langage des élèves [3]; qu'enfin on chargeât un professeur spécial, instruit et éloquent, de la direction des exercices et de la révision des travaux écrits.

Ces propositions ayant été approuvées par les scolarques, les *Epistolæ academicæ* parurent en décembre 1569. Mais elles ne purent corriger entièrement des défauts qui avaient leur origine inévitable dans l'organisation même de l'académie. Dans les limites de cette organisation, Sturm cherchait à réaliser tout le bien possible. Modèle d'un recteur, il traçait à chaque professeur la ligne de ses devoirs avec

---

[1] Languet à Camérarius, 11 déc. 1569; *Epistolæ ad Camerarios*, p. 94.

[2] *Epistolæ academicæ*, 1569. Chez Halbauer, p. 251 et suiv. — En mars 1574, Sturm annonça que, sous peu, il publierait deux nouveaux livres d'*Epistolæ academicæ*, complétant les autres. Aux scol., 1er mars 1574; en tête du *Actus academicus*, 1574. Ils n'ont pas paru.

[3] «...*Ne accessione mathematices, puritas sermonis latini corrumpatur.*» Epist. acad., p. 266.

une sagesse et un tact parfaits ; les conseils qu'il donnait sur les meilleures méthodes à suivre dans l'enseignement des différentes sciences, tout en n'étant plus en tout point conformes à nos vues, prouvent au moins une admirable variété de connaissances. Il cherchait par tous les moyens à inspirer à ses collègues l'enthousiasme qui l'animait lui-même pour les études ; les encourageant avec bienveillance, leur donnant l'exemple de la plus infatigable activité[1], il tâchait de leur faire sentir la grandeur de leur mission, et de diriger leurs efforts communs vers le noble but d'élever des hommes utiles à la patrie et à l'Église. Il ne se donnait pas moins de peine pour leur procurer une position honorable et sûre. Les scolarques, qui parfois savaient être libéraux envers les savants[2], ne donnaient pourtant que des salaires insuffisants aux professeurs et aux maîtres qui n'avaient ni prébende au chapitre de Saint-Thomas, ni traitement sur les fonds de la Haute-École[3]. Sturm se plaignit fréquemment de cette parcimonie qui compromettait la réputation de l'académie[4] ; le plus souvent les scolarques firent droit à ses réclamations, en accordant

---

[1] « *Diem nullum intermittam, quin de scholis cogitem, quin aliquid vel doceam, vel scribam, vel classes obeam, quin etiam, quod nunc aliquibus forsitan ἀδύνατον videtur, in institutis nostris, ego ostendam, posse fieri, et facile posse fieri, idque in curiis infimis, nedum superioribus.*» *Epist. classicæ*, p. 226.

[2] En 1567, Marbach reçut pour un livre *de Majestate Christi* qu'il dédia au magistrat, une gratification de 25 florins d'or.

[3] Le précepteur de la 9ᵉ, par exemple, était chargé de faire chauffer les poêles et nettoyer les salles, d'ouvrir et de fermer les classes, de sonner pour l'ouverture des leçons. Le nettoyage se faisait par des élèves sous sa direction. Les cendres des poêles étaient son bénéfice. — En 1544, on accorda à David Kyber, maître de 8ᵉ, quelques florins pour réparer ses habits et acheter une Bible hébraïque. — En 1563, le précepteur Abr. Fæs exposa aux scolarques qu'il avait à peine de quoi se faire tous les cinq ou six ans un habit neuf.

[4] «...*Male audire incipit academia nostra propter parsimoniam.*» Sturm aux scolarques, 10 nov. 1576.

aux professeurs soit des gratifications, soit des subsides extraordinaires. Il désirait enfin que la bibliothèque, fondée par l'intelligente générosité de Jacques Sturm[1], reçût un développement digne de la mémoire de son fondateur et de la gloire de la ville. Dès 1565, il obtint qu'on lui assignât dans le chœur du Temple-Neuf une place plus convenable que dans la salle du couvent des Dominicains où elle s'était trouvée jusque-là. Du vivant de l'évêque Érasme, il avait même espéré que ce protecteur éclairé des lettres concourût à augmenter la collection appartenant au Gymnase et à la Haute-École[2]. Dans les premiers temps, les bibliothécaires n'étaient choisis que parmi les bedeaux ou les fonctionnaires subalternes des classes; en 1569, le recteur fit comprendre aux scolarques l'importance d'un emploi qui exige des connaissances étendues et un zèle infatigable; ils y nommèrent le professeur Michel Beuther qui, avant de venir à Strasbourg, avait été bibliothécaire à Heidelberg, et qui fut le premier à mettre en ordre la bibliothèque de notre académie et à en faire un catalogue. Un jardin botanique, fondé par le médecin Didyme Obrecht et admiré par Conrad Gessner, attira également l'attention de Sturm; mais l'utilité de ces établissements n'était pas encore assez évidente alors, pour que les scolarques eussent voulu y consacrer des fonds.

[1] Jacques Sturm fonda la bibliothèque en 1531, en plaçant une partie de la sienne dans un appartement du couvent des Dominicains. Il la dota d'une rente de 50 florins.

[2] Sturm à Hermann de Solms, déc. 1568; dans les *Epistolæ de morte Erasmi Episcopi.*

CHAPITRE XIII.

Travaux en faveur des Huguenots. Revers de fortune.

1567—1576.

Pendant ces travaux pour organiser l'académie, Sturm reçut un nouvel appel de la part des protestants de France. Dans leur détresse, ils recoururent à son dévouement, et il s'employa pour eux avec tout autant de zèle que si les services qu'il leur avait déjà rendus n'avaient pas causé de grands dommages à sa fortune. Les troubles ayant recommencé en 1567, les chefs des Huguenots se décidèrent à demander l'appui des princes allemands. Le jour même de la bataille de Saint-Denis, le 10 novembre 1567, ils envoyèrent à Strasbourg le chancelier de Navarre, Barbier de Francourt, et M. de Lambres, pour presser le recteur de leur envoyer au plus vite des secours, s'engageant, « sous l'obligation de nos corps et biens, et sous notre foy et honneur, » à satisfaire à tout ce qu'il pourrait dépenser pour eux. Pour plus de sûreté, les deux envoyés lui remirent un blanc-seing, signé des principaux membres de la ligue protestante, pour le remplir en telle forme qu'il jugera convenable [1]. Sturm écrivit alors à l'électeur palatin, l'engageant à envoyer son fils Casimir au secours des Huguenots. Francourt emprunta pour cette expédition 1000 florins du négociant Ingold; Sturm se porta garant pour cette somme et pour plusieurs autres avancées au baron de Bar

---

[1] 10 nov. 1567. Signé : Louis de Bourbon, Chastillon, Odon, cardinal de Chastillon, Andelot, etc.; dans *Epistolæ ineditæ Calvini, etc.*, éd. Bretschneider. Leipz. 1835, p. 171.

du Dauphiné et à Thierry Dinant [1]. Le prince Casimir étant à peine entré en France avec ses reîtres, Charles IX fit avec les Huguenots la paix de Longjumeau, le 27 mars 1568. Elle fut de courte durée. La déloyauté de la cour força les protestants à reprendre les armes. Dès le commencement de cette troisième guerre, Coligny, dont la femme et les enfants étaient venus se réfugier à Strasbourg après la bataille de Saint-Denis, fit demander un asile au magistrat en cas d'un revers [2]. En même temps, les chefs huguenots renouvelèrent à Strasbourg et en Allemagne leurs demandes de secours. Francourt, envoyé auprès de Wolfgang de Deux-Ponts, réclama l'intervention de Sturm et lui remit, au nom du cardinal de Châtillon qui faisait le plus grand cas de ses services, une obligation de 10,000 écus, payables au mois d'avril. Lorsqu'en mars l'intrépide Wolfgang réunit son armée à Hochfelden, il fut rejoint par un certain nombre de seigneurs huguenots qui s'étaient rassemblés à Strasbourg. Sturm avança à plusieurs d'entre eux des sommes qu'il fut obligé d'emprunter lui-même [3]. Il conseilla à Wolfgang d'envoyer Francourt et Gaspard Gamaut en Angleterre; mais peu après, le sieur de Lambres et le docteur Montius rapportèrent d'Élisabeth un subside de 20,000 livres sterling [4]. Après la malheureuse bataille de Jarnac où Condé perdit la vie (13 mars 1569), le cardinal de Châtillon, réfugié en Angleterre, adressa à Sturm le sieur de Vésines et le pria de le seconder dans sa mission auprès des princes alle-

---

[1] Sturm à Bèze, 21 mai 1579. Bibl. de Gotha. — Le magistrat de Strasbourg à Henri de Navarre, 21 déc. 1584.

[2] 18 sept. 1568. Kentzinger, *Documents historiques*, T. I, p. 71.

[3] De Thou, T. IV, p. 185. — Sturm avança de l'argent à Briquemaut, au marquis de Renel, à Sénarpont, etc. A Th. de Bèze, 6 nov. 1583. Bibl. de Gotha.

[4] Le duc Wolfgang à Sturm, 8 janv. 1569. — Francourt à Sturm, 5 avril 1569, du camp de Jussay; dans *Epistolæ ineditæ Calvini, etc.*, p. 173.

mands[1]. A la même époque, le chancelier de Navarre, au lieu de faire remettre à Sturm les 10,000 écus convenus, lui fit parvenir un « revers » portant que cette somme lui serait payée sur les subsides anglais[2]. Dans la situation critique où se trouvait la cause protestante en France, Sturm s'abstint de presser ses débiteurs; il ne demanda que des assurances pour pouvoir calmer ses créanciers impatients.

En mars, Claude-Antoine de Vienne, seigneur de Clairvant, se joignit au duc Wolfgang et lui avança de l'argent pour ses reîtres qui refusaient de marcher sans solde. Clairvant, exilé de Lorraine, avait acheté du gouvernement de Berne la terre de Coppet, sur les bords du lac de Genève. Ce fut à Sturm qu'il s'adressa pour obtenir de quelques négociants la somme nécessaire pour payer ce bien. Le duc de Deux-Ponts étant mort en France (11 juin 1569), Clairvant pria Sturm de faire en sorte que, par le landgrave Guillaume de Hesse, tuteur des enfants de Wolfgang, il reçût les 12,000 écus avancés à celui-ci lors de son entrée en France; il s'offrit à en prêter une partie à Sturm pour satisfaire ses créanciers. Le recteur fit partir pour Cassel Gaspard Gamaut; mais le landgrave, auquel Sturm s'était adressé déjà dans son propre intérêt, répondit qu'il ne pouvait rien faire ni pour lui ni pour Antoine de Vienne[3].

Abandonné de nouveau, Sturm, qui déplorait sa propre ruine, déplora plus vivement encore le sort du protestantisme en France. Coligny venait de perdre la bataille de Moncontour (3 octobre 1569); les Huguenots étaient persécutés, chassés, traqués avec une violence redoublée; Charles IX avait des alliés puissants, le pape et le roi d'Es-

---

[1] 13 avril 1569, de Westminster.

[2] Francourt à Sturm, 5 avril 1569. L. c., note 4, p. 157.

[3] Sturm au landgrave Guillaume, 25 oct. 1569; — le landgrave lui répondit, le 2 nov., qu'il ne pouvait pas faire grand'chose. Arch. de Cassel. — Les pièces concernant Clairvant se trouvent aux archives de Cassel.

pagne soutenaient sa cause ; il avait trouvé des auxiliaires jusque dans l'Allemagne protestante, où la funeste antipathie dogmatique des luthériens pour les calvinistes avait décidé quelques princes à lui amener des troupes ; à Moncontour, on avait vu des Allemands protestants combattre les uns contre les autres [1]. « Qu'ils sont à plaindre, écrivit Sturm au landgrave Guillaume, ces hommes innocents que le monde entier regarde, mais que personne ne secourt ! Jamais le pape n'a eu un plus grand espoir de rétablir sa puissance que dans le temps actuel[2]. » Inébranlable dans son dévouement à la liberté religieuse, Sturm eût voulu que les princes protestants se fussent armés pour secourir les « héros » qui la défendaient si vaillamment en France et dont aucun revers ne pouvait abattre le courage. Ce n'est qu'après la paix de Saint-Germain qu'une ambassade parut à la cour, au nom des États de l'Allemagne protestante. A sa tête se trouvait un homme ferme et sage, le Bourguignon Hubert Languet, ministre et ami de l'électeur Auguste de Saxe ; chargé de complimenter Charles IX sur son mariage avec la fille de Maximilien II, il l'exhorta à donner à ses sujets la liberté religieuse, comme meilleur moyen de conserver dans son pays à la fois la paix et sa propre autorité royale[3]. On sait que le roi était disposé alors à entrer

---

[1] Peu avant la bataille de Moncontour, le margrave Philibert de Bade, les rhingraves Jean-Philippe et Frédéric, le comte Georges de Linange-Westerbourg, au service du roi de France, publient un manifeste pour se justifier de combattre sous les ordres de ce prince contre ses sujets rebelles qu'ils appellent « les nouveaux chrétiens de la fausse et détestable secte de Calvin. » Tous ces princes étaient luthériens. Ms. à Strasb., et publié chez Cimber et Danjou, *Archives curieuses de l'histoire de France*, 1re série, T. XI, p. 107.

[2] « ..*Miseros innocentes homines, qui spectatores omnes homines habent, paucos adjutores ! Majore in spe papa nunquam fuit recipiendæ suæ tyrannidis, quàm in hoc tempore.*» 29 janv. 1570. Arch. de Cassel.

[3] *Mémoires de l'Estat de France sous Charles IX*. Meidelbourg 1578, in-8o, T. I, fo 24 — Languet à Camérarius, 27 févr. 1571 ; *Epistolæ ad Camerarios*, p. 101.

dans ces vues; la politique française prit une direction nouvelle, et la pacification parut cette fois-ci sérieusement consolidée.

Aussi les Huguenots, plus rassurés sur l'avenir, songèrent-ils à régler les dettes qu'ils avaient contractées en Allemagne pendant la guerre. Le 15 avril 1572, la reine Jeanne de Navarre écrivit à Sturm qu'elle tiendrait la main à ce qu'il fût satisfait[1]. Dans une assemblée tenue à Montauban, on décréta que, sur la contribution qui devait être levée sur les églises, 30,000 francs seraient payés à Sturm; c'est la somme qu'on lui devait encore. Philippe de la Garde (Custosius), qui plus tard enseigna à Strasbourg la jurisprudence, fut chargé par Jeanne de Navarre de réunir ces 30,000 francs et de les faire parvenir au recteur au mois d'octobre; la reine voulut y ajouter un don honorifique[2]. Au commencement du mois d'août, le jeune roi de Navarre, le prince de Condé et l'amiral lui écrivirent une dernière fois, pour le prier d'aider de ses conseils le sieur de Trémilly, envoyé auprès du duc de Deux-Ponts et du comte de Mansfeld, sans doute au sujet de ce que la ligue protestante devait à ces princes[3]. Il avait le meilleur espoir; l'intégrité de l'amiral lui était un sûr garant du désir que l'on avait de remplir les engagements contractés avec lui. Ces espérances furent trompées par le massacre du 24 août. A la nouvelle de ce fait, sa douleur fut extrême; la liberté religieuse lui parut détruite pour jamais dans cette France où tant de martyrs avaient déjà souffert pour sa cause[4]. A ce moment, il reçut des ouvertures d'un côté

---

[1] De Blois; *Epp. ineditæ Calv.*, etc., p. 174.

[2] Francourt à Sturm, 9 avril 1572, de Blois. Bibl. de Gotha. — Sturm au synode des Églises françaises, 31 mars 1581. Bibl. de Munich. — Le magistrat de Strasb. à Henri de Navarre, 21 déc. 1584.

[3] 4 et 5 août 1572, de Paris. Bibl. de Gotha.

[4] Sturm à Cécil, 26 oct. 1572. Bibl. impér. de Paris.

d'où il n'en aurait jamais attendu. Catherine de Médicis envoya en Pologne l'évêque Montluc de Valence, pour travailler à l'élection du duc d'Anjou au trône des Jagellons. Comme on savait à la cour que Sturm avait des relations avec quelques membres de la noblesse polonaise, dont les fils avaient fait leurs études à Strasbourg, Montluc fut chargé de s'aboucher avec lui. Cette commission donnée à Montluc était une ruse habile. Il s'agissait de faire accroire aux Polonais que Henri d'Anjou, « prince juste et modéré, » s'était appliqué sans cesse à apaiser les troubles religieux, qu'il était « le principal conseiller et auteur de paix et de liberté » en France [1]. En le faisant recommander par un protestant, généralement estimé et connu pour ses relations avec les Huguenots, on pouvait espérer que ces mensonges ne resteraient pas sans succès. Montluc invita Sturm, qu'il connaissait depuis 1533, à dîner à l'hôtel du Bœuf ; il lui parla sans doute de la conspiration des Huguenots contre la famille royale, du déchaînement spontané de la fureur populaire, de la clémence du roi et de sa ferme volonté de faire respecter le dernier édit de paix ; pour lui donner une preuve des bonnes dispositions de Charles envers les protestants, il ajouta que, si Sturm consentait à écrire en Pologne en faveur du duc d'Anjou, on ne manquerait pas de lui rembourser ce que lui devaient les Huguenots [2]. Comme à Strasbourg on ne connaissait pas encore les vrais détails du massacre [3], le recteur se laissa d'autant plus facilement prendre au piége que, le roi de Navarre et Condé ayant ab-

---

[1] V. les lettres de Montluc aux Polonais, dans les *Mémoires de l'Estat de France*, surtout T. I, f° 595ᵈ.

[2] V. sur ces faits les lettres de Sturm à Pierre Beuterich, 19 nov. 1581 ; au prince d'Orange, 21 juill. 1582 ; à Théod. de Bèze, 29 juin 1584 (cette dernière à la Bibl. de Gotha).

[3] Ces détails ne furent apportés à Strasbourg que le 22 septembre, par un bourgeois de cette ville qui avait quitté Paris le dernier août.

juré le protestantisme, la cause de la Réforme française lui parut plus désespérée. D'ailleurs, des princes allemands, anciens et fidèles protecteurs des Huguenots, se laissèrent éblouir, comme lui, par les artifices des diplomates de Catherine ; cédant aux suggestions de Gaspard de Schomberg, le duc Casimir et le landgrave Guillaume promirent de s'intéresser aux désirs du duc d'Anjou [1]. De plus, un réfugié, le sieur de la Garde lui-même, dont Sturm demanda l'avis, l'engagea à accepter les offres de la cour, disant que Henri de Navarre et Condé ne le verraient pas avec déplaisir si le roi de France lui payait ce qu'eux lui devaient encore.

Cependant il paraît qu'il hésita longtemps avant de s'exécuter. Car Montluc, ayant rencontré en Pologne une indignation profonde contre les auteurs de la Saint-Barthélemy, lui envoya des lettres pressantes pour qu'il vînt à son aide. Gaspard de Schomberg, qui, en 1560, avait suivi ses cours, joignit ses prières à celles de l'évêque de Valence ; Charles IX lui-même sollicita son appui, en lui confirmant la promesse du remboursement de ses avances faites aux Huguenots. Moins clairvoyant que son ami Hubert Languet, qui avait énergiquement appelé la Saint-Barthélemy le plus odieux et le plus stupide des crimes [2], l'infortuné recteur écrivit à plusieurs nobles polonais, ses anciens élèves ; il envoya ces lettres à Gaspard de Schomberg, alors à Francfort, pour qu'il les transmît à l'ambassadeur français à Cracovie [3]. On lui assura plus tard qu'elles n'avaient pas peu contribué à dissiper les soupçons des Polonais. Lorsque

---

[1] V. Soldan, *Geschichte des Protestantismus in Frankreich*. Leipz. 1855, T. II, p 524 et suiv. — Le prudent landgrave se borna, du reste, à engager la duchesse de Brunswic, sœur du dernier roi de Pologne, à écrire aux Polonais en faveur du duc d'Anjou.

[2] « *Nescio an ullæ historiæ, vel etiam tragœdiæ tantæ immanitatis simul cum stultitiâ conjunctæ, exempla habeant.* » A l'électeur de Saxe, 22 déc. 1572 ; *Epist.*, Lib. I, p. 186.

[3] Sturm à N , mai 1573 ; — à Bèze, 29 juin 1584. Bibl. de Gotha.

Henri d'Anjou se rendit en Pologne, il voulut témoigner à
Sturm sa reconnaissance ; il l'invita à le voir à Haguenau,
et lui promit de soutenir sa cause auprès de Catherine de
Médicis [1].

Bientôt après, Charles IX profita à son tour de la triste
position du vieil agent des protestants pour recourir à ses
services. La perfidie de la cour, la domination des Guises,
les violences exercées partout, avaient soulevé contre
Charles IX et sa mère une opposition de plus en plus menaçante. Après la Saint-Barthélemy, le tiers-parti, à la tête
duquel se trouvaient les Montmorency, et qui, par son alliance avec l'amiral, avait maintenu depuis 1570 la paix à
l'intérieur et la dignité de la France au dehors, était entré
avec les Huguenots dans une union plus intime, pleine de
périls pour le roi. Trois partis, écrit Sturm au landgrave
de Hesse, sont alliés contre la cour, « les protestants qui
demandent la liberté, les mécontents qui réclament une
meilleure administration de la justice et les anciennes lois,
les politiques qui désirent le règne de l'aristocratie au préjudice du pouvoir royal [2]. » Effrayé de cette ligue, à laquelle
s'était joint son propre frère le duc d'Alençon, Charles IX
essaya d'en appeler à l'intervention des princes allemands.
Pour préparer l'exécution de ce projet, il voulut avoir l'avis
de Sturm. Il en donna la mission au jurisconsulte Pierre
Carpentier, qui appela le recteur à une conférence secrète
à Raon, en Lorraine. Là, il lui exprima le désir du roi, que
les princes allemands fissent des démarches auprès des
Huguenots pour les engager à avoir en la cour une confiance qu'elle ne tromperait plus ; Charles IX, ajouta-t-il,
ne désire que la paix, il est prêt à accepter les princes

---

[1] Sturm à Henri III, fin févr. 1575.

[2] Les Huguenots « *libertatem quærunt*, « les malcontents veulent « *meliorem justitiam et veteres leges*, » les politiques « *regiam potestatem prope
fastidiunt et aristocratiam desyderant.* » 4 août 1574. Arch. de Cassel.

pour arbitres et pour témoins de sa sincérité; si Sturm veut se charger de ces démarches, le roi lui promet, outre des honoraires considérables, le paiement de tout ce qu'on lui doit encore [1]. Sturm eut la double faiblesse de croire à la bonne foi de la cour et d'accepter l'offre qui lui était faite. Malgré sa longue expérience diplomatique, il lui arrivait parfois de se faire illusion sur les hommes, quand on en appelait à son désir de paix; et, dans la position où il se trouvait, il croyait devoir saisir toute ancre de salut qui pouvait lui rendre son indépendance vis-à-vis de ses créanciers. Il ne refusa donc pas de seconder les desseins du roi; le meilleur moyen, selon lui, était d'engager le landgrave de Hesse, l'électeur palatin et le duc de Deux-Ponts à envoyer des ambassadeurs chargés de négocier la paix; mais il fit la condition qu'on remboursât aussi aux héritiers de Wolfgang les sommes que celui-ci avait avancées jadis aux Huguenots. Carpentier ayant consenti à tout, Sturm s'offrit à se rendre auprès des princes; le licencié Schwebel, chancelier du duc Philippe de Deux-Ponts, approuva le projet et promit son concours. Sturm insista pour qu'on agît sans retard, une conflagration générale étant imminente et les partis hostiles à la cour étant bien pourvus d'argent et de troupes.

Comme les Huguenots n'avaient pas été les seuls à prendre les armes, il proposa d'adjoindre à l'ambassade des députés catholiques, et de s'adresser à cet effet à l'électeur de Mayence. Il s'engagea, de concert avec Schwebel, à exhorter les Genevois à ne pas s'opposer à la médiation allemande; en même temps, ils voulurent empêcher les Huguenots de recruter en Allemagne des troupes, aussi longtemps que dureraient les négociations de la paix [2]. Mais

---

[1] Sturm à Bèze, 29 juin 1584. Bibl. de Gotha.
[2] Sturm à N., 5 avril 1574. — Au landgrave Guillaume, 13 avril 1574. Arch. de Cassel.

toutes ces propositions durent être ajournées ; car, au mois d'avril 1574, la guerre se ralluma dans plusieurs provinces de la France. Elle fut malheureuse pour les Huguenots et leurs alliés du tiers-parti. Les maréchaux de Montmorency et de Cossé furent enfermés à la Bastille ; le prince de Condé, Guillaume de Thoré, frère cadet de Montmorency, et d'autres seigneurs qui purent s'échapper trouvèrent un asile à Strasbourg. Malgré l'invitation adressée au magistrat par le roi de ne pas souffrir des rassemblements de réfugiés [1], malgré les avertissements même de l'empereur [2], les Huguenots purent s'occuper à Strasbourg de l'enrôlement de reîtres ; Sturm et un de ses amis, Albert Œlinger, auteur d'une grammaire allemande, leur prêtèrent à cet effet leur concours.

Charles IX étant mort le 30 mai, Catherine de Médicis engagea les proscrits à rentrer en France. Ils refusèrent ; Condé surtout ne voulut pas se fier à cette femme perfide. Tourmenté de remords d'avoir cédé à la peur en abjurant après la Saint-Barthélemy le protestantisme, il en fit pénitence dans l'église française de Strasbourg, pendant la solennité de Pentecôte, le jour même que mourut le malheureux roi Charles IX [3].

La reine, informée par Carpentier des propositions de Sturm, crut devoir les accepter pour rétablir la paix ; malgré la fuite ou l'emprisonnement des chefs de la ligue, celle-ci était encore trop menaçante pour la cour. Le prince

---

[1] Du 9 mai 1574. Kentzinger, *Documents historiques*, T. I, p. 79.

[2] Du 27 août 1574.

[3] « *Nuper publice professus est in ecclesia gallicâ quæ est Argentorati, se gravissime Deum in eo offendisse, quòd post illam Parisiensem stragem metu mortis ad sacra pontificia accesserit, et petiit a Deo et ab Ecclesiâ, ut id sibi ignosceretur.* » Languet à l'électeur Auguste de Saxe, 24 juin 1574 ; Langueti *Epistolæ ad Camerarios*, p. 296. — Chronique ms. de Jean Schenkbecher, chez Friese, *Vaterlændische Geschichte der Stadt Strassburg*. Strasb. 1792, T. II, p. 317.

de Condé et Guillaume de Thoré, à leur tour, ne refusèrent pas la médiation des princes allemands; seulement Thoré fit à Sturm l'observation qu'on n'obtiendrait rien de la reine aussi longtemps que les négociations ne seraient pas appuyées par une armée nombreuse. Catherine fit part à Sturm qu'elle était prête à signer les conditions de paix que les Allemands pourraient proposer [1]. Mais elle eut le malheur de choisir pour négociateur ce Pierre Carpentier, que sa lâche justification de la Saint-Barthélemy avait couvert de honte. Les princes protestants ne se fièrent ni à la reine ni à son envoyé qui leur était aussi odieux qu'elle. Le 19 juin 1574, le landgrave Guillaume écrivit à Sturm que ni lui ni les autres princes n'étaient disposés à offrir leur médiation à la cour de France, parce que celle-ci avait l'habitude d'éluder ou de violer tous les traités de paix. Lors du passage de Henri d'Anjou par Cassel, le landgrave lui avait déclaré que le seul moyen de pacifier la France était le respect absolu de la liberté religieuse. Aussi longtemps qu'on ne l'accorderait pas, il ne voulut plus se prêter à des négociations que la déloyauté de la cour frapperait d'avance de nullité. Il pensa toutefois que, depuis la mort de Charles IX, qu'il considérait comme le principal coupable du massacre de la Saint-Barthélemy, on pourrait espérer une observation plus sincère des édits de paix; il ne s'opposa donc pas à l'envoi d'ambassadeurs, au cas que Catherine de Médicis en fît formellement la demande [2].

[1] Sturm au landgrave Guillaume, 5 juill. et 4 août 1574. Arch. de Cassel.
[2] « *Zum andern haben wir auch mit der kön. Würde zue Pollen in ihrem jungsten durchraisen nach Pollen, desgleichen mit dem graven von Retz selbs mundlichen aus diesen dingen, wie man doch zue einem bestendigen frieden in Franckreich kommen mocht, notturfftiglichen geredt und uns endlich dahin erklert, wir kenten hiezu bei uns kein ander mittel auszdencken, dann das die Religion in Franckreich durchausz, so wohl als im Teutschland, Pollen und andern ortten, aller dings frey ge-*

L'aversion très-légitime que montrèrent les princes allemands pour les propositions de la reine, refroidit les dispositions en apparence pacifiques de la cour. Craignant même une intervention armée en faveur des Huguenots, Catherine de Médicis fit réunir des troupes de reîtres sous la conduite de plusieurs chefs allemands, pensionnaires de la France; elle allégua comme prétexte la coutume « d'armer les frontières à tout avénement de roi à la couronne[1]. » Sturm, informé de ces rassemblements par Gaspard de Schomberg, se hâta de se rendre à Cassel, pour insister sur la nécessité de prévenir les hostilités par l'envoi d'une ambassade; il reproduisit en même temps sa prière que le landgrave intervînt en sa faveur dans l'affaire de sa dette. Le prince lui témoigna de l'humeur de le voir s'intéresser si vivement aux négociations avec une cour qui jusque-là n'avait rien respecté[2]. Déjà Théodore de Bèze lui avait fait des reproches dans ce sens; il l'avait presque accusé de trahir le protestantisme[3]. Sturm se justifia dans une lettre au landgrave, où il dit : « Je m'afflige de voir livré à la discorde un royaume si florissant; je vois avec horreur les massacres qui se commettent tous les jours; qui ne frémirait pas en songeant à la Saint-Barthélemy et aux projets sanguinaires des partisans du pape[4]? » En automne, après les succès remportés par les Huguenots dans le midi, la reine d'Angleterre, dont Sturm était l'agent depuis quelque temps, le chargea d'exhorter le landgrave à joindre ses ambassadeurs à ceux qu'elle voulait envoyer en

---

stelt, und darauff ein bestendiger Religionsfried, gleich wir im Reich teutscher Nation haben, uffgerichtet, auch treulich und uffrichtig gehalten würde. » Le landgr. Guillaume à Sturm, 19 juin 1574. Arch. de Cassel.

[1] Gasp. de Schomberg à Sturm, 31 juin 1574. Arch. de Cassel.

[2] Sturm au landgr., 26 juill., 4 août, 12 nov. 1574. Ibid.

[3] Sturm à Tidemann Gisius, 1er févr. 1575. Bibl. de Bâle; — à Beuterich, 19 nov. 1581.

[4] 4 août 1574. Arch. de Cassel.

France; les circonstances lui paraissaient opportunes pour obtenir de la cour des conditions favorables aux protestants[1]. Après la mort du cardinal de Lorraine, Sturm renouvela ses instances auprès du landgrave; l'influence de cet ardent adversaire du protestantisme ayant cessé, il lui semblait qu'en France on serait mieux disposé, non-seulement à traiter de la paix, mais aussi à l'observer[2].

Henri III avait autorisé les Huguenots de la Guyenne et de La Rochelle à envoyer des députés auprès du prince de Condé, à Bâle, pour s'entendre avec lui sur les conditions auxquelles leur parti consentirait à la paix. Mais, ayant peu de confiance dans le roi, et songeant peut-être, comme on se le disait en Allemagne, à établir « une nouvelle forme de la république, » les Huguenots ne se hâtèrent pas de profiter de la permission royale ; ils cherchèrent, au contraire, à recruter secrètement des reîtres et des lansquenets. Ce n'est qu'en mars 1575 que leurs députés vinrent à Bâle; après avoir conféré avec Condé, ils se rendirent à la cour, où la fermeté, avec laquelle ils refusèrent toute concession, fit échouer les projets de paix[3]. Sturm et le sieur de La Garde partirent alors pour Bâle pour conférer avec Condé sur les moyens de trouver de l'argent pour la guerre ; le recteur consentit à faire à cet effet et à ses propres frais un voyage à Embden; il y passa quelques semaines avec Gaspard Gamaut et rapporta 1000 écus que lui avancèrent, sous sa garantie, les comtes de Frise, qui, vers 1558, avaient été ses élèves et ses pensionnaires[4]. La guerre fut

---

[1] Sturm au landgrave, 12 nov. 1574. Arch. de Cassel.

[2] Au même, 13 janv. 1575. Ibid.

[3] Languet à l'électeur Auguste de Saxe, 22 nov. 1574 ; *Epistolæ*, Lib. I, p. 57 — Sturm au landgr., 14 février 1575. Arch. de Cassel; — à Crato de Craftheim, 28 févr. 1575. Bibl. de Breslau.

[4] Sturm à Joach. d'Alvensleben, 28 déc. 1581 ; dans *Epistolæ duæ de obitu H. a Kotza;* — à Gamaut, 1er avril 1582 ; — à Bèze, 29 juin 1584. Bibl. de Gotha.

continuée avec des chances diverses ; la défaite des Allemands, sous Thoré et Clairvant, fut suivie de la trêve de La Rochelle (janvier 1576); l'arrivée de nouvelles troupes, sous Condé et le prince Casimir, força la cour à céder, et la paix, conclue le 14 mai 1576, accorda aux réformés plus de liberté que tous les édits antérieurs.

Depuis cette époque, Sturm ne paraît plus comme agent politique, ni des Huguenots, ni de la cour. Il n'est plus en rapport avec la France que par ses vains efforts de réclamer les sommes, pour lesquelles, depuis quatorze ans, il payait d'énormes intérêts à ses créanciers. Après les promesses faites par l'évêque Montluc, il envoya à Paris deux de ses élèves, les frères Michel et Tidemann Gisius, pour poursuivre son affaire; on éludait, on ajournait ses demandes sous mille prétextes [1]; le landgrave de Hesse écrivait en sa faveur lettre sur lettre; ses réclamations, soutenues par le secrétaire royal Sandras, ne provoquèrent qu'un billet que le chancelier Birague adressa à Sturm, pour lui dire que les finances de l'État étaient trop épuisées par les guerres civiles, pour qu'on pût songer à lui [2]. La république de Berne lui offrit alors d'intervenir; ayant demandé du gouvernement français pour 100,000 fr. de sel, elle fit la condition que sur cette somme on payât 30,000 fr. à Sturm. Mais les salines furent occupées par les troupes des Huguenots, et le marché n'eut pas lieu [3].

Le recteur voulut se rendre lui-même à la cour; ses amis l'ayant décidé avec assez de peine à y renoncer [4], il adressa à Henri III une requête, dans laquelle il lui rappela en termes pressants les promesses qu'on lui avait

---

[1] Tidemann Gisius à Sturm, 17 juill. 1574, de Paris. Arch. de Cassel.

[2] A Sturm, 7 juill. 1574. Ibid.

[3] Sturm à Tidemann Gisius, 1er févr. 1575. Bibl. de Bâle; — à Beuterich, 19 nov. 1581.

[4] Sturm au landgrave, 14 et 28 févr. 1575. Arch. de Cassel.

faites quand il s'agissait de l'élection polonaise. Le roi re
nouvela l'ordre, donné antérieurement déjà au trésorier
Galand, de lui payer les 30,000 fr.[1] Ce ne fut encore qu'un
leurre ; Henri III, appelé par les Polonais pour confirmer
les promesses faites lors de son avénement, voulait que
Sturm accompagnât l'ambassade qui devait aller en Pologne
et demander l'ajournement de la diète. Les amis du recteur le dissuadèrent de ce long voyage, tant à cause de sa
vieillesse, que par crainte d'offenser à la fois l'empereur
et les princes protestants. Cependant Sturm, alors à Bâle
auprès de Condé, se rendit avec le sieur de La Garde à So-
leure, où il remit à Dufaur de Pibrac, un des ambassadeurs du roi, quelques lettres pour les Polonais[2]. Là-des-
sus Henri III écrivit au landgrave que, par amitié pour lui,
il serait fait à Sturm le traitement le plus favorable possible, mais qu'il devait avoir encore « un peu de patience[3]. »
Ce fut là tout le prix qu'il eut pour les services que lui
avait demandés la cour de France ; il dut s'apercevoir
trop tard qu'il les avait rendus à des gens qu'il avait eu le
tort de croire sincères. Du reste, pourquoi le cacherions-
nous? Cet homme, si respectable et si généreux, avait une
faiblesse qui, si elle procurait parfois à son amour-propre
une satisfaction passagère, l'entraînait aussi à des actes
que, plus fier, il n'aurait pas approuvés : il ne résistait pas
assez au désir de plaire aux grands. Il se vantait volontiers
d'avoir des patrons parmi les princes et des amis dans l'a-
ristocratie ; mais tous ses protecteurs ne l'ont pas empêché
de mourir pauvre, de même que ce n'est pas à ses rapports
avec eux qu'il doit la meilleure partie de sa gloire.

[1] Fin févr. 1575. — Au prince d'Orange, 21 juill. 1582.
[2] Sturm au landgr., 30 mars 1575. Arch. de Cassel. — A Beuterich, 19 novembre 1581.
[3] Le 17 avril 1575. Arch. de Cassel.

CHAPITRE XIV.

Querelles avec Marbach, président du convent ecclésiastique de Strasbourg.

1570 — 1575.

Ces tribulations ne furent pas les seules dont le vieux recteur eût à souffrir pendant le reste de ses jours. L'ingratitude et l'esprit dominateur de collègues qui lui étaient inférieurs en âge comme en mérite, l'entraînèrent dans des querelles ardentes; avec une vivacité que les années n'avaient pas diminuée il releva le gant, mais, combattant pour une cause qui n'avait plus que de rares défenseurs, il dut voir ses adversaires l'emporter sur lui. Leur victoire, pour avoir été facile, n'en a pas été plus honorable pour eux; leur principe était l'intolérance au nom d'une formule, tandis que Sturm représentait encore cette liberté qui ne s'irrite pas des divergences, pourvu que le fondement de la foi évangélique ne soit pas renversé.

Pendant qu'on était occupé de l'organisation de l'académie, un certain accord n'avait pas cessé de régner entre le recteur et le président du convent ecclésiastique. Sturm se louait du zèle de Marbach et du concours qu'il lui prêtait dans les affaires de l'école [1]. Mais celle-ci eut à peine commencé à fonctionner dans sa nouvelle forme, que l'on vit renaître les sujets de discorde. La première occasion des troubles fut la rivalité entre le convent académique et celui des pasteurs. Comme les professeurs de théologie,

---

[1] « *Doctorem nostrum Marbachium habeo assentientem, cuius tu nosti φιλοπονίαν.* » Sturm à Simon Ostermann, recteur du Gymnase de Lauingen. *Epist. class.*, p. 226.

qui tous étaient pasteurs, prenaient part aux délibérations sur les affaires scolaires, les professeurs laïques firent la demande inadmissible d'être représentés aussi dans le convent ecclésiastique. Les deux corps, en outre, ne purent s'entendre sur la préséance. Le magistrat essaya pendant quelque temps de les réconcilier; mais la cause réelle de la discorde étant plus profonde, un accommodement durable devint impossible. En effet, ce qui donnait lieu à toutes ces querelles, c'était l'ancien dissentiment dogmatique, mal déguisé par le concordat de 1563, entre les luthériens et les partisans de la confession tétrapolitaine. Les pasteurs ne pouvaient pas pardonner au magistrat l'arrêt qui, deux ans après ce *consensus*, avait éloigné de Strasbourg le turbulent querelleur Tilemann Heshusius, dont l'arrivée leur avait semblé un bonheur suprême[1]. Ils attribuaient à l'école ces retards que leur domination éprouvait encore; elle était, selon eux, un foyer d'opinions hétérodoxes; le recteur, prétendaient-ils, s'apprêtait à renouveler la polémique par un écrit sur le sacrement[2]; il était donc urgent de prendre des mesures; il ne fallait pas seulement introduire dans les cours théologiques un enseignement rigoureusement luthérien, mais ne choisir aussi pour les autres chaires que des hommes d'une orthodoxie éprouvée. Leur tendance à dominer le Gymnase et l'académie devenait ainsi de jour en jour plus manifeste; cependant l'autorité de Sturm leur opposait encore un obstacle difficile à renverser. Pour le discréditer auprès des scolarques, ils lui reprochèrent de vouloir être maître absolu de l'école, de n'appeler aux places vacantes que des professeurs dévoués à sa personne et à ses opinions calvinistes, de faire

---

[1] Samuel Hubert à Jean Lucht, à Schleswig, 8 avril 1565. — Extraits des protocoles du convent ecclésiastique.

[2] Louis Lavater, de Zurich, à Conrad Hubert, 23 juin 1565.

du convent académique une espèce de sénat indépendant, hostile au magistrat [1].

Quant à Sturm, il avait également ses griefs. Aux insinuations de ses adversaires, il opposait la diminution du nombre des élèves qu'il attribuait, non sans raison, aux progrès de l'intolérance religieuse. Son ambition avait été de voir fleurir à Strasbourg une école modèle ; cet espoir ne se réalisait plus [2]. L'enseignement des lettres classiques, devenu suspect aux pasteurs, n'était plus à la hauteur où il s'était trouvé naguère ; les cours de théologie eux-mêmes commençaient à être abandonnés ; il ne venait plus de l'étranger que des élèves de quelques États luthériens [3]. Affligé de ces effets de l'influence croissante de Marbach et de son parti, fatigué des disputes dogmatiques introduites jusque dans les séances régulières du corps enseignant, Sturm résolut de se démettre des fonctions de recteur. S'étant rendu à Bâle, où il rencontra une sympathie à laquelle il n'était plus habitué à Strasbourg [4], il chargea ses amis, les jurisconsultes Gremp, Jean Nervius et Bernard Botzheim, de présenter sa démission au convent académique ; il désira de plus qu'après un an on le dispensât des leçons, s'offrant du reste à servir l'école par ses écrits et par les conseils de son expérience [5]. Le convent nomma une commission pour examiner ces demandes. L'affaire étant grave, le magistrat crut devoir s'en emparer. Un certain nombre d'étudiants étrangers lui remirent une supplique, pour obtenir que Sturm fût prié de conserver le rectorat et de continuer ses cours. Le 25 janvier 1570, Sturm lui-même pré-

---

[1] Sturm au sénateur G. Münch, 28 févr. 1570.

[2] Sturm au professeur Hauenreuter, 1er juill. 1571 ; en tête de Hauenreuter, *Schola Argentorat.*

[3] Au prof. Beuther, 26 mars 1571. — *Antipappus* IV, P. 3, p. 157.

[4] En novembre 1569. Pantaleon, *Teutscher Nation Helden.* Bâle 1578, in-fol., T. III, p. 263.

[5] La demande de Sturm fut présentée au convent le 19 déc. 1569.

senta au magistrat un mémoire, contenant les motifs qui l'engageaient à désirer le repos ; il y exposa les causes auxquelles il attribuait la décadence de l'école, les difficultés soulevées sans cesse par le dissentiment entre le corps académique et celui des pasteurs, la nécessité de ne pas s'écarter du concordat de 1563 si l'on voulait maintenir la paix et la réputation de l'académie ; il ajouta, qu'ayant trente-trois ans de service, et sa vue devenant de jour en jour plus faible, il se croyait assez fondé à demander sa retraite. Deux mois après, le magistrat, loin d'accepter sa démission, le chargea de réformer les abus dont il avait à se plaindre. Le scolarque Henri de Mulheim, qui avait déclaré qu'il renoncerait à ses fonctions si Sturm n'était pas maintenu dans les siennes, fut prié de les garder pour aider son ami dans l'exécution des améliorations jugées nécessaires [1].

Mais, dans son ressentiment contre Marbach, Sturm n'espérait aucun succès d'une tentative de changer l'état des choses. Appelé à une séance du convent académique, où devaient être traités les moyens de relever l'école, il écrivit de sa campagne au professeur Michel Beuther une lettre pleine de récriminations contre Marbach qui, selon lui, inspirait à la majorité des professeurs une telle crainte que toute réforme en serait empêchée. Il eut même l'intention de faire un voyage dans sa patrie, autant pour la voir encore une fois avant sa mort, que pour se soustraire à l'obligation d'exercer des fonctions dont il n'attendait plus de résultats [2]. L'influence de Marbach lui était d'autant plus intolérable qu'habitué à un long exercice de l'autorité, il s'irritait plus facilement de la contradiction, même quand

---

[1] A G. Münch, 28 févr. 1570.
[2] Pappus à Phil. Marbach, 21 mai 1571 ; dans Fecht, *Historiæ ecclesiast. sæc. XVI supplementum, ...epistolis ad Marbachios... constans*. Durlach 1684, in-4°, p. 364.

elle était plus modérée que celle de ses adversaires dogmatiques. Une maladie l'empêcha d'exécuter son projet de voyage à Sleide; il fut forcé de passer quelques mois aux eaux de Bade. Sa lettre à Beuther, que celui-ci avait communiquée aux professeurs, produisit sur Marbach et ses amis l'impression à laquelle on avait dû s'attendre. Invoquant son âge, son état maladif, son propre désir de vivre dans le repos, ils firent une tentative pour l'éloigner du rectorat; mais ni les scolarques ni le magistrat n'étaient encore disposés à accueillir une pareille demande[1]. Un essai fait dans les derniers mois de 1571 par quelques professeurs et par le syndic de la ville, de réconcilier Marbach et Sturm, échoua contre l'aversion de ce dernier pour le président de l'Église[2].

En mars 1572, le gouvernement de la ville, inquiet sur le sort de l'école, demanda à Sturm et à Marbach des mémoires sur la réforme des différents établissements dont l'ensemble formait l'académie. Le recteur commença par insister sur la nécessité de mettre des bornes à l'influence des théologiens dans les affaires concernant l'enseignement; à l'avenir, dit-il, personne ne devra être admis comme professeur à moins d'avoir subi un examen devant le recteur et les visiteurs, et les cours devront être soumis à l'approbation de ces fonctionnaires. Il s'étendit longuement sur les colléges de Saint-Guillaume et des Dominicains où étaient logés les boursiers, et dont, en 1556, les

---

[1] Simon Sulzer, de Bâle, à Marbach, 21 juin 1571; Fecht, o. c., p. 374; — Pappus à Ph. Marbach, 5 juill. 1571; o. c., p. 376.

[2] Marbach contre Sturm; ms. — Sturm avait écrit une *Declaratio* de sa lettre à Beuther; selon Pappus, il y reprochait à Marbach : « *inscitiam linguæ latinæ, barbariem, negligentiam, tyrannidem in tribus collegiis, duobus scolasticorum, et tertio theologorum, avaritiem inexplebilem, ut qui de dimenso eorum, qui in Prædicatorio vivunt, quotannis trecentos aureos abradat.* » Pappus à Phil. Marbach, 21 août 1572; chez Fecht, o. c., p. 435.

scolarques avaient confié l'administration à Marbach et à lui, comme aux chefs des deux corps ecclésiastique et académique. Il accusa Marbach de s'être emparé de l'autorité, d'avoir commis des actes arbitraires et introduit parmi les élèves un esprit de secte qui donnait lieu à de fréquentes querelles. Dans un mémoire spécial sur la réforme du régime intérieur des deux colléges, Sturm exposa des vues très-sages sur la nourriture, le logement, les études, la discipline, les exercices corporels des étudiants, ainsi que sur les devoirs des fonctionnaires attachés aux pensionnats [1].

Quant à Marbach, il comprit moins bien que Sturm ce que leur demandait le magistrat. Son mémoire n'est qu'une longue série de griefs contre le recteur, accusé d'être hérétique, d'avoir des liaisons, non-seulement avec des calvinistes et des zwingliens, mais même avec des papistes, de louer l'école fondée à Saverne par l'évêque, de proposer que, pour la guerre contre les Turcs, les protestants fassent une alliance impie avec les catholiques, etc. Il demanda donc que l'autorité du recteur fût diminuée pour augmenter celle des théologiens. Les observations qu'il ajouta pour critiquer les propositions faites par Sturm dans ses *Epistolæ academicæ*, et qu'il appela des chimères platoniciennes, ne prouvent pas de sa part une grande expérience pédagogique.

Ce mémoire, remis au magistrat le 26 avril, fut suivi d'une réponse très-véhémente de Sturm, dans laquelle il reproduisit contre Marbach ses anciens reproches de fanatisme et d'ignorance [2]. Le pasteur, blessé au vif, rédigea plusieurs pièces, tant pour se justifier, que pour mettre sur le compte de Sturm lui-même la décadence de jour en

---

[1] Le 30 mars 1572.
[2] Le 10 mai 1572.

jour plus visible de l'académie; la haine du recteur pour la confession d'Augsbourg et pour ses défenseurs, son indulgence pour des professeurs médiocres, pourvu qu'ils soient calvinistes, ses « pratiques » diplomatiques qui le détournent de ses devoirs et ruinent sa fortune, l'attention donnée à sa campagne où il perd son temps, telles sont, selon Marbach, les causes de la discorde entre les professeurs, du relâchement de la discipline et de la diminution du nombre des élèves [1].

Le magistrat, loin d'accueillir ces accusations étrangères à la question, maintint l'autorité du recteur [2]. Dès le 30 mars 1572, il lui avait donné l'ordre d'achever la réorganisation de l'école, conformément à ses Lettres classiques et académiques; mais la polémique avait empêché Sturm de l'exécuter. Les scolarques lui en ayant fait des reproches, il s'en défendit en alléguant l'opposition qu'il trouvait auprès de Marbach et de ses partisans [3]. Le 4 novembre 1573, le magistrat transmit alors au convent académique un décret, ordonnant l'introduction immédiate des mesures proposées par Sturm et le rétablissement de l'ordre et de la bonne administration dans les collèges habités par les pensionnaires. Marbach vit dans cet ordre une atteinte à son honneur personnel et une preuve qu'il n'avait plus la confiance du magistrat. Il rédigea une apologie de sa conduite et en fit faire une autre par plusieurs pasteurs au nom du convent ecclésiastique [4]. Enfin, le magistrat nomma des arbitres pour réconcilier les deux partis, dont la querelle compromettait l'honneur de l'Église et de l'école de Strasbourg. Marbach fit les premières démarches de paix; il envoya plusieurs de ses amis auprès de Sturm, qui s'était re-

---

[1] Le 6 sept. 1572. — *Fehl und mängel der strassburger Schulen.*
[2] Rod. Walther à Conr. Hubert, 23 juin 1572.
[3] Sturm aux scolarques, 19 juill. 1573, de Saverne.
[4] Mémoire des pasteurs Flinner, Kessler et Faber, 9 déc 1573.

tiré à sa campagne à Northeim ; tout en se disant prêt à un arrangement, le recteur, plus intraitable cette fois que ses adversaires, ne voulut se soumettre qu'à une décision du magistrat. En décembre 1574, il remit aux arbitres de nouveaux griefs contre Marbach, avec la demande que celui-ci s'engageât à respecter dans les affaires de l'école l'autorité du recteur, et à contribuer au rétablissement de la concorde dans le corps académique et dans le chapitre de Saint-Thomas, et que, pour prévenir de nouvelles dissensions, le magistrat renouvelât sa confirmation donnée aux statuts de l'académie. Ce n'est qu'un an plus tard, le 31 décembre 1575, que les arbitres réussirent dans leur tâche difficile de rapprocher des adversaires aussi obstinés ; par un concordat, approuvé par le magistrat, Sturm et Marbach promirent d'oublier le passé et de ne plus sortir désormais de leurs attributions respectives.

CHAPITRE XV.

*Controverses théologiques avec le professeur Pappus.
Destitution.*

1578—1587.

La paix, si péniblement rétablie entre les deux partis, ne dura pas plus que la concorde de 1563. Les antipathies religieuses sont trop profondes et trop vivaces pour se laisser apaiser par des accommodements extérieurs, plus ou moins imposés par l'autorité ; on promet de ne pas renouveler les attaques, mais on ne se réconcilie pas dans l'âme. Sturm et Marbach, qui tous deux voulaient sincèrement le bien, signèrent un arrangement dès qu'ils furent persuadés que des intérêts communs exigeaient la cessation de la lutte, et que la paix ne devait pas être achetée au prix du sacrifice de leurs convictions. Mais Marbach et ses collègues étaient trop entraînés par le courant dogmatique du siècle, et Sturm respectait trop la mémoire des réformateurs strasbourgeois, pour qu'une entente parfaite eût pu s'établir entre eux. Le recteur ne voyait dans les ultra-luthériens que des théologiens formalistes et exclusifs, moins désireux de l'union chrétienne que du triomphe de leurs systèmes. Lui qui, dans sa jeunesse, avait pris une part enthousiaste à la lutte contre le scolasticisme du moyen âge, s'indignait de le voir reparaître sous une forme nouvelle au sein même de l'Église protestante. Son esprit, habitué à la clarté et à la précision classiques, refusait de reconnaître la vérité dans les propositions irrationnelles et non scripturaires qu'on introduisait dans la théologie ; et, fidèle à la liberté évangélique, il protestait contre les distinctions qu'on élevait comme des barrières entre les communions protestantes. L'animosité de ceux qui se disaient les seuls orthodoxes avait complétement changé la face des temps ; féconde en entraves pour les lettres, elle était devenue nuisible à la théologie elle-même ; et si, à l'origine de la Réforme, les hommes plus libéraux s'étaient réjouis en voyant l'aurore d'une ère nouvelle, leurs successeurs s'écriaient désormais : ô siècle inepte et sans charme[1] ! C'est dominé par ce sentiment que, depuis une série d'années, Sturm ne fréquentait plus les temples, pour ne pas entendre les attaques que des prédicateurs fougueux dirigeaient sans cesse

---

[1] « *Festucæ sunt in oculis theologorum hujus temporis docti omnes. O seculum invenustum et ineptum! ut non dicam aliquid gravius. Sed vivit Dominus, vincet Ecclesia et triumphabit temporis filia veritas.* » Jacques Monavius, de Breslau, à Grégoire Bersmann, 5 août 1578. Bersmanni *Poemata* Leipz. 1591, in-8º, P. I, p. 359.

contre les réformés. Jacques Sturm lui-même, un des plus énergiques introducteurs du protestantisme à Strasbourg, avait évité, sur la fin de sa vie et pour la même cause, les églises où une ardente controverse tendait à se substituer à l'explication édifiante de la Parole de Dieu[1]. Comme la mémoire de Bucer incommodait les nouveaux théologiens, Sturm conseilla, dès 1563, à Conrad Hubert de mettre en sûreté les manuscrits du réformateur, en les déposant chez l'électeur palatin à Heidelberg[2]. Plus tard, en 1570, lorsque Marbach voulut retenir à Strasbourg le chef du parti ultra-luthérien, Flacius Illyricus, qui exagérait imprudemment les doctrines de Luther sur le péché originel, Sturm appuya les démarches que l'électeur Auguste de Saxe fit faire par Hubert Languet pour que ce « nouveau manichéen » fût éloigné de la ville[3]. Averti par quelques États alliés, menacé par le général Lazare de Schwendi, voyant surtout qu'un colloque tenu à Strasbourg entre Flacius, Jacques Andréæ de Tubingue et les ministres n'avait pas servi à la paix, le magistrat finit par interdire à l'ardent controversiste le séjour de la ville et de son territoire[4].

Sturm, on le sait, ne cachait pas ses prédilections réformées. Il n'était pas seulement le serviteur dévoué de la cause protestante en France, il ne cessait aussi de protéger l'Église réfugiée de Strasbourg, qui n'existait plus qu'en secret, depuis qu'en 1563 les luthériens en avaient obtenu la fermeture. Par l'influence de Sturm, le chapitre de Saint-

---

[1] *Antipappus* IV, P. 3, p. 165, 166. — Pappus, *Defensio tertia contra Sturmium*, p. 118.

[2] Sturm à Hubert, 30 déc. 1563; 8 janv. 1564, de Chambray.

[3] Languet à Volmar de Berleps, conseiller de l'électeur de Saxe, 5 mars 1570; *Epistolæ*, Lib. I, p. 141. — *Bericht von der strassb. Kirchenordnung*, p. 378.

[4] Languet au Dr Cracovius, conseiller de l'électeur, 22 mai 1570; *Epistolæ*, L. I, p. 144, 153.

Thomas donna, en 1573, un subside de quelques résaux de froment à Jean Grenon, qui desservait cette communauté clandestine. Le recteur avait même encore assez d'autorité chez les scolarques pour obtenir, dans la même année, la nomination de Philippe de la Garde comme troisième professeur de droit[1]. Tous ces faits, auxquels venaient se joindre sa correspondance active avec Théodore de Bèze, avec les chefs huguenots, avec les Anglais[2], avec les réfugiés réformés de l'Espagne et de l'Italie[3], avec les théologiens et les princes réformés de l'Allemagne, formaient pour les luthériens autant de moyens d'accusation contre lui. Ses relations avec quelques catholiques ne leur déplaisaient pas moins. Dans une de ses leçons, il avait dit un jour : « il y a dans l'Église du pape beaucoup d'hommes savants

---

[1] Pappus à Phil. Marbach, 8 juin 1573 ; chez Fecht, p. 459. — En novembre 1574, Sturm annonce aux scolarques que Custosius travaille à un « hoch loblich werk, » intitulé : *Reconcinnatio juris*, et que, pour le terminer, il désire être dispensé pour l'hiver de ses leçons. Les scolarques l'accordent, vu l'utilité de l'ouvrage et la gloire qui en rejaillira sur Strasbourg.

[2] Il était en correspondance avec Guillaume Paget, Antoine Cook, Jean Hales, Guillaume Cécil (lord Burghley), Francis Walsingham, et surtout avec le secrétaire de la reine Élisabeth, Roger Asham, qui avait une vive affection pour lui, quoiqu'ils ne se fussent jamais vus. Le recueil des lettres d'Asham et de Sturm, parmi lesquelles il y en a de charmantes, a été plusieurs fois publié. La première édition parut à Londres en 1576 ; la meilleure est celle d'Oxford, 1703, in-8° : *R. Ashami epistolarum libri IV*. — En 1573, le duc de Leicester fit prier Sturm par sir John Wolley, secrétaire de la reine, de lui procurer l'avis des principaux théologiens de la Suisse sur la question des habits sacerdotaux des ministres, vivement débattue en Angleterre (Wolley à Sturm, 24 juill. 1573, d'Orpington ; dans les *Zurich-Letters*. Cambridge 1845, T. II, p. 135). — En 1576, Sturm publia un écrit sur la Sainte-Cène de Jean Poynet, évêque de Winchester, réfugié et mort à Strasbourg sous le règne de la reine Marie. Ce traité est intitulé : *Diallacticon de veritate naturà atque substantià corporis et sanguinis Christi in Eucharistià*.

[3] En 1565, il accueillit le réfugié italien Alexandre Citolinus ; en 1569, il recommanda à la reine d'Angleterre Cassiodoro, le traducteur de la Bible en espagnol. (A Élisabeth, 6 sept. 1569 ; à William Cécil, 8 sept.; dans les *Zurich-Letters*, p. 104, 105.)

et vraiment vertueux; nous ne pouvons pas les condamner, car ce qui les retient dans leur communion, ce n'est pas seulement le respect des ancêtres, c'est aussi le spectacle de nos défauts, de nos mœurs, de notre désunion[1]. » Aussi longtemps qu'avaient vécu le cardinal du Bellay, les évêques Jean de Fresse et Sébastien de Laubespine, il était resté l'ami de ces hommes, dont il ne louait pas seulement les talents, mais surtout la loyauté et les sentiments libéraux. Après la mort de l'évêque Érasme de Limbourg, il avait adressé aux principaux membres du chapitre, dont plusieurs étaient ses compatriotes, une série de lettres où il avait rappelé les qualités éminentes du prélat, son amour des lettres et de la paix. Lors d'un séjour fait à Strasbourg, en 1579, par l'évêque Jean de Manderscheid, il salua la présence de ce prince, son compatriote, par des vers latins pleins des sentiments les plus nobles. Heureux de voir l'instruction se répandre, il était assez libéral pour se réjouir de la création d'écoles catholiques savantes, tout en faisant ses réserves au sujet de la religion. Il écrivit une préface au traité par lequel Henri Schor, le prévôt de Surbourg, son ancien ami, inaugura en 1572 le Gymnase fondé par

---

[1] « *Papatus habet viros eruditos; multi sunt in Papatu, qui non solùm speciem habent bonorum virorum, et speciem præ se ferunt virtutis, verùm etiam viri sunt boni; multi sunt, inquam, in Papatu, quos condemnare non possumus, quos retinet adhuc in illà statione auctoritas patrum et maiorum nostrorum, deinde etiam nostra vitia in nostris Ecclesiis, nostri mores, nostra dissidia, ambitio, avaritia. Hæc enim vitia nostra faciunt, ut viri boni in Papatu, partim dubitantes, ad nos accedant, partim etiam moriantur in suis cœtibus...* » Ratio linguæ latinæ resolvendæ, 1573, p. 139. — « *Ego in Pontificatu multos bonos et magnos viros, partim patronos, partim amicos habui... In magnis autem viris, et in Principibus, etiamsi aliqua displiceant, tamen virtutes magnæ sunt considerandæ, ut in Sadoleto, Bembo, Julio Phlugio, aliisque doctissimis viris* » Il rend justice aux talents militaires du duc de Guise qui a pris Calais, aux talents politiques du cardinal de Lorraine, etc. Antipappus IV, P. III, p. 169.

l'évêque à Saverne[1] ; l'année suivante, il alla lui-même visiter cette école[2]. Même les efforts des jésuites pour établir des colléges étaient pour lui moins un sujet de ressentiment qu'un motif d'émulation pour l'Église protestante[3]. Après tout ce que nous avons dit déjà sur les sentiments de Sturm, est-il besoin de répéter que cette largeur de vues était loin d'être une indifférence dogmatique, ramenant à quelques doctrines vagues les données positives du christianisme? Ses convictions chrétiennes étaient d'autant plus inébranlables qu'il leur avait fait subir la double épreuve de la science et de l'expérience intime. Lorsque son ami, le réfugié italien Célio Sécundo Curione, lui communiqua son traité sur l'étendue du Royaume de Dieu, il eut quelque scrupule de l'approuver ; ce qui l'y choqua, ce ne fut pas la doctrine que les païens qui ne connaissent pas Jésus-Christ, ne sont pas damnés pour cela, le châtiment n'étant réservé qu'à ceux qui rejettent le Seigneur sciemment; ce fut cette autre que le Christ est ce Verbe universel d'où procèdent et dans lequel vivent toutes les intelligences. Il crut y voir une atteinte au caractère historique de la révélation par Jésus-Christ[4]. Il recherchait en tout la gloire et la louange du Sauveur du monde. Ses études sur l'antiquité classique ne l'avaient pas empêché de soumettre à ce Sauveur sa conscience et son cœur[5]. C'est peu, écrivit-il un

---

[1] Sturm s'était lié avec Schor à la cour de l'évêque Érasme.

[2] Sturm aux scolarques, 19 juill. 1573, de Saverne.

[3] A Albert de Brandebourg, 30 mars 1565, en tête des *Epist. classicæ*, chez Halbauer, p. 160.

[4] Sturm à Curione, 3 déc. 1554 ; — Curione à Sturm, 13 janv. 1555. Bibl. de Bâle. Le traité de Curione, intitulé : *De amplitudine beati regni Dei dialogi*, parut en 1554 en Rhétie, les théologiens de Bâle n'en ayant pas permis l'impression en cette ville.

[5] Il dit un jour : « *Poetarum neque Jupiter est qui consolatur, neque Ganymedes, tametsi alter nectar promitteret, alter lac requireret; solus Dei filius Jesus Christus est, qui ad cœlos evehit, et devehit de cœlis.* »

jour dans l'album d'un étudiant; c'est peu que de connaître les mœurs, les lois, les rites de tous les peuples, si on ignore la doctrine de Jésus-Christ, dont l'Église est le temple de toute sagesse. On n'a qu'à lire en outre les lettres de consolation qu'il adressait à ses amis éprouvés par des pertes cruelles ; elles respirent la foi la plus résignée au Fils de Dieu, l'espoir le plus humble en sa grâce [1]. D'ailleurs, par ses relations même avec les catholiques, il ne recherchait que les moyens d'établir « cette paix que le Seigneur, avant de quitter la terre, avait promis de laisser à ses disciples [2]. » On se souvient avec quelle ardeur il désirait la conciliation et l'union des Églises. En 1561, l'évêque de Faro, Zacharie Delfinio, homme poli et rusé, envoyé en Allemagne pour inviter les États protestants à désigner des députés pour le concile de Trente, demanda l'avis de Sturm sur les moyens de rétablir la paix dans la chrétienté. Dans sa lettre au légat, le recteur reproduisit son ancienne opinion de convoquer une conférence d'hommes amis de la vérité, discutant sans animosité les doctrines controversées, et préparant ainsi la tâche à résoudre par un concile général et libre [3]. Il exposa cette même opinion, en 1565, dans une épître au prince Nicolas Radziwil, grand-maréchal de Lithuanie, ami de Calvin et promoteur de la Réforme en Pologne ; il la développa une dernière fois, en 1577, dans sa remarquable préface aux Commentaires sur les Psaumes par le catholique Conrad Heresbach. Voici les principales de ses propositions, qui caractérisent

---

[1] P. ex. à Schenkbecher, s. d.; aux frères de Georges Fabricius, 1571; à Bernard Botzheim, 1577.

[2] Préface au *Diallacticon* de Ponétus.

[3] Sturm à Delfinio, s. d. — Le 1ᵉʳ mai 1561, Delfinio chargea Vergério de demander par Sturm à Zanchi une exposition des points sur lesquels, dans l'Église réformée, on est d'accord sur la Sainte-Cène avec Luther, et de ceux sur lesquels on s'éloigne de lui. Zanchi lui fit parvenir un mémoire sur ce sujet.

aussi bien l'activité de son esprit que les illusions généreuses auxquelles il aimait à s'abandonner : Un concile universel est le seul moyen de régler les différends, de concilier les partis et de remédier aux défauts qu'on rencontre dans les deux Églises. Mais, avant le concile, il faut convoquer une espèce de *prosynode,* pour préparer les discussions, en examinant les matières sans les décider. Cette assemblée doit être composée de délégués de l'Empire et des autres nations chrétiennes ; l'Empire en fournira sept par cercle, en tout soixante-dix, à choisir parmi les savants ou les magistrats qui n'ont pris part à aucune querelle et qui n'ont écrit que des ouvrages approuvés des hommes sages des deux Églises ; il faut que ce soient des personnages graves, craignant Dieu, aimant la patrie, avides de vérité, doués de vertus peu communes, instruits, versés dans la connaissance des lois et de l'histoire. Dans chaque cercle de l'Empire, on choisira deux théologiens, deux jurisconsultes et deux membres de la noblesse, moitié catholiques, moitié protestants ; le septième sera un catholique, pour que cette Église se prête avec plus de confiance à l'exécution du projet. Des conseils pareils seront choisis avec le même soin en Italie, en Espagne, en France et en Angleterre. Si, parmi les délégués, il se trouve un homme violent ou incapable, chaque parti aura le droit de le récuser, sous la réserve de l'autorité impériale. Les sept délégués de chaque province auront d'abord des réunions particulières, où ils liront les livres et les mémoires des deux partis et les décrets du concile de Trente ; ils examineront les questions de dogme et d'administration temporelle de l'Église, et consulteront les autres hommes sages et pieux de a province. Les résultats de leurs délibérations seront envoyés à l'empereur, qui les communiquera aux princes pour avoir leur avis ; il se mettra en rapport, en cas de besoin, avec chaque délégué individuellement, et finira par communiquer le tout au pape et aux rois pour tomber d'accord sur la convocation du concile.

On voit aisément combien ces idées étaient peu exécutables. Il en est de même du projet de Sturm d'unir tous les princes chrétiens, catholiques et protestants, pour une croisade contre les Turcs. Ce projet, auquel il rêvait depuis des années, l'occupa plus vivement après la défaite de la flotte turque dans le golfe de Lépante, en 1571. Il crut alors le moment venu d'abattre complétement la puissance ottomane, qui était pour lui une menace et un danger permanents pour l'Europe chrétienne [1]. Vis-à-vis d'un ennemi aussi redoutable, les dissensions entre protestants et catholiques devaient s'effacer ; tous les peuples de la chrétienté devaient se coaliser dans ce but; il y exhorta par des lettres éloquentes les princes et les hommes d'État de l'Allemagne; il proposa même, pour l'exécution de l'entreprise, des moyens militaires et financiers dont il sera parlé plus bas. Mais, tandis que les militaires et les diplomates appréciaient au moins ses intentions, tout en les jugeant sans doute peu praticables, les luthériens de Strasbourg, qui lui reprochaient amèrement ses relations avec des prélats et avec des savants catholiques [2], n'y trouvaient qu'un motif de plus de suspecter son orthodoxie [3].

C'est ainsi que s'accumulèrent contre Sturm des griefs nombreux qui, à un moment donné, devaient l'accabler de leur masse. L'occasion s'en présenta en 1578, trois ans à peine après la concorde faite avec le président Marbach. Les théologiens de quelques pays de l'Allemagne venaient

---

[1] Sturm au comte Louis de Witgenstein, 7 janv. 1572 ; — au comte Philippe de Hanau, janv. 1572 ; dans les *Epistolæ de bello turcico*.

[2] Sturm contre Marbach, ms.; — à Crato de Craftheim, 16 juin 1572. Bibl de Breslau.

[3] Sturm à Crato, 16 juin 1572. Ibid.; — à Otton de Solms, 13 juill. 1572; — *Ad Italum quendam*, s. d.

d'arrêter, sous le titre de *Formule de concorde*, le code officiel du luthéranisme. Ce nouveau livre symbolique, éliminant les derniers vestiges du système moins absolu de Mélanchthon, et achevant la scission entre l'Église luthérienne et l'Église réformée, fut envoyé à tous les États protestants pour recevoir leur adhésion. Les savants réunis au couvent de Berg, près Magdebourg, avaient mal choisi le titre de leur œuvre ; car, au lieu de raffermir la concorde, leur formule la rendit pour longtemps impossible. Les querelles auxquelles elle donna lieu furent la triste reproduction de celles qui avaient troublé l'Église des premiers siècles. On renouvela les discussions subtiles sur l'union des deux natures en Jésus-Christ, et il arriva que, dans l'intention de sauvegarder sa divinité, on se laissa entraîner à des exagérations aussi peu soutenables que les opinions extrêmes contre lesquelles on voulait protester. Il y eut des théologiens qui, semblables à Eutychès, déifièrent l'humanité même de Christ et crurent défendre sa majesté en prouvant l'ubiquité de son corps. D'après la Formule de concorde, cette doctrine, conséquence de celle que la chair et le sang du Seigneur sont substantiellement présents dans l'Eucharistie, devait être désormais un article de foi pour l'Église protestante. On rangeait parmi les « fanatiques » ceux qui ne croyaient pas que Dieu, par un effet de sa toute-puissance, pût faire qu'un même corps fût présent à la fois en différents lieux. Tandis que plusieurs Églises d'Allemagne refusèrent d'accepter ce dogme et en général le nouveau livre symbolique, les théologiens strasbourgeois y adhérèrent avec empressement. Un jeune professeur, Jean Pappus, se présenta devant le sénat pour demander, au nom du convent ecclésiastique, que Strasbourg, à son tour, souscrivît à la Formule de concorde [1].

---

[1] *Antipappus* IV, P. II, p. 59.

Pappus, compatriote et élève de Marbach, avait été appelé en 1570, à l'âge de vingt-deux ans, à une chaire de l'académie, parce qu'on lui avait reconnu des talents distingués [1]. Mais, plein d'une arrogance dont dans la suite il donna encore plus d'une fois des preuves [2], Pappus fut à peine en fonctions qu'il se brouilla avec Marbach lui-même ; il voulait prendre à Tubingue le grade de docteur en théologie, tandis que le président, qui eût désiré la chaire pour un de ses fils, le trouvait trop jeune pour ce titre d'honneur ; il s'ensuivit des discussions peu charitables ; Pappus se montra d'une raideur peu digne de son âge, et Marbach alla jusqu'à lui reprocher de s'allier au parti de Sturm ! Ce n'est pas sans peine que les pasteurs, mortifiés de cette querelle dans leur propre camp, parvinrent à l'apaiser [3]. En 1576, Pappus fut chargé, sur la proposition de Sturm, de faire des cours exégétiques sur tout l'ensemble de la Bible ; le recteur pensait que ces leçons, qui ne se faisaient encore dans aucune université, ajouteraient à la gloire de l'académie [4]. C'est ce jeune homme qui entreprit la lutte contre le vieillard, jusqu'ici son protecteur. Sturm était aussi affligé des condamnations lancées par les auteurs de la Formule de concorde que de leur conception matérialiste du dogme ; elles répugnaient à tout son être, à son intelligence éclairée aussi bien qu'à son sentiment pieux. Partisan du spiritualisme de Bucer, il se souvenait des paroles que celui-ci lui avait dites au moment de son départ pour l'exil : « Je ne condamnerai jamais un homme dans

---

[1] « *Hut feine dona.* » Rapport ms.

[2] Devenu président du convent ecclésiastique, Pappus aimait à se faire donner le titre d'*excellence*.

[3] Marbach, *Vera et historica narratio eorum quæ in causâ Mag. J. Pappi acta sunt.* — *Historia concordiæ inter Doct. Marbachium et mag. Pappum, scripta ex jussu pastorum.* Ms.

[4] « ...*Welches dieser schul ein grossen ruff geben werde, da uff kheyner universitet sollichs nye beschehe.* » Janv. 1576.

lequel je trouverai quelque chose de Jésus-Christ ; quand même il serait dans l'erreur, je le regarderai comme frère[1]. » Ces sentiments n'étaient pas encore devenus étrangers à tous les membres du magistrat ; on répondit donc à Pappus qu'on délibérerait sur sa demande. En attendant, pour mieux disposer les esprits à l'adoption de la Formule, Pappus annonça, contrairement même au conseil de Marbach, dont l'âge commençait à calmer la fougue, qu'il soutiendrait soixante-huit thèses sur la charité chrétienne[2]. Il est curieux de voir que c'est au nom de la charité que l'on ralluma la querelle. Pappus voulait prouver que, loin de lui être contraires, la condamnation des erreurs et la séparation d'avec les Églises qui les défendent sont commandées par cette vertu même. Comme il lui importait d'extirper à Strasbourg ce qui restait encore des anciennes sympathies réformées, l'erreur contre laquelle Pappus dirigea ses thèses était le système calviniste et spécialement le dogme de la Cène. Personne ne fut dans le doute sur la portée de son attaque. La chose parut au recteur assez grave pour qu'il se décidât à assister à la discussion, bien que depuis longtemps il se fût abstenu de paraître aux thèses. La première séance, le 8 mars, se passa sans trouble[3]. En sortant de la seconde, le 15 du même mois,

---

[1] « *Nunquam se condemnaturum esse aliquem, in quo aliquid Christi esse videret, illud se velle diligenter intueri, et quamdiu illud in aliquo esse sentiret, condemnare nolle, et fratrem lucrifacere, et ab errore revocare velle.*» *Antipappus* I, p. 28.

[2] Elles se trouvent en tête des *Antipappi* de Sturm. — V. à la suite de notre ouvrage la liste chronologique des écrits publiés de part et d'autre pendant cette polémique. Sur celle-ci, v. Schadæus, *Continuatio Sleidani,* P. III, p. 135 et suiv., et *Bericht von der strassb. Kirchenordnung*, p. 376 et suiv.

[3] Les thèses de Pappus, soutenues par Jean Hennenberger, de Strasbourg, furent attaquées par Jean Harmar, précepteur de Guillaume Pelham, fils du vice-roi d'Irlande, et par Jean Mirisch, Polonais, précepteur chez le professeur Beuther.

Sturm, regrettant de voir Pappus, son ancien disciple, animé de sentiments aussi hostiles [1], essaya de le modérer en lui disant que, dans cette querelle, soulevée si mal à propos, il trouverait de nombreux et vigoureux adversaires. L'orage éclata dans la troisième séance, le 22 mars. L'Anglais Jean Harmar demanda à Pappus si, par les thèses soutenues ce jour, il entendait condamner les calvinistes et les zwingliens ; le professeur répondit qu'il ne s'agissait que d'une question générale et qu'il était permis de condamner une doctrine fausse. La discussion fut continuée par le Polonais Jean Mirisch. De part et d'autre, les arguments ne manquèrent pas de gravité, mais le ton, d'abord modéré, devint bientôt acerbe et ironique. Le recteur finit par protester contre quelques-unes des propositions de Pappus, parce qu'elles ne lui avaient pas été soumises comme l'exigeaient les règlements de l'académie, et parce qu'elles étaient évidemment dirigées contre les Églises et les États auxquels déplaisait la Formule de concorde. Il leva la séance et ajourna la discussion au 5 avril [2]. Le lendemain, l'étudiant Mirisch fut mis en prison ; d'autre part, les scolarques défendirent à Pappus de continuer la dispute. Cependant, le convent ecclésiastique ayant fait des démarches conciliatrices, elle fut reprise le 5 avril, en présence des scolarques, des pasteurs et des professeurs. Aux yeux de Sturm, cette querelle était plus grave que toutes les précédentes ; il s'agissait de savoir si, à Strasbourg aussi, on élèverait entre les deux Églises sorties de la Réforme un mur infranchissable, si on y verrait le renouvellement des persécutions odieuses exercées, dès 1574, en Saxe contre les *cryptocalvinistes* et les *philippistes*. Il entra dans la lutte avec une ardeur toute juvénile et avec de belles connaissances théo-

---

[1] Comp. Sturm à Grég. Bersmann, 11 févr. 1581. Bersmanni *Poemata*, P. II, p. 278.

[2] *Antipappus* IV, P. 2, p. 56.

logiques; les Pères de l'Église lui étaient familiers; à l'âge de cinquante-sept ans, il avait encore appris l'hébreu [1]. Il faut regretter seulement qu'au lieu de garder une modération digne de sa cause, il ait montré autant de passion que ses adversaires. Dans la séance du 5 avril, il prononça un discours chaleureux, mais encore plein de convenance, sur les dangers dont les tendances de Pappus menaçaient la paix de l'Église et la gloire de Strasbourg et de son académie [2]. Il réfuta les thèses comme troublant l'union qui doit exister entre les vrais amis de l'Évangile, comme justifiant la persécution des réformés dans les pays catholiques, comme contraires à cet esprit de conciliation qui, du temps de Bucer et de Jacques Sturm, avait fait l'honneur de la République. Pour exhorter Pappus au support, il lui rappela les nombreux martyrs réformés qui avaient souffert l'exil, les tortures, la mort, pour leur foi en Jésus-Christ; Dieu seul, ajouta-t-il, est le juge des consciences; ses adorateurs, au lieu de se condamner, doivent se tendre la main.

Pappus demanda du temps pour rédiger sa réponse; il la lut, le 14 avril, en présence des deux convents et des scolarques. Il y fit preuve d'habileté, mais de peu de modestie; il soutint que la conciliation entre deux opinions, dont l'une est vraie et l'autre fausse, est impossible; que les erreurs doivent être combattues sans ménagement, et que, parmi ces erreurs, le calvinisme est une des plus dangereuses.

Il fut convenu que Sturm répliquerait encore une fois, après quoi le litige serait abandonné au jugement des scolarques, du corps enseignant et de celui des pasteurs [3]. Pressé par plusieurs États de souscrire à la Formule de concorde, exhorté par d'autres à s'y refuser, le magistrat,

---

[1] *Epistolæ classicæ*, p. 222.
[2] C'est l'*Antipappus primus*.
[3] Pappus, *Defensio secunda*, p. 11.

embarrassé, espérait que de ce débat jaillirait quelque lumière sur le parti à prendre. Mais, au lieu d'éclairer la question, la querelle ne fit que l'obscurcir et l'envenimer. Il serait peu utile de suivre dans tous ses détails la polémique qui s'engagea entre les deux adversaires ; ils y déployèrent tous deux beaucoup d'érudition, mais encore bien plus de violence ; les récriminations personnelles, les sarcasmes, les injures, se mêlèrent aux arguments théologiques et à l'interprétation des textes. Entraîné par l'exemple de ses rudes antagonistes, Sturm, dont le langage ordinaire était empreint d'une si élégante urbanité et qui plus d'une fois se reprocha, dans cette querelle, son propre emportement[1], ne leur épargna ni les grossières invectives, ni les blessants jeux de mots[2]. Jamais controverse plus passionnée ne commença sur un sujet qui s'y prêtât moins ; aussi le mot de charité fut-il bientôt oublié aussi vite que la chose elle-même. La lutte se porta sur le terrain des confessions de foi ; Pappus insista sur la nécessité d'une nouvelle formule, les anciennes étant insuffisantes pour marquer la limite précise entre l'erreur et la vérité ; Sturm soutint, avec une gravité de pensées et une supériorité dialectique auxquelles son adversaire ne put jamais atteindre, le devoir de rester

---

[1] « *Osiandrum vereor ne nimis acriter refutem...* » A Grég. Bersmann, 27 oct. 1579. Bersm. *Poemata*, P. I, p. 358.

[2] Il suffira d'un seul échantillon : Osiander ayant appelé Sturm une vieille chauve-souris, ce dernier écrivit ce qui suit à Théodore de Bèze : « *Quam suades ut faciam inscriptionem*, γελοίαν *ne an* βαρείαν ἢ σεμνήν ? *ut illa* γελοία : *Joannis Sturmii vespertilionis pugna contra convitia et calumnias Lucæ Hosenderle ? Aut an vespertilio sit omittendus, et : Lucæ Hosiandri ? Opinor autem te scire avum Andreæ Osiandri cognominatum fuisse Hosenderle, ex quo Osiander quintam naturam decoxit Hosiander; caligam Germani hosam vocant. Vides meam miseriam ; etiam in nexu placet jocari !* » 27 oct. 1579. Bibl. de Gotha. — Sturm s'amusait, du reste, des invectives de ses adversaires ; il signa une lettre à Bersmann : « *Joh. Sturmius vespertilio dictator.* »

fidèle à l'esprit conciliant des premiers réformateurs strasbourgeois. Ce fut surtout dans sa réplique à Pappus, lue devant les scolarques au mois d'août[1], qu'il exposa son système vraiment libéral. Accordant à Pappus qu'en théorie absolue ses thèses peuvent être vraies, il en fit ressortir les difficultés pratiques au milieu d'un monde où l'erreur est si fréquente ; qui sera le juge des controverses ? selon Pappus, ce sera l'Église ; mais, dans le sens du protestantisme, l'Église est-elle infaillible ? est-elle une abstraction ? n'est-elle pas plutôt un corps composé de membres vivants ? Si donc l'Église doit juger, cela signifie que des *hommes* seront les juges ; or, où est la garantie que ces hommes seront libres d'erreur ? Sturm accorda le droit et le devoir de la réfutation, mais protesta énergiquement contre les anathèmes. Une réponse sommaire de Pappus fut suivie d'une nouvelle réplique de Sturm, plus vive encore que ses précédentes[2].

Les trois discours de Sturm, qu'il indiqua ses trois *Antipappi*, n'étaient pas destinés à être publiés. Le Stettmeister Arbogast Rechburger s'opposa même à ce qu'ils fussent communiqués à Pappus et à ses amis qui voulaient les réfuter ; Rechburger demanda que toute la polémique fût supprimée[3]. Mais déjà elle avait envahi les chaires de la ville. Élie Schad, pasteur à Saint-Pierre-le-Vieux, se distinguait par la véhémence de ses invectives contre le recteur de l'académie. En septembre, les scolarques se plaignirent de ces prédications qu'ils qualifièrent « de haineuses et d'absurdes ; » de son côté, le convent ecclésiastique reprocha aux professeurs d'être sourds aux « fidèles avertissements » des prédicateurs, sentinelles et gardiens de l'or-

---

[1] *Antipappus* II.
[2] Pappus, *Epitome*. — Sturm, *Antipappus* III.
[3] Pappus, *Bericht und Warnung*, p. 3.

thodoxie. Plusieurs séances furent remplies de ces récriminations réciproques ; le magistrat dut intervenir ; en défendant, par un décret du 16 septembre 1578, aux pasteurs de porter en chaire les affaires de l'école, et en invitant les professeurs à ne pas donner lieu à des plaintes aux théologiens, il parvint à rétablir pour un instant une espèce de paix. Pappus avait envoyé des copies de sa première défense à la cour de Hanau, à Stuttgart, à Tubingue ; Sturm, informé de ce fait, répandit à son tour ses *Antipappi* parmi ses amis du dehors[1]. A son insu, ils furent imprimés à Genêve, avec les thèses et les deux discours de son antagoniste. On les accueillit avec une grande satisfaction, non-seulement dans les Églises réformées, mais aussi dans quelques États attachés à la confession d'Augsbourg ; on les lut même avec intérêt à la cour de l'électeur de Saxe, qui, le premier, introduisit officiellement la Formule de concorde dans ses Églises[2]. En revanche, ils soulevèrent toutes les colères des luthériens. Lucas Osiander, le réformateur de Nuremberg, y répondit, en 1579, en se servant du langage le plus immodéré. Pappus lui-même ne les réfuta qu'en 1580[3] ; comme Osiander, il accusa Sturm d'être un philippiste, et, ce qui lui semblait pis encore, un cal-

---

[1] *Antipappus* IV, P. 1, p. 54 ; P. 4, p. 7, 15.

[2] Thomas Érastus, prof. de médecine à Heidelberg, en envoya des copies en Prusse et en Poméranie. (A Sturm, 16 mai 1579, de Spire.) — Ils furent approuvés par Rod. Walther (à Sturm, 1er nov. 1579, Zurich. Bibl. de Zurich), par Lambert Daneau (à Sturm, 1er nov. 1579, Genêve), par Christophe Herdésianus, syndic de Nuremberg (à Sturm, 23 déc 1579. Bibl. de Gotha). — « *De Antipappis ad me scribit magni nominis vir ex aulà Electoris Saxoniæ, hos valde libenter ibi fuisse a præcipuis, et non sine fructu, lectos.* » Herdésianus à N., à Strasb., 26 juill. 1579 ; dans Mieg, *Monumenta pietatis et literaria*, P. II, p. 96. — « *Valde mihi placuit Sturmii Antipappus.* » Hotman à Rod. Walther, 26 mai 1579 ; Hottom. *Epistolæ*, p. 111.

[3] *Defension.s duæ*, envoyées aux scolarques le 18 mars 1580. Il appelle la Tétrapolitaine, en s'adressant à Sturm : « *tua illa Helena, pro qua nunc uno jam decennio depugnas.* »

viniste; la confession de foi des Églises réformées de France est fausse, dit-il, celle de Strasbourg (la Tétrapolitaine) est insuffisante, il n'y a de vraie que celle d'Augsbourg, commentée par la Formule de concorde. Sur ce terrain, la polémique continua de part et d'autre avec une égale animosité. Pappus et Osiander ayant opposé au dogme réformé de la Sainte-Cène l'ubiquité du corps de Jésus-Christ, Sturm en prit occasion pour les accabler de sa mordante ironie, en relevant avec autant d'esprit que de raison les conséquences insoutenables de cette doctrine étrange.

A bout d'arguments, ses adversaires répandirent sur son compte des bruits de tout genre : il ne va plus à l'église, il en empêche sa femme, ses pensionnaires, ses domestiques; il trouble l'école par son obstination, il combat le ministère et propage des hérésies. On eut même la bassesse de lui reprocher d'avoir contracté des dettes en faveur des calvinistes, et de ne pas payer ses créanciers[1]. Ces accusations, destinées à le rendre suspect au peuple, retentissent du haut des chaires; le pasteur de Saint-Thomas, Jean Faber, s'écrie dans un sermon : « l'école, l'Église, la République, sont en danger! pourquoi n'accourt-on pas pour sauver la maison qui brûle? » Des affiches sont posées aux coins des rues pour exciter la multitude; Sturm n'ose plus sortir sans une escorte de quelques étudiants dévoués; un jour, un sonneur ivre sonne le tocsin, la foule accourt, on croit qu'il s'agit de courir sus aux zwingliens et aux calvinistes[2]. Le 19 novembre 1580, le recteur écrivit aux scolarques pour se plaindre de ces excitations; quelques mois plus tard il renouvela ses plaintes et posa la question : « mes travaux dans l'académie vous sont-ils agréables ou

---

[1] *Antipappus* IV, P. 3, p. 149.

[2] *Argentinensia nova*, dans Hummel, *Epistolæ historico-ecclesiasticæ*, semicenturia 2ª. Halle 1780, p. 17. — Sturm, *Analysis negotii dissidiive Sturmii cum Pappo*. Ms.

non? dans ce dernier cas, destituez-moi, sinon, ne permettez pas qu'on m'attaque sans cesse.» Bientôt, dans le courant du mois où mourut Marbach, qui n'avait plus pris part à ces tristes querelles (mars 1581), Pappus et les théologiens se plaignirent à leur tour ; suivant eux, l'hétérodoxie obstinée de Sturm était la seule cause des divisions, et les étudiants étrangers qui lui adhéraient, les Polonais, les Anglais, les Silésiens, avaient seuls la responsabilité des troubles [1]. Pour mettre fin à l'agitation de la bourgeoisie, le magistrat publia le 29 avril 1581 un arrêté défendant les controverses, tant dans les chaires qu'au moyen de publications quelconques ; les scolarques furent invités à engager Sturm et Pappus à se conformer à cet ordre. En ce moment, Sturm faisait réimprimer à Neustadt la confession tétrapolitaine, avec une lettre au docteur Botzheim, dans laquelle il soutenait que cette confession n'étant pas encore officiellement abrogée, elle devait être maintenue contre ceux qui l'attaquent. Le jour même où lui fut signifiée la défense du magistrat, il écrivit au chancelier du duc de Deux-Ponts, pour qu'il ordonnât à l'imprimeur de surseoir à la publication. Mais elle était achevée ; lorsque les exemplaires en arrivèrent à Strasbourg, le magistrat en interdit la vente [2]. Les prédicateurs, du reste, se conformèrent peu aux décrets du gouvernement ; ils continuèrent, dans leurs sermons, à faire de l'agitation contre Sturm et en faveur de la Formule de concorde. Les amis du recteur lui conseillèrent de se retirer de la scène pour passer le reste de sa vie à la campagne. D'autres cependant, craignant que sa retraite et le triomphe de ses adversaires n'amenassent la décadence de l'académie, le décidèrent à ne pas

---

[1] Hutter, *Concordia concors*. Wittemb. 1614, in-fol., f° 270b.

[2] Sturm à Christ. Ehemus, 29 avril 1581 ; — à Harnisch, imprimeur à Neustadt, même jour. — Pappus, *Bericht*, p. 21.

abandonner son poste[1]; rajeuni pour ainsi dire par ces vives querelles, il continua d'y prendre part avec une verve qu'on n'aurait pas attendue d'un vieillard de plus de soixante-dix ans; en la seule année 1581, il publia six pamphlets contre Pappus, Andréæ et Osiander. Toutefois, la ferme résolution du magistrat de faire respecter ses décrets aurait peut-être arrêté la polémique, sans une intervention étrangère, qui devint aussi menaçante pour la paix religieuse à Strasbourg que pour Sturm lui-même. L'électeur palatin Louis VI, qui avait réintroduit dans ses États le luthéranisme rigide, se crut offensé par un passage d'un des pamphlets de Sturm. Il demanda au magistrat de punir le recteur comme diffamateur[2]. Dans cette complication embarrassante, le magistrat communiqua à Sturm la lettre du prince pour qu'il se justifiât. Dans un mémoire, daté du 15 mars, Sturm, tout en avouant hautement ses sympathies pour Bucer, pour Mélanchthon et pour les réformés, se défendit du reproche d'avoir voulu attaquer l'électeur, en protestant contre la Formule de concorde et contre le dogme de l'ubiquité; jadis, dit-il, les princes allemands de la confession d'Augsbourg ont intercédé auprès des rois de France en faveur des Huguenots, comment peuvent-ils méconnaître aujourd'hui la liberté de conscience jusqu'à vouloir la persécution de ceux qui demandent la tolérance au sein de l'Église protestante? Quelques semaines après, il remit au magistrat une seconde apologie, pour être également transmise à l'électeur. Celui-ci montra la même obstination que les théologiens, il persista à demander la punition de Sturm. Après plusieurs lettres échangées, le magistrat, qui

---

[1] «...*Dann auch dise schul, wie andre, zerstört werden, unnd zu grund gehen wirdt. Ist laider ein armes wesen, dessen sich die Papisten billig zu freuen.*» Argentin nova, dans Hummel, *Epp. hist. eccl*, semicenturia 2, p. 18, 19.

[2] Le 7 mars 1581.

ne trouvait pas un motif suffisant pour se plier à la volonté du prince, se borna à renouveler à Sturm la défense de se mêler encore de controverses théologiques [1].

Mais on ne lui avait pas interdit de repousser les attaques venant du dehors. Les luthériens étrangers n'avaient pas cessé de publier des libelles contre lui ; Osiander l'avait appelé un détestable blasphémateur, un ennemi déclaré de Jésus-Christ ; Jacques Andréæ, chancelier de l'université de Tubingue, homme d'ailleurs d'un grand mérite, qui, peu d'années auparavant, avait encore insisté auprès de Conrad Hubert pour qu'il publiât les œuvres de Bucer et que Sturm y ajoutât une préface [2], s'était joint aux adversaires ; dans un pamphlet, écrit dans le goût de l'époque, il avait dénoncé l'horrible aveuglement du recteur, en exprimant l'espoir que Dieu ne tarderait pas à délivrer Strasbourg des horreurs enseignées par cet impie calviniste ; des anonymes, enfin, l'avaient couvert d'injures et de ridicule. Quoique malade, Sturm reprit la plume et publia une série de pamphlets tantôt dictés par l'indignation, comme son Épître apologétique contre Andréæ qu'il qualifia de nouvelle plaie d'Égypte, tantôt plaisants et satiriques, comme sa Palinodie à Osiander et son Prodrome adressé à la commune et au magistrat de Strasbourg [3]. Dans un de ses écrits, il provoqua les « nouveaux pères de l'Église, » auteurs de la Formule de concorde, à une dispute publique ; il s'offrit à réunir un nombre égal de théologiens libéraux

---

[1] Lettres de l'électeur du 17 avril, du 21 mai, du 18 juillet ; — du magistrat, du 21 avril, du 12 août 1581.

[2] A Conr. Hubert, 11 nov. 1576. — Après la publication des *Scripta anglicana* de Bucer, en 1577, ce fut Andréæ qui empêcha l'imprimeur Pierre Perna, de Bâle, de continuer l'impression des œuvres du réformateur. Adrien Blaarer à Samuel Hubert, 30 août 1579.

[3] « *Noster senex graviter ægrotavit ; jam paululum se recollegit. Respondit aulico concionatori Tubingensi, et intitulat libellum Palinodia...* » Conr. Dasypode à Th. Erastus, 27 janv. 1581. Bibl. de Zurich.

pour discuter, en présence des princes ou de leurs délégués, la question de l'acceptation ou du rejet du livre. Il demanda au synode national des Églises françaises de désigner à cet effet un ou deux de ses membres; à la reine d'Angleterre, il adressa une demande pareille [1]. Ni les luthériens ni les réformés n'entrèrent dans cette idée; en revanche, la polémique s'étendit de jour en jour; Lambert Daneau, de Genève, prit la défense de Sturm et des dogmes réformés; il fut réfuté par le professeur Étienne Gerlach, de Tubingue, qui soutint ce qu'il appelait la majesté du Christ homme, c'est-à-dire l'ubiquité. Un théologien catholique même prit la parole. Jacques Rabus, professeur à Ingolstadt, jadis élève du Gymnase de Strasbourg dont il conservait un souvenir reconnaissant, indiqua à Sturm, comme seul moyen de se soustraire aux attaques d'adversaires aussi peu dignes de lui, le retour à l'Église romaine, où l'union est maintenue par l'autorité du pape. Sturm apprécia la bienveillance de son ancien auditeur, mais il ne put que sourire de la naïveté de sa proposition : il savait mieux que personne combien l'union dans le catholicisme était peu réelle et combien l'infaillibilité romaine était une faible garantie contre les erreurs en matière de foi.

Dans ses écrits contre Osiander et Andreæ, Sturm n'avait pas pu passer sous silence l'occasion même du débat, les prétentions des pasteurs strasbourgeois. Le convent ecclésiastique se hâta d'en informer le magistrat, qui y trouva une infraction à l'ordre signifié aux deux partis de garder le silence. Le 29 juillet 1581, on enjoignit à Sturm, sous peine de prison, de cesser désormais la polémique; on délibéra même sur la question s'il ne conviendrait pas de destituer le vieillard « turbulent. » Les sénateurs, chargés de lui faire part de la résolution du magistrat, l'apostro-

---

[1] Sturm au synode des Églises françaises, 31 juin 1581. Bibl. de Munich.

phèrent avec rudesse, comme s'il avait été le seul coupable dans la querelle¹. En vain d'anciens alliés de la République s'adressèrent-ils au magistrat pour l'exhorter à ne pas sortir des voies de la tolérance. Le landgrave Guillaume de Hesse lui fit demander si Strasbourg, jadis l'asile des protestants persécutés, serait désormais le séjour d'un étroit esprit de secte². Les Suisses, sollicités par Hotman et par Grenon, ministre de l'Église française de Strasbourg, firent également des représentations énergiques. Mais elles furent peu écoutées; et, lorsque Hotman et Sturm lui-même insistèrent plus tard pour qu'on les continuât, Rodolphe Walther répondit que, Strasbourg ayant oublié son ancienne amitié pour les confédérés, de nouvelles démarches feraient plus de mal que de bien³.

Dans cette situation, le recteur, forcé de se taire tandis que ses adversaires gagnent de jour en jour plus d'influence, quitte Strasbourg le 30 juillet 1581, pour se retirer à Neustadt, dans le Palatinat, où le duc Casimir, resté favorable aux doctrines réformées, lui avait offert un refuge⁴. En septembre 1581, il fit remettre au magistrat plusieurs suppliques, tendant à obtenir l'annulation du décret du 29 juillet et l'autorisation de poursuivre pour diffamation les sénateurs qui le lui avaient notifié; il demanda en outre et

¹ Sturm à la chambre des XV, 12 août 1581, d'Igelheim.

² Le landgrave au magistrat, 4 avril 1581.

³ Hotman à Rod. Walther, 25 déc. 1580 et 22 déc. 1581. Hottomannorum *Epistolæ*, p. 140, 149. — N. à N., 21 janv. 1581, chez Hummel, o. c., p. 122. — Rod. Walther dit, en parlant de Pappus : « *superbus et crudelis theologus, qui tot martyrum rogos, qui per Galliam et alias orbis partes arserunt hucusque, non solùm siccis oculis spectare; et miserabiles illorum gemitus lætis auribus audire potuit, sed sub plausibili charitatis prætextu similes carnificinæ officinas, in Germaniâ nostrâ passim institui cupit.*» A Sturm, 1er sept. 1579. Bibl. de Zurich. — Sturm à Erastus, 24 févr. 1582 Bibl. de Zofingue. — Rod. Walther à Hotman, 15 juill. 1582; Hottom. *Epistolæ*, p. 155.

⁴ Sturm à G. Gamaut, 13 août 1581

obtint plus tard que, lors des délibérations sur son sort, on écartât les membres qui lui étaient personnellement hostiles [1]. Dans le même temps, ses adversaires répandirent le bruit qu'il avait demandé une place à Nuremberg, mais que là on ne voulait pas de lui à cause de son âge, de ses dettes et de ses opinions zwingliennes. Sturm eut beau réfuter ces bruits et obtenir même des scolarques de Nuremberg un démenti officiel, en termes très-honorables pour lui [2] : sa réputation souffrait, et le magistrat n'avait plus assez de bonne volonté pour le défendre. Il est vrai que le 24 octobre, on écrivit au duc Louis de Wurtemberg, pour le prier d'engager ses théologiens à ne plus attaquer Sturm; mais, par une délibération du 18 novembre, on rejeta les demandes de ce dernier, et on décida que désormais le rectorat ne serait plus donné à vie. Cette décision équivalait à une destitution; comme on n'en voulut pas avoir l'air, on invita Sturm à se démettre de ses fonctions, à cause de son âge.

On voit combien, par ces faits mesquins, la querelle avait perdu en importance réelle. Au milieu même de l'ardeur qu'elle excite, une controverse religieuse conserve un intérêt supérieur qui manque aux débats où il ne s'agit plus que de personnalités. Il faut plaindre Sturm, réduit dans ses vieux jours à se défendre pour garder son honneur et une position dans laquelle il avait rendu à Strasbourg de grands services ; et on regrettera que le gouvernement de la cité n'ait pas mieux résisté aux théologiens exclusifs qui l'entraînaient à leur suite.

Sturm était décidé à ne pas donner sa démission, son

---

[1] Suppliques présentées le 2 sept. 1581, à la chambre des XV, par le notaire Marc Reuss, de Spire. — Sturm à Bèze, 30 juin 1583.

[2] Sturm à Dasypode, 10 oct. 1581 ; — aux scolarques, 23 oct. 1581 ; — aux scolarques de Nuremberg et à Herdésianus, 17 oct. 1581. — Déclaration des scol. de Nuremberg, 13 nov. 1581.

honneur le lui commandait [1]. Rappelant avec un légitime orgueil ses services rendus à la République, il pouvait dire que ce serait une honte pour Strasbourg si celui que des hommes comme Bucer et Jacques Sturm avaient appelé au rectorat, devait être forcé, au terme de sa vie, à chercher à l'étranger une retraite et une tombe [2]. Le 20 novembre, plusieurs sénateurs de ses amis présentèrent à leurs collègues un mémoire énergique, dans lequel ils firent ressortir l'ingratitude et l'injustice qu'il y aurait à destituer un homme dont la plupart des Strasbourgeois avaient été les élèves, et surtout de le condamner sur la simple réquisition d'un prince étranger [3]. Le magistrat passa outre ; le 7 décembre, deux de ses membres annoncèrent au convent académique que Sturm était destitué « à cause de son grand âge et *pour d'autres causes ;* » ils demandèrent en outre une liste de trois candidats adonnés à la confession d'Augsbourg. Le doyen demande l'ajournement, une affaire aussi grave ne devant pas être précipitée ; les délégués du magistrat et les scolarques insistent sur la désignation immédiate des candidats ; plusieurs des professeurs protestent contre « l'ignominie » de pareils procédés et refusent de voter contre « leur ancien maître » ; mais la majorité l'emporte, et, après une délibération orageuse, on désigne trois candidats. Le magistrat nomme au rectorat Melchior Junius, professeur de rhétorique, qui, après avoir refusé longtemps de succéder à son vieil ami, n'accepte que pour empêcher la nomination d'un de ses adversaires. Ceux qui avaient protesté contre sa destitution, refusèrent de paraître à la séance solennelle, dans le chœur de l'église de Saint-

---

[1] « *Cædar potius quàm cedam istis hypocritis.* » A Camaut, 1581 ; — au même, 13 août 1581, Neustadt.

[2] Sturm aux scolarques, 23 oct. 1581.

[3] Ce mémoire fut remis par Jean-Charles Lorcher, Jean de Mundolsheim, Jean de Hohenburg, Paul Hochfelder.

Thomas, où le nouveau recteur fut présenté au corps académique.

C'est ainsi qu'après plus de quarante ans de travaux utiles, le vieux recteur fut sacrifié aux rancunes de quelques hommes intolérants. Plus tard, quand les esprits furent devenus plus calmes, ses ennemis n'eurent plus le courage de se vanter de leur triomphe ; ils ne dirent plus que Sturm fut destitué, mais qu'on le *délivra* d'une *charge* devenue trop lourde pour lui [1]. Quant à lui-même, il ne l'envisagea pas à ce point de vue ; il trouva dans le décret du 18 novembre moins de sollicitude que de ressentiment. Aussi en appela-t-il au tribunal aulique de Spire, mettant ainsi son honneur et ses fonctions sous la sauvegarde impériale [2]. En outre, il intenta un procès à deux sénateurs, Lichtensteiger et Jacques de Molsheim, qui lui étaient personnellement hostiles et qu'il cita comme diffamateurs [3]. Toujours ardent à la controverse, il voulut se rendre à Neustadt pour y publier, à ses risques et périls, un nouveau traité contre Andréæ et discutant à fond tous les sujets de la querelle [4] ; sur les instances de ses amis, il renonça à ce projet, pour ne pas fournir à ses adversaires de nouveaux griefs.

Le tribunal aulique accueillit sa plainte comme fondée

---

[1] « ...*quo* onere *tamen anno 1584* liberatus *est.*» Fecht, *Apparatus*, dans *Historiæ ecclesiast. sæc.* **XVI** *supplem* , p. 177.

[2] L'avocat de Sturm au magistrat, 27 nov. 1581.

[3] Sturm à son avocat Greisius, 4 juin 1583 ; — à Bèze, 30 juin 1583.

[4] Ce traité devait être intitulé : *Libri syndronici*, et se composer de quatre parties : 1º *Liber apotrepticus, de sex partibus primis formulæ concordiæ* ; 2º *catecheticus, de cœnà Domini*; 3º *apodeicticus, de personà Christi : hypostaticus s. apophanticus prior, de personà Christi ; hypostaticus alter, auctoritates Patrum*; 4º *anasceuasticus, contra auctoritates adversariorum.* A Erastus, 24 févr. 1582. Bibl. de Zofingue ; — à Herdésianus, 17 oct. 1581 ; — à Zanchi, 1er févr. 1582 ; dans Zanchii *Epp.*, T. II, p. 152.

sur ce qu'on l'avait destitué sans avoir entendu sa défense. Le procès fut interminable. A tout moment, le magistrat de Strasbourg demanda des délais ou éluda les décisions du tribunal; des deux côtés on produisit des mémoires volumineux, renouvelant, à propos d'une réclamation au sujet d'un déni de justice, toutes les accusations théologiques, et étalant devant une cour composée de catholiques toutes les misères des querelles intestines des protestants[2]. Les pasteurs, qui n'avaient aucune mission pour intervenir dans le procès, y apportèrent néanmoins le contingent de leurs rancunes ardentes; Pappus rédigea 53 articles contre Sturm, le convent ecclésiastique en imagina 103; l'avocat Gremp, jadis l'ami de Sturm, les porta jusqu'au chiffre de 272[3]. D'autre part, les scolarques, le doyen Beuther et une partie du corps académique prirent sa défense; par un mémoire envoyé à Spire, ils demandèrent qu'on lui laissât le rectorat à cause de « ses grands mérites[4] ». Sturm s'adressa au baron de Dietrichstein, président du tribunal, pour obtenir que, par un ordre de l'empereur, la sentence ne fût pas constamment ajournée[5]. Mais ces lenteurs étaient trop

---

[1] Le 23 déc. 1581, le tribunal de Spire somme le magistrat de comparaître le 18 janv. 1582 pour se justifier.

[2] Le 5 janv. 1582, Sturm envoie au prof. Dasypode et au jurisconsulte Lobétius une *Analysis negotii dissidiive sui cum Pappo et reliquis adversariis*, dans laquelle il expose l'origine de la querelle à partir de 1579; ils devront s'en servir pour sa défense à Spire, le 18 janv. — Le 9 févr., le docteur Jean Stœcklé, avocat de Sturm, présente un long *Libellus nullitatis*, prouvant la nullité du décret de destitution.

[3] Cette collection de griefs est présentée, le 18 sept. 1583, par l'avocat du magistrat, Malachie de Rammingen. — Le 30 du même mois, Sturm s'en plaint au magistrat; le 24 janv. 1584, son avocat présente une protestation, réfutée le 30 sept. par celui de la ville; la réplique pour Sturm est soumise au tribunal le 14 mai 1585.

[4] Mémoire envoyé à Spire, le 12 juin 1582.

[5] Le 10 juill. 1582. Bibl. de Breslau. — Sturm fait la même demande au baron de Rumph, premier chambellan de l'empereur, 11 juill. 1582. Ibid.

inhérentes à la jurisprudence du seizième siècle, pour que l'empereur lui-même eût pu accélérer les débats; encore en 1587, le magistrat soumit à la cour de Spire un factum dilatoire. Lorsque Sturm mourut, le procès durait encore; lui mort, on ne s'en occupa plus.

CHAPITRE XVI.

Dernières années de la vie de Sturm; sa mort.

1580 — 1589.

Comme Sturm ne reconnaissait pas la validité de sa destitution, il continuait de se qualifier de recteur dans ses lettres et sur les titres de ses livres. Il tenait au rectorat, parce que l'idée de se séparer du Gymnase et de l'académie lui paraissait insupportable. La prospérité de ces institutions qu'il avait créées et dirigées, était le continuel objet de sa sollicitude; et, lorsque son influence se fut amoindrie et qu'aux yeux de beaucoup de gens il n'était plus qu'un vieillard cassé par l'âge, s'étant survécu à lui-même et suspect d'hérésie, il s'occupait encore des moyens de donner à l'école de Strasbourg plus d'extension et plus de gloire. En 1580, il demanda qu'on complétât l'enseignement de la médecine par la nomination d'un professeur chargé de faire en hiver des cours sur l'anatomie et la matière médicale, en été sur la botanique, et toute l'année sur les ouvrages de Galien [1]. Dans un discours de félicitation adressé la même année au chancelier Philippe de Kettenheim, il exprima des vœux qui, pour la plupart, furent

---

[1] Sturm au scolarque Ch. Lorcher, 17 sept. 1580, Northeim.

réalisés dans la suite. Avant de mourir, dit-il, il prie Dieu de lui accorder de voir encore une salle de bibliothèque construite dans la partie supérieure du chœur du Temple-Neuf, et, au-dessous de cette salle, un auditoire spacieux et bien éclairé; de plus, il désire que l'empereur Rodolphe complète l'académie, en l'élevant au rang d'une université pourvue de toutes les facultés. Ce désir ne fut accompli que trente ans après sa mort, en 1621, par Ferdinand II. Jusque-là, grâce à la puissante impulsion donnée à l'enseignement par Sturm, l'académie continua de rendre des services à la république et à l'Église de Strasbourg, bien que l'esprit fût moins libéral que jadis, et le nombre des élèves moins considérable.

Mais, pendant qu'elle fleurit[1], son fondateur lutte contre la gêne où l'avait réduit son dévouement aux réformés de France. Beaucoup de ceux pour lesquels il avait engagé sa parole ayant été tués à la Saint-Barthélemy ou dans les guerres, c'est à lui que s'adressent les créanciers; c'est lui qui fournit les intérêts pour les sommes que le prince de Condé et d'autres devaient encore; c'est lui qu'on menace de prison si le paiement se fait attendre[2]. Partout il cherche des secours; partout on lui fait des promesses, mais personne ne lui tend une main assez ferme pour le retirer de ses embarras. En 1576, l'ambassadeur anglais auprès de la cour de France fait des démarches pour lui; La Noue,

---

[1] En 1578, il y a parmi les élèves du Gymnase et de l'académie près de deux cents nobles étrangers et plusieurs princes. Sturm à Jacq. de Bade, 5 déc. 1578; en tête de l'*Onomasticum* de Gol.

[2] Ses adversaires lui ayant reproché ses dettes, il répondit : « *Creditorem unum nomina, qui annos jam 16 uno nummo in hoc ære alieno fraudatum se a me vere possit dicere; 16 enim annos et eò amplius in hac miserià versor; unum creditorem produc, qui unius teruncii, meà causà, et meo nomine jacturam fecisse jure conqueratur, tametsi gravissimis usuris et versuris, tot jam annos exhaurior.* » *Antipappus* IV, P. 3, p. 149.
— V. surtout ses lettres à Baur, à Théoph. Gol, à Th. de Bèze.

Mornay, le prince d'Orange, s'intéressent à sa position [1] ; Théodore de Bèze écrit en sa faveur des lettres nombreuses ; le magistrat de Strasbourg, au moment même où il le destitue, ne peut s'empêcher de le recommander au prince de Condé et au roi de Navarre [2]. Lorsqu'en 1581 Henri III envoya des commissaires pour régler le paiement des 500,000 écus d'or promis au duc de Deux-Ponts et à ses troupes pour l'expédition de 1576, Sturm, alors à Neustadt, pria Pierre Beuterich, le savant et intrépide conseiller de Casimir, de faire qu'à cette occasion on songeât aussi à le payer lui-même [3]. Beuterich s'en chargea volontiers ; mais, s'il obtint quelque chose, ce ne furent aussi que des paroles sans effet. Ayant appris, en 1582, que le roi de France faisait renouveler son alliance avec les Suisses, Sturm fit, malgré ses soixante-quinze ans, un voyage à Berne pour solliciter l'intervention de cette république et celle de Clairvant qu'il espérait y rencontrer [4]. Théodore de Bèze l'engagea à envoyer ses titres au synode convoqué pour le 31 mai à Saint-Jean-d'Angély [5]. Aucune de ces démarches n'ayant eu un résultat, ses amis lui conseillèrent de publier un écrit, accompagné de tout le détail des comptes, pour montrer « l'ingratitude de ceux qu'il a secourus, » et pour sauvegarder les droits de ses héritiers [6]. En 1581, il s'adressa au synode national de La Rochelle, et deux ans après à ce-

---

[1] L'archevêque de Canterbury lui fait écrire par Lewin qu'il s'intéresse à son affaire (25 août 1576, Londres ; dans les *Zurich letters*, T. II, p. 169). — Si on n'obtient rien pour lui en France, le comte d'Oxford lui promet de le secourir (Lewin à Sturm, 8 sept. 1576, o. c., p. 173). — Sturm à Bèze, 21 mai 1579. Bibl. de Gotha ; — au prince d'Orange, 21 juill. 1582.

[2] A Bèze, 27 oct. 1579. Bibl. de Gotha.

[3] A Beuterich, 19 nov. 1581.

[4] Il alla à Berne, fin avril 1582, accompagné du secrétaire de l'académie Hugues Baur ; il fut de retour fin mai.

[5] A Sturm, 12 mai 1582.

[6] Hug. Baur à Bèze, 21 juin 1582. — Sturm à Bèze, 30 juin 1583. Bibl de Gotha.

lui de Vitré en Bretagne ; le duc Casimir de Deux-Ponts et le magistrat de Strasbourg écrivirent pour lui à cette dernière assemblée ; elle trouva ses réclamations fondées, et le prince de Condé l'informa que Pajot, chargé des affaires financières des Églises, avait reçu l'ordre de le satisfaire[1]. Mais il se berce d'un vain espoir ; ses instances auprès des chefs huguenots, des Suisses, de ses amis d'Angleterre, ne le font pas avancer d'un pas[2]. En 1584, le roi de Navarre et Condé l'invitent à présenter ses comptes à l'assemblée qui, en automne, doit se tenir à Montauban. Sturm, qui avait proposé comme arbitres de sa cause les consuls de Bâle et de Berne et le syndic Roset de Genève[3], ne voit en cette invitation qu'un manque de confiance et un nouveau moyen d'ajournement. Cependant les princes intercèdent pour lui auprès de l'assemblée, Henri de Navarre promet même de compléter la somme au moyen de ses propres fonds ; mais les députés des Églises y mettent des conditions qui ne laissent à Sturm que peu de chances, malgré les sollicitations réitérées du duc Casimir et du magistrat de Strasbourg[4]. Encore en 1588 Théodore de Bèze lui promet d'employer son autorité sur l'assemblée convoquée à La Rochelle, pour obtenir une décision favorable à ses intérêts[5]. Ce n'est que plus de trente ans après sa mort, en 1622, que la maison de Condé paya à ses héritiers le capital qui, avec les intérêts accumulés, s'était élevé à plus de 80,000 livres[6].

[1] Au synode des Églises françaises, 31 mars 1584. Bibl. de Munich ; — à Bèze, 22 avril et 30 juin 1583. Bibl. de Gotha.

[2] A Bèze, 6 nov. 1583. Ibid. — Il envoie Gamaut à Berne et à Genève. A Musculus et à Bèze, 23 sept. 1583. Bibl. de Zofingue et de Gotha

[3] Au même, 30 juin 1583.

[4] Au même, 29 juin et 5 déc. 1584. Bibl. de Gotha. — A Rod. Walther, 9 févr. 1585. Bibl. de Zurich. — Le mag. de Strasbourg au roi de Navarre, 21 déc. 1584.

[5] A Sturm, 15 oct. 1588.

[6] Le total était de 81,264 livres. Lelaboureur, *Additions aux mémoires de*

Depuis des années, le malheureux recteur était obligé, pour se créer des ressources, de recourir à ces moyens extrêmes qui répugnent à tout caractère généreux. Il demandait des avances au chapitre de Saint-Thomas, où le mauvais vouloir de ses adversaires profitait de cette circonstance pour lui reprocher ses dettes; il donnait en gage à des banquiers ses calices d'argent[1]; il implorait quelques subventions de ses amis de Pologne, d'Angleterre, de Danemarc[2].

Cependant ces soucis ne troublaient que par moments la sérénité et la vigueur de son esprit. Il se plaignait qu'obligé d'écrire tant de fois des comptes et des lettres d'affaires, il gâtait son style qui cessait d'être cicéronien[3]; ses derniers ouvrages pourtant font voir que cette plainte n'était qu'une plaisanterie. Il passa ses dernières années à sa campagne à Northeim, pour laquelle l'empereur Maximilien II lui avait accordé, en 1570, des immunités assez étendues[4]. Quoique malade de la goutte et presque aveugle, il profitait de ses loisirs pour achever un travail qui, depuis de longues années, était un sujet favori de ses réflexions; c'est son traité sur la guerre contre les Turcs. Délivrer l'Europe de la présence des Turcs était une des grandes préoccupations du

---

Castelnau. Brux. 1731, in-fol., T. I, p. 382. — V. aussi la lettre écrite le 10 sept. 1620 par le mag. de Strasb. à celui de Berne, qui avait demandé des renseignements sur les dettes contractées par Sturm en faveur des Huguenots. Le mag. de Strasb. envoya à Berne des copies des mémoires adressés, en 1583 et 1588, au synode français et à Henri de Navarre.

[1] A Baur, 25 déc. 1574.
[2] A Baur, 9 févr. 1583; — à Lewin, 2 avril 1583.
[3] Au prof. Tuppius, 1er avril 1582.
[4] Privilége du 15 oct. 1570 (*Des Strassburger Gymnasii Jubelfest, Appendix chronolog.*, p. 264). — La jouissance du privilége lui ayant attiré, dans le commencement, quelques difficultés de la part des habitants de Northeim, Sturm les apaisa par sa bienveillance. — Avant d'avoir eu sa campagne de Northeim, il avait eu un jardin à Bischheim, près Strasbourg. Sa maison de Northeim fut saccagée en 1592 par des soldats lorrains.

seizième siècle; les savants, catholiques et protestants, théologiens et littérateurs, dépensaient, pour traiter cette question, autant d'érudition que de rhétorique[1]; dans l'Empire, elle était à l'ordre du jour de toutes les diètes. Pour Sturm, les Turcs étaient des barbares cruels, des ennemis implacables de la chrétienté; plus haut déjà, nous avons parlé de son désir de voir s'unir contre eux tous les États de l'Occident, sans distinction de religion. Dès 1565 il eut l'intention de publier un ouvrage sur cette matière; il demanda les avis de Ferrières, ambassadeur français à Venise, et du général impérial Lazare de Schwendi[2], qui écrivit lui-même un traité sur la guerre contre les Turcs[3]; il pria Hugues Blotius, d'abord professeur d'éthique à Strasbourg, puis bibliothécaire impérial à Vienne, de lui communiquer le catalogue de tous les livres écrits sur la Turquie[4]. D'abord il voulait dédier son ouvrage, qui devait paraître sous forme de lettres, au roi de France qu'il exhortait à devenir un second Godefroi de Bouillon, en venant au secours de la chrétienté menacée[5]. Il ne reprit ce travail qu'en 1572, après la victoire de don Juan d'Autriche et sur l'exhortation de l'empereur Maximilien II[6]; quatre ans plus tard, il en soumit une partie au jugement de ses amis. Avant de continuer son ouvrage, il communiqua des copies de la partie achevée à quelques princes[7]; l'électeur Auguste de Saxe lui en fit un grand éloge, disant que les militaires

---

[1] Érasme, Luther, Louis Vivès, le cardinal Sadolet, Joachim Camérarius, Sambucus, etc., ont écrit sur la guerre contre les Turcs.

[2] Sturm à N., 1er juill. 1565.

[3] *De bello contra Turcas gerendo*. Nous n'en connaissons que le titre.

[4] Blotius à Sturm, 1er mars 1576, de Vienne. Arch. de Cassel.

[5] A Sébastien de l'Aubespine, 8 août 1565. — Au roi de France, s. d.

[6] L'empereur lui-même fit exhorter Sturm à faire ce travail; v. la lettre de Georges Ilsung de Tratzberg, préfet de la Souabe, 3 juin 1572, Augsbourg; dans les *Epistolæ de bello turcico*.

[7] A l'électeur de Saxe, 20 sept. 1577. Ibid.

sont souvent moins aptes à donner des conseils qu'à les exécuter, et que, dans des questions aussi graves, les avis de savants, étrangers au métier des armes, méritent d'être pris en considération autant que ceux des généraux[1]. Cependant Sturm ne publia pas encore son livre; il voulait y ajouter une partie à laquelle il travaillait encore en 1584, mais que probablement il n'acheva pas[2]. Les trois premiers livres qu'on trouva dans ses papiers après sa mort, ne furent publiés que dix ans plus tard.

Ce curieux traité, connu à peine aujourd'hui de quelques bibliophiles, mérite de fixer un instant notre attention. Sturm y a déposé des vues qui, sans être toujours très-pratiques, n'en sont pas moins fort remarquables; tour à tour fondées sur une connaissance réelle de la situation des principaux États de l'Europe ou sur des réminiscences de l'histoire ancienne, elles présentent un singulier mélange de projets utiles et de fantaisies d'érudit; les désirs du littérateur cicéronien s'y allient aux sages propositions de l'homme d'État. Les questions politiques et militaires avaient eu de tout temps un grand attrait pour l'esprit de Sturm, fécond en ressources. A l'époque de la guerre des princes protestants avec l'empereur, il avait rédigé un mémoire sur les moyens de relever leurs finances par des emprunts, afin de pouvoir mettre sur pied une armée permanente. Plus tard, il avait imaginé pour l'Angleterre un système politique et économique destiné à la mettre à l'abri de toute agression extérieure et de toute sédition civile[3]. Dans le traité sur la guerre contre les Turcs, il développe surtout son idée favorite d'une armée permanente; elle

---

[1] L'électeur à Sturm, 4 déc. 1577, Dresde. Dans les *Epistolæ de bello turcico*.
[2] A Henri Rudolf, 30 août 1584. Ibid.
[3] Il a imaginé « *quandam rationem* » utile à l'Angleterre, mais qui « *reliquis nationibus nil proderit.* » Au landgrave Guillaume, 29 janv. 1570. Arch. de Cassel.

forme tout le pivot de ses plans. Il faut des troupes pareilles, d'abord pour repousser les attaques sans cesse renouvelées des Turcs, puis pour garder les frontières de l'Europe chrétienne. L'idée d'avoir de grandes armées organisées pour un long service étant encore assez nouvelle alors, Sturm l'appuie de l'exemple des Romains qui, dit-il, n'ont conquis le monde que par leurs légions permanentes. L'armée qu'il propose doit être composée de soldats de tous les États de l'Empire ; à cet effet, il faut que l'union se rétablisse entre les Églises par le moyen, si souvent indiqué par lui, d'un concile général et libre, préparé par des conférences officieuses. Il faut ensuite relever l'esprit militaire qui, par les guerres civiles, est devenu un esprit de rapine et de révolte ; le soldat, n'ayant plus ni foi ni patriotisme, s'attache au chef qui le paie le mieux et le quitte dès que manque la solde. Enfin, il faut créer de nouvelles ressources, les trésors étant partout épuisés par la dilapidation des princes, par les troubles continuels, par les trop grandes libéralités faites à l'Église. Voici le plan de Sturm pour organiser sa grande armée. Pour élever des chefs capables, il veut qu'on institue une académie militaire, ayant, outre les instructeurs du métier des armes et de la gymnastique, des professeurs de droit, d'histoire, de médecine, de littérature ancienne, de rhétorique et de dialectique ; les jeunes gens y entreront dès l'âge de douze ans, et s'y formeront par l'étude et par l'exercice à l'art et aux fatigues de la guerre. Cette « cohorte lettrée » donnera l'exemple du courage, de la discipline, du dévouement, de toutes les vertus antiques. Sturm attache une grande importance à cette idée ; il l'appelle « *delicium et dulce decus meum.* » L'armée elle-même devra être composée de légions, chacune de 10 cohortes ; la cohorte à 6 centuries, de 10 décuries chacune. Les chefs seront choisis de préférence parmi la noblesse ; mais, si l'on ne trouve pas un nombre suffisant de gentilshommes capables, il ne faudra pas craindre de prendre « des hommes nouveaux. » Le choix des décurions ou sous-officiers est un des plus importants, à cause de leur influence directe sur le soldat pour tout ce qui concerne l'exercice et le maintien de la discipline. A chaque cohorte on attachera des ouvriers charpentiers, serruriers, forgerons, maçons, terrassiers. Le recrutement se fera par les chefs. Quatre mois suffiront pour exercer la légion, conformément à l'avis de Végèce.

C'est ainsi qu'on formera 3 corps d'armée : le corps consulaire, composé de 2 légions, aura la garde des camps et les garnisons; le corps royal, de 4 légions, commandé par le roi des Romains ou par son lieutenant, fera la guerre aux Turcs; le corps impérial, de 6 légions, sera réuni seulement en cas de grande nécessité, si par exemple le sultan se jette avec toutes ses forces sur l'Occident; il sera sous les ordres de l'empereur ou d'un électeur délégué. A chaque légion est attaché un corps de cavalerie de 2000 chevaux; chacune a, outre ses chefs ordinaires, un chef des camps, un des ouvriers et un des vivres.

La question des finances est la plus difficile, vu l'épuisement de tous les États. Cependant Sturm ne doute pas que chaque chrétien ne concoure volontiers à former un fonds, dans le seul but de délivrer l'Europe de ses ennemis les plus barbares. Outre un impôt proportionnel à lever sur tous les habitants, depuis le prince jusqu'au cultivateur, il propose de réserver une partie des revenus des bénéfices ecclésiastiques, des clientèles et des fiefs vacants, et de décréter une contribution somptuaire sur les banquets publics et particuliers. On établira ainsi deux fiscs, l'un à la disposition de l'empereur, pour l'entretien des fortifications et pour les récompenses; le second, confié aux commissaires des camps et des garnisons, pour la solde des troupes; dans une troisième caisse les soldats verseront une partie de leur solde et de leur butin, pour l'entretien de leurs familles.

Enfin, Sturm émet l'idée féconde d'établir sur les frontières de la Turquie des camps retranchés, de partager aux soldats les terres environnantes pour les intéresser à la défense du sol, et de fonder ainsi des colonies militaires pouvant devenir un jour des villes florissantes. Il ajoute quelques principes sur la discipline ; il veut autant de garanties pour l'ordre que pour le soldat lui-même qui ne cesse, dit-il, de rester citoyen ; il demande un large système d'avancement et de récompenses, pour que « le défenseur de la patrie » ait un fruit de sa peine et reste plus longtemps attaché au drapeau confié à sa fidélité. Avec une armée ainsi organisée et disciplinée, Sturm ne craint plus les Turcs ; mais, à ses yeux, son système est aussi le seul assez efficace pour arrêter leurs conquêtes.

C'est par ces études militaires que le vieux recteur charmait sa solitude à Northeim. Il les entremêlait de méditations religieuses qui, au seuil de la tombe, lui ouvraient la perspective de l'éternité. Son inébranlable confiance en Dieu répandait sur ses derniers jours cette sérénité grave, si touchante chez les vieillards pieux [1]. C'est dans ces pensées élevées et dans le sentiment de son innocence vis-à-vis des hommes, qu'il trouvait, comme il écrivit à Grégoire Bersmann, recteur de Zerbst, sa meilleure consolation dans les misères dont l'accablaient ses ennemis [2]. Quoique marié pour la troisième fois, il était privé des joies de la famille ; les enfants qu'il avait eus étaient tous morts jeunes [3]. Sa

[1] En 1583, quelqu'un lui demanda un souvenir ; il lui écrivit ces lignes : « *Ich wag's, Gott vermag's. Longæ regum manus, sed Domini nostri ut potentior, sic longior.* »

[2] 11 févr. 1581, dans Bersmanni *Poemata*, P. II, p. 279.

[3] Sa seconde femme avait été Marguerite Wigand, belle-fille de Sapidus. — D'une note écrite de sa main, il résulte qu'il avait eu cinq enfants, dont aucun n'atteignit l'âge d'un an.

troisième femme, de la famille patricienne des Hohenburg, demeurait presque toujours en ville, dans l'antique maison de la prévôté de Saint-Thomas, où la retenaient les soins de ses pensionnaires. Dans la bonne saison, le vieillard s'occupait de son jardin et de ses champs avec une attention qui ne dédaignait pas les moindres détails [1]; il demandait des semences de plantes nouvelles au philosophe Ramus, au médecin Théodore Zwinger, de Bâle [2]; il se plaisait à soigner lui-même les ruches de ses abeilles; en même temps, la ruine de sa fortune l'obligeait à veiller à la vente exacte de ses légumes et à s'occuper des petits besoins de son ménage : il s'informe du prix des navets ou des fèves au marché de Strasbourg, il demande qu'on lui envoie de la bière, des harengs, du beurre salé, il veut savoir quel procédé on emploie en Normandie pour faire le cidre : le tout avec un sérieux qui nous ferait sourire, s'il ne fallait pas plaindre le vieux savant, qu'on prônait dans toute l'Europe comme le restaurateur du langage cicéronien, pendant qu'il était réduit à calculer ce que lui rapporteraient ses choux [3]. En hiver, pendant les longues soirées où l'affaiblissement de sa vue lui interdisait le travail, il écoutait des lectures ou aimait à se rappeler les souvenirs de sa patrie et de sa jeunesse, de ses courses dans les curieuses montagnes de l'Eifel, de la tendresse que lui avait témoignée la comtesse de Manderscheid, de ses jeux et de ses études avec les fils de cette femme distinguée [4]. Parfois

---

[1] A Baur, 4 juin 1579.

[2] A Zwinger, 8 mars 1570. Bibl. de Bâle; — Ramus à Sturm, 1572, de Paris. — Il voulut se faire venir un jardinier de Paris (Jean Stadtfeld à Sturm, 15 juill. 1574, de Paris. Arch. de Cassel).

[3] A Baur, 25 déc. 1574; août 1576; mai 1581; 13 déc. 1582; janv. 1583; — à Sébitz, 17 janv. 1583.

[4] « Horum cum in mentem venit, magnam voluptatem senex percipio... Patriæ meæ desiderium, quod nunquam elanguit... » A Conon de Manderscheid, déc. 1568; dans les *Epistolæ de morte Erasmi episcopi*.

aussi il recevait les visites de ses amis de Strasbourg ou de ses admirateurs de l'étranger. De stature moyenne, d'un extérieur dont une barbe descendant jusque sur la poitrine rehaussait la gravité, le vieillard inspirait le respect à ses visiteurs, tandis que l'affabilité de ses manières et l'agrément de sa conversation lui conciliaient leur affection [1]. Parmi ceux qui lui étaient restés fidèles, il voyait le plus fréquemment à Northeim les professeurs de droit Laurent Tuppius et Obert Giphanius, le mathématicien Dasypode, le dialecticien Théophile Gol, le médecin Melchior Sébitz, ami et collaborateur de Jean Bauhin, le jurisconsulte Lobétius, Hugues Baur, secrétaire de l'académie, le syndic Paul Hochfelder, Hubert Languet, Gaspard Gamaut, et le jeune et savant agent d'Élisabeth, Philippe Sidney. En présence de ces hommes, la gaieté du vieillard se ranimait, et son esprit reprenait son ancien élan, bien que le manque d'argent l'empêchât d'exercer l'hospitalité aussi largement que dans ses temps meilleurs. « Je n'ai qu'un maigre repas à vous offrir, écrivit-il un jour à Baur, mais il me reste encore du bon vin; si nous mangerons mal, nous boirons bien [2]. »

Sa générosité ne s'était pas ressentie de cette gêne; il ne reculait pas devant les sacrifices quand il s'agissait de secourir un ami encore plus éprouvé que lui [3]. Aussi resta-t-

---

[1] « *Corpore fuit mediocriter procero, vegeto atque firmo, colore fusco vividoque, vultu constanti et honesto, voce clarà et æquabili, incessu facili, sed tardiusculo, prorsus in moribus amabilis pariter et venerandus, in sermone gravis et comis* » *Vita Sturmii*. — « *Fuit mediocriter procerus, facie fuscà et vividà, barbà nigrà, in senectà totus canus.* » Crusius, *Annales Suevici*. Francf. 1596, in-fol., T. II, p. 828.

[2] « *Bibemus bene, si male edemus.* » A Baur, 26 mai 1579.

[3] Après la mort du prof. Sévénus, il se porte garant pour ses dettes et recommande sa veuve et ses enfants à R. Asham (1er mai et 26 juill. 1568; dans Ashami *Epp.*, p. 419, 420). — Gamaut étant mort, il prie Baur de se charger de la tutèle de sa fille, lui-même étant trop vieux et trop pauvre pour le faire (12 nov. 1584).

il cher à tous ceux que les rancunes dogmatiques n'avaient pas encore éloignés de lui. Dans le chapitre de Saint-Thomas même, il avait encore une majorité d'amis et de disciples dévoués; lorsqu'en 1584 et plus tard il demanda à être déchargé des fonctions de prévôt, le chapitre, moins ingrat que le corps pastoral et le magistrat, ne voulut pas qu'il perdît ce titre [1].

La jeunesse, étrangère aux passions mesquines de ses adversaires, vénérait en lui le restaurateur des bonnes lettres et le champion infatigable des idées libérales; le 9 mars 1584, le jeune comte polonais Jean d'Ostrorog fit un discours public pour exprimer sa reconnaissance à l'académie de Strasbourg où il avait fait ses études; il y dit, en parlant de Sturm : « C'est l'homme que la France contemple, que l'Italie admire, que l'Angleterre, l'Écosse, le Danemarc, la Hongrie, la Bohême, entourent de respect et d'affection; c'est lui, dis-je, que tant de royaumes réclament, que l'Europe entière se dispute. Demandez aux jeunes gens laborieux des nations étrangères pourquoi ils ont entrepris les fatigues d'un long voyage, auquel jamais ils n'auraient songé? Ils diront que c'est pour voir Sturm et pour suivre ses leçons. Demandez-leur qui les a attirés? c'est Sturm, oui, c'est Sturm, répondront-ils tous. Quel bonheur pour moi d'avoir pu jouir de son aspect! plus heureux encore d'avoir pu entendre ses paroles! Dieu veuille qu'on ne les ait pas entendues pour la dernière fois [2]! »

---

[1] Sturm réitéra cette demande en 1585 et en 1586.

[2] « *Hunc unum virum Gallia suspicit, hunc miratur Italia, hunc colit Anglia, hunc Scotia diligit, hunc Dania reveretur, hunc Ungaria observat, hunc Boëmia veneratur, hunc inquam tot inclyta regna, hunc denique Europa fere tota sibi amandum deposcit. Quære, si placet, exterarum nationum studiosos juvenes, cuius gratià, molestiam, de qua aliùs ne cogitassent quidem, longi itineris susceperint? dicent Sturmii Interroga Ungaros, Gallos, Danos, Polonos, Boëmos, aut alios quos voles, cuius huc se contulerint gratia? Sturmii, Sturmii inquam respon-*

De l'étranger lui arrivaient fréquemment des marques de bienvaillance et de haute estime; en 1578, Nicolas Reussner, recteur du Gymnase de Lauingen et plus tard professeur de droit à Strasbourg, et Georges Calaminus, ancien élève de Sturm et professeur au Gymnase de Linz, saluèrent l'anniversaire de sa naissance par des poésies latines [1]; Théodore de Bèze l'aidait de ses conseils et soutenait son courage; le landgrave Guillaume de Hesse lui conservait une sympathie à toute épreuve [2]. Un jeune savant de la Thuringe lui demanda la permission de publier une collection de ses lettres, si curieuses pour l'histoire du seizième siècle [3]; le sénateur Henri Stroband, de Thorn, en Prusse, fit réimprimer ses principaux traités sur l'organisation des écoles, avec une lettre où le recteur et les professeurs de cette ville lui exprimèrent une admiration sanctionnée par

debunt omnes... O me felicem, qui in conspectum tuum venerim; feliciorem, qui cygneam tuam (sed utinam nondum cygneam) vocem audiverim!» Oratio Joh. comitis ab Ostrorog, etc., *recitata cum discessurus Argentinâ publice academiæ... valediceret.* Strasb. 1581, in-4º. — La même année, l'étudiant Barthélemy Chéricus, de la Saxe, publia en l'honneur de Sturm une pièce de vers : *Acron, ecloga in honorem D. Jo. Sturmii communis præceptoris.* S. l. (Strasb.), 1581, in-4º. — Dans le *Carmen iambicum de G. Fabricio* de Paul Cherlerus, il y a un long passage sur l'éloge de Sturm, à la suite de Fabricius, *Commentarius in poetarum veterum ecclesiast. opera.* Bâle 1562, in-4º.

[1] *Epigrammata ad clariss. virum Jo. Sturmium.* Strasb., Nic. Wyriot, 1579, in-4º.

[2] Lorsqu'en 1588 Paul Hochfelder, syndic de Strasbourg et parent de Sturm, dîna un jour à Cassel chez le landgrave Guillaume, celui-ci lui demanda si Sturm « *nunc quietus esset a theologorum rixis;* » il répondit : « *ipso propter ætatem et imbecillitatem tacente, adversarios etiam tacere; quærenti quemnam haberemus theologum præcipuum, respondi D. Pappum, præcipuum D. Sturmii antagonistam; ad hoc Princeps: O Gott, o Gott, wie ist man mit dem mann umgangen.*» Hochfelder à J. Lobétius, 12 sept. 1588, de Cassel; chez Mieg, *Monumenta pietatis et literaria*, P. II, p. 99.

[3] Sturm s'opposa à cette demande, disant que ses lettres ne valaient pas la peine d'être imprimées. A Rudolf, 30 août 1584; dans les *Epistolæ de bello turcico.*

la postérité[1]. En 1581, Jean-Jacques Grynéus, professeur à Bâle, écrivit au comte Georges de Witgenstein : « du nombre des héros de l'âge d'or de l'Église renaissante, il ne reste plus que le seul Jean Sturm ; les vertus et les mérites de ce noble vieillard sont dignes de notre vénération et de toute notre gratitude[2]. » Le duc Casimir, étant devenu administrateur du Palatinat après la mort de l'électeur Louis en 1583, offrit à son vieil ami une chaire à Heidelberg[3]; les infirmités de l'âge ne permirent plus à Sturm de l'accepter, de même qu'elles l'empêchèrent de chercher, pour le reste de sa vie, un asile en Angleterre[4].

Sturm mourut à Strasbourg, le 3 mars 1589, âgé de quatre-vingt-deux ans, après avoir servi l'école de sa patrie adoptive pendant un demi-siècle[5]. Il fut enterré au cimetière de Saint-Gall, où, selon l'usage de la ville, on déposait les restes des hommes les plus distingués[6]. Le 31 du même mois, à l'occasion des promotions scolaires de Pâques, on célébra en son honneur une solennité académique; le recteur Melchior Junius y prononça son éloge funèbre, en présence du magistrat, du corps académique, des pasteurs, des élèves et d'un grand concours de citoyens. Des vers furent composés pour louer ses mérites par plusieurs de ses anciens collègues, par le recteur de l'académie de Heidelberg, par

---

[1] *Institutiones literatæ*. Thorn 1586, in-4°, T. I.

[2] « *Solus hic vir superest, ex aurei illius ævi heroibus Reipublicæ et Ecclesiæ efflorescentis, qui quidem clari fuerunt, Erasmi, OEcolampadii, Lutheri, Melanchthonis, Vivis, Budæi, tempore; ac proinde virtuti et meritis illius gravissimi senis, justa debetur veneratio et gratitudo.* » Grynæi *Epistolæ*. Offenbach 1612, p. 146.

[3] Daniel Tossanus à Grynæus, chez Melch. Adam, *Vitæ theolog.*, p. 414.

[4] Jean Harmar à Grég. Bersmann, 13 janv. 1582, de Genève. Bersmanni *Poemata*, P. II, p. 303.

[5] *Chronique* ms. de Bühler et *Bericht von der strassb. Kirchenordnung*, p. 191. L'inscription sur le portrait de Sturm par T. Stimmer porte : « *Obiit Argent. a. 1589 die 3 Martii circa diluculum.* »

[6] *Vita Sturmii*. — Crusius, *Annales Suev.*, T. II, p. 828.

Théodore de Bèze et par Henri Estienne, par des étudiants originaires de la Silésie, de la Hongrie, de la Pologne. Le recueil en fut dédié à la reine Élisabeth, la constante protectrice de Sturm [1]. En inscrivant sa mort dans les protocoles du chapitre de Saint-Thomas, Théophile Gol le qualifia de père de l'académie et rappela ses « nombreux et éminents services rendus au chapitre, à l'école et à toute la République [2]. » Les haines cessèrent; les partis s'unirent pour ne plus voir en Sturm qu'un des créateurs de la pédagogie protestante et l'organisateur à jamais illustre du Gymnase et de l'académie de notre ville [3].

[1] L'auteur du recueil est Phil. Glaser, prof. de grec à l'académie : *Manes Sturmiani, sive epicedia scripta in obitum summi viri D. Joh. Sturmii, una cum parentaliis eidem memoriæ et gratitudinis ergo factis a diversis amicis atque discipulis.* Strasb. 1590, in-8º. Le volume contient un portrait de Sturm et une belle gravure représentant son cénotaphe. — V. aussi des vers sur Sturm, adressés à Tidemann Gisius, chez Fecht, *Historiæ ecclesiast. XVI sæc. supplem.*, p. 878; d'autres encore se trouvent chez Verheiden, *Imagines*, p. 99, 102. Etc.

[2] « *Clarissimus vir, collegii nostri præpositus, et Academiæ Argentinensis parens atque rector... Plurima et maxima merita in collegium, scholam atque totam hanc Rempublicam.* »

[3] Lorsqu'en 1638 on célébra la première fête séculaire de l'établissement du Gymnase, tous les orateurs furent unanimes pour faire l'éloge de Sturm. Samuel Gloner, précepteur de sixième et poëte lauréat, récita un *carmen sæculare* rappelant, sous des formes pédantesques et mythologiques, les mérites des fondateurs du Gymnase et surtout ceux de Sturm; le recteur Melchior Sébitz, professeur de médecine, et Jean-Henri Bœcler, professeur d'éloquence, les vantèrent dans leurs discours; Jean Schmidt, président du convent ecclésiastique, appela Sturm, dans un de ses sermons, « un homme illustre et excellent. » Tous eurent le bon goût de se taire sur ses querelles dogmatiques. V. *Des strassburgischen Gymnasii christliches Jubelfest.* Strasb. 1641, in-4º.

II. STURM COMME HUMANISTE ET COMME PÉDAGOGUE.

CHAPITRE I.

L'instruction publique en Allemagne dans les premiers temps de la Renaissance.

Au moyen âge, avant la Renaissance, on ne croyait pas encore à la nécessité d'une instruction répandue parmi toutes les classes de la société. L'homme d'Église, l'homme d'État, le légiste, le médecin, avaient seuls à leur portée les moyens d'acquérir des connaissances. Il était rare de voir un bourgeois, un noble même, savoir plus que les choses élémentaires. Il est vrai que, parmi les sept sciences qui constituaient le savoir de cette période, la grammaire, la rhétorique et la dialectique (le *trivium*) étaient réputées d'utilité générale, tandis que les quatre autres, la musique, l'arithmétique, la géométrie et l'astronomie (le *quadrivium*) n'étaient exigées que du clerc et de l'homme lettré. Mais, de bonne heure déjà, la rhétorique et la dialectique avaient disparu presque partout des écoles « *triviales* » pour être remplacées par le calcul et le chant. Dans quelques villes de la France, de la Belgique, de l'Allemagne, ces écoles, devenues laïques, attiraient la jeunesse de préférence à celles qui étaient attachées aux églises ou aux monastères. On n'en sortait qu'avec une instruction confuse et incomplète, comprenant à peine quelques éléments de grammaire latine, un peu de chant sacré et les opérations arithmé tiques les plus simples. Aussi la plupart des laïques étaient-ils plongés dans une ignorance profonde; personne ne songeait à réclamer pour eux le bénéfice d'un savoir plus étendu. La Renaissance a remis en lumière le grand principe qu'il y a des connaissances à la fois indispensables et accessibles à tous. Elle n'a pas seulement amélioré les études supérieures, elle a créé l'enseignement secondaire pour les jeunes gens qui, sans aller aux universités, aspiraient à une culture intellectuelle qui jusque-là leur avait été interdite. Ce grand mouvement a été glorieusement secondé par la Réforme. Si c'est à tort qu'on a dit quelquefois que les Réformateurs ont proclamé le libre examen comme principe unique et suprême du protestantisme, ils ont dû néanmoins insister avec énergie sur la propagation de l'instruction publique. Car, en revendiquant les droits de la conscience religieuse individuelle, ils ont dû mettre à la portée de chacun les moyens de s'éclairer sur ce qui importait à son salut ainsi que sur ses devoirs dans la société. C'est dans cet intérêt qu'ils se sont associés aux humanistes pour fonder des écoles savantes, et qu'ils ont été des premiers à demander partout l'établissement d'écoles primaires.

Les idées qu'on se faisait alors sur les objets de l'instruction devaient se ressentir naturellement de l'esprit qui caractérisait la Renaissance. Retour enthousiaste vers le monde classique, cette révolution, point de départ d'une ère nouvelle, était exposée à un danger grave : tout en affranchissant la pensée et en la ramenant à une expression plus correcte et plus pure, elle risquait de lui imposer une servitude nouvelle par le culte trop exclusif de formes insuffisantes pour le génie moderne. L'antiquité, longtemps négligée, était étudiée avec une curiosité ardente qui, découvrant tous les jours des trésors d'idées profondes et de beautés littéraires, dépassait souvent les bornes et prenait pour le but même du savoir ce qui ne doit être qu'un moyen de l'acquérir et de le développer. Comme chez les anciens on trouvait une philosophie plus saine et plus simple et un langage plus élégant que chez les écrivains du moyen âge, on ne voyait de salut pour le progrès intellectuel que dans la restauration d'Aristote et dans l'imitation de Cicéron.

Ces tendances influèrent nécessairement sur la manière d'envisager le but et l'objet de l'instruction publique. La plupart des humanistes se sont occupés de ces matières ; les premiers en date n'ont exprimé que des vœux et des idées sans suite, en abandonnant aux maîtres et même aux étudiants le choix des méthodes. Plus tard, ces idées ont été réunies en systèmes plus ou moins complets ; et partout, principalement dans les villes devenues protestantes, des magistrats éclairés ont prêté leur concours aux savants pour exécuter la réforme pédagogique.

Dans les premiers temps de la Renaissance, on ne songeait encore à donner des conseils qu'à ceux qui voulaient faire dans les universités des études supérieures. Rodolphe Agricola, « un des précurseurs de la liberté moderne, » écrivant à un jeune homme[1], dit qu'après avoir choisi une science conforme à ses capacités et à sa position, il devait réfléchir à la méthode la plus sûre pour atteindre son but. Toutes les connaissances, ajouta-t-il, sont bonnes, mais au-dessus de toutes est la philosophie, enseignant à se former des idées justes et à les exprimer avec convenance. Les choses sur lesquelles il faut avoir des idées justes sont de deux ordres : les choses morales qu'on apprend dans les anciens moralistes, dans les historiens et surtout dans les livres saints ; et les choses naturelles, dont l'étude, moins

---

[1] *De formando studio, ad Jac. Barbirianum.* Heidelb., 7 juin 1484 ; dans Rod. Agricola, *Nonnulla opuscula.* Bâle 1518, in-4º, fº 16ª.

indispensable pour le règlement de la vie, est un des plus beaux ornements de l'esprit humain. La justesse des idées s'acquiert par la dialectique ; la rhétorique fournit les moyens de les énoncer.

Ces principes, encore peu développés, furent repris par les premiers successeurs d'Agricola ; comme lui, ils ne prescrivent pas encore une méthode, mais ils s'occupent d'une instruction plus générale, nécessaire non-seulement à l'étudiant proprement dit, mais à tout jeune homme qui ne veut pas rester dans la « *barbarie.* » Conformément à l'esprit du temps, le but le plus essentiel de cette instruction est l'étude des lettres classiques et l'exercice de la langue latine. Ce sont là les principes d'Érasme[1], de Louis Vivès[2], de Henri Bébel, professeur d'éloquence et de poésie à Tübingue[3] ; Guillaume Budé, l'illustre promoteur des études libérales en France, les expose à son tour[4] ; le cardinal Sadolet veut que le latin soit le premier objet qu'on enseigne à un enfant[5] ; Vivès va jusqu'à demander qu'on l'apprenne aux femmes[6].

Plusieurs parmi les humanistes ajoutent que l'instruction tendant aussi à un but moral, la religion doit en former la base. Cette vérité était admise surtout par les Frères de la vie commune qui, en Belgique et en Allemagne, ont eu tant de mérites pour la préparation d'une meilleure pédagogie ; mais ce n'est qu'à la Réformation qu'appartient la gloire d'en avoir tiré toutes les conséquences, en proclamant la doctrine que l'instruction doit

---

[1] *De ratione studii deque pueris instituendis.* Bâle 1517, in-4°.
[2] *De ratione studii puerilis,* 1523 ; *in Opp.* Bâle 1555, in-fol., T. I, p. 7.
[3] *Opusculum de institutione puerorum, quibus artibus et præceptoribus instituendi et tradendi sint,* 1506. Strasb. 1513, in-4°.
[4] *De studio literarum recte et commode instituendo.* Bâle 1533, in-4°.
[5] *De pueris recte ac liberaliter instituendis.* Bâle 1538, in-8°.
[6] *De institutione christianæ fœminæ. In Opp*, T. II, p. 659 ; il veut qu'elles lisent Platon, Cicéron, Sénèque et les Pères de l'Église.

servir à l'éducation pour une vie pieuse. Il est vrai qu'au milieu des préoccupations classiques de la Renaissance, cette doctrine ne fut pas toujours systématiquement appliquée; mais, en la rappelant au monde, la Réforme a rendu à la civilisation un service trop souvent méconnu. Dans un discours prononcé en 1519[1], Mélanchthon développa l'idée que l'étude doit exercer une influence salutaire sur les mœurs; parmi nous, dit-il, on ne se soucie pas encore assez de l'éducation, on ne songe qu'à occuper les esprits de choses pernicieuses sinon inutiles; qu'on renonce donc à ces études *barbares,* et qu'on revienne aux bonnes lettres, aux lettres classiques qui, traitées à la lumière de la religion chrétienne, éclairent l'intelligence et fortifient le caractère. En 1524, Luther adressa aux magistrats des villes allemandes un appel pressant d'ériger des écoles, où la science fût unie à la piété[2]. Les théologiens ne furent pas les seuls à élever la voix; le philologue Joachim Camérarius[3], le jurisconsulte Christophe Hegendorf[4] et d'autres publièrent dans le même esprit des traités destinés à relever le côté moral de l'instruction.

Ces tendances se manifestèrent de bonne heure aussi dans les principales villes de la province d'Alsace. Dès la fin du quinzième siècle fleurit à Schlestadt l'école fondée par Louis Dringenberg, d'où sont sortis une série d'érudits et de littérateurs distingués. En 1502, Ulric Surgant, natif d'Altkirch, curé et professeur de droit à Bâle, compté par Wimpheling parmi les meilleurs esprits de son temps, pu-

---

[1] *Sermo de corrigendis adolescentiæ studiis.* Bâle 1519, in-4°.

[2] *De constituendis scholis.* Haguenau 1524; d'abord en allemand. Wittemb. 1524, in-4°.

[3] P. ex. *Præcepta vitæ puerilis;* — *Præcepta honestatis atque decori puerilis,* 1528. Dans le recueil intitulé: *De docendi studendique modo.* Bâle 1541, in-8°.

[4] *De instituendà vità et corrigendis moribus juventutis,* 1529. Dans le recueil intitulé: *De ratione studii opuscula diversorum.* Bâle 1541, in-8°.

blia un livre fort remarquable, quoique encore empreint de l'esprit scolastique, sur la meilleure manière d'étudier et sur les mœurs des gens de lettres [1]. La véritable impulsion fut donnée par les traités de Wimpheling lui-même sur l'éducation morale et classique de la jeunesse. Ce savant, né à Schlestadt et formé dans l'école de cette ville, fut un des plus actifs parmi les restaurateurs des études dans notre province. Il attribuait le mauvais état et le peu de succès des établissements d'instruction d'alors, non-seulement aux imprudentes prétentions des parents qui forçaient leurs fils à choisir trop tôt une carrière ou à entrer malgré eux dans les ordres, mais aussi à la mauvaise méthode suivie dans l'enseignement du latin et dans celui de la philosophie [2]. Quoique partisan de la scolastique, Wimpheling veut que les jeunes gens, au lieu de s'occuper de spéculations qui obscurcissent l'intelligence et nuisent à la piété, recherchent les choses honnêtes, dignes d'être connues, utiles au salut des âmes et à la gloire de la République [3]. A une instruction plus rationnelle et plus littéraire, il faut donc associer une surveillance plus sérieuse des mœurs, et donner à tout l'enseignement une tendance pratique pour la vie ; c'est par cette réforme de l'éducation que Wimpheling espérait préparer celle de l'Église [4]. Ces principes, appliqués à Strasbourg dans l'école de Jérôme Guebwiler, furent développés surtout par Otton Brunfels, qui, d'ancien chartreux, devint directeur d'une école protestante, après avoir demandé, en 1520, à être attaché à celle de Schlestadt [5].

[1] *De regimine studiosorum*. S. l. et a., in-4°.
[2] *Diatriba de probâ institutione puerorum in trivialibus, et adolescentum in universalibus gymnasiis*. Haguenau 1514, in-4°
[3] *Adolescentia*. Strasb. 1515, in-4° : « Ad puerorum præceptores ut doceant eos utilia. »
[4] O. c., f° 7ᵃ.
[5] V. sa lettre à Béatus Rhénanus, 13 janvier 1520, chez Dorlan, *Notices historiques sur Schlestadt*. Colmar 1843, T. II, p. 114.

Ce précurseur immédiat de Jean Sturm est l'auteur de plusieurs traités sur l'éducation et sur les études [1]; il y a réuni ce qu'il a trouvé de meilleur dans Platon, dans Aristote, dans Plutarque, en y ajoutant quelques préceptes nouveaux plus conformes aux besoins de son époque que la pédagogie grecque. Pour que l'homme devienne heureux en ce monde et dans l'autre, il faut commencer son éducation à partir du moment où son âme devient accessible aux impressions; la première chose à lui apprendre, c'est d'aimer et de craindre Dieu et d'obéir à ses parents. Pour élever des enfants, il faut avoir de la patience, de la douceur, des mœurs irréprochables, un jugement mûr; on commencera par étudier les dispositions et le caractère de chaque élève, afin de traiter chacun selon ses besoins. Un point essentiel dans l'éducation, c'est de montrer à l'élève qu'on le respecte; Brunfels insiste sur ce principe, négligé si souvent encore aujourd'hui par des maîtres ou des parents malhabiles [2]. C'est par respect pour l'âme de l'enfant qu'il faut éviter tout ce qui pourrait la corrompre; il faut la traiter avec une extrême délicatesse. Outre la religion, les matières qui doivent former l'objet de l'instruction sont l'éloquence et la philosophie. Pour se préparer à l'éloquence, il faut lire les meilleurs écrivains de l'antiquité; cependant Brunfels, moins exclusif que beaucoup de ses contemporains, veut aussi qu'on étudie les auteurs les plus distingués de la Renaissance. Quant à la philosophie, il faut rejeter absolument cette sophistique aride qui ne s'oc-

---

[1] *Aphorismi institutionis puerorum, frugi adolescentibus, atque iis qui illos probe erudire velint adprime conducibiles.* Strasb. 1519, in-4°. Avec une préface de Wimpheling. La dédicace de Brunfels à Georges Reisch, prieur de la Chartreuse de Fribourg, est datée *ex collegio Carthusiorum prope Argentinam*, 1er août 1519. — *De corrigendis studiis severioribus præceptiunculæ breves.* Strasb. 1519, in-4°; dédié à Nicolas Gerbel, *pontificii juris doctor.*

[2] Cap. XI, *De reverentiâ exhibendâ puero. Aphorismi*, f° 40ᵃ

cupe que de heccéités et de quiddités[1] ; la vraie philosophie ne se trouve que chez les anciens, de même que la théologie ne s'apprend pas dans les scolastiques, mais dans la Bible et dans ses interprètes Gerson, Laurent Valla, Érasme, Lefèvre d'Etaples, Luther, Capiton, Œcolampade[2]. Ayant été chargé en 1528 par les scolarques de Strasbourg de la direction d'une école, Brunfels, pour leur témoigner son zèle et pour donner des conseils à ses collaborateurs, publia un traité complet sur les principes et l'organisation de l'instruction publique[3]. Après avoir donné des extraits de Cicéron, de Quintilien et de Plutarque, de Guarinus, d'Érasme et de Mélanchthon, sur les qualités des précepteurs et sur les devoirs des élèves, sur l'éducation religieuse et sur la discipline, Brunfels expose les idées qui le guident lui-même dans son école : le but de l'étude est de chercher le Royaume de Dieu ; l'enseignement, qui doit être solide et classique, aura en même temps une tendance religieuse ; les maîtres, savants et pieux, traiteront les enfants avec cette bienveillance austère qui leur inspire l'amour de la vertu et le zèle pour le travail. Dans un petit traité spécial, mis à l'index par la Sorbonne, Brunfels établit une série de règles sur la conduite chrétienne et décente des écoliers, sur leurs devoirs envers Dieu, leurs parents, leurs maîtres, sur la discipline à observer dans l'école et dans la maison paternelle à toutes les heures de la journée[4].

---

[1] *Aphor.*, cap. IX, f° 36ᵇ.

[2] *De corrigendis studiis.*

[3] *Catechesis puerorum in fide, literis et moribus, ex probatissimis quibusque authoribus.* Francf. 1529, in-8°.

[4] *Parænesis de disciplinâ et institutione puerorum.* Dans le recueil cité p. 225, note 4. — D'Argentré, *Collectio judiciorum de novis erroribus*, T. II, p. 168. — La traduction allemande de cet opuscule est citée ci-dessus, p. 25.

On voit, par l'exemple de Brunfels, combien les nouvelles idées pédagogiques, excellentes en elles-mêmes, manquaient encore d'ensemble et de précision ; on n'avait pas encore de notion claire sur les meilleurs moyens d'atteindre le but ; le désir, les connaissances mêmes étaient là, mais on tâtonnait, on mêlait des choses hétérogènes, on procédait sans plan et sans méthode ; on confondait les besoins de l'antiquité avec ceux du seizième siècle ; on posait comme principes généraux les préceptes des rhéteurs anciens sur l'éducation spéciale des orateurs ; on appliquait à une société chrétienne ayant d'autres mœurs et d'autres idiomes, ce qui avait servi au monde classique, dont on ne distinguait pas assez le génie particulier d'avec celui du monde moderne ; si on parlait du but moral de toute instruction, on risquait de le manquer par une admiration trop exclusive de l'antiquité. Aussi arriva-t-il en Allemagne ce qu'on voyait alors en Italie, où le secrétaire apostolique Paul Cortésius, le cardinal Bembo et d'autres cachaient mal leur incrédulité sous les formes oratoires et mythologiques du monde romain : le chanoine Mutianus Rufus, à Gotha, se raillait non-seulement des pratiques et des superstitions populaires, mais des faits et des dogmes mêmes du christianisme ; Conrad Celtès, un des plus zélés propagateurs des lettres anciennes, mais poëte passablement frivole, professait tout au plus cette facile admiration du Créateur qu'inspirent les spectacles de la nature ; Jérôme Balbus, professeur à Vienne et puis à Prague, faisant un pas de plus, ne croyait ni à l'immortalité de l'âme ni à l'existence de Dieu. Ces imperfections, inhérentes à l'enthousiasme peu réglé qui caractérisait les premiers mouvements de la Renaissance, réclamaient une réforme ; il était urgent de mettre plus d'ordre dans la théorie de l'instruction et d'en combler les lacunes.

Un autre défaut, non moins grave, de beaucoup des

premières écoles fondées au seizième siècle, c'est qu'on y expliquait les auteurs et qu'on y enseignait la rhétorique et la dialectique, sans avoir préparé les élèves par des leçons sur la grammaire. On rencontre bien, comme nous le verrons plus bas, des humanistes qui ne dédaignaient pas de s'occuper des règles élémentaires de l'étymologie et de la syntaxe ; mais un grand nombre d'autres, pressés d'initier les jeunes gens à la littérature et à la philosophie classiques, voulant leur communiquer au plus vite l'ardeur dont ils étaient animés eux-mêmes, ne prenaient pas la peine de leur enseigner les rudiments de la langue. Il en résultait que les élèves connaissaient les ouvrages des anciens, qu'ils savaient même les préceptes de la rhétorique et de la dialectique, mais qu'ils étaient incapables d'écrire correctement et de s'exprimer avec convenance [1]. Dans l'explication des auteurs, les professeurs prenaient pêle-mêle, sans choix, sans ordre progressif, les historiens, les poëtes, les orateurs ; aux écrivains classiques ils mêlaient ceux de la décadence et même les Pères ; Sturm leur reprochait surtout de négliger Cicéron [2]. De là une confusion fâcheuse

---

[1] « *Autores diversos audierunt, instituti sunt in dialecticis ac rhetoricis præceptis, grammaticæ verò aut omnino ignari sunt, aut rudes, ut non modò scribere emendate nesciant, sed ne loqui quidem latine atque expedite sciant.*» M. Toxitès, *Consultatio de emendandis... literarum ludis.* Tubing. 1557, in-4°, sans pagination. Sturm à l'archevêque Hermann de Cologne, en tête du T. II des discours de Cicéron. — Érasme se plaint aussi qu'on enseigne les *res* avant le *sermo. De ratione studii*, f° 105ᵇ. C'est pour remédier à ce défaut qu'il écrit son traité *De duplici copiâ verborum ac rerum.* Bâle 1517, in-4°.

[2] Toxitès, o. c. — Sturm, l. c. — Dans les premières années du seizième siècle, Jean Rhagius Æsticampianus (de Sommerfeld), de la Lusace, ami de Wimpheling et maître d'Ulric de Hutten, explique à Leipzig, outre Cicéron, Virgile, Plaute et Horace, l'histoire naturelle de Pline, les histoires de Tite-Live, les nuits d'Aulu-Gelle, la grammaire de Priscien, les épîtres de saint Jérôme, quelques traités de saint Augustin. V. Burckhardt, *De linguæ latinæ in Germaniâ fatis.* Hannovre 1713, T. I, p. 282.

dans l'esprit des élèves, et un langage presque aussi barbare que celui des scolastiques[1]. De plus, les savants n'enseignaient souvent que ce qui leur convenait personnellement, d'après des méthodes qui ne s'accordaient pas avec celles des collègues qu'ils avaient à la même école[2]; les établissements scolaires eux-mêmes étaient organisés sans plan bien arrêté, les classes ne s'enchaînaient pas; les professeurs, livrés à leurs fantaisies individuelles, étaient sans direction; il n'y avait ni unité ni progression dans cet enseignement né des premiers tâtonnements de la Renaissance. Enfin, la discipline des élèves était singulièrement négligée; les savants, trop occupés des auteurs anciens, songeaient peu à la conduite des jeunes gens qui, passionnés pour la liberté nouvelle, refusaient de se soumettre à une règle sévère. Aussi leur turbulence compromettait-elle fréquemment aux yeux du peuple la dignité des études et celle même de la religion[3].

Pour que ce mouvement littéraire produisît tous les résultats dont il contenait les germes, il fallut le régler, le ramener à des principes, l'organiser conformément à un plan rationnel. Il fallut en concentrer les éléments épars, réunir les forces qui se seraient épuisées dans l'isolement; en un mot, créer des écoles constituées d'après une mé-

[1] « *Miscent inter se poetas, oratores, historicos, philosophos... Proponunt etiam illis intempestive elementa dialecticæ et rhetoricæ; ex quo damnum oritur duplex, primum enim puer autorum multitudine obrutus, non modò in dialecticis rhetoricisque præceptis nihil laude dignum efficit, sed ne quidem grammaticæ fundamenta jacit absolute, quia minus illi datur temporis. Deinde autorum varietate oratio ejus corrumpitur.* » Toxitès, o. c.

[2] « *...Quivis docet quocunque vult modo et ratione.* » Sturm à l'évêque Pflug, en tête des discours d'Eschine et de Démosthènes. — V. en général les curieux détails donnés par Thomas Plater dans sa biographie. Bâle 1840, in-8°.

[3] Toxitès, o. c. — Sturm à l'arch. de Cologne, l. c. — Hegendorf, *De instituendà vità et corrigendis moribus juventutis*, p. 477.

thode systématique, suivant une marche progressive, et soumettant les élèves à une sage discipline. En Allemagne, plusieurs des hommes les plus éminents du seizième siècle se sont occupés de cette réforme pédagogique, non moins importante que celle du culte ; Luther, Mélanchthon, Camérarius, professeur à Leipzig, Trotzendorf, recteur de l'école de Goldberg, en Silésie, Michel Néander, abbé d'Ilefeld, dans le Harz, Jean Rivius d'Attendorn, en Saxe, ont exercé sous ce rapport une influence qui n'a pas tardé à s'étendre au loin. Strasbourg a eu la gloire de se placer au premier rang parmi les États qui ont créé l'instruction publique protestante.

Par le privilége de sa position, Strasbourg était resté, dans l'œuvre de la réforme religieuse, plus indépendant que d'autres États de la direction imprimée par Luther aux Églises de l'Allemagne du nord ; il le resta aussi dans la réforme de l'éducation et de l'instruction. Sturm y trouva donc, pour l'application de ses idées puisées dans les écoles belges et mûries par son commerce avec les savants du Collége de France, un champ plus libre, quoique heureusement préparé par les efforts faits avant son arrivée. Dans le récit de sa vie, nous avons déjà fait entrevoir l'organisation qu'il donna au Gymnase et à la Haute-École ; ici, nous exposerons ses principes mêmes, d'après ses écrits pédagogiques complétés par sa correspondance.

CHAPITRE II.

But de l'instruction publique selon Sturm.

Pour déterminer le but de l'instruction, Sturm part des besoins de la vie sociale et de ceux de la vie individuelle, tels qu'ils se manifestent par l'expérience [1]. Il commence par rechercher quelles sont les connaissances nécessaires à l'homme, suivant qu'on le considère comme individu ou comme membre de la société. Ce qu'il importe le plus à l'homme de connaître, ce sont ses rapports avec Dieu, car de là dépendent son bonheur ou son malheur sur la terre comme dans l'éternité. Ces rapports lui sont enseignés par la religion, base essentielle de toute éducation bien entendue. La philosophie, qui est l'étude de la sagesse, ne saurait être séparée de la religion, elle tend au même but. En ce sens, dit Sturm, les écoles de philosophie sont au nombre des institutions les plus utiles d'un État [2]. Ce principe demeure vrai, quand même on donne au mot de philosophie un sens plus large que celui qu'il avait au seizième siècle; nous verrons plus bas que les éloges de Sturm ne s'adressent, à vrai dire, qu'à une partie de la science.

Après la religion et sa compagne inséparable, la philosophie, Sturm place la science qui apprend à l'homme à gouverner sa maison et sa famille, l'économie domestique; celle-ci a deux arts complémentaires, dont l'un, l'architecture, est nécessaire pour établir la maison; l'autre, l'agriculture, l'est pour le soutien de la famille. A ces arts qui

---

[1] *Scholæ Lavinganæ*, chez Halbauer, p. 315.
[2] « *Optima et pulcherrima Rerum publicarum armamentaria sunt scholæ philosophorum.* » L c., p. 325.

répondent aux besoins individuels, s'ajoutent la morale qui règle la conduite de l'homme vis-à-vis de ses semblables, et la politique qui enseigne à gouverner la société d'après des lois justes. La société a besoin de jurisconsultes, pour maintenir la justice dans les relations sociales; de médecins, pour empêcher l'État de périr par l'extinction de ses membres; de militaires, pour le défendre contre des agressions violentes. Toutes ces sciences sont de nécessité. D'autres, sans être absolument indispensables pour le maintien d'un État, sont nécessaires à tout homme qui ne veut pas rester dans la barbarie; ce sont les arts libéraux, « *artes otii*, » la physique, comprenant l'histoire naturelle et la physiologie de l'homme, l'arithmétique, l'astronomie, la géométrie, la musique. Celles-ci, aussi bien que les sciences nécessaires à l'État, ont pour « servantes, » *ancillæ*, les sciences logiques, dont personne ne peut se passer et qui sont la grammaire, la dialectique et la rhétorique. Cette espèce de classification des connaissances humaines, tout en modifiant celle des arts libéraux du moyen âge, doit nous paraître aujourd'hui fort imparfaite; cependant elle a de l'intérêt comme étant un des premiers essais modernes d'encyclopédie scientifique. En ramenant toutes les sciences à un but moral et pratique, elle était plus utile que celle qu'au commencement du siècle avait essayé de faire le savant chartreux Georges Reisch; ce dernier, qui avait enseigné les mathématiques et la cosmographie à l'université de Fribourg, était parti d'une définition assez vague de la philosophie, pour y rattacher les connaissances et les arts les plus divers, dont il avait exposé les éléments dans sa curieuse *Margarita philosophica*[1].

---

[1] La première édition de ce livre, souvent imprimé au seizième siècle et aussi traduit en italien, est de 1504. Fribourg, Jean Schott, in-4º. Voici la table encyclopédique de Reisch :

BUT DE L'INSTRUCTION PUBLIQUE SELON STURM.

Mais, pas plus que Reisch, Sturm n'a développé ses idées sur l'enchaînement même des sciences ; il lui a suffi d'une indication sommaire, pour établir la nécessité de ce qu'il appelle les sciences logiques, sans le ministère et l'appui desquelles toutes les autres ne servent à rien. La religion, à la vérité, est encore plus universellement indispensable ; mais, pour peu qu'on aspire à la culture intellectuelle, il faut joindre à la foi l'exercice de la pensée et une élocution correcte et persuasive. Trois choses sont donc nécessaires pour rendre l'homme apte à remplir complétement son but : bien vivre, bien penser et bien parler, la religion, la logique et l'instruction littéraire. Sturm ne les sépare pas, il les réunit dans sa définition de l'éducation : il veut « une piété instruite et éloquente, » ou, comme il dit ailleurs, « l'union de la sagesse religieuse, de la connaissance des choses et d'un langage pur et élégant[1]. » Tel est, selon lui, l'objet de l'instruction qui précède les études spéciales ; tel est l'idéal qu'il a poursuivi avec persévérance jusqu'au

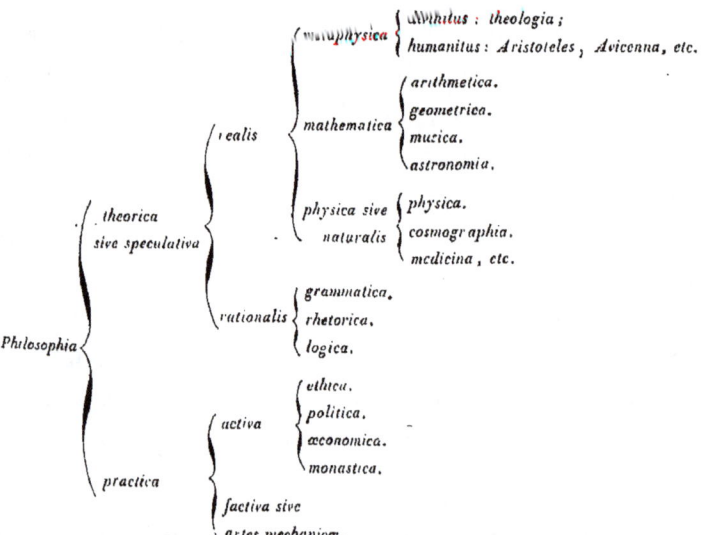

[1] « Propositum a nobis est, sapientem atque eloquentem pietatem finem esse studiorum, » *De ludis liter.*, p. 104.

terme de sa vie; il l'a eu en fondant le Gymnase, et a cherché constamment à en perfectionner la réalisation pratique.

Cette éducation savante et pieuse est nécessaire surtout à ceux qui peuvent être appelés à exercer une influence soit dans l'État soit dans l'Église. Sturm était convaincu que, dans les grands mouvements du seizième siècle, il fallait des hommes d'un caractère ferme et d'un esprit nourri par de fortes études[1]. C'est une belle chose, dit-il, que de naître avec un corps robuste, d'appartenir à une famille honorable, d'avoir des talents naturels; mais, sans éducation, ces avantages demeurent stériles; pour défendre la religion et pour résister aux mauvaises passions qui troublent le monde, il faut une intelligence exercée, une foi vive et une parole entraînante[2]. Sturm adresse ces conseils aussi bien aux princes et aux nobles qu'aux bourgeois de son temps. Pour marcher à la tête de la civilisation, les princes doivent posséder, outre les vertus religieuses, une riche instruction littéraire; il leur recommande l'étude des historiens, des philosophes, des orateurs de l'antiquité, pour apprendre à gouverner leurs peuples avec justice et à faire prévaloir le droit dans les délibérations politiques[3]. Les nobles n'ont pas moins besoin de ces connaissances. La plupart des seigneurs du seizième siècle croyaient déchoir de leur état en se livrant aux arts de la paix; guerroyeurs et ignorants, ils étaient, selon l'expression d'Ulric de Hutten, plus dignes du nom de centaures que de celui de chevaliers[4]; ils méprisaient comme moins vaillants

---

[1] « ...*Ad retinendam religionem, ad resistendum hominibus malis, ad omnia ea quæ necessaria sunt Ecclesiæ et utilia mortalibus* » *Luctus ad Camerarium.*

[2] *De educatione principis*, chez Halbauer, p. 6.

[3] Au duc Wolfgang, en tête des *Dialogi in Ciceronis partit. orat.*

[4] *Præfatio ad Panegyricum in laudem Alberti archiep. Mogunt. Opera* éd. Münch, T. 1, p. 274.

ceux qui cherchaient à cultiver leur intelligence [1]. Parmi les défenseurs mêmes du vieux régime, il y eut des hommes affligés de cette barbarie ; Jean Eck, le fougueux adversaire de Luther, publia un discours sur l'utilité des lettres pour les nobles [2]. Sturm, qui traita ce même sujet, le fit avec plus d'élévation et avec plus de goût que le professeur de théologie d'Ingolstadt. Il écrivit un traité spécial, *De nobilitate literatà*, pour inspirer aux seigneurs l'amour de l'étude, seul moyen, selon lui, d'adoucir la rudesse de leurs mœurs et de leur rendre le sentiment de leur dignité. S'il désirait que les lumières se répandissent dans toutes les classes, il voulait que ceux auxquels l'état social d'alors accordait des priviléges, donnassent l'exemple des mœurs honnêtes et de l'amour des lettres [3].

On a vu que, selon Sturm, l'instruction a pour but la piété, la connaissance des choses et l'élégante correction du discours. Il est évident qu'encore aujourd'hui toute bonne éducation doit se proposer ce triple but : diriger vers Dieu la volonté de ses élèves, développer leur intelligence et les rendre capables de concourir au bien général, en communiquant à d'autres leurs pensées et leurs sentiments d'une manière entraînante, c'est là ce que recherchera toujours un pédagogue qui prend au sérieux sa tâche. Seulement le progrès des temps a modifié les moyens qu'il convient d'employer pour réaliser ce but ; il a changé aussi les principes du seizième siècle sur l'importance relative des connaissances *réelles* et des qualités purement *formelles* du

---

[1] «...*Vituperanda est nostræ nobilitatis barbara consuetudo et agrestis opinio, in qua plerique sunt, qui existimant, non se satis militares, atque bellicosos haberi, si litterarum periti videantur ; quos doctrinæ pudet, morum non pudet.*» *De nobilit. liter.*, chez Halbauer, p. 49

[2] *Oratio de nobilitate literis exornandà*. Augsb. 1515, in-4°.

[3] Tandis que les savants accueillent avec admiration le traité de Sturm *De nobilitate literatà*, beaucoup de nobles s'en moquent et le méprisent. G. Fabricius à Wolfg. Meurer, 19 mai 1549 ; Fabricii *Epistolæ*, p. 117.

langage. Quant à l'élément religieux dans l'éducation, il faut le maintenir avec autant de persévérance que Sturm. S'il y insistait, ce n'était pas seulement pour que les élèves apprissent les dogmes de leur Église, mais pour qu'ils conformassent leur vie aux préceptes de l'Évangile. Il voulait que leur foi leur inspirât la charité, le support, l'amour de la paix, le dévouement. L'esprit chrétien devait leur donner en outre ce vrai *decorum*, qui résulte du respect qu'on a pour les autres, bien plutôt que de la haute opinion qu'on se fait de son propre mérite. Sturm ne cessait de recommander à la jeunesse la décence dans les vêtements, la dignité dans le maintien, la haine du commun et du malhonnête, la recherche de ce qui est noble et grand [1]. Mais ses moyens de discipline n'étaient pas toujours les plus efficaces : il demandait un usage trop fréquent de ces châtiments corporels qui humilient sans corriger. En cela il croyait être conforme tout à la fois à la gravité romaine, et à des prescriptions de la Bible ; mais, en réalité, il n'obéissait qu'à l'esprit d'une époque qui avait encore beaucoup de rudesse dans les mœurs [2].

Après l'éducation morale et religieuse, le plus important pour Sturm est l'instruction littéraire. Il dit, il est vrai, que celle-ci a aussi pour but la connaissance des *choses ;* mais, dans tous ses écrits, comme dans ceux de la plupart de ses contemporains, ce but n'a qu'un intérêt très-accessoire. Dans son plan d'études pour le Gymnase, les *realia* n'ont presque pas de place. Des choses tout aussi indispen-

---

[1] *De literarum ludis*, p. 94 et suiv. — A l'archevêque Hermann de Cologne, en tête du 2ᵉ vol. des discours de Cicéron.

[2] V. ses règlements de discipline, surtout les *leges curiales* (*curiæ*, les classes du Gymnase), à la suite des *Epistolæ classicæ*, chez Halbauer, p. 233. Lorsqu'en 1572 les scolarques supprimèrent l'emploi des verges dans les quatre classes supérieures, Sturm blâma cette suppression comme funeste pour la discipline.

sables que la grammaire et la rhétorique, sont complétement négligées ou renvoyées aux classes supérieures, où elles ne sont enseignées que d'une manière sommaire et imparfaite. Si, dans ces classes, on donne aux élèves trop de mathématiques, sans leur avoir enseigné d'abord le calcul élémentaire et usuel [1], on ne s'y occupe presque pas d'histoire et de géographie. Ces sciences ne doivent s'apprendre qu'accidentellement, par l'explication des auteurs classiques, interprétés non pas au point de vue des faits et des mœurs, mais sous le seul rapport du style. De là une instruction historique et géographique très-décousue ; ce n'est que dans les cours publics qu'on tâchait de la compléter, et encore ne s'occupait-on de préférence que de l'histoire de l'antiquité, et ne traitait-on la géographie que d'après Pomponius Méla et Ptolémée ; un jeune homme sorti du Gymnase ou d'une autre école du seizième siècle, n'avait que quelques notions peu cohérentes et peu utiles sur l'ancien monde, il ne savait à peu près rien du pays même auquel il appartenait.

Tout le zèle de Sturm était tourné du côté du *bien parler*. Il savait parfaitement que, pour bien parler, il faut une intelligence nourrie d'idées et de connaissances ; mais, se méprenant, comme tous les humanistes, sur l'importance de la forme, il n'avait pas assez d'attention pour le fond et croyait réussir en consacrant ses meilleurs efforts au seul perfectionnement de la langue : entreprise d'autant plus difficile, que l'idiome qu'il affectionnait devenait de jour en jour plus étranger aux peuples et plus insuffisant pour le génie moderne. Sous ce rapport, Sturm partageait au plus haut degré l'enthousiasme et les erreurs des savants de la Renaissance ; il allait encore plus loin que d'autres ;

---

[1] En 1572, p. ex., on n'enseigne au Gymnase l'arithmétique qu'à partir de la seconde ; en première, on traite les *Logistica scrupulorum astronomicorum* et la *doctrina de primo cœli motu*.

tandis que beaucoup se contentaient d'*écrire* un latin pur, il voulait qu'on le *parlât* en toute occasion et qu'il bannît presque les langues vulgaires. Dans un traité publié dès 1538, *De amissà dicendi ratione*, il s'attacha à montrer comment l'éloquence, après avoir brillé d'un si grand éclat à Rome, s'est successivement altérée pour arriver au seizième siècle déchue de sa beauté et de sa force. Il faut, dit-il, que Dieu suscite des hommes pour lui restituer sa perfection, de même qu'il a suscité les réformateurs pour ramener la religion à sa pureté primitive. Il voyait bien autour de lui des savants parlant un latin correct, mais ce qui leur manquait, c'était l'élégance et l'harmonie; d'autres imitaient Cicéron en écrivant, mais ne recherchaient pas la gloire de parler comme lui; travaillant laborieusement à soigner leur style, ils n'avaient pas la facilité d'élocution indispensable à l'orateur. Encore plus tard, après plus de trente ans d'efforts pour faire revivre l'éloquence latine, Sturm s'affligeait de voir si peu de jeunes gens s'appliquer à cette noble étude. Ce qu'il dit sur les causes du peu de succès de ses travaux et du peu de zèle de beaucoup d'élèves, caractérise clairement la tendance qu'il poursuivait: « Lors des premiers mouvements de la Renaissance, on s'est plutôt occupé à écrire le latin qu'à le parler; Érasme a recherché la richesse et la variété des expressions, mais a méprisé le soin que mettaient les Italiens à polir leur style. Les cardinaux Bembo et Sadolet ont écrit avec élégance, mais leur parole a été difficile. A Guillaume Budé a manqué la clarté; il est grave, parfois même élégant, mais il est obscur à force de recherche. Cependant le zèle même de cette première époque s'est refroidi; le seul qui, en Italie, soutînt encore les bonnes lettres, était Paul Manuce; depuis sa mort, les savants italiens préfèrent s'exprimer en italien plutôt que de se servir de la langue de Cicéron. » Sturm voudrait engager tout jeune homme à être jaloux de la gloire des anciens et à ambitionner comme eux les triomphes de l'éloquence. Témoin des ennuis que causait aux élèves la difficulté d'atteindre à ce but, il ne se demande pas si ces ennuis sont fondés dans la différence des temps, il veut les combattre par des considérations destinées à éveiller dans les âmes une ardeur qui était, selon lui, la plus généreuse de toutes : « Ne sommes-nous pas plus favorisés que les anciens orateurs ? Nous les avons pour modèles, tandis qu'eux-mêmes ont eu la difficulté de se former tout seuls ; n'avons-nous pas, comme eux, les ouvrages des philosophes, et de plus qu'eux, l'Évangile, pour y puiser la sagesse qui fournit à l'orateur les grandes pensées ? Les anciens avaient-ils à espérer des récompenses que nous ne trouverions plus ? Les grands écrivains modernes, Pétrarque, Boccace, Comines, Luther, ne sont-ils pas admirés comme les maîtres de leurs langues [1] ? » Chose singulière ! c'est parmi les premiers créateurs des littératures modernes que Sturm prend les exemples destinés à détourner la jeunesse de l'usage des idiomes nationaux, pour l'engager à la pratique exclusive d'une langue ancienne. On s'est demandé comment il s'est fait qu'un homme aussi distingué ait pu entrevoir si peu les besoins des générations nouvelles, et se consumer pour la restauration du passé en des efforts dont il reconnaissait lui-même l'insuffisance. Mais cette restauration a été momentanément nécessaire pour le développement même du génie moderne ; car non-seulement les langues se sont épurées et assouplies en traversant cette crise, les intelligences émancipées se sont aussi enrichies du glorieux héritage de l'antiquité. Sturm a été un des plus ardents et des plus laborieux restaurateurs du monde classique ; c'est là un de ses grands mérites ; son erreur a été celle de son siècle : il a cru que ce qui ne devait être

---

[1] *De exercitationibus rhetoricis* (sans pagination).

qu'un moyen de préparer l'avenir, était le but même auquel désormais il fallait tendre. Il ne cessait de déplorer l'infériorité de ses contemporains comparés aux écrivains et surtout aux orateurs des beaux temps de Rome. Nous écrivons tous, disait-il en 1538[1], la langue latine, les professeurs de rhétorique sont recherchés partout, les bons auteurs sont publiés et lus avec avidité; malgré cela, nous restons en arrière des anciens, nous ne parvenons pas à parler comme eux. La vraie *ratio dicendi* s'est perdue, parce que depuis longtemps on ne remplit plus les conditions sans lesquelles elle est impossible. Les esprits sont corrompus, la vie est dépravée; les talents ne manquent pas, mais les uns perdent leur énergie dans la volupté, d'autres se jettent dans des carrières lucratives, avant d'avoir suffisamment étudié. De là vient que peu sont aptes à enseigner à la jeunesse un latin qu'ils savent à peine eux-mêmes. La méthode d'enseignement, claire et brève chez les anciens, est devenue longue, compliquée, mêlée de subtilités inutiles; elle affaiblit les esprits au lieu de les fortifier. On enseigne les règles avant d'avoir appris aux élèves les mots auxquels elles s'appliquent; on perd un temps précieux, sans arriver au but. On sépare la rhétorique de la dialectique, on veut exercer l'art de la parole sans connaître celui de la pensée. On a « obscurci » les sciences, en les exposant dans un langage barbare et rude; on a oublié que, si le savoir ou la naissance élèvent un homme, l'éloquence seule, le plus noble des arts, lui donne de l'autorité sur les cœurs. Quiconque veut être utile à sa patrie ou à son Église, doit savoir manier la parole avec élégance et correction. L'homme d'État, le jurisconsulte, le pasteur, le professeur d'une science quelconque, tous doivent se hâter de renoncer au latin du moyen âge pour revenir à celui du temps d'Auguste.

[1] *De amissà dicendi ratione*, éd. de 1538, p. 33.

BUT DE L'INSTRUCTION PUBLIQUE SELON STURM.

Mais un grand obstacle s'opposait au rétablissement de cette parfaite latinité, dont Sturm attendait de si grands résultats : c'était la circonstance que les jeunes gens, avant d'aborder l'étude du latin, étaient obligés d'apprendre une autre langue, leur langue maternelle. Ces malheureuses langues vulgaires étaient un vif tourment pour Sturm. Il regrettait le temps où les jeunes Romains apprenaient le latin dès leur première enfance[1]; il eût volontiers consenti à l'emploi de tout moyen qui, au seizième siècle, eût empêché les enfants de « corrompre » leur style par l'usage d'un de ces idiomes modernes qui, quoi qu'on fasse, donnent à l'esprit une tournure particulière. Mais, s'il fallait se soumettre à l'impossibilité de faire revivre le latin comme langue maternelle, Sturm se consolait en songeant à la gloire réservée à ceux qui, malgré la défaveur de leur naissance, parviennent par le travail et l'exercice à le parler aussi bien que les Romains d'autrefois. Pour revenir à cette perfection, Sturm faisait des appels pressants au sentiment d'honneur de ses contemporains ; leur ambition devait consister, non pas à faire faire des progrès aux langues nationales, formées si lentement et riches d'un si bel avenir, mais à les oublier pour les remplacer par le latin cicéronien. Les parents, les professeurs, les magistrats, devaient engager les jeunes gens bien doués à se consacrer au culte de cette langue, en leur montrant au bout de leurs labeurs une gloire certaine. Le talent, sans culture, reste stérile, ou se perd par le vice ; on ne le conserve que par une vie austère et pieuse, et on ne lui fait porter ses fruits qu'en le développant et en l'exerçant, c'est-à-dire, selon Sturm, en le latinisant. Tel est le but de l'instruction ; elle doit faire revivre l'éloquence latine par un enseignement

---

[1] *De amissà dicendi ratione*, p. 46. — *De exercitat. rhetor.* — *Epistolæ classicæ*, chez Hallbauer, p. 176.

progressif, commençant par la grammaire et s'élevant successivement à la rhétorique et à la dialectique. C'est ici surtout que Sturm nous apparaîtra comme réformateur, quoique dominé toujours par les idées de son époque.

CHAPITRE III.

Enseignement grammatical et Copia verborum.

Nous avons dit plus haut combien l'enseignement grammatical était négligé dans les premiers temps de la Renaissance. Les élèves devaient apprendre les règles dans l'un ou l'autre de ces manuels du moyen âge, que Camérarius appelait des massacres des esprits, *carnificinæ ingeniorum*. Il est bizarre de voir des humanistes du commencement du seizième siècle tolérer le *Græcismus* ou le *Doctrinale*, sur lequel Hermann Torrentinus publia encore en 1509 un ample commentaire [1]. Cependant une opposition vigoureuse ne tarda pas à s'élever contre ces « sources de détestable barbarie et de crasse ignorance [2]. » Elles étaient défendues encore, avec un acharnement opiniâtre, par les *théologistes* et les *hommes obscurs*, pour lesquels la langue de Cicéron était tour à tour trop moderne ou trop vieille [3],

---

[1] *Commentaria in primam partem Doctrinalis.* Strasb. 1513, in-4°.

[2] « *Auctores putridis quorum de fontibus exit*
« *Tetrica barbaries atque ignorantia crassa...* » H Bebel, *Egloga contra vituperatores studiorum humanitatis.* Bebelii *Opuscula nova.* Strasb. 1508, in-4°.

[3] « *Isti humanistæ nunc vexant me cum suo novo latino, et annihilant illos veteres libros, Alexandrum, Remigium, etc.* » — « *Et quia vocabula ex Cicerone sunt nimis vetera, conavi ea innovare, etc.* » — *Epistolæ obscurorum virorum*, éd. Münch, p. 91, 307. — Torrentinus fut accusé comme hérétique à cause de son très-innocent commentaire sur le *Doctrinale* ; Busch fut menacé de la même accusation.

et qui, saisis d'horreur en voyant les progrès du « latin séculier, » invoquaient les anathèmes de l'Église contre « l'hérésie » des nouveaux grammairiens. Mais, sans s'occuper autrement de leurs lamentations que pour en rire, les humanistes se mirent avec ardeur à réformer l'enseignement grammatical. Il est vrai que plusieurs de leurs premiers essais furent encore assez étranges ; de ce nombre sont les règles versifiées de Mancinelli[1], de Despautère[2], de Georges Reisch[3], et surtout le traité de l'Alsacien Mathieu Ringmann, exposant la grammaire au moyen d'un jeu de cartes[4]. Bientôt on vit paraître aussi des manuels plus raisonnables ; déjà celui de Nicolas Pérotti avait été conçu d'après un meilleur plan[5] ; ceux de Hermann de Busch[6], d'Alde Manuce[7], du médecin Thomas Linacer, de Canterbury[8], de l'historien bavarois Aventinus[9], du fameux controversiste Cochléus, de Nuremberg[10], de Simler, de Heinrichmann et

---

[1] *Scribendi orandique modus*; contient, entre autres, un traité en vers, intitulé : *Spicæ, de declinatione, de generibus nominum, de præteretis et de supinis*. Bâle 1501, in-4°.

[2] *Syntaxis* (règles versifiées, accompagnées d'un commentaire savant, mais lourd). Strasb. 1515, in-4°. — *Commentarii grammatici*, dès 1512 ; souvent obscur et embarrassé.

[3] Lib. I de la *Margarita philosophica*.

[4] *Grammatica figurata, octo partes orationis secundum Donati editionem et regulam Remigii* (bénédictin du onzième siècle, commentateur du Donat) *ita imaginibus expressæ, ut pueri jucundo chartarum ludo faciliora grammaticæ præludia discere et exercere queant*. S. Dié 1509, in-4°.

[5] *Rudimenta grammatices latinæ*. Venise 1476, in-fol.

[6] *In artem Donati de octo partibus orationis commentarius*. Leipz. 1511, in-4° ; commentaire tiré des écrivains classiques.

[7] *Institutiones grammaticæ*. Ven. 1508, in-4° ; ne contient pas la syntaxe.

[8] *De emendatà structurà sermonis latini*. Londres 1524, in-4° ; observations sur quelques auteurs anciens relatives à la syntaxe.

[9] *Rudimenta grammaticæ*. Munich 1512, in-4° ; suivi de règles sur les figures et sur la prosodie ; la plupart des exemples sont aussi expliqués en allemand.

[10] *Grammatica*. Strasb. 1511, in-4° ; contenant des commentaires sur une

de Brassicanus, de Tubingue[1], témoignent du désir de perfectionner la méthode et de purifier la langue. Ces grammaires, auxquelles on peut ajouter un intéressant traité de Wimpheling sur l'enseignement de la langue latine, et le livre plus curieux et plus savant encore de Bébel sur la corruption du latin au moyen âge[2], furent accueillies avec un vif empressement par les amis des lettres; ils les saluèrent comme des flambeaux destinés à dissiper les ténèbres où l'on s'égarait en suivant les guides maladroits des siècles antérieurs[3]. Toutefois, œuvres plus ou moins timides d'une époque transitoire et n'osant pas s'écarter en tout point des errements reçus, elles étaient encore en général fort imparfaites. Les unes ne traitaient qu'une partie de la science, d'autres confondaient ce qu'il aurait fallu séparer, d'autres enfin manquaient d'ordre, en mettant par exemple la prosodie avant l'étymologie.

Sous ce rapport, il y avait donc encore une importante réforme à faire ; elle était d'autant plus urgente que, malgré l'apparition des nouveaux manuels, l'enseignement grammatical était négligé même par beaucoup d'humanistes. Avant tout, Sturm demanda que l'étude de la grammaire précédât l'explication des auteurs et les leçons sur la rhétorique. Se rattachant à Mélanchthon, dont l'excel-

partie du *Doctrinale* et sur le Donat, des règles sur la traduction du latin en allemand, un chapitre *de modo epistolandi*, la théorie des figures et la prosodie.

[1] Brassicanus, *Institut. grammat.* Strasb. 1512, in-4°. — Heinrichmann, *Institut. grammat.* Ibid. 1512, in-4°. — Simler, *Observationes de arte grammaticà.* Tubingue 1512, in-4°. Simler, fidèle encore en ce point au *Græcismus* d'Ebrard de Béthune, met la prosodie avant l'étymologie.

[2] Wimpheling, *Isidoneus germanicus.* S. l. et a., in-4°. — Bébel, *De abusione linguæ latinæ apud Germanos et de proprietate ejusdem ;* suivi de plusieurs petits traités spéciaux sur la restauration de la latinité classique. Strasb. 1513, in-4°.

[3] V. p. ex. les vers de Jacques Spiegel, de Schlestadt, secrétaire impérial, en tête des *Observationes de arte grammaticà* de Simler.

lent manuel avait remplacé en Allemagne la plupart de ceux qui avaient paru dans les premières années du siècle[1], Sturm simplifia la grammaire et la ramena à des règles plus rationnelles. Il mettait tant d'importance à cet enseignement que même, dans sa vieillesse encore, il ne dédaignait pas de s'en occuper ; un vieillard, disait-il, ne doit pas avoir honte de se consacrer à ces matières, rien n'étant plus utile ni plus beau en cette vie qu'un langage pur, expression d'une âme honnête[2]. Il publia lui-même une grammaire élémentaire pour les classes inférieures du Gymnase. Elle ne contient que peu de préceptes ; la première partie renferme ce que l'élève doit apprendre avant d'aborder les règles proprement dites, c'est-à-dire des exemples de la déclinaison des noms et des pronoms, et de la conjugaison des verbes ; la seconde donne les principes de l'étymologie, sur les genres, sur les degrés de comparaison, sur la formation des cas, des modes, des temps ; la troisième enfin s'occupe des notions les plus élémentaires de la syntaxe.

Seulement, comme tous les grammairiens de la Renaissance, Sturm n'oublia qu'une chose, c'est que, pour apprendre le latin au moyen d'une grammaire tout entière

---

[1] *Grammatica latina.* Haguenau 1525, in-8° ; et souvent depuis.

[2] « *Me non pudet ad hunc laborem descendere et intermittere studia mea in rebus maioribus... Cur me puderet in hac ætate et senectá meá grammaticum agere, et res tractare grammaticorum ?... Quid enim utilius in hac vitá, quàm pura mens et pura oratio ? quid iucundius, quàm elegans vita et elegans oratio ?... Omnes senes pœnitet et pudet præteritarum voluptatum, earum scil. quas adolescentia et iuventa putat esse bonas, et coniunctæ sunt cum peccatis et vitiis, et sæpe cum sceleribus, ut est ebrietas, ut libido et scortatio, ac similes res, ut profusi sumtus, in quibus iuventus putat esse laudem aliquam, cum sit dedecus in iis positum aliquando et pernities, plerumque etiam, aut nimis sæpe, miseria. Harum voluptatum omnium, inquam, et similium senes pœnitet et pudet : vitæ verò laudatæ et orationis perspicuæ, neminem pœnituit unquam.*» *De latinæ linguæ resolvendæ ratione,* p. 54, 55.

écrite en latin, il aurait fallu que les élèves sussent déjà cette langue. On voulait enseigner une langue morte comme on enseigne une langue maternelle, au lieu de se servir de celle-ci pour transmettre les préceptes de l'autre. Sturm, qui sentait les inconvénients de cette méthode peu rationnelle, essayait d'y remédier par des instructions données aux maîtres et par des moyens multipliés de faire apprendre aux élèves un grand nombre de mots. Le professeur de grammaire ne devait pas se borner à des règles toujours plus ou moins abstraites ; comme cet enseignement, aussi longtemps qu'il reste élémentaire, n'a pas un but logique, mais qu'il doit être un simple moyen de former les élèves à l'usage de la langue, Sturm voulait qu'il fût essentiellement pratique et accompagné, par conséquent, de tout ce qui peut enrichir la mémoire d'une quantité considérable d'expressions et de tours. Sans *copia verborum*, disait-il, on n'acquiert pas la facilité de la parole, on ne devient qu'érudit. Voici les moyens qu'il recommandait pour l'acquisition de la *copia verborum*. Le premier est l'*exercice de mémoire*, auquel il faut habituer les élèves dès leur entrée à l'école, alors même qu'ils ne savent pas encore tracer les caractères latins. Il faut leur apprendre les noms des objets qui les entourent, en prenant ces noms, autant que possible, dans les meilleurs écrivains. Par des répétitions fréquentes il faut s'assurer qu'ils les ont retenus et qu'ils en savent la signification et les usages divers [1]. Ces exercices doivent se continuer dans toutes les classes, en augmentant successivement en difficulté et en étendue ; mais il faut surtout y insister dans les classes élémentaires, car c'est le seul moyen de suppléer à l'absence de la langue latine dans les familles. Sturm publia quelques ouvrages destinés à apprendre aux élèves les noms des choses qui se rencontrent

---

[1] *Epist. classicas*, p. 1722. — *De exercit. rhetoricis*.

dans la vie ordinaire. Il fit d'abord, sous le titre de *Neanisci*, une série de dialogues, adaptés aux classes du Gymnase et contenant les termes et les formules dont on peut faire usage dans la conversation de tous les jours. Les recueils d'adages, dont le seizième siècle a vu paraître un nombre considérable et dont celui d'Érasme était le type et la source, devaient servir à un but pareil. Les proverbes, disait Sturm, augmentent la *copia verborum*, aiguisent l'esprit et ajoutent à la conversation un charme particulier. Aussi fit-il faire par un jeune professeur de l'académie de Strasbourg une collection d'*adages classiques*, dont l'étude devait être pour les élèves du Gymnase une espèce d'utile distraction[1]. Sturm fit en outre une édition des distiques attribués à Caton, auxquels, depuis les premiers jours de la Renaissance, on attribuait une grande valeur pédagogique[2] ; les élèves devaient les apprendre, conjointement avec le catéchisme, pour se familiariser de bonne heure avec les expressions relatives à la vie morale. Enfin, il publia, pour les six classes supérieures, quelques recueils progressifs de poésies latines, destinées à être apprises par cœur et fréquemment répétées, moins dans le but de développer le sentiment du beau que dans celui d'enrichir le trésor de mots.

Un autre moyen d'atteindre ce but, consistait à mettre entre les mains des élèves ce que Sturm appelait des *onomastica*, des catalogues d'expressions usitées soit dans l'entretien familier, soit dans le style plus oratoire, et classées par ordre de matières. Dans les écoles monastiques du moyen âge on avait possédé déjà quelques vocabulaires encyclopédiques de ce genre, incomplets et incorrects, mais

---

[1] *Adagia classica*, recueillis en 1573 par Jean-Louis Hauenreuter, qui expliquait alors les ouvrages d'Aristote sur la physique.

[2] Séb. Brant et Érasme en firent des éditions, le premier avec une traduction en rimes allemandes (s. a., Bâle, in-4°), le second avec un commentaire latin (Strasb. 1515, in-4°).

très-utiles à une époque où l'on n'avait rien de mieux, et aujourd'hui fort intéressants sous le rapport historique et philologique [1]. Du temps de la Renaissance, on revint à ce mode d'instruction ; on lui donna plus d'extension et une forme plus savante, en même temps qu'on essaya de perfectionner aussi les vocabulaires alphabétiques. Mais il fallut des peines extrêmes pour expulser des écoles les recueils informes du moyen âge, tels que le *Gemma gemmarum*, le *Catholicon*, le *Modus latinitatis* [2] ; les fanatiques adversaires des lettres profanes ne pouvaient se décider à renoncer à ces ouvrages, imprimés encore fréquemment dans les premières années du seizième siècle. Pour les faire disparaître, on ne se borna plus à expliquer les mots par un synonyme ou par un terme de la langue vulgaire, on en détermina le sens et les acceptions diverses par des exemples tirés des meilleurs auteurs, on fit des collections de phrases, d'*élégances*, de *fleurs*. Le vocabulaire encore très-insuffisant de Reuchlin [3] devint le type des dictionnaires ; les *Elegantiæ* de Laurent Valla et la *Polyanthea* de Nanus Mirabellius le devinrent des recueils de phrases [4]. Sturm

[1] P. ex. le *Vocabularius optimus*, éd. Wackernagel. Bâle 1847, in-4°. — *Vocabularius rerum*. Augsb. 1478, in-fol. — *Vocabularium latino-germanicum*. Nuremberg 1482, in-fol. — La bibliothèque de Strasbourg possède plusieurs vocabulaires manuscrits de ce genre.

[2] Tous ces recueils furent fréquemment imprimés à la fin du quinzième et au commencement du seizième siècle ; du *Catholicon*, p. ex., de Jean de Balbis (de Gênes, dominicain du quatorzième siècle), il y a vingt-huit éditions de 1460 à 1520. — *Modus latinitatis*. Strasb., Martin Flach, 1498, in-4°. Etc.

[3] *Breviloquus, id est, dictionarium singulas voces latinas breviter explicans per ordinem alphabeti*. Bâle, Amerbach, 1480, in-fol. Ce dictionnaire est quelquefois attribué à Guarini, de Vérone, parce que quelques traités de grammaire de cet auteur sont imprimés dans le même volume et que Reuchlin ne s'est pas nommé.

[4] Valla, *Elegantiarum libri VI*. Rome 1471, in-fol. ; ouvrage plein d'observations très-judicieuses et souvent imprimé. — Mirabellius, *Polyanthea, opus suavissimis floribus exornatum*. Strasb 1517, in-fol. — Card. Hadrianus,

adopta ce moyen d'enseignement pour le Gymnase de Strasbourg. Seulement il préféra la disposition encyclopédique à l'ordre irrationnel de l'alphabet ; il ne rejeta pas ce dernier absolument, il l'admit comme utile pour les ouvrages destinés à faciliter la recherche immédiate d'un terme ; il s'était lui-même occupé comme jeune homme de la confection d'un dictionnaire [1], et un des derniers travaux de sa vieillesse fut une préface pour recommander un lexique latin-grec-allemand fait par deux de ses disciples [2]. Mais, pour mieux familiariser la jeunesse avec le génie même de la langue latine, il croyait que l'ordre systématique, rapprochant les expressions qui se rapportent au même objet, présente des avantages plus réels. Il se souvenait qu'à Louvain il avait beaucoup profité d'un recueil fait d'après cette méthode par Murmélius, un des premiers à revenir à la classification par catégories [3] ; à son arrivée à Strasbourg, il trouva ce même recueil introduit dans les écoles de cette ville [4].

Il publia lui-même un *Onomasticon puerile* contenant, par ordre de matières, les expressions les plus usuelles relatives à la religion, aux choses extérieures, aux occupations de la vie ; en 1576, il fit une édition des phrases cicéroniennes d'Étienne Dolet [5]. Sur son conseil, d'autres savants de son école firent également des recueils de ce genre ; tels sont l'*Onomasticum* latin-allemand de Théophile Gol, professeur au Gymnase de Strasbourg, et le Trésor ci-

---

De modis latine loquendi. Bâle 1518, in-4°, avec une épître dédicatoire de J. Frobénius à la Société littéraire de Schlestadt. — Aldus Manutius, *Puræ, elegantes et copiosæ latinæ linguæ phrases*. Col. 1572, in-8°. Etc.

[1] A Théod. Rihel, 21 août 1586, en tête du *Lexicon trilingue*.

[2] *Lexicon trilingue*, 1586, par David Schalling et Helfrich Emmel.

[3] A Jacques de Bade, 5 déc. 1578, en tête de l'*Onomasticum* de Gol.

[4] *De scholæ Argent. ortu*. Ms.

[5] Il fit cette édition pour se conformer au désir du médecin impérial Cra de Craftheim, 1576.

céronien d'Antoine Shor, professeur à Heidelberg. Un de ses projets favoris était de former une vaste encyclopédie de tous les termes et de tous les tours employés par les meilleurs auteurs latins, une espèce de magasin où l'on trouvât, sous de nombreuses rubriques, les mots, les formules, les façons de parler, dont on pouvait avoir besoin. Quelques savants employèrent pour faire ces recueils des procédés fort singuliers, mais conformes au goût du temps. Les hommes les plus graves, entre autres Lefèvre d'Etaples, s'amusaient à chercher des moyens mnémoniques et récréatifs pour l'enseignement de toutes sortes de sciences. Le plus communément on employait les figures d'un jeu de cartes ou celles du jeu des échecs; les uns les appliquaient à la musique ou à l'arithmétique, d'autres aux règles de la grammaire et à des vocabulaires encyclopédiques; le franciscain Thomas Murner, de Strasbourg, s'en servit pour apprendre à ses élèves la logique et même le code de Justinien [1]. Un des plus bizarres tours de force, destinés à imprimer à la mémoire la *Copia verborum*, est celui qu'imagina l'Italien Jules Camillo, avec lequel Sturm eut des relations à Paris en 1535 [2]. Camillo, qui était excellent latiniste, bien qu'il ne sût que médiocrement le grec, voulait contribuer pour sa part à la restauration cicéronienne qui était la grande préoccupation des gens de lettres de son époque; il espérait y réussir par la mécanique, après l'avoir vainement essayé par l'anatomie. Son intention était de faire un recueil de mots, classés d'après un certain ordre; pour trouver le principe de cette classification, il songea

---

[1] *Chartiludium logice seu logica poetica vel memorativa cum jocundo pictasmatis exercitamento.* Cracovie 1507; Strasb. 1509, in-4°. — *Ludus studentum Friburgensium.* Francf. 1512, in-4° (la métrique enseignée au moyen du jeu d'échecs). — *Chartiludium Institute summarie.* Strasb. 1518, in-4° (les Instituts au moyen des cartes).

[2] Sturm à Bucer, nov. 1536.

d'abord à l'adapter aux différentes parties du corps humain : sous la rubrique des os, il voulait inscrire les corps solides ; sous celle du sang, ce qui se rapporte à la chaleur et au feu ; l'appareil respiratoire devait servir à représenter l'air et ce qui le concerne, tandis que l'eau se trouvait sous l'emblème des sécrétions liquides. Camillo croyait avoir trouvé ainsi des moyens mnémoniques, rappelant à la mémoire les quatre éléments et tout ce qu'on y rattachait alors. Mais, s'étant persuadé que ce serait d'une utilité très-douteuse, il inventa un théâtre, divisé d'après les sept planètes et représentant, selon les propriétés attribuées à chacun de ces astres, toutes les parties de l'univers. On dit qu'il travailla pendant quarante ans à ce mécanisme. Nous avons de la peine à en comprendre le sens et le but ; Sturm l'admirait comme fort ingénieux, mais en contestait l'utilité pratique [1]. Il préférait une *Copia verborum* recueillie par Camillo, qui ne paraît pas avoir été publiée [2]. Quant à lui-même, il s'occupait de la confection d'un pareil recueil, sur une grande échelle et d'après une division méthodique ; il voulait, par le moyen d'une analyse de Cicéron, donner les définitions de toutes choses, dans un ordre naturel, par genres et par espèces. Les barons de Werther lui promirent une riche gratification s'il terminait cet ouvrage dans un temps donné [3] ; mais, bien qu'il y mît beaucoup de soins et que les savants de l'Allemagne et de la Suisse fussent impatients de le voir achever « ce travail d'Hercule [4], » il ne

---

[1] *Linguæ latinæ resolvendæ ratio*, p. 3. — Nous n'avons pas pu nous procurer l'ouvrage intitulé : *Idea del theatro*, Florence 1550, in-4°, dans lequel Camillo expose son projet. Il publia aussi quelques traités de rhétorique, d'après Hermogènes, et un livre sur l'imitation de Cicéron. V. sur lui Freytag, *Apparatus literarius*. Leipz. 1755, T. III, p. 128.

[2] *De amissà dicendi ratione*, p. 50.

[3] Sturm à Toxitès, 7 mai 1552.

[4] « *Opus herculeum.* » Célius Secundus Curio à Sturm, s. d.; in Curionis *Epp. et orat.* Bâle 1558, p. 110. — « *Sturmius quoque similem, vel hoc*

put jamais le mener à bout ; il finit par le trouver trop considérable pour les forces d'un seul [1]. Il se peut aussi qu'il y ait renoncé, découragé par la publication du grand trésor de Nizolius, qui se glorifiait de n'avoir jamais étudié autre chose que la grammaire, et que l'on admirait comme le chef, l'*alpha* des cicéroniens [2]. Lorsqu'en 1565 un protestant italien, Alexandre Citolinus, qui avait fait une analyse de Cicéron en sept parties, d'après les sept jours de la semaine, vint se réfugier à Strasbourg, Sturm eût voulu le retenir pour qu'il lui aidât à achever son grand ouvrage ; mais sa fortune, réduite par les avances faites aux Huguenots, ne le lui permit point [3]. Le recteur de Strasbourg n'a donc pas été l'inventeur de la méthode de nomenclature, consistant à enseigner le latin au moyen de vocabulaires encyclopédiques et de recueils de phrases ; mais c'est lui qui l'a pratiquée de la manière la plus systématique et avec le plus de persévérance. Dès la classe de neuvième, les élèves apprenaient par cœur une partie du vocabulaire ; aussi longtemps qu'ils n'étaient pas en état de suivre une leçon faite en latin, et que le maître était obligé de se servir, dans ses explications, de la langue maternelle, il ne devait prononcer aucun mot en cette langue sans ajouter le terme latin correspondant. Des répétitions souvent réitérées servaient à constater que les élèves avaient retenu les

præstantiorem linguæ latinæ thesaurum adornare dicitur : adjuvantibus eum laborem, quem hactenus longo tempore frustra exspectamus, magnis impensis ac sumptibus, nobilibus doctrinâ ac virtute et eloquentiâ præstantibus, Wolfg., Phil. et Ant. de Werther.» Mich. Néander, *Erotemata græcæ linguæ*, 1565 ; chez Burckhardt, *De linguæ lat. fatis*, T. I, p. 484.

[1] Sturm au fils de Crato de Craftheim, 2 mars 1576, en tête des Phrases de Dolet. — Les matériaux amassés pour ce travail lui servirent à faire les *Neanisci*.

[2] « *Ciceronianorum alpha.* » Bédrot à Camérarius, 31 mars 1541 ; dans Eob. Hessi *Epistolæ*.

[3] Il recommanda Citolinus à la reine Élisabeth, à Ant. Cook et à Jean Hales, 1er oct. 1565 ; dans Ashami *Epistolæ*, p. 416.

mots et les phrases. En introduisant ce régime dans les classes du Gymnase, le but de Sturm n'était pas de donner aux élèves les *notions* des choses; ils ne devaient en apprendre que les *noms* latins; s'il voulait qu'on leur montrât les objets, tels que des fleurs, des minéraux, des produits de l'art, c'était moins pour leur faire connaître ces objets eux-mêmes que pour en imprimer à leur mémoire plus sûrement les noms[1]. Latiniste avant tout, les notions et les idées avaient un moindre prix à ses yeux que la forme dont les avaient revêtues les auteurs classiques.

L'explication de ces auteurs n'était également qu'un moyen d'enseigner la langue. Si encore aujourd'hui quelques philologues la pratiquent exclusivement dans ce but accessoire, les hommes intelligents sont depuis longtemps d'accord pour envisager les anciens avant tout comme des modèles de goût littéraire et comme des monuments de l'histoire et de la civilisation du monde classique. Au seizième siècle ces points de vue étaient dominés par le désir passionné de faire refleurir une langue plus élégante et plus polie que celles dont les peuples et les savants se servaient alors. En interprétant les auteurs, il s'agissait moins de faire comprendre aux élèves des idées ou des faits que d'enrichir leur collection de vocables et de phrases. A cet effet, les ouvrages des anciens étaient soumis à une analyse que Sturm appelait *resolutio* et sur les principes de laquelle il faisait des cours publics. Résoudre la langue signifie, selon lui, décomposer un ouvrage de manière à deviner le génie de l'écrivain et à lui dérober autant que possible les secrets de son art. Ce n'est ni une analyse grammaticale, ni une analyse logique, mais une opération qui a pour objet de déterminer la valeur précise des termes et leur usage dans les différents genres de style. Toutes les

---

[1] *Epist. class.*, p. 248.

expressions dont se compose une langue peuvent être ramenées à quatre catégories : les choses divines, les choses naturelles, les sciences et les arts, l'homme par rapport à son corps et à son âme, aussi bien que par rapport à ses devoirs comme membre de la société. C'est sous ces quatre points de vue que les anciens doivent être analysés; les exemples cités par Sturm dans son traité spécial sur cette matière, justifient ce que nous venons de dire, savoir que le but principal de cette analyse était la fixation exacte du sens des mots. Il ajoutait qu'il ne fallait se servir pour cette opération que des écrivains les plus éloquents; ceux qui, malgré la profondeur de leurs idées, avaient dédaigné l'éloquence ou n'avaient pas su y atteindre, devaient être éliminés[1]. Il va sans dire que Cicéron était celui que Sturm recommandait le plus. Pour habituer déjà les élèves les plus jeunes au style cicéronien, il publia une collection d'épîtres du grand orateur, destinées à être expliquées dans les classes de huitième, de septième et de sixième. On comprend que, dans ces classes, l'explication ne pouvait être que littérale; mais, même en présence d'élèves plus avancés, Sturm ne se servait pas d'autre méthode; c'est ainsi qu'il publia sur l'Art poétique d'Horace un commentaire où il s'occupe uniquement du sens des mots, sans apprécier le moins du monde ni les préceptes ni les beautés du poëte.

Tous les mots et les tours, dont, par ces divers moyens, les jeunes gens enrichissent leur fonds latin, doivent être inscrits par eux dans des registres particuliers. Déjà Rodolphe Agricola avait demandé que, pour acquérir une *copia verborum*, les élèves se formassent des recueils pour y noter, sous différentes rubriques, les expressions et les passages les plus frappants qu'ils trouveraient dans les auteurs anciens[2]. Sturm lui emprunta cette idée; il la géné-

---

[1] A R. Asham, 5 sept. 1550; dans Ashami *Epp.*, p. 28.
[2] *De formando studio*, f° 20ᵃ.

ralisa et en fit un de ses principaux moyens d'instruction. Il introduisit au Gymnase l'usage d'éphémérides, *diaria;* c'étaient des catalogues où les élèves, à partir de la neuvième classe, inscrivaient jour par jour les mots et les tournures qu'ils entendaient pour la première fois ; ces journaux étaient divisés conformément à la classification adoptée par Sturm pour les vocabulaires et pour l'analyse des auteurs ; les élèves devaient avoir soin de marquer les différences, souvent peu sensibles, mais très-importantes, entre les synonymes, et de distinguer ce qui convient au style oratoire de ce qui appartient plutôt aux genres historique et poétique.

Pour utiliser ce fonds sans cesse augmenté, Sturm prescrit une série d'exercices de rédaction. Dans les classes élémentaires, ils consistent en des versions de lettres de Cicéron ; ces versions sont retraduites, de mémoire, en latin. Puis viennent des compositions d'une difficulté progressive, des dialogues, des lettres, des narrations, ayant pour but de familiariser les élèves avec le langage de la conversation latine [1]. Tout l'ensemble de cet enseignement élémentaire avait un grand défaut : il est vrai, les règles grammaticales étaient simplifiées, rendues plus pratiques et plus intelligibles, mais par le trop fréquent exercice de mémoire, par le travail incessant de compiler des recueils de mots, par l'explication purement littérale des auteurs, on produisait une instruction machinale peu propre à développer les intelligences ; la jeunesse était dressée au maniement d'un instrument, sans savoir trop à quoi l'employer.

---

[1] *De amissâ dicendi ratione*, p. 68. — *De exercitat. rhetor.*

CHAPITRE IV.

Rhétorique et dialectique.

Ce n'est qu'après toutes ces études préliminaires, destinées à latiniser les jeunes gens en convertissant leur mémoire en un arsenal de mots latins, que doit être entreprise l'étude de la rhétorique. Dans un de ses ouvrages, Sturm a un passage intéressant sur la manière dont il distinguait chronologiquement les différents genres de style [1] : le premier, qui a été celui des premiers hommes et qui est encore employé par les gens du peuple, est le discours naturel, consistant en propositions très-courtes, sans incidentes; vient ensuite le style des auteurs qui ont écrit avant l'invention de l'art oratoire, les phrases sont déjà plus composées, mais il n'y a pas de mesure ni dans les circonlocutions ni dans les incidentes, la phrase n'est terminée qu'après qu'on a dit tout ce qui se rapporte à l'idée qu'on tient à exprimer; enfin, le discours des orateurs, présentant des périodes arrondies et sonores, disposées d'après les principes de l'harmonie. C'est de la transformation des périodes, de leur enchaînement, de leur succession harmonieuse, que naît le style de l'éloquence.

Sturm a eu pour la théorie et la pratique de cet art un enthousiasme que n'ont pu refroidir ni les revers de la fortune, ni les infirmités de la vieillesse. Il est devenu pour l'Allemagne le véritable restaurateur de la rhétorique. Dès le commencement du siècle on avait fait en ce pays quelques essais de réformer l'enseignement de cette théorie;

---

[1] *De periodis.*

Reuchlin et Érasme[1] avaient appliqué les préceptes de l'antiquité classique à l'art de la prédication ; d'autres, tels que Wimpheling et Jacques Locher, le savant et spirituel professeur d'éloquence et de poésie d'Ingolstadt, avaient publié des résumés extraits de Cicéron, destinés à un usage plus général[2]. Mais là, comme partout à cette première époque, on avait tâtonné, confondu le bon et l'inutile, mêlé les traditions et les habitudes du moyen âge aux règles du monde classique. Mélanchthon avait été le premier à dégager ces règles des éléments étrangers, et à les reproduire avec la méthode et le goût qui caractérisent toutes ses œuvres[3]. Sturm ne se contenta pas de marcher sur ses traces, il ne se borna pas à ressusciter Aristote et Cicéron, il voulut imposer aux orateurs du seizième siècle jusqu'aux prescriptions les plus subtiles imaginées par les commentateurs des maîtres de l'art.

Contrairement à son ami Ramus, qui faisait rentrer le chapitre de l'invention dans la dialectique, Sturm le comprenait parmi les parties de la rhétorique[4]. Cependant il

---

[1] Reuchlin, *Liber congestorum de arte prædicandi*. Pforzheim 1504, in-4°
— Érasmus, *Ecclesiastes sive de ratione concionandi*. Bâle 1535, in-fol. Érasme avait promis cet ouvrage à l'évêque Jean Fisher de Rochester, dès 1524, *Epistolæ*, Bâle 1538, in-fol., p. 596.

[2] Wimpheling, *Elegantiæ majores. Rhetorica pueris utilissima.* S. l., 1499, in-4°; la rhétorique, qui suit le recueil d'*élégances*, consiste en quelques pages sur les principaux genres oratoires. — Locher, dit Philomusus, *Epithoma rhetorices*, dédié à Charles et à Christophe, margraves de Bade. S. l. et a. (1494), in-4°; — *Compendium rhetorices ex Tulliano thesauro, diductum ac concinnatum; denuo recognitum.* Strasb. 1522, in-4°. Ce dernier traité est un abrégé publié, comme dit Locher, dans l'intérêt des étudiants pauvres, qui ne peuvent s'acheter ni les auteurs anciens, ni la volumineuse rhétorique de Georges de Trébizonde (celle-ci, quoique plusieurs fois publiée à Bâle, 1520 et suiv., fit peu de fortune en Allemagne).

[3] *De rhetoricâ libri 3.* Wittemb. 1519, in-4°; — *Elementa rhetorices*, ib., 1532, in-8°.

[4] Asham écrit à Sturm que Ramus lui fera des reproches « *cum intelliget te inventionem, quam ille removet a suâ scholâ rhetoricâ, ad artem di-*

s'en occupait peu ; dans ses cours, il se bornait à expliquer le traité d'Hermogènes sur l'invention, quant à l'exorde, à la narration, aux preuves et aux ornements, en en faisant l'application à quelque discours de Cicéron. Ses propres œuvres rhétoriques ne portent en général que sur l'élocution ; conformément à toutes ses tendances, celle-ci devait avoir le plus d'intérêt pour lui. Il divise les auteurs qui ont écrit sur l'éloquence en trois catégories : ceux qui ont donné les préceptes d'une manière systématique ; ce sont surtout Aristote, Cicéron et Hermogènes ; ceux qui les ont discutés avec de savants amis ou avec des disciples instruits, dans des lettres ou dans des dialogues, ce qu'ont fait Platon et Cicéron ; ceux enfin qui, comme Quintilien, ont mêlé la discussion et l'exhortation à l'exposition des règles. L'étude de ces derniers est utile sans doute, mais ils n'ont pas besoin d'être expliqués dans les écoles ; l'enseignement public ne doit se baser que sur les premiers et sur les seconds. Sturm s'est occupé de préférence des premiers ; il les a publiés et commentés ; c'est dans leurs ouvrages qu'il a recueilli la matière de ses cours et de ses livres [1]. Dans son traité *De universà ratione elocutionis rhetoricæ*, il parle de la théorie oratoire dans toute son étendue, des qualités générales du style et de ses différents genres suivant la nature des pensées et des sentiments qu'on veut exprimer, des tropes et des figures, du nombre et des périodes, de la manière dont le nombre est modifié par les affections de l'âme. Ses dialogues sur les Partitions oratoires de Cicéron embrassent également tout l'ensemble de l'art. Dans un traité spécial sur les périodes, dédié à

cendi inprimis referre, et actionem, quam Ramuli isti faciunt, vere te quidem, et cum Aristotele et erudite, in exercitatione potius quàm in doctrinà collocare » 29 janv. 1552, de Hal, en Tyrol; p. 44, 45.

[1] A Wolfgang de Schœnberg, 24 août 1573; en tête de Val. Erythræus, *De ratione legendi, etc., epistolas.*

Élisabeth d'Angleterre, il développe plus amplement les préceptes sur le nombre et sur les formes dont, pour le produire, il faut revêtir la pensée. C'est une théorie complète de la composition oratoire, traitant de la période, de ses membres et de ses différentes espèces, de l'art de choisir et de disposer les mots d'une manière harmonieuse, des moyens de donner au style les qualités qu'on admire chez les grands maîtres de l'antiquité. Ces qualités, Sturm les expose d'après Hermogènes, qui en admettait sept : la clarté, la grandeur et l'ampleur, la beauté produite par l'emploi des figures, la rapidité ou la marche progressive, la convenance, la vérité, la gravité. Cette dernière devait résulter de la combinaison des six autres qualités, selon les circonstances et les sujets ; elle consistait, ce nous semble, dans la puissance d'entraînement du discours. D'après un traité spécial d'Hermogènes sur cette matière, Sturm distingue une gravité ouverte, résultant de l'emploi de moyens directs et immédiats pour produire l'effet qu'on recherche ; et une gravité occulte, résultant de preuves habilement cachées sous des formes ingénieuses et s'emparant de l'auditeur par une insinuation à laquelle il ne résiste pas. Les préceptes que le rhéteur ancien et son commentateur donnent sur cette gravité occulte sont très-minutieux et très-artificiels. Il en est de même de ceux sur l'éloquence civile et judiciaire ; Sturm les traite en y mêlant toutes les subtilités inutiles qu'il trouvait chez Hermogènes. On peut s'étonner qu'un homme d'un esprit aussi juste et d'un goût aussi sûr que le recteur de Strasbourg, ait perdu tant de temps à traduire et à commenter un rhéteur de seconde main comme Hermogènes, auquel il reprochait lui-même d'avoir négligé la philosophie[1]. Cet écrivain, du temps de Marc-Aurèle, est si riche en catégories, si fécond

---

[1] *Dialogi in partit. orat. Ciceronis*, f° 161ᵇ.

CHAPITRE IV.

en finesses, si subtil dans ses distinctions, qu'il réduit l'art oratoire à un mécanisme, qui enchaîne le talent bien plutôt que de le développer. Ce n'est que dans ses cours sur la rhétorique d'Aristote que Sturm s'élevait à des vues plus philosophiques; il y exposait les doctrines classiques de l'antiquité avec une clarté qui faisait l'admiration de ses contemporains [1]. Il travaillait à un grand commentaire sur cet ouvrage; les frères de Werther lui avaient également promis des honoraires pour ce *Rhetor aristotelicus;* en Allemagne, en Italie, en Angleterre, on ne l'attendait pas avec moins d'impatience que son Trésor cicéronien [2]; mais il ne paraît pas qu'il ait jamais été publié. Il devait consister en une série de dialogues sur l'usage de l'éloquence dans la politique, dans la magistrature, dans l'Église, dans la science; Sturm s'en occupait encore en 1568 [3];

---

[1] Les auditeurs de Sturm reconnaissaient que, dans ces cours, « *et ratione interpretandi et verborum genere, ipse etiam Aristoteles... facilis et apertus videtur.* » G. Fabricius à Meurer, 7 févr. 1545, de Strasbourg. Fabr. *Epp.*, p. 18. — Val. Erythræus, qui, en 1566, expliqua le livre de Sturm, *De periodis*, dit que, depuis Hermogènes, personne n'a traité avec plus de sagacité et d'élégance « *de incisorum membrorum et circumductionum vel dilatatione, vel contractione, de verborum collocatione, conformatione et configuratione, de periodorum commutatione.* » Préface à son édition du traité *De periodis*, 1567.

[2] G. Fabricius à Meurer, 19 mai 1549; Fabr. *Epp.*, p. 117. — R. Asham à Sturm, 29 janv. 1552; Ashami *Epp.*, p. 46. — Wolfg. de Werther à Sturm, 3 mai 1554. — Paul Manuce à Sturm, s. d.; dans Manutii etc., *Epistolæ*, éd. Grauff. Berne 1837, p. 136.

[3] Sturm eut dès 1549 l'intention de faire cet ouvrage; il devait être intitulé *Rhetor Aristotelicus* ou *Sermones Aristotelici*, et embrasser « *divina, naturalia, humana, artes et disciplinas* » (à Wolfg. de Werther, 30 juin 1563). — En 1550, il en avait déjà donné une partie à un libraire, mais il changea d'avis et la retira (à R. Asham, 5 sept. 1550; Ashami *Epp.*, p. 24). Il y travailla beaucoup en 1551, et communiqua à ses amis la partie traitant « *de auctoritate legum et de judicum officio* » (R. Asham à Sturm, 29 janv. 1552; p. 46, 47). Le 3e dialogue, achevé en 1553, ne parut pas assez approfondi à Sturm, à cause de l'absence du jurisconsulte Gremp, un des membres des conférences dont l'ouvrage devait être le fruit (Sturm à Asham, 9 mai

les controverses théologiques et les tribulations financières qui remplirent les dernières années de sa vie, l'empêchèrent sans doute de l'achever avec toute la perfection qu'il eût désirée; cet ouvrage devait être la plus distinguée de ses productions littéraires; il voulait en faire son principal titre de gloire.

Nous le répétons, dans tous ses traités sur l'éloquence, comme dans ses commentaires sur les anciens rhéteurs, Sturm n'a rien fait que reproduire sans critique les préceptes de l'antiquité; il dit lui-même que quiconque sait les livres d'Aristote sur la rhétorique, les dialogues de Cicéron sur l'orateur et les ouvrages d'Hermogènes, n'a plus besoin de rien apprendre sur ces matières[1]; il n'a songé ni à les débarrasser d'un certain nombre de prescriptions trop artificielles pour être utiles, ni à les modifier, pour les adapter aux mœurs et aux idées modernes; le prédicateur et le magistrat de la société chrétienne du seizième siècle devaient se conformer, selon lui, aux mêmes règles que les orateurs d'autrefois. Il n'y a chez lui absolument rien d'original; nous pouvons donc nous abstenir de donner une exposition détaillée de sa rhétorique. Cependant on serait injuste en contestant le mérite qu'il a eu comme restaurateur des principes classiques; lui-même, d'ailleurs, les a observés avec un rare bonheur; ses traités sur l'édu-

---

1553; p. 389). — Les frères de Werther l'ayant pressé de l'achever, pour faire honneur à son engagement (Ant. de Werther à Sturm, 27 mai 1561), il leur remit en 1561 le manuscrit qu'ils emportèrent en Thuringe (« *Rhetor Aristotelicus latet in pluteis Wertherorum.* » Sturm à G. Fabricius, 17 juin 1561 ; — Asham à Sturm, 11 avril 1562; Ashami *Epp.*, p. 54). Il revit le manuscrit en 1568, mais craignit de ne plus pouvoir le publier, à cause de son âge (à Asham, 16 déc. 1568; p. 422). Nous ignorons ce qu'il peut être devenu. Verheiden (*Imagines*, p. 101) cite parmi les ouvrages de Sturm : *Dialogi IX in Aristotelis rhetoricam* ; nous ne les avons jamais vus et nous sommes porté à croire qu'ils n'existent pas.

[1] Au duc Wolfgang, en tête des *Dialogi in Ciceronis partit. orat.*

cation, ses discours académiques, ses lettres, sont des modèles de bonne latinité, dignes en tout point d'être mis sur le même rang que les ouvrages des meilleurs écrivains de la Renaissance. Ce n'est qu'en passant par l'école de l'antiquité que l'éloquence a pu retrouver cette clarté limpide, cette harmonie, cette vigueur, qui avaient manqué aux orateurs du moyen âge. La rhétorique ancienne a été une discipline salutaire pour l'esprit humain; une fois habitué à la règle, il a pu librement la modifier et la compléter, pour la rendre plus conforme aux besoins de la société moderne.

C'est à Sturm que revient aussi l'honneur d'avoir rappelé le principe des anciens, que l'orateur doit-être dialecticien. Selon lui, Cicéron surtout a eu le mérite d'unir l'éloquence et la philosophie, et de demander, ce qu'avaient oublié les rhéteurs grecs de son temps, que l'orateur possède la sagesse [1]; la sagesse lui fournit les idées, la dialectique lui enseigne à les développer, à les envisager sous toutes leurs faces; elle est pour lui un art indispensable, car, en lui donnant les formes du raisonnement, elle lui apprend à prouver, à démontrer, à réfuter, à persuader. Sans dialectique, l'orateur est privé de son plus puissant moyen d'action sur les cœurs; et, sans application à l'éloquence, la dialectique n'est qu'un art de vaine dispute [2]. Ce fut une innovation heureuse que d'insister sur cette utilité pratique de la dialectique; car, pour la rendre utile, il fallut la rendre plus simple, et ce fut là le plus grand service qu'on pût lui rendre.

Héritage d'Aristote, la dialectique, c'est-à-dire l'art de discuter, de trouver des raisons pour ou contre une opinion et d'arriver ainsi à la probabilité, avait complétement dégénéré par l'abus qu'en avaient fait les scolastiques; l'art de penser était devenu embrouillé, et l'art de parler avait

---

[1] *Dial. in Cicer. partit. orat.*, f° 162ª.
[2] *De amissà dicendi ratione*, p. 34.

perdu son élégance et sa correction. Lors de la Renaissance, on voulut réformer la dialectique, en même temps qu'on réforma la grammaire et la rhétorique ; et, comme la logique n'existait pas encore dans le sens plus moderne, comme science indépendante, on ne songea qu'à simplifier la dialectique pour la rendre plus applicable à l'éloquence. Laurent Valla déjà avait entrepris de la corriger, en portant la main sur Aristote lui-même, dont il avait réduit les dix catégories à trois [1]. Georges de Trébisonde avait essayé à son tour de ramener l'art de la discussion aux principes de l'antiquité ; mais son ouvrage, compilation hâtive, était resté sans influence [2]. Ce fut Rodolphe Agricola qui ouvrit avec courage et talent la voie d'une réforme réelle ; par son traité *De inventione dialecticà*, il montra le premier dans quel rapport la dialectique est avec l'art de la parole, et comment on pouvait la débarrasser des formules et des subtilités oiseuses dont le moyen âge l'avait encombrée [3]. En France, où la restauration de la dialectique d'Aristote avait été commencée par Lefèvre d'Etaples, Sturm fit connaître Agricola par ses cours faits à Paris depuis 1530 ; en Allemagne, il popularisa ses principes par quelques ouvrages dont il va être parlé plus bas. Pour certains humanistes, tels que Louis Vivès et Marius Nizolius [4], la dialectique

---

[1] *De dialecticà contra Aristotelicos.* Venise 1499, in-fol.

[2] *Dialectica;* plusieurs fois publié en Allemagne, entre autres à Strasbourg, par Béatus Rhénanus, 1513, in-4º.

[3] *Cum scholiis* Matth. Phrissemii. Cologne 1527, in-4º. Selon Agricola, la dialectique est à la fois *ars inveniendi* et *ars judicandi* : « *Inveniendi pars ea est, quæ certos quosdam ostendit locos, e quibus velut thesauris quibusdam, in rem quamvis confirmandam refellendamve argumenta ducantur. Judicandi, quæ formulas ac præcepta quædam argumentandi tradit.* » La théorie de l'invention dialectique est donc celle des lieux communs et de leur usage.

[4] Vivès, *De corruptarum artium causis. In opp.*, T. I, p. 325. — Nizolius, *Antibarbarus, de veris principiis et verà ratione philosophandi, contra pseudo-philosophos,* 1553, in-4º.

était encore un objet de mépris ; dans l'énergique réaction contre le moyen âge, on rejetait fréquemment la bonne science en même temps que la caricature qu'on en avait faite ; on la dédaignait comme un art stérile, comme une méthode contraire au bon sens, ne servant qu'à corrompre la raison, en l'exerçant à des disputes aussi interminables que ridicules. Dans les écoles de l'Allemagne, on l'enseignait encore au commencement du seizième siècle par l'explication des *Summulæ logicales* de Pierre l'Espagnol et de ses obscurs commentateurs Bricot, Georges de Bruxelles, Tartaret[1]. Elle n'était plus une gymnastique, mais une torture de l'intelligence ; aussi devenait-elle, avec ses ineptes partisans, la risée de tous les bons esprits. En France, on se moquait de ces gens remplis

> « d'un tas de fatras,
> de conclusions et de cas,
> nolitions, volitions,
> qui ne valent pas deux oignons[2] ; »

en Allemagne, Érasme proposait d'envoyer guerroyer contre

---

[1] *Epistolæ obscurorum virorum.* — Sturm, *Vita Beati Rhenani*, en tête de B. Rhén., *De rebus german.* — Brunfels, *De corrigendis studiis severioribus* ; il se raille (chap. 7) de ces « *nostrates magisterculi* » qui, ne connaissant que les « *somnia ockiana et nescio cujus Tartareti et Bricotti frivola... deliramenta,* » se croient des Platon et des Chrysippe, sans avoir jamais vu un ancien. — Petrus Hispanus (pape Jean XXI), *Summulæ logicales* ; — Tartaretus, franciscain du quinzième siècle, *Expositio in summulas Petri Hispani* ; — Thomas Bricotus, prof. de théol. à Paris, quinzième siècle, *Cursus optimarum quæstionum super logicam.* Ces ouvrages ont été plusieurs fois imprimés au commencement du seizième siècle. A cette époque, il y eut même encore de nouveaux commentateurs de Pierre l'Espagnol, tels que Georges de Bruxelles (*In summulas P. Hisp.*, plusieurs fois publié) et Jean de Glogau, prof. à Cracovie, dont l'*Exercitium super omnes tractatus parvorum logicalium Petri Hispani* fut publié à Strasb. par Otmar Luscinius, en 1517, in-4°.

[2] *Farce des théologastres.* Réimpr. à Lyon, 1830, p. 34.

les Turcs la troupe belliqueuse des disputeurs scolastiques[1] ; Henri Bébel, de Tubingue, Jacques Locher, d'Ingolstadt, le chevalier Ulric de Hutten, Crotus Rubianus, écrasaient sous les traits de leur verve les docteurs qui, non contents de fausser l'art du raisonnement, avaient corrompu par leur terminologie « gothique » la « belle langue latine de l'antiquité[2]. » Il est vrai que ces attaques hardies et spirituelles produisirent un phénomène assez singulier. On vit, surtout dans la Haute-Allemagne, les humanistes se diviser sur la question de l'utilité de la dialectique du moyen âge. Il y en eut qui auraient volontiers associé le culte des traditions reçues à la jouissance que leur procurait la lecture des auteurs classiques ; l'assaut livré aux méthodes anciennes par une génération plus jeune les troubla dans leurs paisibles études ; saisis d'effroi en songeant à l'avenir, ils prirent les armes contre les novateurs, qui, pour la plupart, étaient leurs propres disciples ; et, dans ces efforts pour arrêter le mouvement, ils tombèrent souvent dans des contradictions étranges. Geiler de Kaysersberg, bien qu'il insistât sur la propagation des lettres, vit presque un sacrilége dans les attaques dirigées contre les « théologiens disputatifs ; » Wimpheling s'érigea en champion de la « noble et subtile dialectique des scolastiques ; » il voulait qu'on conservât religieusement la méthode de Pierre l'Espagnol[3],

---

[1] *Encomium Moriæ*. Bâle 1522, in-8°, p. 278, 264

[2] Bébel, *Egloga contra vituperatores studiorum humanitatis*, dans ses *Opuscula nova*. Strasb. 1508, in-4° ; — Locher, *Vitiosa sterilis mulæ ad musam comparatio*. Nuremb. 1506, in-4° ; — Hutten, dans beaucoup de ses écrits ; — Crotus Rubianus est le principal auteur des *Epistolæ obscurorum virorum*.

[3] Wimpheling, *Contra turpem libellum Philomusi defensio theologiæ scholasticæ, virtuosa sterilis musæ ad nobilem et subtilem philosophiam comparatio*, etc S   (1510), in-4°. Wimpheling écrit ce traité pour se conformer au vœu de Geiler : « *usque quo differs theologos defendere disputativos ?* »

sans s'apercevoir que « l'intégrité » dans l'enseignement théologique qu'il réclamait avec tant d'énergie [1], n'était possible qu'en rompant à jamais avec les habitudes du scolasticisme. Ces hommes, animés d'ailleurs de très-bonnes intentions pour le progrès des sciences, protégeaient avec une inquiète sollicitude les manuels de logique que compilaient péniblement Jean *de Lapide*, Albert Krauss, Jean Eck, et qui devaient remplacer ceux du moyen âge sans les améliorer [2]. Des esprits à la fois plus courageux que ces timides conservateurs et plus sensés que les détracteurs radicaux de la dialectique, comprirent que, simplifiée et corrigée, celle-ci pouvait devenir une arme redoutable contre ces mêmes « *obscuri viri,* » par la faute desquels elle était tombée dans le discrédit. Ce furent les savants protestants qui tentèrent cette réhabilitation, et, bien que Luther eût dit, dans une de ses 99 thèses, qu'Aristote est à la théologie comme les ténèbres à la lumière [3], Aristote fut remis en honneur par les réformateurs mêmes. Mélanchthon, Camérarius, le médecin Jodochus Willich, continuèrent l'œuvre commencée par Agricola; Sturm l'acheva, quoique dans un esprit moins indépendant que Ramus en France. Ce dernier toutefois reconnut lui-même les services que Sturm rendait à la science, en la traitant avec cette « abondance ornée » et en y introduisant ces « développe-

---

[1] *De integritate.* Strasb. 1505, in-4°, chap. 30.

[2] Jean de Lapide (réaliste), *Tractatus de propositionibus exponibilibus.* Bâle, s. a., in-fol.; avec des vers de Séb. Brant à la louange du livre. — Alb. Krauss, doyen de la faculté philosophique de Fribourg, en 1515 : *Logica, compendiosissime totam dyalecticam continens.* S. l. et a., in-4°. — Jean Eck (nominaliste), *Bursa pavonis, Logicæ exercitamenta, appellata parva logicalia;* avec une préface de Wimpheling. S. l., 1506, in-4°. Le paon était l'emblême des nominalistes.

[3] Chez Löscher, *Reformations-Acta.* Leipz. 1720, in-4°, T. I, p. 543. Beaucoup de ces thèses sont dirigées contre les sophistes et les aristotéliciens, c'est-à-dire les scolastiques.

ments pratiques » dont le moyen âge ne s'était jamais douté[1]. Il la définit, d'après Aristote, l'art de trouver la vérité probable, en discutant le pour et le contre à l'effet d'arriver à une connaissance plus sûre des choses douteuses. Dans ce sens, elle est un instrument utile, une puissance comme l'appelle le philosophe grec, servant à toutes les sciences, les dégageant de ce qui est obscur et ambigu, les éclairant et les élevant à la certitude[2]. Par la force et la souplesse qu'elle donne à l'esprit, elle le rend capable de saisir la vérité, de l'approfondir et de la comprendre sous tous ses aspects, et de la défendre contre les objections. C'est à ce point de vue de l'utilité, et spécialement de l'utilité pour l'orateur, appelé à soutenir, dans des discussions contradictoires, la cause du vrai et du juste, que Sturm a traité de la dialectique. Mais, conformément à l'idée qu'on s'en faisait au seizième siècle, il l'a confondue avec la logique proprement dite, dont elle ne forme qu'une partie ou plutôt dont elle n'est qu'une application pratique. Il y a fait entrer la théorie du raisonnement, principalement celle du syllogisme. Il l'a enseignée à Paris et à Strasbourg, et a publié ses leçons sous le titre de Partitions dialectiques et sous forme de dialogues.

Dans cet ouvrage, remarquable par l'exactitude des dé-

---

[1] « *Hos dialectices tam insignes tamque amabiles fructus Joh. Sturmius ex Agricolæ scholà Lutetiam Parisiorum primus attulit, academiamque academiarum principem incredibili tam insperatæ utilitatis desiderio inflammavit; tunc igitur tanto doctore logicam istam ubertatem primum degustavi, didicique longe alio fine consilioque juventuti proponendam esse, quàm Eubulidea illa contentionis rabies persuasisset, nempe ut tenera ætas fieret exemplo et imitatione summorum logicorum ingenio promptior ad pervidendum quidlibet cogitandumque, judicioque maturior ad decernendum ac judicandum.* » Ramus, *Scholæ in liberales artes.* Bâle 1569, in-fol., préface.

[2] « *Lucem artibus disserendi facultas adfert, nihilque patitur perturbatum, nihil ambiguum, et ubicunque ipsa pedem ponit, ibi se nunquam vinci sinit.* » *Partit. dialect*, f° 2b, 292b.

finitions et la clarté des développements, Sturm traite aussi de quelques points jusque-là négligés comme trop obscurs ou comme inutiles, tels que les syllogismes mixtes, les préceptes sur la démonstration et ceux sur la discussion. Il fit en outre des éditions des traités dialectiques de Mélanchthon et de Jodocus Willich [1]. De même que sa rhétorique, la dialectique de Sturm ne va pas au delà d'Aristote. Moins indépendant qu'Agricola, qui avait voulu qu'on ne s'arrêtât pas à ce philosophe, et que Ramus, qui l'avait librement modifié, Sturm croyait rendre un assez grand service aux études en se contentant de résumer les principes d'Aristote ; il ne s'attribuait d'autre mérite que de les avoir exposés avec une clarté nouvelle au moyen de la méthode analytique, et d'en avoir écarté les subtilités de la scolastique [2]. Quant à la terminologie, elle l'avait mis dans un embarras extrême : la dialectique, dit-il, étant un art inventé par les Grecs et n'ayant pas été traitée par les auteurs latins, il a été obligé, à contre-cœur, de conserver certaines expressions peu conformes à la pureté cicéronienne, mais indispensables pour la précision de l'enseignement [3]. Ses Partitions dialectiques furent accueillies en Allemagne avec une grande faveur ; on loua Sturm d'avoir reproduit Aristote « avec cette élégance de style qui jusqu'ici avait manqué à la dialectique [4] ; » des poëtes exprimèrent en vers latins l'admiration que leur inspirait son ouvrage ; des professeurs en firent des commentaires ou le réduisirent, selon l'usage du temps, en tableaux « schéma-

---

[1] La dialectique de Mélanchthon parut d'abord à Wittemberg, 1533, in-8°.

[2] Il dit qu'il n'a rien ajouté à Aristote, « *quam novam explicandi rationem, partiendo enim neminem scio tradidisse dialecticen.* » A Val. Erythræus, 10 août 1547, en tête des *Tabulæ* de ce professeur sur les deux premiers livres des *Partit. dialect.*

[3] *Partit. dialect.*, préface.

[4] « ...*Eà orationis elegantià, qua adhuc dialectica caruit.* » Val. Erythræus, préface à ses *Tabulæ*.

tiques; » en un mot, on fit au livre une réputation qui le maintint pendant longtemps dans les écoles [1].

CHAPITRE V.

Exercices oratoires. Imitation de Cicéron.

Comme « sans la pratique les préceptes ne servent à rien [2], » Sturm voulait que, pour propager l'art de la parole, on menât de front avec l'enseignement théorique des exercices multipliés. Ayant pour objet la composition et la récitation de discours de tout genre, ces exercices étaient la continuation progressive et appliquée à l'éloquence de ceux de style et de mémoire usités dans les classes inférieures. Dans les idées que Sturm expose à cet égard, nous retrouverons le cicéronien enthousiaste et exclusif.

Dans les classes où l'on commence la lecture des poëtes, on n'en doit choisir que les meilleurs, Virgile, Horace, Térence, Plaute ; Sturm, d'accord avec quelques Italiens, désapprouvait les professeurs qui expliquaient aussi les Métamorphoses d'Ovide [3]. L'étude elle-même de ces auteurs

---

[1] Vers de Sapidus, de Toxitès, de Georges Fabricius, de Math. Hubner, en tête des *Tabulæ* d'Erythræus. — Ce dernier réduisit les quatre livres dialectiques de Sturm en tableaux, *Schematismi*, 1551. On aimait beaucoup ce genre de tableaux, espèces de résumés, de plans, faisant voir comment un genre se divise et se subdivise, montrant les conséquences d'un principe, etc., mais partageant tout en catégories d'une sécheresse extrême. Georges Fabricius fit des tableaux sur la grammaire : *Partitionum grammat. quæ tabulis delineatæ sunt, libri 3*. Bâle 1560, in-fol. Val. Erythræus en fit aussi sur les *Partitiones rhetoricæ* de Sturm, 1547, ainsi que sur la confession d'Augsb. Strasb. 1565, in-fol.

[2] *De amissâ dicendi ratione*, p. 73.

[3] V. p. ex. Riccius, *De imitatione* Ven. 1545, f° 85ª. — Les Métamorphoses « *ab Italis et Gallis irridentur.* » Sturm à Baur, 17 oct. 1572.

doit servir uniquement à l'éloquence ; quelques savants du seizième siècle étaient même d'avis que les orateurs devaient être lus avant les poëtes [1]. Sturm admet qu'on les explique simultanément, mais moins pour faire comprendre la poésie que dans l'intérêt général du style. Il veut qu'on exerce les élèves à tourner les vers en prose ; les commençants se borneront à transposer les mots, les plus avancés tâcheront de les remplacer par d'autres [2]. On comprend que ce genre d'exercice était peu propre à faire sentir les beautés particulières de la poésie. Sturm attachait d'ailleurs peu d'importance aux exercices de versification ; la prose et l'éloquence, servant à des usages plus variés et plus pratiques, avaient plus de valeur pour lui ; la poésie, disait-il avec raison, exige un talent naturel ; pour ceux qui aspirent au titre d'hommes lettrés et qui veulent comprendre les poëtes, il suffit de ne pas ignorer absolument les règles de la prosodie, sans qu'il soit besoin de leur apprendre à faire eux-mêmes des vers [3]. En arrivant à Strasbourg, il trouva que, dans les écoles latines, on faisait composer par les élèves des vers « *tales quales,* » au moyen des Adages d'Érasme et des tables de Murmélius [4]. Cette versification «telle quelle» avait été une des occupations favorites des premiers humanistes de nos contrées. Ils avaient publié des manuels sur l'art de faire des vers latins [5], et aimaient à se

[1] Sambucus, *Oratio quòd oratores ante poetas a pueris cognoscendi sunt.*
[2] *De exercitat. rhet.*
[3] Aux prof. du Gymnase, 4 février 1573, en tête des *Adagia classica* de Hauenreuter.
[4] L. c. — Murmélius, *Tabulæ in artis componendorum versuüm rudimenta.* Strasb. 1538, in-8°, et avant. Ces tables restèrent en usage au Gymnase pour l'enseignement de la prosodie ; on s'en servait encore en 1572.
[5] Déjà Pierre Schott fit un résumé de la prosodie latine : *Epithoma de sillabarum quantitate ac versuum connexione,* publ. par Wimpheling, Strasb. 1506, in-4°. — Wimpheling, *De arte metrificandi.* Strasb. 1504, in-4°. — Bébel, *Ars versificandi et carminum condendorum.* Strasb. 1513, in-4°. — La plupart des grammaires du temps contiennent aussi la prosodie.

voir qualifiés de *métristes ;* ce nom, en effet, leur convenait mieux que celui de poëtes, car, à de rares exceptions près, leur poésie, qui ne produisait que des distiques moraux, des épitaphes, des pièces destinées à recommander toutes sortes de livres, même des livres de droit, n'allait guère au delà d'une prose métrique. Sturm, bien qu'à plusieurs reprises il eût essayé lui-même de monter au Parnasse, avait assez de bon sens pour comprendre le peu d'utilité de ces exercices pour des élèves chez lesquels l'imagination n'est pas encore développée. Il ne faut donc pas s'étonner qu'il les ait abolis; ils n'étaient, à ses yeux, qu'une perte de temps. Il ne croyait pas non plus qu'il fallût donner des préceptes spéciaux sur le style épistolaire ; il ne partageait pas l'opinion de la plupart des humanistes qui, non contents d'écrire des lettres uniquement pour imiter Cicéron et pour se faire des compliments, établissaient aussi de longues théories sur un art dont ils s'exagéraient les difficultés et l'importance [1]. Il dit que des règles sur l'art d'écrire des lettres ne servent à rien, aussi longtemps qu'on ne connaît pas l'art de la parole, et que, dès qu'on connaît cet art, elles deviennent superflues, le genre épistolaire n'étant qu'une application de la théorie générale du style [2]. Ces idées ne prévalurent pas dans l'école de Strasbourg : des collègues de Sturm publièrent des traités, non-seulement sur la meilleure manière d'écrire des lettres, mais même sur celle de les lire [3].

---

[1] On a publié au seizième siècle un grand nombre de traités sur l'art d'écrire des lettres ; il y en a de Despautère, de Henri Bébel, de Conrad Celtès, d'Érasme, de Vivès, de Hegendorf, de Sambucus, etc. Ils étaient destinés à être substitués aux manuels ridicules, en usage dans les premiers temps de la Renaissance, tels que les *Formulæ scribendarum epistolarum* de Paul Niavis, prof. à Leipzig, le *Modus epistolandi* de Pontius, etc.

[2] A l'évêque Érasme, en tête des *Epistolæ Ciceronis ad familiares,* 1541.

[3] Melchior Junius, *De contexendarum epistolarum ratione.* Strasb. 1587, in-8°. — Val. Erythræus, *De ratione legendi, explicandi et scribendi epis-*

Selon Sturm, c'est le discours proprement dit qui doit être l'objet des principaux efforts du professeur Outre qu'il doit faire composer par les élèves des discours et les soumettre à une critique sévère, il doit aussi instituer de fréquents exercices de déclamation de fragments oratoires ou poétiques d'une certaine étendue. Ces récitations sont utiles, parce que les élèves apprennent à saisir l'ensemble de la pièce récitée et à juger de son effet total, parce que la mémoire est enrichie d'exemples dont on s'habitue à faire l'application en toute circonstance, et qu'ainsi la pureté de la langue est garantie. De plus, les élèves doivent apprendre à improviser sur des thèmes donnés et faire ainsi des déclamations dans le genre de celles qui avaient été usitées dans les écoles des rhéteurs de Rome. Ces exercices, introduits par Sturm dans l'école de Strasbourg, ne se faisaient pas seulement en classe, ils étaient un des principaux ornements des solennités scolaires qui avaient lieu à la fin de chaque semestre. Pour inspirer aux jeunes gens le goût de l'éloquence et pour leur donner le courage nécessaire à l'orateur, Sturm faisait réciter publiquement des discours de Cicéron, avec tout l'appareil de la procédure romaine, avec les plaideurs, les juges, les licteurs, le peuple. Un élève figurait l'adversaire de l'orateur, l'interpellait, lui répliquait ; l'orateur devait lui répondre « comme l'eût fait Cicéron vivant. » L'avantage que Sturm trouvait à ces représentations était que les élèves, en entendant réciter les œuvres de Cicéron avec toute l'action extérieure, en retirent un tout autre fruit qu'en se bornant à les lire : ils se forment l'oreille et se préparent à rester calmes au milieu des agitations de la vie publique[1].

tolas. Strasb. 1576, in-8°. Sturm ne recommanda ce dernier livre qu'en tant qu'il donnait des préceptes sur l'explication des lettres de Cicéron.

[1] *De liter. ludis*, p. 148. — *De exercitat. rhet.* — En 1575, un élève prononça le discours *pro Milone*, un autre, un discours contre lui.

Un autre exercice, rapporté par Sturm du Gymnase des frères de la vie commune de Liège, et introduit aussi dans quelques autres écoles dès les premiers temps de la Renaissance, consistait en des représentations de comédies et de drames latins [1]. Ce théâtre scolaire est devenu la transition des mystères et des farces du moyen âge à l'art dramatique plus régulier des temps modernes. Reuchlin, Wimpheling, Bébel, Locher, avaient été des premiers à faire quelques pièces destinées à être représentées par des étudiants [2]. Bientôt on préféra celles de Térence et de Plaute. Pour Sturm, ces exercices étaient un des meilleurs moyens d'habituer les élèves à la conversation latine; partageant l'avis de quelques humanistes italiens et surtout celui de Mélanchthon, pour qui Térence était un maître de la langue et de la vie [3], il considérait cet auteur comme le type du dialogue; il admirait le caractère « vraiment romain » de son

---

[1] *Epistolæ class.*, p. 248. — Vers 1504 Eloi Houkar fit pour l'école de Gand une *Comœdia de patientià Chrysellidis*.

[2] Wimpheling, *Stilpho*. S. l. et a. (1495), in-4°. — Bébel, *De optimo studio juvenum, comœdia*, 1501; à la suite de son *Opusculum de institutione puerorum*. Strasb. 1513, in-4°. — Reuchlin, *Scenica progymnasmata*. Pforzheim 1508, in-4° (représenté en 1497 à Heidelberg); — *Sergius, vel capitis caput*. Ib., 1508, in-4°. — Locher, *Spectaculum de Thurcorum rege et Suldano rege Babiloniæ*; — *Judicium Paridis de pomo aureo, de triplici hominum vità, de tribus deabus quæ nobis vitam contemplativam repræsentant*. Ingolstadt 1502, in-4°. (Ces deux pièces furent représentées en 1502 par les étudiants d'Ingolstadt.) — Brunfels déjà introduisit les comédies dans son école à Strasbourg.

[3] Riccius, *De imitatione*, Ven. 1545, in-8°, f° 85ᵃ. — Le cardinal Adrien et Alde Manuce, fils de Paul, publièrent des recueils, souvent imprimés, de locutions familières de Térence. — Térence est : « *orationis et vitæ magister, omni pene legendus ætati, sed omni plane studio.* » Mélanchthon, préface à son édition de Térence. Tubingue 1516, in-4°. — G. Fabricius publia des *Elegantiæ*, tirées de quelques poëtes et suivies de : *Formulæ loquendi ad usum sermonis communis et quotidiani ex Plauto et Terentio*. Leipz. 1550, in-8°. — Térence était expliqué dans les classes inférieures de la plupart des écoles d'Allemagne.

style et le faisait expliquer au Gymnase dès la sixième classe[1]. On lui fit une objection qu'avait déjà faite Lefèvre d'Etaples[2], savoir : que les comédies anciennes ne convenaient pas à une école chrétienne, d'où il faut éloigner tout ce qui peut avoir une influence pernicieuse sur les mœurs ; il répondit que, dès que les pièces sont choisies et expliquées avec soin, le danger disparaît ; il ajouta même que, pour mieux faire ressortir la beauté de la vertu, il est utile de lui opposer le vice[3]. Il n'est pas nécessaire de dire qu'en ce cas les illusions du philologue l'ont emporté sur les devoirs du pédagogue et du moraliste. Les représentations théâtrales s'introduisirent dans la plupart des écoles ; on jouait même à Strasbourg des comédies et des tragédies grecques[4] ; de temps en temps, dans des circonstances solennelles, on choisissait aussi un drame sacré, quoique Sturm fît peu de cas de ces imitations rarement heureuses de Térence ou de Sénèque.

En 1575, Sturm publia un traité spécial sur les exercices oratoires. L'occasion de cet exercice prouve que, malgré la peine qu'il se donnait pour faire revivre l'éloquence cicéronienne, malgré ses efforts incessants d'en inspirer le goût aux maîtres et aux élèves, les exercices ne réussissaient pas selon ses désirs. Dès 1565 le professeur de dialectique Léonard Hertel lui demanda son avis sur les causes auxquelles il attribuait le peu de succès des exercices déclamatoires. Hertel pensait que ces causes étaient, d'un côté, l'usage, devenu fastidieux, de ne faire rédiger par les élèves

---

[1] « *Terentio post Ciceronem nihil utilius est; purus est sermo et vere romanus.* » *De liter. ludis*, p. 118.

[2] *Comment. in epistolas Pauli* Par. 1512, in-fol., f° 133ᵇ, ad 1 Cor. XV, 33.

[3] Sturm à Barth. Sieffert, 7 oct. 1565, en tête des comédies de Plaute que Sturm publia lui-même «*pro scholà Argentinensi.*» — En 1576, des élèves du Gymnase représentent une tragédie de Sénèque.

[4] *Classicæ epistolæ*, p. 199. — *Medea Euripidis, pro theatro et scholà Argent.* Strasb. 1598, in-8°.

que des discours sur l'éloge des vertus, et, d'autre part, l'obligation qui leur est imposée de se servir uniquement des expressions et des tournures amassées dans leurs éphémérides ; il en résultait un manque de liberté et, par conséquent, un ennui profond. Il est singulier que Sturm n'ait répondu que dix ans plus tard ; il le fit par le traité que nous venons de mentionner sur les exercices rhétoriques[1]. Étonné de voir si peu de jeunes gens trouver du plaisir à la déclamation, il se demande à son tour quelle en est la cause ; il ne croit pas que ce dégoût vienne d'un manque de talent ou de bonne volonté chez les élèves ; son expérience lui fait penser plutôt que la faute en est, sinon aux professeurs, du moins aux circonstances, c'est-à-dire à la difficulté de vaincre l'obstacle opposé par l'usage précoce de la langue maternelle. C'était là effectivement la vraie cause de l'insuccès des exercices de rhétorique latine ; l'impossibilité de faire rentrer l'esprit dans le moule antique produisait cet ennui auquel Hertel attribuait à si juste titre la négligence des élèves. Car quel devait être en définitive le but et le fruit de tous ces exercices et, en général, de toute cette instruction, depuis le premier enseignement de la grammaire jusqu'à la représentation des comédies de Plaute et des discours de Cicéron ? Rien que *l'imitation* des anciens. Sturm l'avoue lui-même et s'en fait gloire.

Sortant à peine du moyen âge, où l'art de bien écrire et de bien parler le latin s'était perdu dans la barbarie d'un langage incorrect et défiguré, les savants de la Renaissance, fascinés par le merveilleux éclat de la littérature ancienne, s'imaginaient que rien ne pouvait en dépasser la perfection. Ils croyaient en conséquence que, pour former les écrivains et les orateurs, l'imitation des anciens était le moyen le

[1] Sturm au prof. Michel Bosch, 23 déc. 1574, en tête du traité *De exercit. rhet.*

plus sûr. Ils ne se doutaient pas que chaque siècle, chaque nation, chaque homme, ont leur génie particulier, et que le développement de ce génie spécial et individuel est une des plus grandes tâches de ceux qui s'occupent d'éducation et d'instruction. Les principaux humanistes du seizième siècle ont été les partisans de l'imitation des anciens ; plusieurs en ont parlé accidentellement dans leurs ouvrages ou dans leurs lettres ; parmi les Allemands, Érasme, Mélanchthon, Joachim Camérarius ; en Italie, Pic de la Mirandole, Bembo, Ange Politien ; d'autres, tels que le jurisconsulte allemand Jacques Omphalius[1], le chanoine de Ferrare Célio Calcagnini[2], Barthélemy Ricci, le précepteur du fils d'Alphonse d'Este[3], en ont fait le sujet de dissertations spéciales. Les uns, notamment Érasme et Ramus[4], pensaient qu'il faut prendre pour modèles tous les bons auteurs ; la plupart des autres ne voulaient imiter que Cicéron[5]. C'est à ces derniers qu'appartient Sturm ; son traité sur l'imitation oratoire expose ses principes à cet égard. Il déclare dès l'entrée que l'imitation ne consiste pas dans une copie littérale et servile ; elle doit être « une application énergique d'acquérir les mêmes qualités qu'on voit briller dans un orateur, afin de lui devenir égal si on ne le peut pas surpasser. » C'est donc une noble émulation, se proposant pour modèle ce qu'il y a de plus accompli. « Le génie non cultivé, content de soi-même, n'aimant que soi-même,

---

[1] *De elocutionis imitatione ac apparatu.* Col. 1613, in-8°.

[2] *De rhetoricà et imitatione. In opp.* Bâle 1544, in-fol.

[3] *De imitatione libri 3.* Ven. 1545, in-8°.

[4] Erasmus, *Dialogus ciceronianus sive de optimo dicendi genere*, 1529. Lyon 1531, in-8°. — Ramus, *Ciceronianus.* Paris 1557, in-8°.

[5] C'est l'opinion d'Omphalius, de Ricci, de Calcagnini, de Scaliger (*Adversus Erasmum orationes duæ, eloquentiæ romanæ vindices*, 1529 et 1537. Toulouse 1621, in-4°), de Dolet (*Dialogus de imitatione ciceronianà adversus Erasmum pro Longolio.* Lyon 1535, in-4°), de Sambucus (*De imitatione a Cicerone petendà dialogi 3.* Par. 1561, in-8°).

ne peut faire que ce qu'il lui est naturellement possible de faire; l'imitation le conduit au delà des bornes de la nature, de manière que, cessant de s'aimer soi-même, il admire les meilleurs exemples et s'efforce de les égaler; la nature se ressemble toujours et n'avance que sur son propre chemin, l'imitation lui apprend la variété et lui trace des routes nouvelles; la nature ne peut invoquer aucun témoignage étranger, l'imitation lui permet de confirmer ses œuvres par l'autorité des grands modèles [1]. » Le plus grand, le plus accompli de ces modèles est Cicéron. Tous les autres orateurs latins lui sont inférieurs; s'il convient de les étudier, ce n'est que pour mieux faire ressortir la perfection des œuvres du maître préféré; Démosthènes et les Grecs eux-mêmes ne doivent être lus que pour compléter l'étude de Cicéron, seul vrai type de toute éloquence [2]. C'est par Cicéron qu'on forme le langage, de même que c'est par l'Évangile qu'on forme le cœur [3]; aussi longtemps qu'il règne dans les écoles, la barbarie n'est pas à craindre [4].

Cependant, malgré l'assertion de Sturm que l'imitation ne doit pas être servile, son principe cachait pour l'originalité des écrivains un écueil dangereux. Un orateur trop appliqué à imiter Cicéron, ne risquait-il pas d'abdiquer son caractère individuel, en devenant un simple plagiaire, comme c'était arrivé à Christophe Longueil? Sturm croit prévenir ce danger par le conseil de *dissimuler* l'imitation. On la dissimule en variant les formes, afin qu'à côté de la ressemblance on remarque « quelque chose de particulier. » Cela peut se faire par l'amplification, par la transposition des termes ou des idées, par la substitution ou par l'addi-

---

[1] *De imitatione*, Lib. I, cap. 2.

[2] Ib., cap. 4.

[3] A son frère Jacques, en tête de *Ciceronis epist. minores*.

[4] A l'archev. Hermann de Cologne, en tête du second volume des discours de Cicéron.

tion d'autres expressions, par l'abréviation, en condensant « les sentences » ou en en retranchant une partie. Quelquefois l'imitation littérale est elle-même permise; elle peut donner par moments plus de vigueur ou d'élégance au style.

Sturm fit des cours publics sur son livre de l'imitation oratoire; les mêmes principes devaient sans doute servir de base à un ouvrage sur la manière de parler et d'écrire le latin, qu'il avait entrepris dès 1538 et qui devait former en quelque sorte le complément de son traité *De amissà dicendi ratione*. Il y travailla pendant une série d'années, mais ne l'acheva point, craignant de ne pas lui donner assez de perfection [1]. Il paraît qu'on en trouva des fragments après sa mort [2]; nous ignorons ce qu'ils sont devenus. Dans ses cours sur les orateurs, il les interprétait de préférence dans le but de montrer comment il fallait les imiter. Il les analysait au point de vue des préceptes rhétoriques et dialectiques; après avoir dépouillé une période de ses ornements, pour en tirer « la proposition nue, » il expliquait les ornements eux-mêmes en en indiquant la portée et le sens; il faisait ressortir la valeur des arguments et décomposait les raisonnements, en ramenant tout aux principes de la théorie [3]. Son explication des orateurs n'était ainsi qu'une

---

[1] *De ratione latine loquendi atque scribendi libri IV. De amissà dicendi ratione*, p. 49, 50. — A R. Asham, 5 sept. 1550; dans Ashami *Epp.*, p. 25. — En 1567, Val. Erythræus dit, dans sa préface à son traité *De elocutione* (Strasb., in-8°), qu'il publiera dix livres *Sturmianarum annotationum atque observationum præcipuorum locorum doctrinæ docendi*. Est-ce là l'ouvrage dont parle Sturm? et cela a-t-il paru?

[2] Melch. Junius, *Oratio de vità J. St.*, dans les *Manes Sturmiani*. — *Bericht von der strassb. Kirchenordnung*, p. 185.

[3] Dans ses leçons sur des auteurs anciens, « *artificium rhetoricum, constitutionem et cohærentiam orationis, quæstionum et dialogorum requisita et ornamenta, analysis præceptorum dialecticorum et argumentorum connexiones, vocabulorum proprietates in disputationibus observandas, solus fere... tractandi rationem indicavit, explicavit, demonstravit, ut meritò magni tum a philosophis tum philologis facienda sint.*» Préface de Jean Lobart à son édit. des leçons de Sturm sur la 1re Tusculane, 1575.

rhétorique appliquée, dans l'intérêt de l'imitation oratoire.

Cette imitation avait des adversaires même parmi les humanistes; on lui reprochait d'être stérile en résultats et d'asservir la nature. Érasme poursuivait de ses railleries mordantes « le paganisme » de ces « singes de Cicéron, » qui le trouvaient moins dur d'être appelés hérétiques que de n'être pas appelés cicéroniens [1]; et Henri Estienne se moquait des « fanatiques qui n'osaient pas s'écarter de la largeur de leur ongle du langage de Cicéron, ni ouvrir la bouche de peur d'en laisser sortir un latin suspect [2]. » Sturm et ses partisans avaient beau dire que, s'opposer à l'imitation, c'était fuir le travail et mépriser l'art [3]; ils avaient beau critiquer les ultra-cicéroniens, comme ils appelaient Longueil et ses admirateurs [4], ou blâmer les Italiens qui avaient introduit jusque dans la théologie une terminologie païenne [5], leur propre principe, contenant le germe des

---

[1] *Dialogus Ciceronianus*, p. 267. — A Jean Vergara, 2 sept. 1527; *in Epist.* Bâle 1538, in-fol., p. 709. — « *Juvenis : Decem iam annos œtatem trivi in Cicerone. Echo :* ὄνε (*asine*). *Colloquia famil.* Anvers 1541, in-8°. p. 547.

[2] *Pseudo Cicero.* S. l., 1567, in-8°. — *Nizoli odidascalus.* S. l., 1578, in-8°.

[3] « *Non desunt, qui docti et prudentes videri volunt, qui imitationem, vel nullam esse putant, vel nihil prorsus œstimant, vel omnem temere permiscent, vel eam totam, quœcunque sit, cuiuscunque sit, ut servilem et puerilem repudiant. Sed hi sunt et inertes et imperiti, laborem fugiunt, artem nesciunt. Qui cum naturœ omnia, falso iudicio tribuunt, eandem tamen, optimis suis prœsidiis iniquo consilio spoliant. Et res semper coniungendas, magnà temeritate, extremà imprudentià distrahunt. Artis enim et naturœ dissidium faciunt, quicunque casu, non delectu, fortuitò non observatione, in literarum studiis versantur.* » R. Asham à Sturm, 1568; dans Ashami *Epp.*, p. 8.

[4] Sturm à Guill., duc de Juliers, en tête du 1er vol. des discours de Cicéron.

[5] « *Velim adolescentes ex his libris ad nostram religionem rerum verba formasque deportare, qua in re opus est et monstratore et judicio. Itali enim quidam nimis pueriliter id sunt conati, et paucissimi sunt qui non multum peccarint; ne Sadoletus quidem multis satisfacit, tametsi princeps in eo genere, meo quidem judicio, extiterit, in his qui de religione*

mêmes résultats, était exposé aux mêmes objections. Les moyens mécaniques, destinés à dissimuler artificiellement l'imitation, devaient enchaîner la liberté des orateurs et arrêter leur inspiration au lieu de la nourrir et de l'augmenter. La spontanéité étant entravée, les hommes qui n'avaient pas comme Sturm le talent de briser la règle tout en croyant s'y soumettre, restaient des copistes serviles ; plus libres, ils se seraient peut-être élevés plus haut. Ailleurs, en Saxe par exemple, les réformateurs des écoles prétendaient que les langues anciennes ne devaient être étudiées qu'au point de vue de l'utilité pour la théologie ; sous ce rapport, ces hommes distingués n'étaient pas moins exclusifs que Sturm et les cicéroniens de la Renaissance. Les uns et les autres voulaient qu'on n'apprît le latin et le grec que comme *langues*, les premiers pour mieux comprendre le Nouveau Testament et les Pères, les autres pour rétablir une élocution et un style plus purs. Au seizième siècle, l'idée ne s'était pas encore fait jour qu'abstraction faite de tous les usages secondaires, les classiques doivent être lus pour eux-mêmes, autant pour connaître la civilisation de l'ancien monde que pour former le jugement et le goût.

On se demande naturellement quel rôle était assigné au grec dans cette instruction si exclusivement latine? Sturm, il est vrai, a fait beaucoup pour la propagation de la littérature grecque en Allemagne, où, dans les premiers temps de la Renaissance, elle n'était encore envisagée que comme une chose assez accessoire. Il a donné dans son programme scolaire une large place à l'interprétation des poëtes et des historiens grecs ; il expliquait lui-même Platon, Aristote, Démosthènes, Eschine, Hermogènes ; mais cette étude n'é-

---

scripserunt in Italiâ : quo fit ut verear, si temere adhibeantur, ineptus fiat ornatus, qui cum non decet, deformis est et barbarâ tractatione turpior. » Sturm à Jean Boner, 1541, en tête du 2ᵉ vol. des œuvres philos. de Cicéron.

tait qu'un moyen de plus de renforcer celle de la langue latine : Platon servait à l'exposition des préceptes dialectiques ; l'analyse des orateurs et des autres écrivains, faite au seul point de vue rhétorique, ne devait que fournir des leçons et des exemples applicables au discours latin [1].

Enfin, que faisait Sturm pour la langue maternelle? Rien ou presque rien. Lui qui déplorait le sort fâcheux des enfants de son époque, qui ne pouvaient pas apprendre, comme les jeunes Romains, le latin dès leur premier âge, ne pouvait pas manifester une vive sollicitude pour l'étude des langues modernes. Il admirait, il est vrai, le langage des poëtes de l'Italie, des historiens de la France, et surtout celui de Luther ; aucun peintre, disait-il, n'a jamais surpassé Appelles, aucun écrivain ne surpassera Luther, le traducteur de la Bible [2]. Toutefois, cette admiration de ce

[1] Sturm publia le Gorgias, l'Apologie de Socrate et le Criton, avec une préface exposant sommairement la méthode suivie par Socrate dans ses dialogues, et les principes dialectiques d'Aristote, 1541. En 1550, il publia les deux discours d'Eschine et de Démosthènes qu'il dédia à l'évêque Pflug. R. Asham l'avait engagé à les dédier à Jeanne Gray, « *tui semper et tuorum studiosissima.*» 1551, 21 août; Ashami *Epp.*, p. 42.

[2] « *Annon solutam orationem ita tractavit* Boccatius, *ut exemplo sit puritatis et suavitatis in animis omnium Italorum, qui ingenio valent? In astrictâ verò et numero poetico, nonne idem* Franciscus Petrarcha *apud suos est assecutus? Apud Gallos tam* Philippus Comineus *magis placet lectoribus historiarum, quàm Græcis et Atheniensibus placuit* Thucydides. Lutherus *annon quasi magister extitit nostri sermonis, sive puritatem consideres, sive copiam? Principum consilia, civitatum iudicia, scribæ omnes, omnes legati ac jureconsulti Germaniæ hanc laudem homini tribuunt theologo. Causam certe ipse defendit et iustam et necessariam, quæ per se meretur victoriam, sed certe oratoriis lacertis sua misit tela argumentorum. Si hæc religionis restitutio non esset, si nullæ conciones eius extitissent, si nihil scripsisset aliud quàm ea quæ in vetere et novo Testamento translata divulgavit, tamen summa eius et perpetua in hoc labore deberet extare gloria. Si enim huius germanicæ translationi cæteræ Græcorum, Latinorum aliorumque comparentur, cedere cogentur perspicuitate, puritate, proprietate, similitudine hebraicæ originis. Credo ut Appellem nemo legitur pictorum superasse : ita ne scriptorum quidem quisquam* Lutheri *conversionem poterit vincere.» De exercitat. rhetoricis.*

que des hommes de génie avaient pu faire des langues modernes, ne l'empêchait pas de ne rêver que la restauration d'une langue morte. La religion elle-même devait être enseignée en latin ; dans ses premières années seulement, l'enfant apprenait le catéchisme dans sa langue maternelle ; dès qu'il commençait à comprendre le latin, on lui remettait un catéchisme latin ; les prières et les cantiques en classe étaient en latin ; ils servaient de moyens de mieux façonner les esprits au culte de cet idiome. On s'étonne après cela de voir Sturm écrire une préface pour une des premières grammaires allemandes connues, et faire une déclaration en faveur de l'enseignement des langues modernes [1] : pour les besoins de la vie, dit-il, et surtout pour ceux de la diplomatie, il est nécessaire d'apprendre ces langues ; il trouve même qu'elles se prêtent à l'éloquence et à la poésie, qu'elles sont susceptibles de la richesse, de l'élégance, de l'harmonie du latin et du grec. Si, au lieu de n'être qu'un mouvement passager, cette idée avait été chez Sturm une conviction profonde, ce connaisseur éminent des beautés de la littérature classique aurait appliqué son talent et son savoir au développement des langues modernes ; il aurait donné au moins dans le programme de son école une place quelconque à l'enseignement des idiomes maternels de ses élèves, au lieu de l'abandonner au hasard des goûts ou des besoins individuels. Ne pouvant pas se refuser à l'évidence des nécessités pratiques, il faisait réciter par les élèves, avec toute la solennité du Forum romain, des discours de Cicéron traduits en allemand [2]. Mais, comme au Gymnase il n'y avait pas de leçons spéciales de langue vulgaire, et que les jeunes gens devaient se contenter des notions apprises sommairement dans les écoles allemandes

---

[1] Œlinger, *Underricht der hochteutschen Sprach.*, 1574 ; préface de Sturm à Conr. Preslausky, 27 août 1573.

[2] *De exercitat. rhetor.*

avant leur admission à l'école latine, leur style allemand restait incorrect et lourd ; si l'on y remarquait une influence de la rhétorique ancienne, ce n'était ni par l'élégance ni par l'harmonie, c'était uniquement par la présence d'expressions latines remplissant les lacunes pour lesquelles les érudits d'alors trouvaient leur propre langue insuffisante. On n'a qu'à lire ce que Sturm lui-même a écrit en allemand ; cela manque à la fois de la gravité et de la grâce qui sont propres à sa diction latine ; c'est cet allemand pédant et incolore qui avait remplacé le frais et vif langage de Luther, et auquel il fallut bien du temps encore pour reprendre ses allures plus indépendantes.

CHAPITRE VI.

Organisation de l'instruction publique.

Dans ses idées sur l'organisation de l'instruction secondaire, Sturm partait du principe de l'enchaînement progressif des classes. Peu observé dans les premières écoles de la Renaissance, ce principe fut réalisé par le recteur de Strasbourg avec autant de fermeté que de tact. Voici, d'après son livre *De literarum ludis recte aperiendis,* le plan d'études qu'il introduisit au Gymnase dès 1538. Il base la division des classes sur le besoin d'enseigner progressivement la langue latine ; elle doit s'adapter à la division des qualités du discours ; ce principe est rationnel en soi, mais au seizième siècle on l'exagérait par l'importance trop exclusive accordée à la pratique du langage latin. Le discours, dit Sturm, doit être avant tout pur, correct, clair, puis élégant et orné, enfin convenable aux idées que l'on veut exprimer. La pureté, la clarté, l'élégance même, sont indispensables à tout le monde; la convenance, qui donne lieu aux différents genres de style et surtout aux différents genres oratoires, est moins généralement nécessaire et exige des études spéciales. Il y aura donc, selon Sturm, deux divisions principales : les leçons nécessaires à tous les élèves, et les leçons plus spéciales et plus élevées, les cours publics; les premières exigent neuf ans, les autres cinq; les premières sont réparties en neuf classes, dont sept sont consacrées à apprendre aux élèves la pureté et la clarté de la langue latine, et les deux dernières à les former à l'élégance du style. Dans ces neuf années, les élèves ne doivent être façonnés qu'au maniement de l'instrument; les connaissances elles-mêmes ne leur sont communiquées que dans les cinq années de cours publics. Dans l'origine, Sturm avait cru pouvoir se contenter de six classes de langue, de même qu'à Liége il n'y en avait eu que six; mais il ne tarda pas à se persuader que, pour ne pas trop précipiter l'enseignement, ce nombre ne suffisait pas; il établit donc neuf classes; plus tard il y en eut même dix.

En neuvième, les élèves, qui y entrent à l'âge de cinq à sept ans, apprennent à lire et à écrire; on doit déjà veiller à la pureté de la prononciation, afin de former l'organe des futurs orateurs; surtout on doit apprendre aux élèves un certain nombre de mots, pour qu'ils commencent à acquérir une *copia verborum* qu'ils enrichiront à mesure qu'ils passeront dans d'autres classes; on doit leur communiquer les éléments des déclinaisons et des conjugaisons, et les conduire au point qu'on puisse lire avec eux quelques lettres faciles de Cicéron, comme celles à sa femme Terentia ou à l'affranchi Tiro; Sturm ne connaît rien de mieux à mettre entre les mains des élèves de la neuvième. En huitième, pendant les six premiers mois, on fait de la grammaire, mais encore sans les difficultés et les exceptions, et on explique des églogues de Virgile et des lettres de Cicéron, au point de vue de l'analyse grammaticale. Pendant les six derniers mois on donne aux élèves les règles de la syntaxe, en continuant l'explication de Virgile et de Cicéron, et on les habitue à mettre en latin des sentences faciles.

En septième, après la répétition de la grammaire, on commence l'exposition des règles de la prosodie, on explique les traités de Cicéron *De amicitia* et *De senectute*, l'Énéide et des morceaux choisis d'Horace, de Catulle et de Tibulle; on fait des rédactions, en ayant soin de prendre Cicéron pour type et de rejeter toute expression ou tournure qui ne se trouverait pas chez lui.

Ces trois classes, dit Sturm, ont besoin de beaucoup d'exercices de mémoire et de répétitions fréquentes; nonseulement les règles, mais aussi des morceaux de Cicéron et de Virgile doivent être appris par cœur. Dans l'explication des auteurs, les maîtres se borneront à ce que les élèves pourront comprendre; ils se garderont de cette vanité trop fréquente chez les professeurs, de vouloir enseigner tout ce qu'ils savent, quand même cela dépasserait l'horizon intellectuel de leurs disciples.

Après avoir appris dans ces trois classes les principes de la pureté et de la clarté du style latin, les exercices deviennent en sixième plus fréquents et plus difficiles; l'explication de Cicéron et de Virgile est continuée; on y ajoute celle de César qui, selon Sturm, est plus orateur qu'historien, et celle de Térence, dont l'étude lui paraît la plus utile après celle de Cicéron, pour former la jeunesse à la conversation latine. L'enseignement du grec commence en cinquième; le premier semestre est consacré à la grammaire, le second à l'explication d'Ésope, suivie de celle des Olynthiennes de Démosthènes. La lecture des auteurs latins, les exercices de rédaction et de récitation se continuent en cette classe, où l'on donne aussi les premiers éléments des préceptes rhétoriques. A partir de la quatrième, le grec et le latin marchent de pair, Démosthènes avec Cicéron, Homère avec Virgile ; on commence la théorie des ornements du style ; on interprète des traités rhétoriques de Cicéron et d'Hermogènes, on analyse les orateurs par rapport aux expressions dont ils se servent, et on explique Salluste et Plaute. En troisième, la dialectique vient se joindre à la rhétorique par le moyen de l'explication d'Aristote ; on interprète et on analyse à ce point de vue quelques discours de Démosthènes et d'Eschine. La théorie des ornements du style est achevée en seconde, où l'on commence celle des différents genres oratoires ; l'étude des traités d'Aristote et de Cicéron et celle de quelques dialogues de Platon forment la matière principale de l'enseignement dans cette classe, où les élèves font en outre de nombreux exercices de style. En première enfin, où les leçons sur l'art de la parole sont résumées et terminées, on donne aux élèves quelques notions d'arithmétique et d'astronomie, et on leur enseigne la géographie ancienne d'après Pomponius Méla.

L'instruction religieuse doit être conduite au point qu'en sortant de première, les élèves connaissent l'histoire de Jésus-Christ et des apôtres et les principaux faits de l'Ancien Testament, ainsi que les dogmes et les préceptes moraux de l'Église protestante. En neuvième, on leur enseigne le catéchisme en allemand ; en huitième, septième et sixième, en latin ; à partir de la cinquième, on lit des parties du Nouveau Testament en grec ; en seconde et en première, on apprend la grammaire hébraïque et on lit quelques chapitres de Moïse.

S'étant aperçu plus tard que ce programme primitif était insuffisant pour faire revivre l'usage du latin classique, Sturm songea à renforcer les leçons et les exercices de cette langue. Dans ses Lettres classiques, publiées en 1565, il modifia le plan d'études de manière que les élèves pussent acquérir de bonne heure une plus grande *copia verborum*, faire des progrès plus rapides en grammaire, en rhétorique et en dialectique, lire un plus grand nombre de poëtes, d'historiens et d'orateurs, et s'exercer plus souvent au discours et au dialogue, en récitant des morceaux de Cicéron et en représentant des comédies de Plaute et de Térence. Quelques années auparavant déjà, il avait ajouté au Gymnase une dixième classe, la neuvième n'ayant pas suffi pour apprendre aux élèves en un an à lire et à écrire le latin et pour imprimer à leur mémoire, outre les déclinaisons et les conjugaisons régulières, un certain nombre de mots de l'usage journalier de la vie.

Par tout ce programme, Sturm impose à chaque professeur une tâche déterminée; mais, au-dessus de cette mission spéciale de chacun, il y a un but commun, auquel doivent concourir les études les plus diverses et les efforts de tous. Pour que l'enseignement profite, dit-il, chaque maître doit regarder à la classe qui est au-dessus et à celle qui est au-dessous de la sienne; il doit connaître le programme général, tout en se conformant rigoureusement à la tâche particulière dont il est chargé dans l'ensemble organique de l'école. Il y a des succès plus réels quand les maîtres, se soumettant à un ordre régulier, renoncent à cette fausse ambition qui les porte parfois à anticiper dans leurs leçons sur ce qui ne peut être traité avec fruit que dans des classes supérieures. Sturm revient fréquemment sur ce principe pédagogique si essentiel : « que les professeurs sachent, dit-il, que, s'ils négligent de l'observer, ils manquent à un de leurs plus grands devoirs[1]. » Cependant

---

[1] *De liter. ludis*, p. 150. — « *Poetæ Janum faciunt bifrontem ; nos in hisce scholis non monstrosum volumus esse præceptoris vultum; sed duobus oculis contenti, postulamus ut altero oculo inferiores ordines intueatur, et videat quid ibi pueri didicerint, memoriæ mandarint, scripserint; altero autem longius prospiciat, atque provideat quid in superioribus doceatur, ut ad illarum rationem, suâ industriâ in suo ordine viam ster-*

il ne croit pas qu'il faille prescrire minutieusement à chaque maître les moindres détails de ses leçons, comme on l'a tenté depuis. Persuadé que, dans le cadre même de sa méthode, il fallait laisser de l'espace pour la liberté individuelle, il s'en rapportait pour l'exécution au zèle intelligent des professeurs; s'il fallait les stimuler, des conférences auxquelles tous assistaient pour donner librement leur avis, lui paraissaient un moyen plus digne du corps enseignant que l'intervention d'une autorité qui, sous le prétexte de veiller à tout, ne permettrait aucun mouvement qu'elle n'aurait ni prévu ni réglementé[1].

Ce qui a été dit jusque-là se rapporte principalement à l'enseignement secondaire. Après cette instruction, toute latine et ne formant que le langage, quoique marchant de pair avec l'éducation morale et religieuse, commençaient les études supérieures, destinées à donner les connaissances réelles, dont on enseignait à peine les éléments dans les classes les plus élevées du Gymnase. En sortant de première, le jeune homme est apte à fréquenter les cours publics. Dans les classes, les maîtres sont en quelque sorte des pères de famille auxquels les élèves doivent une obéissance absolue; dans les cours, ces derniers, pareils aux membres d'une cité libre, doivent se soumettre volontairement à la loi. Là encore le dernier but de l'étude est une « piété instruite; » non-seulement le théologien, mais le médecin, le jurisconsulte, le magistrat, doivent tendre à ce but; guérir les malades, défendre l'innocence, gouverner l'État, sont des missions qui exigent autant de vertu que de science. C'est entre ces carrières que doit choisir le jeune homme sortant des classes; au Gymnase, il a reçu l'instruction qui forme la base de toute éducation littéraire, désor-

---

nat... *Ut si præfecti classium istud non faciant, contra officium se facere intelligant.» De exercitat. rhetoricis.*

[1] Statut académique de 1568, règlement sur le *conventus scolasticus*.

mais ses études doivent prendre une direction spéciale déterminée. Cependant, parmi les cours mêmes, il en est quelques-uns qui, étant nécessaires pour achever l'éducation libérale, sont utiles à tout le monde. Ils constituent ce qu'on appelait alors la faculté de philosophie. Au premier rang, Sturm plaçait la philosophie proprement dite, à la fois comme école de discussion et comme moyen de nourrir l'esprit d'idées hautes et de l'amener à Dieu. Loin de la redouter, il croyait qu'elle contribuait puissamment à la défense de la religion ; il la recommandait aux théologiens comme une arme contre les jésuites, d'autant plus dangereux, disait-il, qu'ils étaient plus instruits et plus éloquents [1].

Mais qu'était-ce que cette philosophie dont Sturm faisait un si bel éloge ? Pour comprendre ce qu'il avait en vue, il faut se rappeler l'état de cette science au seizième siècle. Dans les dernières années du siècle précédent, on avait tenté de ranimer, dans les contrées voisines du Haut-Rhin, la vieille querelle sur les universaux. Jean *de Lapide,* après avoir professé à Paris la théologie et la philosophie, et après que Louis XI eût défendu en 1473 toute doctrine nominaliste, était allé planter la bannière du réalisme victorieux à Bâle et puis à Tubingue, où enseignait le dernier défenseur du nominalisme, Gabriel Biel. Mais ces questions, dépouillées depuis longtemps de leur intérêt philosophique, avaient perdu le pouvoir de passionner le monde ; c'est à peine si elles excitaient encore quelques rixes d'étudiants. Il y eut bien quelques humanistes timides, comme Wimpheling, qui tremblaient à la pensée de voir disparaître des écoles non-seulement les docteurs célèbres, mais aussi leurs laborieux et ennuyeux commentateurs [2]. Cepen-

---

[1] « *Nullus est genus hominum, a quo nobis magis metuendum est, quàm Jesuitarum.*» *Latinæ linguæ resolvendæ ratio*, p. 139.

[2] Wimpheling, *Contra turpem libellum Philomusi.*

dant, au milieu des mouvements nouveaux qui entraînaient les esprits, personne ne s'émouvait plus de leurs doléances ; les derniers champions du moyen âge quittèrent l'arène, désespérant de la victoire ; Jean *de Lapide* lui-même finit ses jours dans un couvent de chartreux [1]. D'un autre côté, le dégoût qu'inspirait le scolasticisme était si profond que, de crainte de retomber dans le dédale des subtilités, on n'aborda plus aucun sujet d'une importance ou d'une difficulté réelles ; les humanistes faisaient partout l'éloge de la philosophie, mais ils croyaient faire assez en déblayant le terrain et en simplifiant les théories formelles ; les grands problèmes métaphysiques et psychologiques n'étaient étudiés que par les théologiens au point de vue de la religion. Sauf le système aventureux de quelque théosophe, l'Allemagne du seizième siècle n'a rien produit, en fait de philosophie, que de l'érudition classique et d'utiles efforts de discipliner le raisonnement et de régler la vie civile par la restauration de la logique et de l'éthique d'Aristote. Comme on l'a vu plus haut, c'est ce philosophe que Sturm mettait au premier rang ; il l'admirait à cause de la clarté de son exposition et de l'exactitude de sa méthode. Sa prédilection exclusive pour le péripatétisme lui attira un jour quelques critiques de Ramus, mais dont on ne connaît pas l'objet [2]. Quant à lui, il appelait Ramus un hérétique en fait d'Aristote, ce qui ne l'empêchait pas de cultiver son amitié ; soit par déférence, soit qu'il ne crût pas que le dissentiment fût assez grave pour devoir donner lieu à une polémique, il tolérait les opinions de son ancien disciple [3].

[1] V. sur Jean *de Lapide* l'intéressante dissertation de M. le prof. Fischer, de Bâle : *Joh. Heynlin genannt a Lapide.* Bâle 1851, in-8°.

[2] R. Asham informe Sturm que Ramus a écrit contre lui « *nescio quid.* » Il s'en afflige, parce que, selon lui, Ramus est plutôt l'adversaire des « *inepti et frigidi Aristotelici* » que d'Aristote lui-même. 29 janv. 1552 ; Ashami *Epp.*, p. 44.

[3] Il avait une grande estime pour Ramus, quoique celui-ci pensât « *libe-*

Toutefois, on aurait tort de se fonder sur cette tolérance pour dire que Sturm s'est appliqué à propager le Ramisme en Allemagne[1]; aucune ligne de ses écrits ne le prouve. D'ailleurs, au delà du Rhin, ce système n'a trouvé que de rares partisans; on le goûtait d'autant moins qu'on le soupçonnait, on ne sait trop pourquoi, d'être un acheminement au calvinisme[2].

Cependant Sturm lui-même ne voulait pas qu'Aristote dominât seul dans les écoles. Quelques savants d'alors ayant demandé qu'on exclût Platon, parce qu'il n'a traité aucune partie avec un ensemble méthodique, et qu'il s'est servi trop souvent de l'ironie, peu propre à l'enseignement, Sturm leur opposa la magnificence du langage de cet « Homère de la philosophie » et la profondeur de ses conceptions; Aristote donne les préceptes, Platon les applique; or, une science s'apprend tout aussi bien, et peut-être mieux encore, par l'explication des modèles que par l'ex-

---

rius » sur Aristote (à H. Schor, 1er mars 1572, en tête du *Specimen* de Schor), et malgré les plaintes de Théod. de Bèze au sujet des tendances trop démocratiques que Ramus avait voulu faire prévaloir dans la constitution des Églises réformées de France (Bèze à Sturm, 1er juillet 1572; publié incomplétement dans les *Epistolæ theologicæ* de Bèze, ed. 2ᵃ. Gen. 1575, p. 290).

[1] Ramus lui-même remercia Sturm « *quod . Alsatiam Ramusculis compleas* » (1572, de Paris). — Cela ne se rapporte qu'à l'approbation donnée par Sturm au plan d'études introduit à l'école de Saverne et conforme en partie aux idées de Ramus et en partie aux siennes propres. — Selon Brucker (*Historia critica philosophiæ*, Leipz. 1766, in-4º, T. IV, P. 2, p. 577), Sturm, « *licet Aristotelem non improbaret*, » a contribué à propager le Ramisme en Allemagne, en recommandant les disciples de Ramus pour les écoles sur l'organisation desquelles il était consulté. Cela se rapporte uniquement au même fait.

[2] G. Fabricius à Meurer, 7 juin 1549. Fabricii *Epp.*, p. 64. — Volmar de Berlepsch, conseiller de l'électeur Auguste de Saxe, s'opposa à l'introduction du Ramisme, parce que c'était, selon lui, « *gradus ad calvinismum.* » Löscher, *Historia motuum zwischen den Lutherischen und Reformirten*. Francf. 1730, in-4º, T. II, p. 151. — V. aussi M. Waddington Kastus, *De Rami vitâ et scriptis*. Par. 1848, p. 138.

position, toujours plus ou moins abstraite, des règles seules. Quant à « l'ironie socratique » dans les dialogues de Platon, c'est elle précisément qui y répand le principal charme ; elle empêche la discussion de prendre le ton violent de la dispute, et donne de l'éclat aux matières en apparence les plus arides [1]. Platon doit donc être interprété dans les écoles conjointement avec Aristote; les deux philosophes se complètent et s'expliquent l'un l'autre [2]. Sturm voulait même qu'on ne négligeât pas l'étude des grands docteurs de la philosophie scolastique; des penseurs profonds et des dialecticiens habiles, comme Thomas d'Aquin et Pierre Lombard, sont dignes de l'attention des théologiens ; au milieu de leurs épines on trouve à cueillir des roses [3].

Selon Sturm, les branches les plus utiles de la philosophie étaient la dialectique et l'éthique. La dialectique, traitée sommairement dans les deux classes supérieures du Gymnase, devait être enseignée dans les cours par deux professeurs qui, en se partageant l'*Organon*, expliquaient alternativement l'un les premiers, l'autre les derniers Analytiques; Sturm demandait qu'ils y ajoutassent de nombreux exemples et qu'ils s'abstinssent de toute discussion sophistique. Pour l'éthique, tant dans ses applications à la vie individuelle que dans celles à la vie politique, un seul professeur lui paraissait suffisant. Elle est, dit-il, la base de la science civile, dont, dans un État libre, comme l'était la république de Strasbourg, tout citoyen doit connaître au moins les principes fondamentaux; car l'État ne prospère que par la probité de ses membres et par leur loyale

---

[1] Préface à la Physique d'Aristote publiée par Zanchi en 1553.

[2] *De literarum ludis recte aperiendis*, p. 138.

[3] « *Non debemus contemnere Thomam Aquinatem, aut Lombardum imò ne Scotum quidem; fuerunt enim dialectici acutissimi, et suas habent hæ spinæ rosas, suas habent utilitates.* » *Ratio linguæ latinæ reservendæ*, p. 140.

soumission aux lois. Sturm, moins progressif que Mélanchthon, qui le premier fonda la morale sur la connaissance de la volonté de Dieu [1], croyait que cette science, ainsi que la politique, ne pouvait pas mieux s'apprendre que dans les ouvrages théoriques d'Aristote, de Platon et de Cicéron, et dans ceux des historiens racontant les vicissitudes des nations et les actions des hommes célèbres [2]. Il publia lui-même l'Éthique d'Aristote et quelques traités moraux de Cicéron. C'était là une des erreurs de la Renaissance; vouloir baser les mœurs d'une société chrétienne sur la morale et les exemples des anciens, et organiser un État moderne d'après les principes et les formes de l'antiquité, était aussi peu possible que le rétablissement absolu de la langue latine. L'enseignement supérieur de l'histoire n'était à son tour qu'un moyen d'enseigner les notions du bien et du mal; le professeur devait raconter de préférence les destinées des peuples de l'antiquité, de manière à exciter l'admiration des élèves pour la vertu et leur horreur pour le vice [3]. Quant à la rhétorique, il était difficile de lui faire une place dans l'enseignement supérieur; l'expérience avait appris à Sturm que les élèves, une fois sortis des classes, se montraient peu empressés de s'occuper de cette discipline purement formelle; cependant il ne put se résoudre à l'exclure de l'académie; mais il ne trouva d'autre proposition à faire que de traiter les préceptes avec plus de profondeur au moyen d'une analyse raisonnée des meilleurs écrivains, et de multiplier les exercices. Les cours de littérature grecque, où l'on expliquait les poëtes et les historiens, n'étaient qu'une espèce de supplément à ceux de rhétorique [4].

---

[1] V. ses remarquables traités : *Philosophiæ moralis epitome.* Wittemb 1537, in-8º ; — *Ethicæ doctrinæ elementa.* Ib. 1550, in-8º.

[2] *De nobilitate literatâ*, p. 32. — *Epp. class. et acad.*, p. 214, 273.

[3] *Epist. class.*, p. 207.

[4] *Epist. class. et academ.*, p. 220, 275.

Un des mérites de Sturm est d'avoir insisté sur l'utilité de la physique pour le philosophe et pour le théologien. Quoique au seizième siècle cette partie, qui comprenait tout ce qui se rapporte à la connaissance de la nature, fût encore dans l'enfance, et qu'on ne l'enseignât en général que d'après Aristote, le génie du recteur de Strasbourg avait entrevu les services que les sciences naturelles sont appelées à rendre au développement de l'esprit humain. « L'intelligence des choses de la nature, dit-il, remplit l'âme d'une admiration profonde et l'élève vers le Créateur[1]. » Des théologiens célèbres ne dédaignaient pas de s'occuper de ces matières; ils avaient trop de vraie philosophie et une foi trop sérieuse pour que ces belles études eussent pu les éloigner du christianisme. Mélanchthon était un des plus savants hommes de son temps en physique et en cosmographie; d'autres vouaient leurs loisirs à la recherche et à la description d'objets d'histoire naturelle; Jérôme Zanchi, Louis Lavater, Théodore de Bèze, fournirent à Conrad Gesner des matériaux pour son grand ouvrage sur les animaux[2].

Les mathématiques et la science des astres ne paraissaient pas moins importantes à Sturm; il les faisait rentrer dans le programme des études d'utilité générale. Sur le conseil de Ramus, il donna même, dans l'académie de Strasbourg, une plus grande place aux mathématiques que d'après son plan primitif[3]. Mais ces parties, enseignées

---

[1] « *Et in his rebus intelligendis Dei est profectò multa et magna cum admiratio, tum cultus.* » Préface à la Physique d'Aristote publiée par Zanchi.

[2] Gesner, *Appendix historiæ quadrupedum*. Zurich 1554, in-fol., préface; — *De naturà avium*. Zur. 1555, in-fol., préf.

[3] « *Hìc etiam te, Sturmi, parentem Argentinensis academiæ, quàm e privatà scholà publicam academiam imperatoriisque præmiis et honoribus universitatem fecisti, cohortabor ut ad præclaros tuarum laudum titulos hic unus accedat atque modò prædicetur, Sturmius Argentinæ latina græcaque studia, rhetorica et philosophica instituit, sic item præ-*

uniquement d'après les anciens, étaient traitées bien plutôt au point de vue de la théorie que dans l'intérêt d'un usage pratique ; on n'avait encore que des idées confuses sur l'arithmétique et la géométrie usuelles [1]. Quant à l'astronomie, le système de Copernic, auquel s'opposaient même les scrupules des théologiens protestants, n'avait pas encore pénétré dans les écoles ; le traité de la sphère de Jean de Sacrobosco, du treizième siècle, et la théorie des planètes de Georges Purbach, du quinzième, y avaient encore une autorité incontestée.

Enfin, il est deux points sur la nécessité générale desquels Sturm crut devoir fréquemment insister, la musique et l'exercice corporel. Dans les écoles du moyen âge, la musique avait fait partie du *quadrivium* et n'avait été jugée utile qu'aux clercs. A cause de ses rapports avec les nombres, elle avait été enseignée, depuis Boëce, moins comme art esthétique que comme application de l'arithmétique. C'est ainsi que l'avait traitée encore Lefèvre d'Etaples [2]. La Réformation ayant donné au chant d'Église une si grande importance, en réintroduisant dans le culte le cantique exécuté par la communauté entière, il fallut populariser l'enseignement musical, et par conséquent le simplifier. On institua dans toutes les écoles des maîtres de chant ; Sturm leur donna des conseils fort sages : s'il est intéressant de

---

dicetur : *Sturmius etiam mathemata altero professore amplificarit. Dasypodium itaque nostrum consorte mathematicorum laborum ocioque sublevato.*» Ramus, *Proœmium scholarum mathem.*, L. II (écrit en 1567); dans ses *Scholæ math.* Francf. 1599, in-4º. Ce fut sur le conseil de Sturm, qui voulut donner tout le développement possible à l'étude des mathématiques, que Conr. Dasypode, après avoir publié déjà quelques ouvrages mathématiques pour l'école de Strasb., fit une édition des Éléments d'Euclide (Lib. I, Strasb. 1571, in-8º).

[1] *Classicæ epist.*, p. 211. — *Academicæ epist.*, p. 265.

[2] Il publia les traités de Boëce. Paris 1514, in-fol.; en 1552 parut sa *Musica IV libris demonstrata*, Paris, in-4º.

connaître les règles de Boëce, ce n'est pas indispensable pour tout le monde ; l'important est que la jeunesse s'habitue à un chant simple, intelligible et harmonieux ; c'est un moyen d'adoucir les mœurs et d'élever les âmes, et, ce qui n'était pas peu de chose pour le rhéteur Sturm, c'est en même temps un moyen de donner plus d'ampleur et de flexibilité à la voix des futurs orateurs [1]. Pour prouver que l'exercice de l'art musical n'est pas contraire à la gravité d'un homme savant, il citait, outre Luther, le professeur Melchior Volmar, maître de Calvin et de Théodore de Bèze, l'historien Sleidan, le médecin Günther d'Andernach, qui tous avaient charmé leurs amis par l'agrément de leur chant [2].

Si, par la musique, Sturm voulait ennoblir les cœurs, il cherchait à fortifier le corps par la gymnastique dont, avant lui, on avait fait peu de cas. Il savait que, si l'esprit est constamment occupé, c'est au détriment des forces corporelles. L'éducation physique ne devait donc pas être négligée ; d'après son plan d'études, des jeux variés interrompaient les leçons ; il demandait que les jeunes gens fussent exercés à tous les mouvements qui, en donnant plus de vigueur et de souplesse au corps, développent le courage et raffermissent le caractère, à la course, au saut, à la nage, à l'escrime, au maniement des armes ; ils devaient faire des excursions pédestres, autant pour s'endurcir à la fatigue que pour apprendre à connaître et à aimer les beautés de la nature. Pendant tous ces «jeux,» ils ne devaient se servir dans leurs conversations d'autre langue que de la langue latine, afin que le « jeu littéraire,» le *ludus literarius,* n'en souffrît point de préjudice [3].

---

[1] *Epist. class.*, p. 224, 241. — *Scholæ Laving.*, p. 341.

[2] A Hauenreuter, 1ᵉʳ juill. 1571, en tête de la *Schola Argent.* de Hauenreuter.

[3] *Epist. class.*, p. 250. — *De educat. principis*, p. 20.

Quant aux cours des facultés de théologie, de droit et de médecine, Sturm ne s'est pas expliqué en détail sur la nature et les objets de cet enseignement supérieur spécial. Il ne s'en est occupé qu'autant que l'exigeaient les besoins restreints de l'école de Strasbourg, où les leçons publiques servaient à compléter l'instruction donnée dans les classes, afin de mieux préparer les élèves aux études dans les universités. Selon lui, les professeurs de théologie devaient se borner à interpréter Moïse, les Prophètes et le Nouveau Testament, en s'appuyant sur les sentiments des Pères ; quant aux Pères eux-mêmes et aux commentaires plus modernes, ainsi qu'aux *Loci communes* de la dogmatique, les élèves devaient en faire l'objet de leurs études privées [1]. Cet enseignement, complété par des leçons sur l'histoire de l'Église, paraissait suffisant au recteur pour l'éducation des futurs pasteurs de Strasbourg. Aux professeurs de droit il prescrivait l'explication des Institutes et des Pandectes ; en ramenant les principes du droit à ceux de la politique et de la morale, ils devaient donner aux leçons un intérêt plus philosophique. Le professeur de médecine devait prendre pour texte Galien et la physique d'Aristote, décrire les différentes parties du corps humain et montrer l'usage des herbes et des remèdes [2]. C'est là le résumé des conseils donnés par Sturm sur l'enseignement de ces différentes branches.

[1] *Epist. class.*, p. 203.
[2] *Epist. class.*, p. 210.

CHAPITRE VII.

Devoirs des professeurs et des élèves. Moyens d'émulation. Obligations des parents et des gouvernements.

Donner l'enseignement avec cet esprit d'ordre et de suite qui en assure les succès, concourir à former l'intelligence et le cœur de la jeunesse, c'est une mission digne d'un homme généreux. Quand même elle n'offre pas autant de chances d'arriver à la fortune et aux honneurs que d'autres carrières, elle a en elle-même une gloire plus sûre [1]. Ceux qui s'y consacrent méritent bien de l'humanité [2]. Si, sous certains rapports, Sturm, entraîné par le courant de son époque, a exprimé sur l'instruction des idées qui n'ont pas pu se soutenir à la longue, nous le verrons donner sur les qualités des professeurs des conseils qui conserveront toujours leur haute utilité. Un bon professeur doit connaître l'esprit de son temps, ce qu'il y a de vrai ou d'erroné dans les tendances littéraires et scientifiques de son siècle, ce qui doit être conservé ou rejeté des traditions du passé, accepté ou refusé des idées nouvelles. Il doit étudier le caractère et les capacités de ses élèves, pour traiter chacun, autant que possible, selon ses besoins particuliers; leur donner le meilleur exemple, tant par sa conduite irréprochable que par son amour pour les études et par la régularité de son travail; se dire enfin en toute circonstance que tel qu'il désire voir chacun de ses élèves, il doit être lui-même [3]. Dans un traité particulier, Sturm énumère les devoirs du précepteur d'un prince; ce ne sont en définitive

---

[1] *Luctus ad Camerarium.*
[2] « *Itaque præclare mihi de rebus mortalium mereri videntur, qui se adolescentiæ informandæ dedunt.*» *De amissâ dicendi ratione*, p. 110.
[3] *De liter. ludis recte aper.*, p. 149. — *Scholæ Lavinganæ*, p. 144.

que ceux de tout professeur quelconque : adapter l'enseignement à la position sociale des élèves ; ne pas songer au bénéfice personnel, mais se dévouer avec un entier désintéressement à sa tâche ; ne jamais discontinuer ses propres études, pour ne pas tomber dans la routine du pédantisme ; modérer le travail imposé aux élèves selon leurs forces, ne pas compromettre leur santé corporelle en voulant trop faire pour leur intelligence ; être à la fois grave et doux, ne se montrer ni frivole ni morose, afin de s'attirer le respect aussi bien que l'affection ; faire paraître enfin, dans les paroles comme dans les actes, une piété profonde qui se manifeste par la charité. Ce sont là des conseils qui sont dignes d'être sans cesse renouvelés.

Mais il ne suffit pas que le professeur seul ait des qualités excellentes ; si les élèves ne répondent pas à son zèle, il ne réussira point. Pour stimuler les jeunes gens, Sturm veut qu'on éveille chez eux le sentiment de l'honneur et le désir des choses nobles et belles ; il faut leur parler des services qu'ils sont appelés à rendre à leur patrie, des espérances de leurs parents et de leurs concitoyens, des grands exemples de l'antiquité. Il introduit en même temps quelques moyens d'émulation, dont l'un, emprunté aux frères de la vie commune de Liége, réalise déjà une espèce d'enseignement mutuel : les élèves de chaque classe sont divisés en décuries, ayant chacune son chef, chargé aussi d'assister le maître dans la surveillance de la discipline ; après avoir récité ou exposé le devoir donné à la classe, le décurion le fait réciter par les membres de sa section ; le titre de décurion est une récompense donnée chaque semaine aux meilleurs élèves [1]. D'autres moyens d'exciter le zèle sont les promotions publiques, entourées de cérémonies et célébrées, tous les six mois, en présence des ma-

---

[1] *De liter. ludis recte aper.*, p. 107, 108.

gistrats, du corps des pasteurs et de celui des professeurs. Ce qui devait rehausser la solennité de ces actes, c'était un examen fait par les élèves eux-mêmes, d'après le modèle de ce que Sturm avait vu au Gymnase de Liége. Le premier élève d'une classe adressait au premier de la classe inférieure des questions, destinées à constater les connaissances de l'un et de l'autre, et à montrer au public l'enchaînement rigoureux du plan d'études. Mais, les questions et les réponses étant d'avance apprises par cœur, cet exercice devait se réduire d'ordinaire à un simulacre peu intéressant [1].

En 1567, on introduisit au Gymnase de Strasbourg un rite singulier, appelé *ritus depositionis;* il consistait en une série d'actes allégoriques, symbolisant les progrès intellectuels et moraux des élèves, et leur rappelant en même temps les obligations qu'ils contractaient en entrant dans la classe où commençait l'étude de la philosophie; ainsi *déposés*, ils s'appelaient amateurs de toutes les vertus ou étudiants [2]. Cet usage, assez grossier, qui avait existé dans les universités du moyen âge, répugnait au bon sens et à la gravité de Sturm; il eût voulu qu'on l'abolît à Strasbourg, comme il avait été aboli depuis la Renaissance en France, en Belgique, en Italie [3]; il croyait que des solennités à la fois plus littéraires et plus simples, composées de chants, de discours, de représentations scéniques, étaient plus dignes des études renouvelées d'après le type austère et élégant de l'antiquité. Son opinion ne prévalut point; le rite de la déposition subsista encore longtemps en Allemagne; à Strasbourg, il ne fut supprimé qu'en 1792.

---

[1] V. p. ex. *Actus classicus* de 1577.

[2] « *Liebhaber aller tugenden.* » Mémoire rédigé par les professeurs et les pasteurs, 6 mai 1566. — Avant d'être *déposés*, les élèves étaient qualifiés de *ejani* ou *beani*, becs-jaunes, blancs-becs.

[3] Mémoire de Sturm au magistrat 1567.

Quand les élèves étaient affranchis de la discipline des classes et admis aux cours publics, Sturm leur donnait des indications précieuses sur la meilleure manière d'étudier. Son traité de la noblesse lettrée est une véritable méthodologie, utile non-seulement aux jeunes nobles, mais à tous les étudiants; il traite des cours publics et des études privées, de la répartition des leçons, des lectures et des exercices entre les heures de la journée, du choix des auteurs à lire et à imiter. Pour comprendre les auteurs difficiles, il faut suivre les cours des professeurs; on lira soi-même les écrivains plus faciles, en ayant constamment la plume à la main pour noter les observations que ces lectures suggèrent. Certains ouvrages doivent être médités sans cesse; tels sont la Bible et les livres de Cicéron; pour d'autres, il suffit de les avoir lus une fois; d'autres encore ne sont nécessaires que quand on poursuit un but spécial. Les études qui conduisent jusqu'aux premiers grades académiques, peuvent être accomplies en trois ans; si l'on fuit les mauvaises sociétés, la débauche, la paresse, et si l'on partage bien sa journée, on peut, en cet espace de temps, lire les principaux auteurs, suivre les cours prescrits et faire les exercices de parole et de style; l'essentiel est de ne jamais s'écarter du principe qu'il faut se nourrir d'idées sages et de connaissances utiles, et rechercher une élocution correcte, pure et élégante.

Aux parents Sturm donnait des conseils non moins sages[1]. C'est à eux à faciliter aux maîtres leur tâche[1]. S'ils aiment qu'on loue leurs fils, qu'ils aiment aussi qu'on les châtie; qu'ils allient à la bonté une sévérité salutaire, ceux qui ne connaissent de mesure ni dans la punition ni dans l'indulgence n'étant pas propres à faire l'éducation de la jeunesse. Qu'ils inspirent à leurs enfants l'amour du travail et

---

[1] *De literarum ludis recte aper.*, p. 92 et suiv.

le respect du maître ; qu'ils ne les empêchent pas d'étudier en les employant à trop d'occupations domestiques ; qu'ils veillent à leur conduite et à leur mise extérieure, afin que rien ne trahisse des sentiments pervers ou bas. Qu'ils consultent leurs capacités pour éloigner des études ceux qui en manquent ; mais qu'ils ne se hâtent pas de porter un jugement définitif, car tel esprit, d'abord lent à comprendre les sciences, a fini par s'y distinguer. Qu'ils regardent même, jusqu'à un certain point, à la constitution physique ; un enfant maladif, quand même il aurait des moyens, supporterait difficilement la fatigue d'un travail assidu.

Enfin, pour donner à l'instruction publique de l'extension et de la durée, il faut le concours des gouvernements. C'est une gloire pour une cité d'avoir une école florissante ; c'est donc un devoir pour le magistrat de chercher les meilleurs professeurs. Il importe de faire à ceux-ci des traitements convenables, non-seulement pour enlever aux parents le prétexte d'une rétribution scolaire trop élevée, mais aussi pour mettre les professeurs eux-mêmes en état de se consacrer tout entiers à l'enseignement ; on abaisserait leur dignité, en les obligeant de pourvoir à leur existence par des occupations étrangères à leur tâche[1]. Il convient aussi d'accorder à l'école quelques priviléges, afin d'honorer les lettres et de récompenser les professeurs de leurs peines. Les villes peu riches doivent aux enfants au moins l'instruction élémentaire ; il ne devrait pas y avoir une seule ville dans la chrétienté où l'on ne trouvât les moyens d'apprendre les rudiments du latin et du grec. Là où les ressources le permettent, il faut compléter l'enseignement par la rhétorique et la dialectique. Le plus grand honneur pour un État est d'avoir une université composée de toutes les facultés. Sturm était d'avis qu'à la création de

---

[1] « *Ad reipublicæ felicitatem pertinet, magistratum erga eos, qui erudiendæ juventati præficiuntur, liberalitatem exercere.*» O. c., p. 88.

pareilles écoles il fallait consacrer une partie des revenus de l'Église ; les catholiques devaient y destiner les prébendes non indispensables à l'entretien du culte, et les protestants y affecter les biens des couvents supprimés ou transformer les chapitres en établissements scientifiques. Employés à l'instruction de la jeunesse, ces revenus avaient un usage plus utile qu'entre les mains de moines ignorants ou de chanoines paresseux. Sturm voulait aussi qu'on s'en servît pour faciliter les études aux jeunes gens pauvres. Une grande cité, où règne l'esprit chrétien, doit s'occuper d'eux avec une sollicitude particulière ; tout homme a droit à l'instruction et à l'éducation ; le talent, indépendant de la fortune, est caché souvent sous les vêtements les plus misérables ; si le mendiant a des sentiments ignobles, c'est qu'on ne fait rien pour le relever de son abjection. Une fois admis à l'école, le pauvre doit être mis à l'abri du besoin ; l'étudiant qui est obligé de mendier son pain, risque de perdre la conscience de sa dignité, et le public s'habitue à peu respecter les lettres. Un dernier point que Sturm recommandait aux magistrats, c'était la concentration des études dans de grandes écoles ; il n'y trouvait pas seulement une économie, mais surtout un puissant moyen d'émulation pour les élèves comme pour les maîtres [1].

CHAPITRE VIII.

Prospérité de l'école de Strasbourg. Établissements fondés d'après les principes de Sturm.

Tous ces principes étaient largement réalisés à Strasbourg, dont l'école, ainsi que son fondateur, faisait l'ad-

[1] O. c., p. 90

miration des humanistes et des hommes d'État du seizième siècle. Sturm avait la réputation d'être un des plus illustres latinistes de son époque. Dans ses cours de théologie, Bucer ne cessait de recommander à ses disciples l'étude constante des ouvrages rhétoriques de son savant ami [1]. Roger Asham, d'abord précepteur de la reine Élisabeth, plus tard son secrétaire pour la correspondance latine, un des meilleurs écrivains latins de l'Angleterre, adopta les principes de Sturm sur l'imitation de Cicéron, et exposa dans un ouvrage anglais son système pédagogique [2]. Les Italiens eux-mêmes, peu disposés à louer ce qu'on faisait en deçà des Alpes, avouaient que, parmi les modernes, personne plus que lui ne s'était rapproché de l'ancienne élégance latine [3]. Paul Manuce lui écrivait des lettres fort respectueuses. En Allemagne, ses mérites étaient universellement appréciés. Mélanchthon, qui l'appelait la lumière de son pays, disait qu'il lui était difficile de rivaliser avec Sturm quant au style [4]; Georges Fabricius, qui avait passé quelques années auprès de lui à Strasbourg, désirait que sa méthode trouvât de nombreux imitateurs [5]. On ne passait pas pour avoir étudié l'art de la parole, si on n'avait pas suivi les leçons de ce roi de l'éloquence [6]; on le nommait au premier rang parmi les res-

---

[1] Il disait : « *Exemplaria Sturmii nocturnà versate manu, versate diurnà.* » Préface de J. Cocinus à son édition des leçons de Sturm sur Hermogènes, *De ratione tractandæ gravitatis occultæ*, 1571.

[2] *Præceptor*; dans ses *English works*. Lond. 1761, in-4º. — V. sa lettre à Sturm, 1568; dans Ashami *Epp.*, p. 3.

[3] Bernegger, *Orationes academicæ*. Strasb. 1640, in-12, p. 284.

[4] L. c. — Burkhardt, *De fatis linguæ lat.*, T. I, p. 479.

[5] « *Studiorum ratio placet mihi vehementer, atque utinam viam illam docendi, quam habet Sturmius, scirent multi, et hujus Reipublicæ institutum civitates sequerentur omnes.* » A Wolfg. Meurer, 28 nov. 1544, de Strasb. Fabricii *Epp.*, p. 12.

[6] « *Ad hunc quasi dicendi magistrum, ut erat profectò princeps illius ordinis, ex longinquis etiam terris multi confluebant, nec putabatur in Germanià eloquentiæ studio incumbere, qui Sturmium non audivisset.* »

taurateurs des lettres classiques[1]. Aussi sa réputation et celle du Gymnase et de l'académie attiraient-elles à Strasbourg des élèves de tous les pays de l'Europe, de toutes les classes, de tous les cultes. A côté des fils de la bourgeoisie strasbourgeoise venaient s'asseoir les nobles et les princes. Parmi les Français, nous pourrions citer les fils de plusieurs des principales familles huguenotes, et ceux de quelques catholiques distingués[2]. Outre un grand nombre de nobles des divers pays de l'Allemagne[3], Sturm eut pour élèves et en partie pour pensionnaires les fils des comtes de Lunebourg, de Lippe, de Solms, de la Frise orientale, de Mansfeld, ceux du rhingrave Philippe-François ; en 1564, le margrave Albert de Brandebourg lui recommanda des étudiants, issus de familles nobles de ses États[4]. Le

Casélius, *Rhetor sive de magistro dicendi*, c. 8 ; in *Opp.* Francf. 1633, in-8º, P. II, p. 59. —
« *O salve, schola Sturmiana, salve,*
Facundissima Regis eloquentis,
Salve filia... » G. Calaminus, *ad illustrem Argentorat. scholam*, dans *Actus magistrorum philosophiæ in academiâ Argent. habitus.* Strasb. 1578, in-4º.

[1] Il est « *primus in Germaniâ* » qui a rétabli la bonne méthode rhétorique et dialectique des anciens. Jean Cocinus, préface à la Rhétorique d'Aristote, 1570.

[2] P. ex. Claude de Montfort, le marquis de Meslet, Salomon, fils de Raguier d'Esternay, Guillaume Robert, duc de Bouillon, Jean, comte de la Mark, le fils de Louis Gaillard, chancelier de l'évêque de Metz, etc.

[3] P. ex. Wolfgang, fils de Georges, comte de Castell, Jacques, baron de Geroldseck, Gaspard de Schomberg, les barons Vitus, Wolfgang et Ernest de Schœnberg, les barons de Staremberg, les neveux de Lazare de Schwendi, le fils de Jean Lœser, maréchal de Saxe, les fils de Thaddée de Hagek et de Crato de Craftheim, médecins de l'empereur, etc. Sturm avait aussi eu comme pensionnaires les frères Fréd. et Jean Rhodius « *Lutheri ex sororis filiâ nepotes.* »

[4] Albert recommanda à Sturm les frères Gans, 20 avril 1564 ; arch. de Königsberg. Le prince dit dans cette lettre : « ...*nachdem uns eure schule zu Strasburg für andern hoch gerühmet und gelobet wirdt, das sie mit guten christlichen ordenungen und treuen fleissigen lectoribus, inspectoribus, auch sonsten woll und notturftig vorsehen sein soll.* »

margrave Charles de Bade, dont le père déjà avait eu beaucoup d'estime pour Sturm, voulut que son fils Jacques fréquentât pendant deux ans le Gymnase [1]; enfin, le landgrave Philippe de Hesse lui écrivit une lettre très-intéressante pour le prier de prendre en pension deux de ses fils [2]. Il y eut des élèves venus de la Bohême, de la Styrie, de la Pologne, du Danemarc, de l'Angleterre et même de l'Italie. A ceux de ces jeunes gens que ne rebutaient pas les nombreux exercices, Sturm avait le talent d'inspirer une vive admiration pour l'antiquité et pour l'éloquence latine. Ils la rapportaient dans leur patrie, propageaient ses idées, excitaient partout le désir de voir s'établir des écoles pareilles à la sienne. En 1581, J. J. Grynéus comparait le Gymnase de Strasbourg au cheval de Troie, à cause du grand nombre de défenseurs de la science qui en étaient sortis déjà [3].

Les protestants surtout adoptèrent la méthode pédagogique de Sturm ; ils lui attribuèrent le mérite d'avoir le premier posé le principe que l'instruction a pour but la piété savante, *pietas literata* [4]. A plusieurs reprises il fut

---

[1] Sturm à Jacques de Bade, 5 déc. 1578, en tête de l'*Onomasticon* de Gol. — En 1546, en revenant du camp de Donauwörth, Sturm passa par Pforzheim, où le margrave Ernest l'invita à dîner et s'entretint avec lui sur les affaires du temps et sur des questions théologiques.

[2] Déjà vers 1546 le landgrave envoya au Gymnase son fils Guillaume; il demeura chez Günther d'Andernach (Specklin, *Collectanea ad usum chronici Argent.*, ms., vol. II, f° 282ᵃ). En 1561, il y envoya les fils qu'il avait eus de Marguerite de Sahla ; il s'offrit à payer pour chacun cent écus par an, « *vor die zwo malzeiten, suppe, unterzehr, Schlaftrunk, wonung, kostgeld, bettwerk, wascherlohn und anders.* » (A Sturm, 12 juill. 1561 ; cette lettre a été plusieurs fois imprimée.)

[3] Dans une lettre adressée à Georges de Sayn, comte de Witgenstein, et à Philippe, baron de Winnebourg, et faisant un parallèle entre Sturm et Théophraste, 10 oct. 1581. Grynæi *Epp.*, p. 146.

[4] Préface des *Institutiones literatæ*, Thorn, T. I. — Crusius, *Annales Suev*, L. XI, P. III, p. 634.

lui-même appelé en Allemagne pour appliquer sa méthode; en 1548, il réorganisa la célèbre école de Pforta, en Saxe; en 1565, celle de Lauingen, en Bavière; en 1573, il inspecta le Gymnase de Hornbach, dans le Palatinat, qui, depuis vingt ans, avait eu plusieurs professeurs distingués [1]. Lorsqu'en 1541 Thomas Plater, ancien élève de Sapidus à Schlestadt, fut chargé par le magistrat de Bâle de réformer l'école de cette ville, il se rendit à Strasbourg pour s'entendre avec Sturm; il adopta en grande partie le programme de notre Gymnase [2]. Après son séjour à Strasbourg, Calvin, de retour à Genève, s'occupa dès 1542 de la réforme de l'instruction publique d'après les idées de Sturm; le plan d'études, prescrit en 1559 pour les sept classes de l'école de Genève, est exactement conforme au nôtre [3]. Le réformateur strasbourgeois Paul Fagius, appelé en 1546 à Heidelberg par l'électeur palatin, pour donner son avis sur les Églises et les écoles du pays, proposa l'établissement d'un *pædagogium* organisé d'après les idées de Sturm; ce projet fut agréé par le prince; l'école fut ouverte, on y introduisit les ouvrages rhétoriques et dialectiques de notre recteur, et au nombre des professeurs on comprit un de ses élèves, Antoine Schor [4]. Un autre de ses disciples, Jacques Bobhart, de Strasbourg, professeur à Pforzheim, recommanda sa méthode au magistrat de cette ville, jadis renommée comme un foyer de science [5]. En 1557, Michel Toxitès, qui avait exercé pendant quelque temps des fonctions sco-

---

[1] Sturm aux scolarques, 19 juill. 1573.

[2] Fechter, *Geschichte des Schulwesens in Basel bis 1589*. Bâle 1837, p. 63.

[3] Baum, *Leben Beza's*, T. II, p. 19, où le plan d'études est pour la première fois publié.

[4] Hautz, *Lycei Heidelbergensis origines*. Heidelberg 1846, in-8°, p. 26 et suiv.

[5] *De studio literarum*. Tubing. 1552, in 4°.

laires à Strasbourg et en Suisse[1], fut chargé par le duc Christophe de Wurtemberg d'organiser toutes les écoles du pays d'après le plan de Sturm[2]. Il écrivit à cette occasion un traité entièrement basé sur les principes du recteur de Strasbourg; car, dit-il, il n'en connaît pas de plus féconds, ni pour donner aux jeunes gens une instruction solide, ni pour leur inspirer la piété. C'est d'après ces principes que, deux ans plus tard, le duc Christophe publia un règlement pour les écoles de ses États[3]. En 1575, Valentin Erythréus, professeur de rhétorique à Strasbourg, disciple et ami de Sturm, fut appelé pour être le premier recteur du gymnase fondé à Altdorf par le magistrat de Nuremberg, et organisé sur le modèle du nôtre[4]. Le duc Jules de Brunswic avait demandé la coopération d'Erythréus pour un but pareil; mais ce savant mourut peu après avoir inauguré l'école d'Altdorf. Le plan de Sturm se retrouve aussi dans le règlement scolaire de son admirateur l'électeur Auguste de Saxe[5]. Deux de ses disciples, Matthias Schenk et Martin Crusius, organisèrent, le premier, l'école d'Augsbourg; l'autre, celle de Memmingen[6]. La réforme du

[1] Toxitès fut obligé de quitter Strasbourg, parce qu'il ne voulait pas se soumettre à l'Intérim. Sturm le recommanda à Boniface Amerbach, de Bâle, 11 sept. 1548, 25 mars 1549. Arch. ecclésiast. de Bâle. — En 1549 et 1550, il fut maître d'école à Brügg, en Suisse.

[2] En 1557, il est à Tubingue, « occupatissimus propter scholas totius ducatus.» Toxitès à Pierre Dasypode.

[3] *Consultatio de emendandis recteque instituendis literarum ludis* Tubingue 1557, in-4°, daté de Tubingue, 13 juill. 1557. — V. le règlement de Christophe, chez Pfaff, *Geschichte des gelehrten Unterrichtwesens in Würtemberg* Ulm 1842, p. XXXI. Pfaff ignore les faits relatifs à Toxitès et n'a pas vu son traité.

[4] Fikenscher, *Das Gymnasium in Nürnberg*. Nuremb. 1826, in-4°, p. 12. — Le discours prononcé par Erythréus pour l'inauguration de cette école se trouve dans *Introductio novæ scholæ Aldorfianæ*. Nuremb. 1576, in-4°, et dans le T. II des *Institutiones literatæ* de Thorn.

[5] Raumer, *Geschichte der Pædagogik*, T. I, p. 262.

[6] Ibid. — V. la lettre de Sturm aux scolarques de Memmingen, s. d. Bibl. de Stuttgart.

Gymnase de Thorn, en Prusse, et celle de l'école de Saint-Jean, à Hambourg, furent également accomplies d'après ses vues [1]. Jean Cocinus en proposa l'adoption au magistrat de Prague, en exprimant le désir qu'elles servissent de règle dans tous les établissements classiques de la Bohême [2]. Les catholiques s'en emparèrent à leur tour. Lorsque l'évêque de Strasbourg, Jean de Manderscheid, érigea une école à Saverne, Henri Schor, prévôt de Surbourg, chargé de l'organiser, le fit en partie d'après les principes de Ramus, en partie d'après ceux de Sturm [3]. Les jésuites eux-mêmes paraissent avoir subi l'influence de cette admiration universelle. Ils introduisirent dans leurs colléges un plan d'études tellement analogue à celui de Sturm, que ce dernier en montra une grande surprise [4]; habiles à se servir de tout ce qui a de l'éclat pour l'accommoder à leurs fins, ils cherchèrent à attirer la jeunesse catholique, en adoptant une méthode semblable à celle qui faisait la gloire des écoles du protestantisme.

Cependant il vint un temps où cette méthode dut devenir insuffisante. A mesure que l'enthousiasme de la Renaissance se refroidit, on voit les études latines tomber en décadence. D'un côté, les partisans de jour en jour plus intraitables d'une froide orthodoxie décrient les *humaniora* comme entachés de paganisme, et négligent non-seulement les auteurs classiques, mais la grammaire elle-même [5];

---

[1] V. la lettre du recteur et des professeurs de Thorn à Sturm, 1586, en tête des *Institutiones literatæ*. — Calemberg, *Geschichte des Johanneum zu Hamburg*. Hamb. 1829, in-8º.

[2] Au magistrat de Prague, 25 juill. 1570, en tête de l'édition d'Hermogènes *De ratione inveniendi oratoriâ*. Strasb. 1570, in-8º.

[3] Schor, *Specimen et forma legitime tradendi sermonis et rationis disciplinas*; avec une préface de Sturm. Strasb. 1572, in-8º.

[4] *Epistolæ classicæ*, p. 160.

[5] V. p. ex. les plaintes exprimées par Jacq. Monavius dans sa lettre à Bersmann, citée p. 179, note 1, par Jean Casélius (*De ludo litterario recte ape-*

d'autre part, il ne faut pas se dissimuler qu'une cause plus profonde devait mettre un terme aux efforts tentés si longtemps et avec tant d'ardeur pour la restauration cicéronienne. Sturm et les humanistes s'étaient chargés d'une entreprise impossible ; il n'était donné à personne de rendre la vie au latin, en arrêtant le magnifique développement des langues nationales. Si plus tard encore on a appelé Sturm le Cicéron de l'Allemagne [1], c'est qu'il a eu le mérite d'avoir remplacé le langage barbare et dur du moyen âge par un autre plus correct et plus harmonieux ; mais son principe de l'imitation, dont il exagérait les avantages, ne pouvait être que transitoire ; les générations modernes avaient besoin d'une instruction mieux adaptée aux besoins de leur génie propre. C'est ce qu'a senti Bacon, quand il dit que la Renaissance a dépassé son but, en s'attachant « plus aux mots qu'aux choses, la plupart estimant plus une phrase bien peignée, une période bien arrondie, des désinences bien cadencées et l'éclat des tropes, que le poids des choses, et courant après ces arguments. » Bacon plaisante Sturm d'avoir « consumé un temps et des peines infinis à analyser l'orateur Cicéron et le rhéteur Hermogènes [2]. » Cette critique est fondée sans doute ; mais Sturm a eu encore d'autres intentions que celle de restaurer à

---

riendo. Rostock 1579, in-8°, passim), et encore au dix-septième siècle par Morhof, qui dit en parlant de Sturm : «...*a cujus methodo utinam non abiissent scholæ germanicæ, substitutis variis obscurorum hominum compendiis : ita verum linguæ latinæ nitorem non corrupissent, nec a regia via aberrassent.*» *Polyhistor*. Lubeck 1714, in-4°, p. 333.

[1] Gasp. Laurent, dans son édit. d'Hermogènes. Genève 1614, in-8°, *epist. nuncupatoria*, p. 8. — Melchior Adam, *Vitæ Germanorum philosophorum*, p. 158. — Schreber, *Vita G. Fabricii*. Leipz. 1717, in-8°, p. 300. — V. aussi l'éloge que fait de Sturm Jean Burkhard, directeur du Gymnase de Hildburghausen, dans son discours *De amplissimis scholæ Argentinensis laudibus*. Hildb. 1715, in-4°.

[2] *De dignitate et augment. scientiarum*, Lib. I ; OEuvres de Bacon, trad. par Riaux. Paris 1843, T. I, p. 53.

tout prix le langage cicéronien, et, par conséquent, il a des titres réels à la reconnaissance de la postérité. C'est par son zèle pour la réforme de l'instruction, par ses efforts pour rétablir la correction et le bon goût dans les études et l'austérité dans les mœurs, par son dévouement absolu à la cause des lumières et de la foi, par son principe surtout que l'éducation, inséparable de l'instruction, doit avoir pour but l'amélioration de la vie, c'est par là, bien plus que par sa rhétorique, qu'il a exercé une si puissante influence sur la pédagogie de la Réforme.

Le Gymnase de Strasbourg, qui d'abord n'était qu'une école latine, a subi depuis des transformations diverses ; il s'est modifié suivant les progrès du temps ; il a changé les méthodes et les objets de son enseignement, mais il est demeuré fidèle à la *pietas literata* de Sturm, et, aussi longtemps qu'il existera, il se glorifiera d'avoir eu pour fondateur celui qu'un savant de notre époque a appelé le plus grand pédagogue des temps modernes [1].

[1] Vömel, *J. Sturm*, p. 100.

FIN.

APPENDICE.

1. LISTE CHRONOLOGIQUE DES OUVRAGES DE STURM.

1538.

1. *De amissà dicendi ratione libri duo. Explicata est hisce duobus libris, et integra interposita Ciceronis oratio quam pro P. Quintio habuit.* Dédié à François Fross, avocat de la république de Strasbourg. Strasb., Wendelin Rihel, 1538, in-4º. — *Emendatum et auctum ab ipso authore.* Avec une épître au jurisconsulte Louis Gremp, 9 févr. 1543, Strasb. 1543, in-4º. — Réimprimé à la suite des *Dialogi in Ciceronis partitiones oratorias.* Strasb., Théod. Rihel, s. d., in-8º. — Inséré dans le T. I des *Institutiones literatæ* publ. à Thorn, 1586.

2. *De literarum ludis recte aperiendis liber.* Dédié aux scolarques et accompagné de distiques de Nicolas Gerbel et de Jean Sapidus. Strasb., Wendelin Rihel, 1538, in-4º. — 1543, in-4º (Niceron, T. XXIX, p. 210). — *Emendatus et auctus ab ipso autore.* Strasb., frères Rihel, 1557, in-8º. — Dans le T. I des *Institut. liter.* de Thorn; dans le recueil de Crenius, *Consilia et methodi aureæ studiorum optime instituendorum.* Rotterd., 1692, in-4º, T. I; — dans l'édition des *Opuscula de institutione scholastica* de Sturm, faite par Hallbauer. Iéna 1730, in-8º.

3. *Epistola de emendandâ Ecclesiâ, ad Cardinales cæterosque viros ad eam consultationem delectos* A la suite du *Consilium delectorum Cardinalium et aliorum prælatorum, de emendandâ Ecclesiâ.* Strasb., Crato Mylius, 1538, in-4º. — Le *Consilium* des cardinaux, après avoir été publié par Luther en allemand et avec des notes très-mordantes (Wittemb. 1538, in-4º), fut inséré dans la collection des conciles de Pierre Crabbe Col. 1551, in-fol., T. III, p. 819. Vergério l'ayant fait réimprimer avec une préface très-énergique (s. l., 1555, in-4º), Paul IV (cardinal Caraffa), bien qu'il en eût été le principal rédacteur, le mit dans l'Index de 1559; dès lors on s'abstint de l'admettre dans les collections des conciles. Au dix-huitième siècle le cardinal Quirini prétendit que la prohibition ne concernait que l'édition faite par Sturm. Cette assertion fut réfutée par Schelhorn (*De*

consilio de emendandâ Ecclesiâ auspiciis Pauli III conscripto ac a Paulo IV damnato, ad Emin. Cardin. Quirinum epistola. Zurich 1748, in-4º ; à la suite de cette savante épître, l'auteur fit réimprimer le *Consilium* avec la réponse de Sturm). Mansi donna de nouveau une place au *Consilium* dans son grand recueil (*Supplem*, T. V, p. 537), et Le Plat l'admit parmi ses *Monumenta ad historiam conc. Trid. spectantia*. Louvain 1781, in-4º, T. II, p. 596.

1539.

4. *Epistolæ de dissidiis religionis*, Jacobi Sadoleti, Jacobi Omphalii, Jo. Sturmii. Strasb., Crato Mylius, 1539, *mense sept*, in-8º. — La lettre à Sadolet se trouve chez Schelhorn, o. c.

« 5 *In partitiones oratorias Ciceronis dialogi IV*. Préface à Wolfgang, fils de Louis, duc de Deux-Ponts. Strasb, 10 mars 1539 (la préface se trouve dans les *Prolegomena* de Sturm publiés par Toxitès; v. ci-dessous). — *Ab ipso authore emendati et aucti*. Strasb., Théod. Rihel, 1565, in-8º. — Strasb., Théod. Rihel, s. a., in-8º. Avec le traité *De amissâ dicendi ratione*. — Strobel, *Hist. du Gymnase*, p. 125, cite une édition de 1551.

6. *Partitiones dialecticæ*. Les deux premiers livres, Paris 1539, in-8º. — Liber 3 : *De demonstratione liber unus, qui est dialecticarum partitionum tertius*. Strasb. 1543, in-8º. — *Libri IV*. Strasb. 1548, in-8º (Strobel, *Hist. du Gymnase*, p. 125). — Ed. 2ª, 1554 (ib.). *Libri IV, emendati et aucti*. Ed. 3ª. Strasb., Josias Rihel, 1560, in-8º. Préface « *ad Mich. et Barthol. Petreos*, » 14 mars 1539 (dans les *Prolegomena*). — Edit. 4ª, 1566, Strasb., in-8º. — *Liber IV*. Wittemberg 1571, in-8º. — *Partitiones dialect*. J. Sturmii, *Cum scholiis Lud. Hauenreuteri*. Strasb. 1591, in-8º. — *Partitionum dialect*. J. Sturmii *Epitome, recognitum a* Joan. Bentzio. Strasb. 1597, in-8º ; — 1624, in-8º. — *Partitiones dialecticas exemplis illustravit* J. Bentz. Strasb. 1615, in-8º. — L'ouvrage se trouve en ms. à la bibliothèque de Stuttgart.

1541.

7. *Epistolæ duæ duorum amicorum*, Bartholomæi Latomi et Joannis Sturmii, *de dissidio periculoque Germaniæ, et per quos stet, quominus concordiæ ratio inter partes ineatur. Item alia quædam* Sturmii, *de emendatione Ecclesiæ, et religionis controversiis* (*Epistolæ ad Cardinales et ad Sadoletum, nec non epistola* Sadoleti *ad. J. Sturmium*).

Strasb., Crato Mylius, 1541, in-8°. — Strasb., Samuel Emmel., 1567, in-8°.

1542.

8. J. Sturmii *et Gymnasii Argent. luctus, ad Joach. Camerarium.* — Jo. Sapidi *Epitaphia.* Mich. Toxitæ *Manes Capitonis, Simonis Grynæi et Jac. Bedrotti.* S. l. et a., marque de Wend. Rihel, in-8°. — L'épître de Sturm est datée de Strasb., 9 oct. 1542.

1549.

9. *Nobilitas literata ad Werteros fratres*, 1549, in-8° (Niceron, T. XXIX, p. 213). — Strasb., frères Rihel, 1556, in-8°; avec les armoiries de la famille de Werther, sur le revers du titre. — *Nobilitas literata, ab interitu bono juventutis vindicata curâ* Phil. Müller. Iéna 1680, in-8°. — Dans les *Institut. literatæ* de Thorn ; dans le T. I du recueil de Crenius et dans celui de Hallbauer.

1550.

10. *Liber unus de period's.* Suivi de *Dionysius Halicarnassensis, de collocatione verborum.* Strasb., Wendelin Rihel, 1550, in-8°. Préface à la princesse Élisabeth d'Angleterre, s. d. (dans les *Prolegomena*). — Le même livre, *Explicatus non tam scholiis quàm scholis a* Valent. Erythræo (sans Denis d'Halic.). Strasb., Josias Rihel, 1567, in-8°. Préface de Sturm à Josias Rihel, Strasb., 24 août 1567, et de Val. Erythræus à Florian Griespeck de Griespach, conseiller impérial en Bohême; Strasb., 31 août 1567. — Publié de nouveau par Hallbauer, avec une *Dissertatio de meritis Sturmii.* Iéna 1733, in-8°.

1551.

11. *Commentarius in orationem Ciceronis pro Plancio, ex scholis J. Sturmii.* Publié par Mich. Toxitès. Strasb, Wendelin Rihel, 1551, in-8°. Préface de Toxitès à Richard Moresinus, envoyé du roi d'Angleterre auprès de l'empereur.

12. *De educatione principis ad Guil. ducem Juliacensem.* En tête de Conr. Heresbach, *De laudibus græcarum literarum oratio, olim Friburgi habita.* Strasb , Wend. Rihel, 1551, in-4°. — Avec une préface

à Alexandre, duc de Sluckz en Lithuanie, 27 mai 1581, Northeim. Strasb., Nic. Wyriot, 1581, in-4°. — Dans les *Prolegomena*, dans le T. I des *Institut. literatæ* de Thorn, et dans le recueil de Hallbauer.

13. *Epistolæ duæ* R. Ashami et J. Sturmii *de nobilitate anglicanâ*. A la suite du précédent traité. — Strasb., Nic Wyriot, 1581, in-4°, à la suite de : *Oratio* D. Joannis comitis ab Ostrorog, etc., *recitata cum discessurus Argentinâ, publice academiæ, etc., valediceret*. — Dans Ashami *Epistolæ*. Oxf. 1703, in-8°; — et dans le recueil de Hallbauer.

1553.

14. *Consolatio ad senatum Argentinensem de morte clarissimi et nobilissimi viri* D. *Jacobi Sturmii*. Strasb., Wend. Rihel, 1553, in-4°. — Inséré dans le 3ᵉ vol. d'un recueil de discours funèbres, publié à Francfort en 1567.

1556.

15. *Commentarii* Mich. Toxitæ *in libros 4 rhetoricorum ad Herennium ex scholis* J. Sturmii. Bâle, Jean Oporinus, 1556, in-8°. Préface de Toxitès à Wolfgang, abbé de Kempten, et à Jean Rodolphe, abbé de Murbach. Texte, avec des notes explicatives tirées des leçons que Sturm avait faites sur ce livre ; Toxitès y ajoute des observations tirées d'Aristote, d'Hermogènes, de Quintilien, etc. — Selon Niceron T. XXIX, p. 213), il y a des éditions de 1558 et de 1564, in-8°.

16. Joh. Sturmii *Prolegomena, hoc est præfationes in optimos quosque utriusque linguæ tum bonarum artium tum philosophiæ scriptores, etc.* Zurich, s. d., André et Jacques Gesner, in-8°. Préface de Michel Toxitès, aux frères Christophe et Jean, comtes de la Frise orientale, s. d. — Contient trente préfaces de Sturm, de 1538 à 1555.

1565.

17. *Scholæ Lavinganæ*. Lauingen, Emmanuel Saltzer, 1565, in-8°. — Préface à Philippe-Louis et Jean, fils de Wolfgang, duc de Deux-Ponts. — On cite une édition de 1569. — Dans le T. I des *Institut. liter.* de Thorn et dans le recueil de Hallbauer.

18. *Classicæ epistolæ, sive scholæ Argentinens s restitutæ*. Strasb., Josias Rihel, 1565, in-8°. Préface à Albert de Brandebourg, 30 mars 1565, Strasb. ; et une aux scolarques Henri de Mülheim, Charles Mieg, Frédéric de Gottesheim. — Le premier livre se compose de dix

lettres aux dix précepteurs du Gymnase ; le second comprend dix lettres aux professeurs de la Haute-École qui faisaient les cours publics ; le troisième, les lois et les règlements de discipline de l'école de Strasbourg, envoyés à Simon Ostermann, recteur du Gymnase de Lauingen. — Dans le T. I des *Institut. literatæ* de Thorn et dans le recueil de Hallbauer. — Suivant Hallbauer, p. 13, il y a une édition faite en 1685 par Just de Dransfeld.

19. *Epistola de refutatione Tridentini Concilii et dissidiis religionis*, adressée à Nicolas Radziwil, palatin de Wilna, et grand-maréchal du grand-duché de Lithuanie, 15 mars 1565, Strasb. Suivie d'une lettre de Bern. Botzheim à Laurent Tuppius, 22 mars 1565. Se trouve à la suite de : *Adversus synodi Tridentini restitutionem seu continuationem a Pio IV Pont. indictam*, traduit de l'allemand par Laurent Tuppius. Strasb., Samuel Emmel, 1565, in-4°.

1569.

20. *De morte reverendissimi Principis domini Erasmi Argentinensis Episcopi, aliquot epistolæ.* Strasb., Josias Rihel, 1569, in-4°.

1570.

21. *Neanisci.* Avec l'épigraphe :

> *Quid das, et o libelle, quid promittis ?*
> *Nugas, sed utiles, et mere neaniscos.*

Strasb., Josias Rihel, 1570, in-8°. Cette édition contient cinq dialogues, n° 1-5 ; le sixième m'est inconnu. Les n°s 7-10 parurent en 1574 : *Ex Neaniscis Sturmianis Chrysogonus, dialogi quatuor* Josias Rihel, 1574, in-8°. Dédié aux frères Paul-Jacques et Gothard Staremberg, et à Joseph Presing, barons autrichiens.

22. *Scholæ in libros* 4 Hermogenis *de ratione inveniendi oratoriâ*. Strasb., Josias Rihel, 1570, in-8°. — Recueillies par Jean Cocinus et faisant suite à l'édition dudit traité d'Hermogènes (il en est de même des trois numéros suivants).

23. *Scholæ in Partitiones rhetoricas* Hermogenis. Strasb., Jos. Rihel, 1570, in-8°.

1571.

24. *Scholæ in libros duos* Hermogenis *de formis orationum.* Strasb. Jos. Rihel, 1571, in-8°.

25. *Scholæ in librum* Hermogenis *de ratione tractandæ gravitatis occultæ.* Strasb , Jos. Rihel, 1571, in-8°.

26. *Educationis puerilis linguæ pars prima, duas in partes distributa, pro scholâ Argentinensi.* Strasb., Jos. Rihel, 1571, in-8°. *Pars altera.* Ib., 1571, in-8°. *Pars tertia.* Ib., 1570, in-8°. Il paraît, d'après cette dernière date, que les deux premières parties avaient aussi déjà paru en 1570.

27. *Onomasticon puerile Argentinense II.* Strasb., Jos. Rihel, 1571, in-8°. — Je n'en connais pas le premier.

28. *Epistola consolatoria ad Fabricios fratres.* Dans les *Epicedia in obitum G. Fabricii.* Leipz. 1572, in-4°.

1574.

29. *De imitatione oratoriâ libri tres, cum scholis eiusdem authoris, antea nunquam in lucem editi.* Strasb., Bernard Jobin, 1574, in-8°. Préface de Valentin Erythræus au comte Georges de Castell, *Nariscorum gubernator.* Strasb., 30 août 1574. — Selon Niceron, T. XXIX, p. 215, il y a aussi une édition de 1576, in-8°. — Erasmus, *De optimo genere dicendi; accedunt* Rami, Camerarii, Sturmii *libri de imitatione.* Neustadt 1617, in-8°.

1575.

30. *De statibus causarum civilium universa doctrina* Hermogenis, *græci rhetoris, quam ille* Περὶ Διαιρέσεως *inscripsit, explicata a* J. Sturmio, *nunc primum in lucem edita.* Strasb., Bernard Jobin, 1575, in-8°. Préface de Christophe Thrétius, Polonais, à Sigism Gutteter et Pierre Vogelweider, sénateurs à Cracovie, 24 mai 1575, Cracovie.

31. *Commentarii in Ciceronis Tusculanam primam ex scholis* J. Sturmii. Publié par Jean Lobart, Prussien, licencié en droit. Strasb., Bern. Jobin, 1575, in-8°. Préface de Jean Lobart au chapitre de Saint-Pierre-le-Jeune, Strasbourg, 14 mars 1575.

32. *Ad Philippum comitem Lippianum, de exercitationibus rhetoricis, liber academicus.* Strasb., ic Wyriot, 1565, in-8°. Avec une lettre de Léonard Hertel à Sturm, Strasb., 15 avril 1565, et une de Sturm à Michel Bosch, Northeim, 23 déc. 1574. — Dans le T. I des *Institut. literatæ* de Thorn.

1576.

33 *Commentarii in artem poeticam Horatii, confecti ex scholis* J

Sturmii, *nunc primum editi operâ et studio* Joannis Lobarti. Strasb., Nic. Wyriot, 1576, in-8°. Préface de Lobart à Matth. Gering, prévôt, Michel Reinlein, doyen, et aux autres chanoines de l'église de Saint-Michel et Saint-Pierre, datée de Strasbourg, 28 mars 1576.

34. *De universâ ratione elocutionis rhetoricæ libri IV.* Strasb., Bern. Jobin, 1576, in-8° (avec un portrait de Sturm). Préface de Sturm à l'éditeur Christophe Thrétius, 20 oct. 1575, Strasb.; et une de Thrétius à Stanislas Praëdbor de Coniespole, secrétaire du royaume de Pologne, 25 mai 1576, Cracovie.

1577.

35. *Consolatoria epistola ad virum clarissimum D. Bernh. Botzheymium Jurisc. compatrem, de morte filii Joan. Christophori Botzheymii tristissimo et improviso casu perempti.* Strasb., Nic. Wyriot, 1577, in-4°. Suivi des discours funèbres, de vers, etc.

1578.

36. *De Conradi Heresbachii vitâ et doctrinâ, et de œcumenico concilio*, adressé au docteur Nervius, 23 déc. 1577, Strasbourg. En tête de Conr. Heresbach, *Psalmorum Davidicorum simplex et dilucida explicatio*, publié par Nervius, neveu de Heresbach. Bâle, Pierre Perna, 1578, in-4°.

1579.

37. *Consolatoria epistola ad virum nobilissimum Petrum Bilde, regis in Daniâ consiliarium primarium, de morte nepotis ex sorore Nicolai Brockii Dani. Cui adjecta oratio funebris habita a M. Adamo Colbio,* etc. *Sampt der Leichpredigt Herrn* Joh. Liptitzen, etc. Strasb., Nic. Wyriot, 1579, in-4°.

38. *Ad reverendissimum et illustrissimum Principem et D. Joannem Argentin. Episcopum gratulatio.* Strasb., Nic. Wyriot, 1579, in-4°.

39. *Antipappi tres, contra D. J. Pappi charitatem et condemnationem christianam.* S. l. (paraît être de Genève), 1579, in-4°. — (Pappus, *Responsio ad orationem J. Sturmii* et *Epitome responsionis.* Dans les *Antipappi*, p. 46 et suiv., et 215 et suiv. — Lucas Osiander, *Antisturmius unus.* Tubing. 1579, in-4°. Traduit par Pierre Glaser : *Antisturmius unus, das ist Widerlegung des ersten Sturms J. Sturmii den er an der christlichen Formula concordiæ verloren.* Dresde 1580, in-4°.

— Hermannus Sturmianus, *Contra L. Osiandri Antisturmianum velitatio.* S. l., 1579, in-4°. Selon Flaccius, *Theatrum pseudonymorum*, p. 576, l'auteur serait Sturm lui-même ; il paraîtrait plutôt que c'est Herdésianus. — Pappus, *Defensiones duæ.* Adressées aux scolarques, 18 mars 1580. Tubingue 1580, in-4°.)

1580.

40. *Quarti Antipappi tres partes priores :* 1. *Commonitio*, 2. *Antiproœmium*, 3. *Anthosiander. Pro exteris Ecclesiis et pro synodo.* Les deux premières parties sont adressées à Phil. de Kettenheim, Stettmeister, J. Ch. Lorcher, Altammeister, et Fréd. de Gottesheim, de la chambre des XIII, scolarques ; la troisième à Osiander. Neustadt, Matth. Harnisch, 1580, in-4°. — La première partie, *Commonitio*, parut aussi en allemand : *Commonitio, oder Erinnerungsschrifft J. Sturmii der hohen Schul zu Str. Rectoris, belangendt die auszländischen Kirchen und ein christlich Concilium. Einer christlichen burgerschafftt zu Strasb. zu gutem in teutsche Sprach gegeben.* Avec une préface à Bern. Botzheim, datée du 9 févr. 1581. Neustadt an der Hardt, Matth. Harnisch, 1581, in-4°. — (Osiander, *Antisturmius alter.* Tubing. 1580, in-4°.)

1581.

41. *Antipappi quarti pars quarta. Pappus Elenchomenos primus. Pro exteris Ecclesiis et pro synodo.* Neustadt, Matth. Harnisch, 1581, in-4°. — Traduit en allemand. Neustadt 1581, in-4° ; dirigé contre les *Defensiones duæ* de Pappus. — Sturm s'était proposé de publier encore un *Pappus Elenchomenos secundus*, dans lequel il voulait réfuter le reste des injures de son adversaire, après quoi il voulait cesser de répondre à des invectives et ne plus traiter que la question en elle-même (*Epistola ad B. Botzhemium de conf. Aug. Argent.*, p. 14). — (Pappus, *Defensionis quartæ partes tres priores, pro Ecclesiis Augustanæ confessionis et pro libro concordiæ.* Tubing. 1581, in-4°. Adressé aux scolarques et précédé d'une préface des pasteurs de Strasbourg.)

42. *Confessio Augustana Argentinensis. Epistolarum eucharist. libri* 1 *epistola 4ª, ad clarissimum Jurecons. D. Bern. Botzemium.* Neustadt, Matth. Harnisch, 1581, in-4°. — Réimpr. dans Gerdesius, *Miscellanea Groning.*, T. V, P. I. — Trad. en allemand comme préface à la traduction de la *Commonitio*, P. I du *Antip.* 4. — (Pappus, *Bericht und Warnung an eine christliche Burgerschafft, belangendt der Kirchen*

zu Strasburg Confession und die christliche Formulam concordiæ. Tubing. 1581, in-4°.)

43. *Epistolarum eucharisticarum libri secundi epistola secunda : Ambrosia ad. Jo. Pappum.* Neustadt, Matth. Harnisch, 1581, in-4°. — Pappus s'étant servi dans sa *Defensio quarta* d'un passage d'Ambroise pour prouver l'ubiquité, Sturm donne à son traité le titre d'*Ambrosia.*

44. *Palinodia, ad Lucam Hosiandrum.* Neustadt, Matth. Harnisch, 1581, in-4°. Contre l'*Antisturm'us alter* d'Osiander. Sturm y annexe 33 *Theses et sententiæ* de Hermannus Pacificus (Herdésianus) contre l'ubiquité. Sturm avait aussi annoncé un *Osiander catechumenus*, devant former le cinquième *Antipappus* et instruire Osiander sur la Sainte-Cène (*Epist. ad Botzhemium*, p. 15 ; *Antipappus IV*, P. 3, p. 219). J'ignore si cela a paru. — (Osiander, *Epistola eucharistica ad Sturmium vespertilionem.* Stuttg., 27 avril 1581, Tubing. 1581, in-4°. — Jacq. Andreæ, *Responsio brevis, in qua demonstratur, quàm horrendà et palpabili cæcitate mentis Sturmius cum sociis et consortibus percussus sit.* Dresde 1581, in-4°. Dirigé contre les trois premières parties de l'*Antipappus IV*, et précédé d'une lettre à Louis Gremp, 20 déc. 1580, Dresde. — Trad. en allem., Dresde et Tubing. 1581, in-4°.)

45. *Epistola apologetica contra Jacobum Andream alterum flagrum Ægyptium, suæ theologiæ doctorem Tubingensem.* Adressé à Louis Gremp, 27 janv. 1581, Strasb. Neustadt, Matth. Harnisch, 1581, in-4°. — *Herrn* J. Sturmii *Epistola apologetica, oder Kurtze schriftliche Verantwortung wider J. A. Schmidlin, seiner Theologie Doctoren zu Tubingen.* Neust. 1581, in-4°. — (Andreæ, *Gründtlicher Bericht auf J. Sturmii kurtze schriftliche Verantwortung vom Buch der Concordien und demselben anhangenden Sachen.* Tubing. 1581, in-4°. Précédé d'une lettre au magistrat et à la commune de Strasb., 1er juin 1581, Tubingue.)

46. *Vortrab* J. Sturmii ; *Wahrhafftiger und bestendiger Gegenbericht an einen ersamen Rath und burgerschafft, wider Jacob Andree Schmidleins ungründtlichen Lesterbericht.* Neustadt, Matth. Harnisch, 1581, in-4°. — Sturm y annonce (p. 42) la publication d'*Epistolæ philophilippicæ*, pour la défense de Mélanchthon. Elles n'ont pas paru. — (Andreæ, *Abfertigung des Vortrabs J. Sturmii.* Tubing. 1581, in-4°. Adressé au magistrat et à la commune de Strasb. — Jac. Rabus, *Ad J..Sturmii Antipappos amica syzetesis.* Ingolstadt 1580, in-4°. Ce traité, publié avec l'approbation de la faculté de théologie d'Ingolstadt, est dédié à Sébald Müller de Zweiraden, chambellan du duc Guillaume de Bavière, 1er sept. 1580. — *Epistola terentiana ad Dom. J. Sturmium, de An-*

tipappis suis : Hector Abusiger J. Sturmio, qui est Nestorius animus, mentem meliorem. S. l., 1581, in-4°. — *Epistola musarum ad Dom. J. Sturmium.* S. l., 1580, in-4°. — Les écrits de Lambert Daneau contre Osiander et Pappus, v. chez Sénebier, *Histoire littéraire de Genève*, T. I, p. 316 et suiv.; ceux de Frischlin, de Gerlach, etc., contre Daneau, chez Walch, *Bibliotheca theologica*, T. I et II, passim.)

47. *Linguæ latinæ resolvendæ ratio, tradita in celebri Reipublicæ Argentoratensis academiâ anno 1573, et nunc primùm in lucem edita, per* Joh. Lobartum. Strasb., Nic. Wyriot, 1581, in-8°. Avec un portrait de Sturm et une préface de Lobart aux frères Jean et Nicolas, comtes d'Ostrorog. Strasb., 13 févr. 1581. — Dans le T. I des *Instit. literatæ* de Thorn. — En partie, à la suite du *Dialogus Ciceronianus* d'Érasme, publié par Melch. Adam. Neustadt 1617, in-8°. - Edid. J. Joch. Iéna 1704.

48. *Epistolæ duæ de obitu egregii et nobilis adolescentis Hermanni à Kotza, Argentinæ defuncti.* S. l. (Strasb.), 1581, in-4°. La première de ces lettres est du 28 déc. 1581, de Northeim, à Joachim d'Alvensleben et à André de Meiendorf; la seconde, du même jour, à Christophe de Dorstadt.

1584.

49. *De bello adversus Turcas perpetuo administrando, ad Rudolphum II Imp., commentarii sive sermones tres* (achevé en 1584). *Ex recognitione* Nic. Reusneri JC. Iéna 1598, in-8°. Dédié par Reusner à l'archiduc Matthias et aux députés réunis à la diète de Ratisbonne; Iéna, le 4 déc. 1597. Précédé de deux prologues de Sturm : 1. *Prologus sagatus*, à l'emp. Rodolphe, Strasb., 5 juill. 1577; 2. *Prologus loricatus*, aux électeurs et princes de l'empire, Strasb., 1er janv. 1578.
— *De bello adversus Turcas libellus epitomicus ex tribus commentariis delibatus.* Iéna 1598, in-8°. Publié par Reusner et dédié à l'emp. Rodolphe, Iéna, 1er déc. 1597. Précédé des lettres de noblesse accordées par Charles V à Sturm et suivi de : *Leges imperatoriæ sive de tribus summis Imperatoris virtutibus gnomæ generales*, par Jean Sambucus, adressés à l'emp. Rodolphe. — *Epistolæ* J. Sturmii *de turcico bello perpetuo administrando;* publiées par Reusner. S. l. (Iéna), 1598, in-8°.

Les principaux traités pédagogiques de Sturm ont été réunis et publiés :

En 1586, par les professeurs du Gymnase de Thorn, sur la demande de Henri Stroband, sénateur et scolarque de cette ville; ils forment le T. I des *Institutiones literatæ, sive de discendi atque docendi ratione*. Thorn 1586, in-4°, 3 vol.;

En 1730, par Fréd. André Hallbauer, prof. à Iéna : J. Sturmii *de institutione scolasticâ opuscula omnia*. Iéna 1730, in-8°.

Selon Rambach (trad. allem. de Niceron, T. XX, p. 98), il y en a une collection publiée par Gesner avant celle de Hallbauer.

---

2. AUTEURS PUBLIÉS PAR STURM ET OUVRAGES AUXQUELS IL A AJOUTÉ DES PRÉFACES.

1531.

1. Galeni *Opera (in lat. translata per* Theodoricum Gerardum). Bâle, André Cratander, 1531, in-fol. Dédié à Jean de Hangest, évêque de Noyon.

1538.

2. Phil. Melanchthonis *Dialectica*. Strasb., 1538, in-8°. — Préface de Sturm à son père Guill. Sturm, 1er févr. 1538 (aussi dans les *Prolegomena*).

1539.

3. *Homeri Interpres (Scholia græca in Homerum)*. Strasb., Wend. Rihel, 1539, in-8°. Publié par Jacques Bédrot; avec une préface de Sturm *ad græcæ linguæ studiosos* (dans les *Prolegomena*).

4. Ciceronis *Epistolarum libri IV, a J.* Sturmio *puerili educationi confecti (Epistolæ minores)*. Strasb., 1539, in-8°. Préface de Sturm à son frère Jacques, 30 janv. 1539 (dans les *Prolegomena*). — 1572. Strasb., Josias Rihel, in-8°.

1540.

5. Jod. Willichii *Erotematum dialectices libri III*. Strasb., Crato Mylius, 1540, in-8°. Préface de Sturm au scolarque Charles Mieg, 13 févr. 1540 (dans les *Prolegomena*).

6. Ciceronis *Orationum volumina tria, post postremam Naugerianam et Victorianam correctionem, emendata a* J. Sturmio. Strasb., Wend. Rihel, 1540, 3 vol. in-8°. Le premier vol. avec une préf. à Guillaume, duc de Juliers; le second, à Hermann, archevêque de Cologne; le troisième, à Michel, comte de Wertheim (dans les *Prolegomena*). — 1544. Strasb., 3 vol. in-8° (Strobel, *Histoire du Gymnase*, p. 125). — 1558. Strasb., Josias Rihel (Baile, art. *Sturm*, note A). — 1563. Strasb., Jos. Rihel, in-8°. — 1578. Strasb., Jos. Rihel, in-8°.

7. Cicero, *De Senectute*, avec la traduction grecque de Théodore Gaza. Strasb. 1540, in-8° (Niceron, T. XXIX, p. 282).

8. *In hoc volumine continentur : Rhetoricorum ad Herennium; de Inventione; de Oratore; de claris oratoribus; orator; topica; oratoriæ partitiones. Post Naugerianam et Victorianam correctionem emendati a* J. Sturmio. Strasb. 1540, in-8°. Avec une préface de Sturm à Adamus Carolus, conseiller royal (dans les *Prolegomena*), et la préface d'Alde Manuce à son édition des livres *de arte rhetoricâ*. — 1564. Strasb., Josias Rihel, in-8°. — 1568. Bâle, in-8° (Strobel, o. c., p. 126). — 1570. Strasb., in-8° (ib.).

9. Aristotelis *Ethica*. Strasb., Wend. Rihel, 1540, in-8°. Avec une préface de Sturm (dans les *Prolegomena*) et une de Louis Vivès. — 1545. Strasb., Wend. Rihel, in-8°.

10. Platonis *Apologia Socratis græce*. Strasb., in-4°.

1541.

11. Ciceronis *Epistolarum volumina duo*, 1. *Epp. familiares*, 2. *Epp. ad Atticum*. Strasb. 1541, 2 vol. in-8°. Le premier vol., avec une préface à l'évêque Érasme de Strasbourg; le second, à Wolfgang de Grünenstein, abbé de Kempten (dans les *Prolegomena*). — 1543, in-8° (Niceron, T. XXIX, p. 212). — 1559. Strasb., Wend. Rihel, in-8°. — 1563. Ib., Josias Rihel, in-8°.

12. Ciceronis *libri de officiis, de senectute, de amicitiâ, somnium Scipionis, paradoxa, post Naugerianam et Victorianam correctionem emendati a* J. Sturmio. Strasb. 1541, in-8°. Préface à Stanislas et à André Boner, Polonais, 23 mars 1541 (dans les *Prolegomena*). — 1553, Strasb., Wend. Rihel, in-8°. — 1564. Ib., Josias Rihel, in-8°.

13. Ciceronis *librorum philosophicorum volumina duo, post Naugerianam et Victorianam correctionem, emendata a* J. Sturmio. Strasb., Wend. Rihel, 1541, 2 vol. in-8°. Le premier vol. avec une préface à Séverin Boner, 1er mars 1541; le second, à Jean, fils de ce dernier,

25 mars 1541 (dans les *Prolegomena*). — 1564. Strasb., Josias Rihel, 2 vol. in-8º.

14. Platonis *Gorgias, aut de rhetorica, Socratis apologia, Crito aut quid faciendum sit. Græce cum præf.* J. Sturmii *de ratione interrogandi atque collocandi dialecticà, ad Jacobum Bonerum.* Strasb., Wend. Rihel, 1541, in-4º. La préface, du 28 mars 1541, dans les *Prolegomena*.

1547.

15. *Tabulæ Partitionum oratoriarum Ciceronis et 4 dialogorum* J. Sturmii *in easdem*; auct. Val. Erythræo. Préface aux scolarques, 29 août 1547. Strasb. 1547, in-fol. — 1560. *Recognitæ et auctæ*. Strasb., Christ. Mylius, 1560, in-fol Avec la même lettre de Sturm à Erythræus qui se trouve en tête des *Tabulæ Partit. dial.*, publ. en 1551; et une préface d'Erythræus à Guill. de Braunsberg, 19 mars 1560. Erythræus ajoute les commentaires de Mélanchthon et de Joach Camérarius sur les *Partitiones oratoriæ* de Cicéron.

1550.

16. Æschinis et Demosthenis *orationes duæ contrariæ*. Strasb. 1550, in-8º. Préface à Jules Pflug, évêque de Naumbourg, 27 nov. 1549 (dans les *Prolegomena*).

1551.

17. Beatus Rhenanus, *Rerum germanicarum libri* 3. Bâle, Frobénius, 1551, in-fol. Avec une biographie de Rhénanus par Sturm, une lettre à Nic. Episcopius, 18 févr. 1551, et une préface au duc Christophe de Wurtemberg (la lettre et la préf. dans les *Prolegomena*).

18. *Apparatus verborum linguæ latinæ Ciceronianus.* Strasb. 1551, in-8º. Préface de Sturm à Henri de Witzleben (dans les *Prolegomena*). — Nouv. édit., augmentée, sous le titre de *Thesaurus Ciceronianus linguæ latinæ*, avec le nom de l'auteur, Antoine Schor, et la même préface de Sturm. Strasb., Josias Rihel, 1580, in-8º. — 1586. Strasb., in-8º (Niceron, T. XXIX, p. 220).

19. Ulr. Zasius, *Catalogus legum antiquarum unà cum adiunctà summarià interpretatione.* Strasb. 1551, in-8º. Préface de Sturm au roi Maximilien (dans les *Prolegomena*).

20. Σχηματισμοι διαλεκτικοι, *tabulæ duorum librorum Partitionum*

dialecticarum Joh. Sturmii, *confectæ a* Val. Erythræo. Strasb., Jac. Jucundus Christ. Mylius, 1551, in-fol. Avec une ode de Jean Sapidus au lecteur, une épître en distiques de Georges Fabricius à Erythræus, une de Michel Toxitès à la jeunesse studieuse, une préface d'Erythræus au d^r Varenbuler, prof. de droit à Tubingue, 31 août 1551, et une lettre de Sturm à Erythræus, 10 août 1547 (cette dernière lettre dans les *Prolegomena*). Διαγραμματα, *hoc est tabulæ tertii et* 4^i *libri Partitionum dialecticarum* J. Sturmii, *auct.* Val. Erythræo. Strasb., Christian Mylius, 1555, in-fol. Avec une préf. d'Erythræus au d^r Varenbuler, 21 mars 1555; une pièce de vers de Jacq. Fabricius à Erythræus et une de Matthias Hubner en l'honneur de Sturm.

1553.

21. Aristotelis *Physica*, Strasb., Wend. Rihel, 1553, in-8°. Avec une préface et des prolégomènes de Zanchi, et une lettre de Sturm à ce dernier (la préf. de Zanchi, 15 juill. 1553, et la lettre de Sturm, dans les *Prolegomena*).

22. Euclides. Avec une préface à l'imprimeur Jean Mayer (dans les *Prolegomena*).

1555.

23. Hermogenes, *De formis orationum*. Strasb., héritiers de Wend. Rihel, 1555, in-8°. Avec une lettre de Josias Rihel à Sturm et une de Sturm à J. Rihel (dans les *Prolegomena*).

1557.

24. Ciceronis *Opera omnia post Naugerianam et Victorianam correctionem emendata a* J. Sturmio. Strasb. 1557 et seq., 9 vol. in-8° (Niceron, T. XXIX, p. 213).

1564.

25. *Nova vetera quatuor eucharistica scripta* Buceri. J. Sturmii *vetus renovatus dolor de hoc dissidio Eucharistico, ad D. Antonium Cookum.* Strasb., Théobald Berger, 1561, in-8°. L'épître de Sturm à A. Cook forme la préface. Une seconde préface très-courte est de Conrad Hubert. Les quatre traités de Bucer sont : *Capita concordiæ Wittem-*

bergensis, 1536; — *Brevis et simplicissima explicatio de vero usu S. Eucharistiæ*, écrite à Worms et adressée à un Français, 1542 ; — *Confessio de S. Eucharistiâ*, dictée dans l'école de Strasbourg, 1544; — *Confessio de S. Eucharistiâ*, écrite en Angleterre, 1550. — Aussi dans : *Scripta eruditorum aliquot virorum de controversiâ Cœnæ Domini*. Avec la préf. de Sturm. S. l. (sans doute Heidelb.), 1561, in-8°. — Strobel (*Hist. du Gymnase*, p. 127) cite une édition de 1586.

1564.

26. Pindari *Oda prima*, ed. Paul Calverus. Avec une préf. de Sturm, 5 mai 1564. — 1584. Strasb., Nic. Wyriot, in-8°.

1565.

27. *Disticha* Catonis *ethica*, unâ cum lemmatibus et præfatione J. Sturmii, *Scholis Argentinensibus*. Strasb., Jos. Rihel, 1565, in-8°. Avec une courte préface aux frères Jean-Christophe et Ad. Henri Rheingraf, élèves du Gymnase. — 1587, Strasb., in-8° (Strobel, o. c., p. 127).

28. *Poetica volumina sex, cum lemmatibus* J. Sturmii. Strasb., Josias Rihel, 1565, in-8°. Chaque tome a une préface de Sturm adressée à un élève du Gymnase, et commence par une hymne religieuse. — Les 6 tomes furent réimprimés à différentes reprises, suivant que l'exigeait le besoin des classes : t. 1, 1584; t. 2 et 4, 1587 ; t. 3, 1586 ; t. 5, 1588; t. 6, 1580.

1566.

29. Plauti *Comœdiæ sex, pro scholâ Argentinensi*. Strasb , Josias Rihel, 1565, in-8°. Avec une préf. de Sturm à Barth. Sieffert, 7 oct. 1565.

1570.

30. Aristotelis *Rhetoricorum libri III*. Strasb., Théod. Rihel, 1570, in-8°. Texte grec, traduction latine et notes de Sturm. Avec une préface de Jean Cocinus au magistrat « *Reipublicæ Reginæ Hradeczii ad Albim*,» en Bohême, 9 mars 1570, Strasbourg.

31. Hermogenes, *De ratione inveniendi oratoriâ libri 4*. Strasb., Josias Rihel, 1570, in-8°. Préface de Jean Cocinus au magistrat de Prague, 25 juill. 1570, Strasbourg. — Texte grec avec la traduction latine en regard.

32. Hermogenes, *Partitionis rhetoricæ liber, qui vulgo de statibus inscribitur*. Strasb , Josias Rihel, 1570, in-8°. Préface de Jean Cocinus à Nicolas Walther de Waltersberg, conseiller impérial, secrétaire du royaume de Bohême, 14 oct. 1570, Strasb. — Épigrammes latines de Georges Fabricius et distiques grecs de Claude Aubérius en l'honneur de Sturm. — Texte grec avec la traduction latine en regard.

33. Hermogenes, *De dicendi generibus sive formis orationum libri duo*. Strasb., Josias Rihel, 1571, in-8°. Préface de Jean Cocinus à Guillaume de Rosenberg, gouverneur de Prague, 24 juin 1571, Strasbourg. — Texte grec avec la traduction latine en regard.

34 Hermogenes, *De ratione tractandæ gravitatis occultæ*. Strasb., Jos. Rihel, 1571, in-8°. Préface de Jean Cocinus à Mich. Spanowicz de Lizowa, sous-camérier de Bohême, 7 août 1571, Strasbourg. — Texte grec avec la traduction latine en regard.

35. *Schola Argentinensis, h. e , Epistolarum* J. Sturmii *classicarum et academicarum* σχηματισμοί, *confecti a* J. Lud. Hauenreuter. Strasb., Josias Rihel, 1571, in-4°. Avec une préface de Sturm à l'auteur. 1er juillet 1571, Strasbourg.

1572.

36. Henr. Schor, *Specimen et forma legitime tradendi sermonis et rationis disciplinas, ex* P. Rami *scriptis collecta, et Tabernensi scholæ accommodata*. Avec une lettre de Schor à Sturm et une de Sturm à Schor. Strasb., Josias Rihel, 1572, in-8°.

1573.

37. Jo. Lud. Hauenreuter, *Adagia classica, scholis Argentinensibus digesta*. Strasb., Josias Rihel, 1573, in-8°. Préface de Sturm aux précepteurs du Gymnase, 4 févr. 1573.

1574.

38. Albert Œlinger, *Underricht der hochteutschen Sprach, Grammatica seu institutio veræ germanicæ linguæ*. Strasb.. Nic. Wyriot, 1574, in-8°. Préface de Sturm à Conrad Preslausky, secrétaire du royaume de Pologne, 27 août 1573, Strasbourg.

1576.

39. *Diallacticon de veritate, naturà atque substantià corporis et*

sanguinis Christi in Eucharistiâ. Avec une préface intitulée : *Quidam omnibus christianis salutem.* S. l. (Strasb.), 1576, in-8°. L'auteur est Jean Poynet (Ponetus), évêque de Winchester. La preuve que Sturm est l'auteur de la préface se trouve en ces mots : « *Quære... quæ præfatus sum, ante annos viginti in diallacticum Poneti Episcopi Wintonensis.* » (*Antip.* IV, P. 3, p. 176.) Il résulterait aussi de là que ce traité aurait été publié une première fois dès 1560. D'après une lettre de Théod. de Bèze à Sturm, 1er juill. 1572, il paraîtrait qu'il y eut aussi une édition en 1572. — Tanner (*Bibl. britannica*, Lond. 1748, in-fol., p. 604) cite l'édition de 1576 sous le titre : *Diallacticon eucharistiæ de reali præsentiâ.* Strasb. 1576; il indique une de Londres, 1588, in-4°, avec le titre que porte réellement celle de 1576.

40. Val. Erythræus, *De ratione legendi, explicandi et scribendi epistolas, libri* 3. Strasb., Bern. Jobin, 1576, in-8°. — Préface de Sturm au baron Wolfgang de Schœnberg, 24 août 1573, Strasb.

31. Steph. Doletus, *Phrases et formulæ linguæ latinæ elegantiores, nunc denuo recognitæ.* Strasb, Josias Rihel, 1576, in-8°. Préface de Sturm à Jean-Baptiste, fils de Crato de Craftheim, 2 mars 1576, Strasb. — Le traité de Dolet parut d'abord en 1540. Crato fit réimprimer aussi en 1576 le *Connubium adverbiorum, i. e. elegans adverbiorum applicatio*, de Hubert Sussanæus, publié d'abord en 1546. L'édition de Strasb., Josias Rihel, précédée d'une lettre de Crato à son fils, est ordinairement annexée à celle de Dolet ci-dessus.

1577.

42. *Scripta anglicana* M. Buceri Bâle 1577, in-fol. Avec une préface de Sturm à Fr. Walsingham, premier secrétaire de la reine Élisabeth.

1579.

43. *Onomasticon latino-germanicum, in usum scholæ Argentin., collectum a* Theophilo Golio. Strasb, Josias Rihel, 1579, in-8. Préface de Sturm à Jacques, margrave de Bade, du 5 déc. 1578, et une à B. L. Rechburger, du 17 déc.

1581.

44. *Oratio de comparandâ verâ gloriâ recitata a* D. Carolo Barone

a Zerotin. Suivi d'un discours et de deux programmes de Sturm. Strasb., Nic. Wyriot, 1581, in-4°.

1586.

45. *Lexicon trilingue*, *ex Thesauro* Rob. Stephani et *Dictionario* Jo. Frisii *collectum* (latin, grec et allemand). Strasb., Théodose Rihel, 1590, in-fol. Préface de Sturm à Théod. Rihel, Northeim, 21 août 1586 ; et une de Th. Rihel au lecteur, Strasb., 22 août 1586.

---

3. OUVRAGES DE STURM QUE NOUS NE CONNAISSONS QUE PAR LES INDICATIONS SUIVANTES ET DONT PLUSIEURS NE PARAISSENT PAS AVOIR ÉTÉ PUBLIÉS.

1540. On cite une édition du traité de Capiton : *Responsio de missâ, matrimonio, et jure magistratûs in religionem, ad Henricum VIII, regem Angliæ*, avec une préface de Sturm. Strasb., chez Wend. Rihel, in-8°. Sturm parle de cette préface dans une lettre à Melchior Specker, 26 oct. 1561. Nous connaissons deux éditions dudit traité, de 1537 et de 1540, mais aucune n'a une préface de Sturm.

En 1567 (23 oct., Vienne ; Bibl. de Zofingue), l'empereur Maximilien II le charge de lui transmettre le ms. d'un ouvrage qu'il s'est offert de publier contre « *das frantzösisch schendtgericht sainct conseil intithliert.* »

Le 26 mars 1571 Sturm écrit au prof. Beuther qu'il a l'intention de publier un livre « *ad amicos meos.* »

En 1571 (21 mai, chez Fecht, p. 364), Pappus parle dans une lettre à Phil. Marbach d'un « *magnum opus solertis florologi et eximii poetæ* » publié par Sturm.

Teissier (T. IV, p. 18) cite des *Disputationes logicæ;* ce sont peut-être les *Partitiones dialecticæ*.

Beuther (*Bericht von der strasb. Kirchen-Ordnung*, p. 185) cite : *De corrigendis moribus rebusque Romanis;* c'est sans doute l'épître aux cardinaux.

Niceron (T. XXIX, p. 213, cite : *Explicatio symboli Niceni a Phil. Melanchthone in academiâ Wittembergensi publice tradita et edita a Joh. Sturmio*. Wittemb. 1561, in-8°. C'est par confusion qu'il attribue cette édition à Sturm ; l'éditeur est Jean Sturio ou Staar, pasteur à Wittemberg.

4. NOTICES BIOGRAPHIQUES ET LITTÉRAIRES SUR STURM.

Διατύπωσις *vitæ Sturmii*, par le prof. Phil. Glaser, dans les *Manes Sturmiani*. Strasb. 1590, in-8º (c'est la notice que nous citons sous le titre de *Vita Sturmii*).

Von Herrn Johanne Sturmio, dans : *Warhafftiger, gründlicher Bericht von der zu Strassburg anno 1598 in truck ausgangenen veränderten Kirchen-Ordnung*, par Mich. Phil. Beuther. Deux-Ponts 1603, in-4º, p. 179 et suiv.

Melchior Sébitz, dans son *Appendix chronologica* du *Strassburger Gymnasii Jubelfest*. Strasb. 1641, in-4º, p. 263 et suiv.

Melchior Adam, *Vitæ Germanorum philosophorum*. Francf. 1705, in-fol., p. 158 et suiv.

Teissier, *Éloges des hommes savants*. Leyde 1715, in-12, T. IV, p. 10 et suiv.

Gibert, *Jugemens des savans sur les auteurs qui ont traité de la Rhétorique*. Paris 1716, in-12, T. II, p. 184 et suiv.

Verheiden, *Imagines et elogia præstantium aliquot theologorum*, ed. 2ª. La Haye 1725, in-fol., p. 99 et suiv.

Niceron, *Mémoires*. Paris 1734, in-12, T. XXIX, p. 205 et suiv. — Traduction allemande par Rambach. Halle 1760. in-8º, T. XX, p. 86 et suiv.

Baile, *Dictionnaire historique et critique*, art. Sturm.

Ruhkopf, *Geschichte des Schul- und Erziehungswesens in Deutschland*. Brême 1794, in-8º, T. I, p 364 et suiv.

J. J. Oberlin, *Programmes du Gymnase de Strasbourg*, in-fol., années 1804 et 1805.

Vœmel, directeur du Gymnase de Francfort, *Joh. Sturm, eine Schulrede*, 1826; dans Schwarz, *Darstellungen aus dem Gebiete der Pädagogik*. Leipz. 1833, T. I, p. 99 et suiv.

Strobel, *Histoire du Gymnase protestant de Strasbourg*. Strasb. 1838, p 7 et suiv.

Fritz, *Esquisse d'un système d'instruction et d'éducation*. Strasb. 1843, T. III, p. 463 et suiv.

Ch. de Raumer, *Geschichte der Pädagogik, vom Wiederaufblühen klassischer Studien bis auf unsre Zeit*. 2º éd. Stuttg. 1846, T. I, p. 228 et suiv.

5. ANCIENS PORTRAITS DE STURM.

1. Le plus ancien que nous connaissions est celui qui a été fait en 1575, et qui se trouve gravé sur bois dans les traités *De universâ ratione elocutionis rhetoricæ*, 1576, et *De linguæ latinæ resolvendæ ratione*, 1581.

2. Un autre, gravé sur bois, dans les *Manes Sturmiani*, 1590, a quelque rapport avec le suivant, sauf le costume.

3. Tableau peint à l'huile par Tobie Stimmer, de Schafhouse, probablement dans les dernières années de la vie de Sturm (Stimmer mourut à Strasbourg en 1587). Les portraits de Stimmer sont encore aujourd'hui très-estimés. Après 1589, on mit sur celui de Sturm une inscription, indiquant les dates de sa naissance et de sa mort. Ce beau portrait, qui se trouve dans la salle des conférences du Séminaire protestant, fut gravé en 1617 par l'habile graveur Jacques von der Heyden, et dédié par lui à l'Ammeister Matth. Stœfflin. Au bas de la gravure se trouvent des vers latins par le professeur de médecine Melchior Sébitz fils.

Le même portrait fut gravé, en format plus grand et avec les mêmes vers, mais avec moins de soin, par Pierre Aubry, vers le milieu du dix-septième siècle.

4. Portrait assez médiocrement exécuté par le graveur Hond, dans les *Imagines* de Verheiden.

Quelques autres, insérés dans des recueils du seizième et du dix-septième siècle, sont trop imparfaits pour qu'il vaille la peine de les mentionner.

TABLE DES MATIÈRES.

I. VIE DE STURM.

Pages.

Chapitre I. Naissance de Sturm à Sleide. Ses études à Liége et à Louvain. 1507-1529 1

Chapitre II. Séjour et leçons publiques à Paris. Négociations avec les réformateurs allemands pour la réunion des Églises. Appel à Strasbourg. 1529-1536. 8

Chapitre III. L'instruction publique à Strasbourg depuis la Renaissance jusqu'à l'arrivée de Sturm. 18

Chapitre IV. Fondation du Gymnase de Strasbourg. 1537-1538 . 32

Chapitre V. Correspondance avec la commission de cardinaux instituée par Paul III pour réformer l'Église. 1538-1541. . . . 44

Chapitre VI. Voyages dans l'intérêt de la Réforme. Missions diplomatiques. 1540-1548 47

Chapitre VII. Le Gymnase et le chapitre de Saint-Thomas. L'Intérim à Strasbourg. 1540-1549 72

Chapitre VIII. Nouvelles missions diplomatiques. Travaux scolaires et littéraires. 1550-1558 85

Chapitre IX. Relations avec les réformés de France. 1542-1562 . 94

Chapitre X. Discussions avec les luthériens de Strasbourg. 1553-1563 111

Chapitre XI. Secours donnés aux Huguenots. Mme de Roye à Strasbourg. 1562-1566. 129

Chapitre XII. Réorganisation de l'école de Lauingen en Bavière. Fondation de l'académie de Strasbourg. 1564-1570 140

Chapitre XIII. Travaux en faveur des Huguenots. Revers de fortune. 1567-1576 156

Chapitre XIV. Querelles avec Marbach, président du convent ecclésiastique de Strasbourg. 1570-1575 171

Chapitre XV. Controverses théologiques avec le professeur Pappus. Destitution. 1578-1587. 178

Chapitre XVI. Dernières années de la vie de Sturm ; sa mort. 1580-1589 205

II. STURM COMME HUMANISTE ET COMME PÉDAGOGUE.

Chapitre I. L'instruction publique en Allemagne dans les premiers temps de la Renaissance 221
Chapitre II. But de l'instruction publique selon Sturm. 233
Chapitre III. Enseignement grammatical et *Copia verborum*. . 244
Chapitre IV. Rhétorique et dialectique 258
Chapitre V. Exercices oratoires. Imitation de Cicéron 271
Chapitre VI. Organisation de l'instruction publique. 285
Chapitre VII. Devoirs des professeurs et des élèves. Moyens d'émulation. Obligations des parents et des gouvernements . . . 300
Chapitre VIII. Prospérité de l'école de Strasbourg. Établissements fondés d'après les principes de Sturm 305

APPENDICE.

1. Liste chronologique des ouvrages de Sturm 314
2. Auteurs publiés par Sturm et ouvrages auxquels il a ajouté des préfaces 324
3. Ouvrages de Sturm que nous ne connaissons que par des indications incomplètes et dont plusieurs ne paraissent pas avoir été publiés 331
4. Notices biographiques et littéraires sur Sturm. 332
5. Anciens portraits de Sturm. 333

ERRATA.

Page 97, ligne 3 d'en bas, au lieu de *sollicitude* lisez *sollicitation*.
» 140, ligne 4 d'en haut, au lieu de *rassérénir* lisez *rasséréner*.
» 193, ligne 17 d'en haut, au lieu de *indiqua* lisez *intitula*.

www.ingramcontent.com/pod-product-compliance
Lightning Source LLC
Chambersburg PA
CBHW050756170426
43202CB00013B/2445